管 理 经 典 丛 书

管理行为

|原书第4版|

ADMINISTRATIVE
BEHAVIOR

A Study of Decision-Making Processes in
Administrative Organizations, 4th Edition

典藏版

[美] 赫伯特·A.西蒙 著　詹正茂 译
Herbert A. Simon

机械工业出版社
CHINA MACHINE PRESS

北京市版权局著作权合同登记 图字：01-2011-6856 号。

图书在版编目（CIP）数据

管理行为：原书第 4 版：典藏版 /（美）赫伯特·A. 西蒙（Herbert A. Simon）著；詹正茂译 . —北京：机械工业出版社，2023.12

Administrative Behavior: A Study of Decision-Making Processes in Administrative Organizations, 4th Edition

ISBN 978-7-111-74691-1

Ⅰ. ①管… Ⅱ. ①赫… ②詹… Ⅲ. ①管理行为 Ⅳ. ①C936

中国国家版本馆 CIP 数据核字（2024）第 026936 号

机械工业出版社（北京市百万庄大街22号　邮政编码100037）
策划编辑：华　蕾　责任编辑：华　蕾　张　昕
责任校对：闫玥红　责任印制：郜　敏
三河市宏达印刷有限公司印刷
2024 年 11 月第 1 版第 1 次印刷
170mm × 240mm · 23.5 印张 · 1 插页 · 356 千字
标准书号：ISBN 978-7-111-74691-1
定价：79.00元

电话服务　　　　　　　　　　　网络服务
客服电话：010-88361066　　　机 工 官 网：www.cmpbook.com
　　　　　010-88379833　　　机 工 官 博：weibo.com/cmp1952
　　　　　010-68326294　　　金 书 网：www.golden-book.com
封底无防伪标均为盗版　　　机工教育服务网：www.cmpedu.com

任何一门学问，如果割断了与自身历史的联系，就只能成为一个临时的避难所，而不再是一座宏伟的城堡。在这套管理经典里，我们可以追本溯源，欣赏到对现代管理有着基础支撑作用的管理思想、智慧和理论。大师的伟大、经典的重要均无须介绍，而我们面对的经典内容如此丰富多彩，再美的语言也难以精确刻画，只有靠读者自己去学习、去感悟、去思考、去探寻其中的真谛和智慧。

西交利物浦大学执行校长◎席酉民

当企业在强调细节管理、有效执行的时候，实际上也是在强调对工作的分析和研究。当我们在强调劳资合作的时候，也就是在强调用科学的方法研究工作，将蛋糕做大，从而使双方都能获益。最原始的思想往往也是最充满智慧的、纯粹的、核心的思想。

南京大学人文社会科学资深教授、商学院名誉院长、

行知书院院长◎赵曙明

现代管理学的形成和发展源于相关人文社会科学学者对组织、组织中的人和组织管理实践的研究。如果我们能够转过身去，打开书柜，重新看看这些著名学者的经典作品，就会发现摆在我们面前的多数当代管理图书好像遗失了点什么——对管理本质和实践的理解，就会感叹它们的作者好像缺少了点什

么——扎实的理论功底和丰富的实践经验。

华南理工大学工商管理学院前院长◎蓝海林

把管理作为一门可以实验的科学，是具有开拓性的思考者和实践者留下的宝贵精神财富。伴随着科技进步和生产工具手段的变化，追求管理科学性的努力生生不息，成为人类文明的一道亮丽风景线。

复旦大学企业研究所所长◎张晖明

管理百年，经典有限，思想无疆，指引永远。经典，是经过历史检验的学术精华，是人类精神理性的科学凝练，是大师级学者回应重大现实问题的智慧结晶。希望青年学子能够积淀历史，直面现实读经典；希望年轻学者戒骄戒躁，像大师一样做真学问，代代传承出经典。

北京师范大学人本发展与管理研究中心主任◎李宝元

该丛书是管理学科的经典著作，可为读者提供系统的管理基础理论和方法。

武汉理工大学管理学院教授◎云俊

自 1911 年弗雷德里克·泰勒的《科学管理原理》出版至今，漫长的管理历程中不断涌现灿若星河的经典之作。它们在管理的天空中辉映着耀眼的光芒，如北极星般指引着管理者们不断前行。这些图书之所以被称为管理经典，是因为在约百年的管理实践中，不管外界环境如何变迁，科学技术生产力如何发展，它们提出的管理问题依然存在，它们总结的管理经验依然有益，它们研究的管理逻辑依然普遍，它们创造的管理方法依然有效。

中国的管理学习者对于管理经典可以说是耳熟能详，但鉴于出版时间久远、零乱和翻译的局限，很多时候只能望书名而兴叹。"管理经典"丛书的推出，不仅进行了系列的出版安排，而且全部重新翻译，并统一装帧设计，望能为管理学界提供一套便于学习的精良读本。

中国的管理实践者身处的内外环境是变化的，面对的技术工具是先进的，接触的理论方法是多样的，面临的企业增长是快速的，他们几乎没有试错的时间。那么他们要如何提升自己的管理水平，才能使自己在竞争中立于不败之地？最好的方法就是找到基本的管理理论。管理经典就如一盏盏明灯，既是最基本的管理，又是更高明的管理。因此，对管理实践者来说，阅读这套丛书将受益良多。

"管理经典"丛书追求与时俱进。一方面，从古典管理理论起，至当代管理思想止，我们选取对中国的管理实践者和学习者仍然有益的著作，进行原汁原味的翻译，并请专业译者加强对管理术语的关注，确保译文的流畅性和专业性。另一方面，结合中国的管理现状，我们邀请来自企业界、教育界、传媒界的专家对这些著作进行最新的解读。

这些工作远非机械工业出版社凭一己之力可以完成，得到了各界专家的支持与帮助，在此一并感谢：

包　政　　陈佳贵　陈春花　黄群慧　蓝海林　李宝元

李新春　马风才　彭志强　施　炜　王方华　王以华

王永贵　魏　江　吴伯凡　吴晓波　席酉民　肖知兴

邢以群　颜杰华　杨　斌　云　俊　张晖明　张瑞敏

赵曙明

"管理经典"丛书秉承"为中国读者提供世界管理经典的阅读价值，以知识促进中国企业的成长"这一理念，精心编辑，诚意打造。仅盼这套丛书能借大师经典之作，为更多管理实践者和学习者创造出更为有效的价值。

目　录

学习管理　感悟管理　演练管理　享受管理

如今，市场上经管类图书可以说是琳琅满目、鱼龙混杂，时髦的名词和概念一浪接一浪滚滚而来，不断从一个新理念转到另一个新理念，传播给大众的管理概念和口号不断翻新，读者的阅读成本和选择成本不断上升。在这个浮躁的社会时期，出版商有时提供给读者的不再是精神食粮，而是噪声和思维杂质，常常使希望阅读、学习和提升的管理者无所适从，找不到精神归依。任何一门学问，如果割断了与自身历史的联系，就只能成为一个临时的避难所，而不再是一座宏伟的城堡。

针对这种情况，机械工业出版社号召大家回归经典，阅读经典，并以身作则，出版了这套"经典丛书"，分设3个子系——管理、金融投资和经济。

"管理经典"系列第一批将推出泰勒、法约尔和福列特的作品，后续将穿越现代管理丛林，收录巴纳德、马斯洛、西蒙、马奇、安索夫等各种流派的管理大师的作品。同时，将收录少量对管理实践有过重要推动作用的实用管理方法。

作为管理研究战线的一员，我为此而感到高兴，也为受邀给该系列作序而感到荣幸！随着经济全球化和知识经济的到来，知识的更新速度迅速提升，特别地，管理知识更是日新月异，丰富多彩。我们知道，大部分自然科学的原理不会随时间变化而失效，但管理的许多知识与环境和管理情境有关，可能会随着时间和管理情境的变迁而失去价值。于是，人们不禁要问：管理经典系列的出版是否还有现实意义？坦率地讲，许多贴有流行标签的管理理论或方法，可能因时间和环境的变化而失去现实价值，但类似于自然科学和经济学，管理的知识也有其基本原理和经典理论，这些东西并不会随时间的流逝而失效。另外，正是由于管理有许多与情境和人有关的理论、感悟、智慧的结晶、哲学的思考，一些管理知识反倒会随着历史的积淀和经历的丰富而不断发展与深化，绽放出更富历史感、更富真知的光彩。换句话说，不少创造经典的大师可能已经走了，但其思想和智慧还活着！不少浮华的流行概念和观点已经死了，但其背后的经典还闪闪发光！在这套管理经典里，我们可以追本溯源，欣赏到对现代管理有着基础支撑作用的管理思想、智慧和理论。

观察丰富多彩的管理实践，不难发现：有的企业家、管理者忙得焦头烂额，被事务困扰得痛苦不堪，结果事业做得还不好；有的企业家、管理者却显得轻松自如、潇洒飘逸、举重若轻，但事业红红火火、蒸蒸日上。是什么使他们的行为大相径庭，结果有天壤之别？一般的回答是能力差异。我不否认人和人之间的能力有差别，但更想强调能力背后的心态、思维方式和理念，即怎样看待管理，怎样面对问题，怎样定位人生。管理因与人有关，始终处于一种动态的竞争和博弈的环境下，因而永远都是复杂的、富于挑战的活动。要做好管理，成为优秀的企业家和管理者，除了要具备我们经常挂在嘴边的许多素质和技能，我认为最重要的是要具备管理的热情，即首先要热爱管理，将管理视为自己生存和生活不可分割的一部分，愿意体验管理和享受管理。此外，管理永远与问题和挑战相伴。我经常讲，没有一个企业或单位没有问题，管理问题就像海边的礁石，企业运行状况良好时，问题被掩盖了；企业运行状况恶化时，所有的问题就会暴露出来。实际上，涨潮时最容易解决问题，但此时也最容易忽视问题，退潮时问题都出来了，解决问题的最好时机也过去了。面对管理问题，高手似乎总能抓住少数几个关键问题，显得举重若轻，大量小问题也会随着大问题的解决而消失。而菜鸟经常认认真真地面对所有问题，深陷问题网之中，结果耽误了大事。人生的价值在于不断战胜自我，征服一个个管理难题，这实际上不仅是人生的体验，更是对自己能力的检验。若能这样看问题，迎接管理挑战就不再是一种痛苦，而会成为一种愉悦的人生享受。由此，从管理现实中我们能体会到，真正驾驭管理需要对管理知识、艺术、经验和智慧的综合运用。

高水平的管理有点像表演杂技，杂技演员高难度的技艺在常人看来很神奇，但这些令人眼花缭乱的表演实际上是建立在科学规律和演员根据自身特点及能力对其创造性运用之上的。管理的神奇也主要体现在管理者根据自身特点、能力以及组织和环境的情况，对基本管理原理的创造性应用之上。

因为"管理是管理者的生活"，我经常劝告管理者要"享受管理"，而要想真正做到这一点，除了拥有正确的态度和高尚的境界外，管理者还需要领悟管理的真谛；而要真正领悟管理的真谛，管理者就需要学习掌握管理的基本知识和基本技能。当然，管理知识的来源有直接和间接之分，直接知识是通过自己亲身体验领悟而来，这样过程太长；间接知识是通过学习或培训取得，这样过程较短，成效较快——两者相辅相成。

管理知识浩如烟海，管理技术和技能多如牛毛，而且随着时代、环境以及文化的变化而变化，同一种知识和技能的应用还有很强的环境依赖性，这就使管理的学习变得很难把握。许多人不知道看什么样的书，有的人看完书或听完课后的体会是当时明白了，也听懂了，但仍不知道怎样管理！实际上，管理的学习同经济学、自然科学等一样，首先在于掌握基本的思想和方法论。管理面对的是实际的企业、组织和人，一般规律对他们有用，但他们往往也有独特性，这使管理具有科学、艺术、实务、思想等多种属性，所以不能僵化地看待管理知识，在理解和运用管理知识时一定要注意其使用对象的特殊性。其次，管理者手中能够应用的武器有两种：科学的、带有普遍性的技术、方法，以及与人有关的、随情况变化的、涉及心理和行为的具有艺术特色的知识和经验。前者容易通过书本学习，后者则要通过实践或案例教学学习和体会。再次，管理重在明确目标以及其后围绕目标选择最佳或最满意的路径，而完成这一任务除了要拥有高瞻远瞩、运筹帷幄的能力以及丰富的知识和经验外，最基本的是要学会和善用成本效益分析工具。最后，所谓"三人行必有我师"，无论成功与失败，任何管理实践中都蕴含着知识和经验，所以，对管理来说，处处留心皆学问。若管理者要增加自己的管理知识并丰富自己的管理经验，就要善于观察组织及人的行为和实践活动，勤于思考和提炼，日积月累。

有人形象地比喻，管理类似于下棋，基本的管理知识类似于对弈的基本规则，各种管理技能和成功的管理实践类似于人们总结出的各种棋谱，实际的管理则由这些基本规则、各种棋谱演变出更加丰富多彩、变幻莫测的局势。水平接近者的比赛，赛前谁都难以确定局势的变化和输赢的结果。类似地，管理的学习始于基本知识和基本技能，而要演化出神奇的管理实践需在此基础上去感悟、去享受！

实际上，管理活动本身犹如一匹烈马或一架难以控制的飞机，要想驰向发展的愿景或飞向辉煌的未来，不仅要享受奔驰中飘逸的快感或飞翔时鸟瞰世界的心旷神怡，还要享受成功后的收获，因此，必须设法"驾驭"好管理。

我陪人练习驾车时曾深有体会地告诉驾驶者：开车的最高境界是用心，而不是用身体，要把车当作你身体功能的一种延伸，使车与你融为一体，然后在你心神的指挥下，心到车到。"管理"这匹烈马或这架复杂难控的飞机何尝不是如此，它也是人类、领导者、管理者的功能的一种延伸、一种放大器，而要真正享受它带来的感受并使它发挥功效，必须娴熟且到位地驾驭它。面对种种复杂的管理，更需要用心驾驭。

在这里，我没有对经典系列本身给予太多介绍，只重点谈了如何学习管理，提升管理水平，最后达到享受管理。这是因为，大师的伟大、经典的重要均无须介绍，而我们面对的经典内容如此丰富多彩，再美的语言也难以精确刻画，只有靠读者自己去学习、去感悟、去思考、去探寻其中的真谛和智慧，我只是提供了我自认为可以研究和实践管理的途径，希望这些文字有助于读者对管理的阅读、理解和思考！

席酉民

西交利物浦大学执行校长

这是一本组织管理理论研究中重要的经典著作，作者西蒙因为此书及其在组织理论研究中的贡献获得了 1978 年的诺贝尔奖。本书初版于 1947 年，至今已有 70 余年的历史，但仍被组织理论研究者不断地引用，本书也是新古典组织理论的代表性成果。

一般而言，如果把德国社会学家马克斯·韦伯的官僚制理论作为组织理论的开端，那么组织理论经历了三个阶段。

第一阶段是 19 世纪末到 20 世纪初的古典组织理论。古典组织理论有三个主要组成部分。其一，马克斯·韦伯理想类型的官僚制组织模式。韦伯认为官僚制是组织结构最有效的形式，是达到组织目标最有效的工具。理想官僚制的特征有分工、权威的等级系统、成文和广泛的档案制度、专业培训、规章制度，人际关系的非人格化，根据才能选拔人才等。其二，泰勒的科学管理运动，它旨在探讨企业中的劳动生产率问题。其三，法约尔、古利克、厄威克、穆尼和赖利等人的管理原则。这些原则主要包括专业分工、权力与责任相称、纪律、命令一致性、指挥一致性、个人利益服从整体利益、公平的报酬、稳定的人事职位、管理幅度、协调等。古典组织理论对以后的组织理论发展有深远的影响。

第二阶段是 20 世纪 20 年代开始的"新古典组织理论"，或称人际关系理论、行为科学理论。新古典组织理论批判古典组织理论的组织原则，认为它有很多缺陷，这些缺陷主要是：缺乏经验的可证实性；错误地把组织看成是封闭的、机械式的、决定论的系统；过分强调正式组织结构而忽视了人的因素；过分依赖主要组织原则的作用等。新古典理论主要集中于四个方面。其一，人的需求、动机和激励。在这个方面，美国心理学家马斯洛提出了"需求层次理论"，此外还有赫兹伯格提出的双因素理论，即激励因素－保健因素理论，斯金纳的"强化理论"，弗鲁姆的"期望理论"。其二，人性假设问题。麦格雷戈提出了"X－Y理论"，阿吉里斯提出了"不成熟－成熟理论"。其三，非正式组织及人际关系。勒温提出了"团体力学理论"。其四，领导风格。坦嫩鲍姆和施米特提出了多种多样的"领导风格连续统一体理论"，利各特提出了"支持关系理论"，穆顿提出了"新管理方格"。

第三阶段是现代组织理论，它包括第二次世界大战以来出现的各种组织理论，主要有系统学派的组织理论和权变理论。系统学派强调要用系统的观点来考察组织，用系统的方法来管理组织，认为这有助于提高组织的有效性。权变理论则认为管理组织没有一成不变的、最佳的、普遍适用的方法，应根据组织的内外部环境来决定管理组织的方法。

概括起来，古典组织理论倾向于宏观分析，新古典组织理论则多从事微观分析，而现代组织理论则是对宏观、微观再宏观的组织分析方法的尝试。新古典组织方法基本上是对古典组织原则做出的反应，但它并没有全盘抛弃古典原则。相反，新古典组织理论家指出了古典组织原则的局限性，并试图通过强调某些古典组织理论家应有的地位来弥补古典组织理论的缺陷。新古典组织理论有两个发展倾向：其一是以西蒙为代表的学者，着重批评古典组织理论的不足之处，试图形成完善的组织理论基础，可以称为宏观新古典组织理论家；其二是强调古典组织理论家所忽视的人的方面，他们的方法是微观组织理论方法。

作者写作本书的目的是精确地描述管理型组织的面貌和运转状况，因为只有在此基础上才能完善或重建组织管理理论。全书的核心假设是决策制定过程乃是理解组织现象的关键所在，主要关注组织有效运作的决策制定和人员管理过程，尤其关注组织顺利运行所必须具备的条件。因此本书以层层递进的方式来考察组织决策，首先分析人类决策，然后解释组织和人之间的关联、组织对人的影响，最终得以完整考察组织中人所做出的决策。

本书是原书的第 4 版，增加了作者更多的持续思考和研究内容，并保持了原文完整的样貌，相信会给组织理论的研究者和实践者提供更多的帮助。本书由清华大学詹正茂博士领衔翻译，詹博士长年从事管理咨询工作，对西方的管理理论和中国的管理现状都有比较深刻的认识，相信本书一定会对管理研究者及管理实践者大有裨益。

陈 佳贵

中国社会科学院原副院长
中国企业管理研究会原会长

第 4 版导言

随着《管理行为》第 4 版的发行，这本书已走过了 50 余年⊖的历史。由于我们正处于一个日新月异的时代，很自然就会产生疑问，半个世纪以前发表的著作，在 21 世纪是否仍然有价值？如果我们的主题是电子计算机或分子遗传学，那么 1947 年版的内容，到 1997 年再版时基本没有多少保留价值了。但是本书的主题是组织，人类大型组织的兴起至少也有 4 000 年历史了。虽然现代军队运用的物理技术与尼尼微、埃及或长安时代的军队采用的技术完全不同，但是我们对古代军人采取的决策制定和人员管理过程非常熟悉，而且多个世纪以来这些过程基本没什么变化。基本的组织过程还没有发生过深刻的革命，至多在当今的时代才开始面临重大的社会和技术变革。

所以本书第 4 版有双重任务。第一，就是清晰地描述自人类组织出现开始，对其有效运作非常重要的决策制定和人员管理过程。第二，就是了解现代技术如何改变我们的社会价值观和社会实践、电子通信和信息处理新技术正如何改变管理和决策过程。对于第一项任务，我们大体上参照原版《管理行为》的正文就可以了。但是为了弥补原版正文的缺漏，改变某些重点，以及处理我们获得的新知识和组织面临的新问题和新机遇，我们必须在每章的"评论与延伸"部分，进行补充和扩展讨论。

⊖ 书中所涉年份，保留《管理行为（珍藏版）》的说法。——编者注

本书的宗旨

《管理行为》主要是为组织观察者和组织设计者撰写的。

书中原版的前言部分解释说，本书的宗旨就是介绍如何从组织决策过程的角度来理解组织。我们差不多都有资格成为组织观察者，因为除了睡眠时间以外，我们大部分时间都是在组织环境中度过的。我们当中许多人还有资格成为组织设计者，因为我们或多或少都担负着组织维护和改善的管理责任。

作为公民来说，我们也都是组织观察者。大公司和政府机构这类大型组织在我们的社会中发挥的作用，近年来已经受到人们日益密切的关注和评判。从这个意义上说，这本书适合所有人阅读，因为它在与所有人都有关的组织问题上，提出了一种积极思考的方式。与当今公众所持的怀疑态度不同，《管理行为》虽然也注意到组织的缺陷，但基本上对组织持乐观态度，主要关注组织的运作过程，尤其关注组织顺利运作所必须具备的条件。

本书的结构

第 4 版同前几版一样，正文内容没有太大变动，因为我认为这些内容基本上都有保留价值。《管理行为》对于我来说就像一个可靠的起航港口，让我可以远航去探索人类决策行为的真知，这个探索组织结构与决策行为之间的关系、运筹学和管理科学的形式化决策行为，以及近年来人类思维和问题求解行为的航程，对我大有裨益。从《管理行为》持续被人们广泛阅读和引用的情况来看，它显然也同样帮助了很多人。

所以，我不仅没有删除原版正文的想法，反而还希望在原版的基础上增补大量篇幅，来深入论证某些重要主题，同时引入一些目前我们感兴趣和关注的新议题。所以我在第 1 版每章内容的结尾，又添加了对各新旧主题展开的扩展性评论的内容。相比第 3 版采用的长篇导论、原版正文和最近文章重印这种三部分的组织方式，读者可能会觉得这种格式更连贯。只想阅读初版"基本内容"的读者，可以直接阅读章内正文，不用理会每章结尾的评论与延伸部分。

如果读者希望进一步了解初版中某些处理不足之处和快速变迁的时代带来的话题和议题，可以根据需要选择阅读评论与延伸部分。本版许多评论都摘自我这些年来发表的文章，不过为了让新版正文内容保持连贯，我还是对这些文章进行了重写和重新编排。

所以，本书的基本结构概括起来就相当简单了。本书在总论和第1章的概要和评论之后，主要从5个层次的主题展开，每一层次的讨论都是为下一层次的论述奠定基础。

（1）第2章、第3章以及第11章后的附录提出了为人类选择的结构奠定基础的某些概念性的议题。

（2）第4～5章构建了一种理论，来描述和说明人类决策行为的实际情况，这对于理解组织环境中决策行为的各种影响因素和动力非常重要。

（3）第6章介绍了组织和个人之间在动机上的关联，解释组织影响力，尤其是权威的影响力，为什么对塑造人类行为如此有效。

（4）第7～10章详细调查了主要的组织影响过程：权威、效率和组织忠诚，来解释组织如何影响决策过程。

（5）第11章将前述的方法用于分析组织结构问题。

虽然我在上文强调，多个世纪以来，人类组织行为基本上连续发展，但是对于组织的正式研究却相对出现得较晚。《管理行为》或许属于继泰勒、法约尔、古利克和厄威克为代表的所谓"古典"理论之后的第二代现代组织研究。自第1版问世以来，人际关系方面的论著和研究如雨后春笋般大量出现，同时不断有人质疑组织里权威运用的早期观点。

在过去的60年里，对人类思维和决策过程的研究也一直在蓬勃地进行，从而为本书所开发的"有限理性"理论奠定更加坚实的经验基础。而且随着计算机的出现及其在企业界的广泛运用，新的通信系统和信息处理系统也被引入了。最后，人们对于组织结构和过程对环境和技术的依赖性有了更加清楚的了解。上述内容都是本版新增的评论与延伸部分讨论的新主题。

《管理行为》有一个基本假定：决策制定过程是理解组织的关键所在。上述种种发展使得这一假定比 25 年前更可信了。我希望经过扩充的本书新版，能继续帮助关注组织的人更好地理解、更有效地管理这些复杂的社会系统，也就是我们在其中工作的组织。

致歉：本书成书时，还没有形成中性代词的写作规范，所以本书通篇都使用"他"代表人的总称，我只能对由于历史原因造成的不足深表歉意，并尽量在所有新增的评论与延伸部分弥补这种缺陷。

第 1 版前言

　　本书是我个人在从事公共管理研究工作的过程中，尝试构造有效研究工具的探索结果。因为我坚信，我们在这个研究领域还没有找到足够的语言和概念工具，对简单的管理型组织进行实事求是的深刻刻画。所谓刻画管理型组织，就是为科学地分析组织结构和组织运营的效益奠定基础。在我读过的各类管理型组织的研究著作中，能抓住并用文字记下组织真正本质的寥寥无几；至于能说服我相信，他们可以提出证据正确地推出关于组织效益的结论或组织改良的建议就更少了。

　　从对本书的预备版本和书中摘选的几篇发表的文章的反响来看，不仅是我，管理领域许多从业者和研究人员都存在这些疑问。这种事态构成了对我们的学科和我们这些科学家的严厉指责。一项化学实验之所以有效，之所以具有科学权威性，原因在于其可重复性。如果不能足够详细地描绘化学实验的可重复性，那么它就站不住脚了。在管理中，我们连说明在管理"实验"中发生了什么现象的本领都很匮乏，保证实验的可重复性就更不用说了。

　　我们在得以建立恒定不变的管理"原理"之前，首先必须能够用文字精确地描述管理型组织的面貌和运转状况。我试图构造一套能够进行上述描述的词汇，本书就记录了我从中得到的结论。这些结论并不构成一种管理"理论"，因为除了几个假设的结论以外，我没有任何管理原理。如果一定要说本书包含了什么"理论"的话，那么就只有：决策行为是管理的核心；管理理论的词汇必须从人类抉择的逻辑学和心理学中导出。

我希望本书能对三类人发挥作用：首先，从事管理学研究的人，他们可以在本书中找到刻画和分析组织的某些可行方法；其次，实际管理者，他们可以从巴纳德先生的"序"所说的第三知识层次上，思考管理问题；最后，研究生和大学生，他们可能希望通过对反映了真实管理情境的行为过程进行更周密的研究，来弥补自己课堂知识的不足。

赫伯特·A.西蒙

1946 年 12 月

致　谢

"我肯定从很多人的只言片语和举手投足上得到过不少收获，但是我又完全不记得他们是谁了；一本书就像一个大公墓场，墓碑上的名字多数都被岁月磨去了痕迹。"

——马塞尔·普鲁斯特《追忆似水年华》

多年以来，在筹备本书各版的过程中，协助、批评指正和鼓励过我的人不计其数。很抱歉只能挑出一些我最常求助的人，不得不略过许多帮助过我的人，不能一一道谢，请多包涵。

第 1 版

首先要感谢芝加哥大学的全体教员，是他们让该校成为学术蓬勃、激发智力的园地，让我在此求学期间从中受益匪浅。我更要特别感谢克拉伦斯·E. 里德利先生、已故的亨利·舒兹教授和伦纳德·D. 怀特教授。在阅读和批评过草稿和预备版本的同事和人士之中，我必须感谢林登·E. 阿伯特、赫伯特·博纳特、米尔顿·彻宁、威廉·R. 迪万、赫伯特·埃默里克、维克托·琼斯、艾伯特·莱帕斯基、莱曼·S. 莫尔、理查德·O. 尼霍夫、沙内·M. 佩里、C. 赫尔曼·普里切特、肯尼思·J. 塞格沃思、埃德温·O. 斯特内、约翰·A.维戈、威廉·L.C.惠顿和公共管理研讨组的成员们。还有哈罗德·居茨科，他一向是我最严格但是帮助最大的批评者和朋友。

我特别要感谢故友切斯特·I.巴纳德：首先，他的著作《经理人员的职能》[⊖]对我的管理学思维影响极大；其次，他非常仔细地评审了本书的初稿；最后，他还为本书初版作序。

后来版本

本书许多章和各章评论的重要部分，都改编自之前已发表的文章。使用这些内容时，我都会标明出处。

在过去的50年里，许多同事都为我在管理和组织方面的继续深造贡献了自己的力量。许多人我都会在脚注中提到，但我还想特别提一下与我合作最密切，因而使我受益最多的同事。在伊利诺伊理工学院，有与我合作撰写《公共管理》一书的已故唐纳德·史密斯伯格和维克托·汤普森。在20世纪50年代的原卡内基理工学院，有我在组织研究方面起初的主要合作者哈罗德·居茨科、乔治·科兹梅特斯基和戈登·廷德尔；后来的合作者理查德·赛耶特、詹姆斯·马奇和威廉·迪尔。在20世纪50年代到60年代初，我们对工商组织及其决策过程做了广泛深入的实证研究。感谢德威特·C.迪尔伯恩先生允许我在第10章的评论与延伸中，使用我们共同研究的组织认同成果。我深深感谢上述所有同事，以及其他二十多位同事和50年代卡内基理工学院工业管理研究生院无数优秀的研究生。

当然，组织研究不是我唯一的学习源头，我的学习还来源于我对生活和工作过的组织进行的广泛观察。我曾以研究项目主任、系主任、副院长、顾问和公益基金理事等身份参与了一些组织的管理工作，这些组织包括芝加哥大学、伯克利大学、伊利诺伊理工学院、卡内基-梅隆大学和经济合作署（马歇尔计划机构）、许多我曾经担任顾问的公司和政府机构以及我担任了近25年

⊖ 此书中文版已由机械工业出版社出版。

理事的卡内基－梅隆基金理事会。我还要特别提到，与已故的工业管理研究生院第一任院长李·巴赫，以及我在卡内基－梅隆大学任职时担任校长的杰克·沃纳、迪克·赛耶特和罗伯特·曼拉卞之间的合作非常愉快。

成书过程虽然事多，但在本书第 4 版的出版过程中，我的助理珍妮特·西尔弗在每个阶段都友好熟练地提供了协助，让我抛开其他外务专心写作，我还要感谢自由出版社该书的编辑贝思·安德森和菲利普·拉帕波特。

我重温本书初版的致谢名单时，感到在这些特别祝福中，有两个人的友谊值得我终生珍视。初出茅庐的年轻人中，我恐怕是最幸运的了。回首往事，克拉伦斯·E. 里德利让我惊讶不已，他兼具理论洞察力和实践的精明才能，同时具有制订计划和保证计划执行的能力，他还是调动合作者积极思考的天才。我尤其要感谢他对年轻人行事草率的宽容、向年轻人委以重任的大度以及他真挚的友情。

我与哈罗德·居茨科的友谊是从开往芝加哥的一辆火车上开始的，当时是 1933 年，我们正好乘坐同一趟火车去芝加哥大学读本科。是哈罗德让我还在大学就读期间便对认知心理学产生了兴趣。虽然这兴趣酝酿了 20 年，但是它已经成为自 20 世纪 50 年代中期以来我的主要兴趣（如果不算着迷的话）。我衷心感谢哈罗德在这些岁月以来带给我深刻的智力乐趣，还有许多其他东西不一而足。

《管理行为》各版都要献给我的妻子多萝西娅。我该对她说些什么呢？克劳德·伯纳德说过："如果一定要我用一个词来定义生活的话，我要说生活就是创造。"在本书出版的 10 年前，我俩决定共享创造性的生活；在本书酝酿、写作、出版期间以及之后的 50 年里，我们真正做到了享受创造性的生活。

ADMINISTRATIVE BEHAVIOR

A Study of Decision-Making Processes in
Administrative Organizations, 4th Edition

第 1 章

决策制定和管理型组织

人们通常将管理当成"完成任务"的艺术来讨论。这种管理思路强调的是保证行动深入开展的过程和方法。设定管理原则的目的是让团队成员采取协调一致的行动。但是，所有的相关讨论中，都不太关注采取行动之前的抉择问题，也就是在实际执行之前决定要做什么事情。本书主要是围绕导致行动的抉择过程这个研究课题展开的。在本章，我们先提出这个研究课题，并概述其余各章将深入探讨的主题。

虽然任何实践活动都包含"决策"和"执行"，但是"管理理论应该两者兼顾"的观点却没有得到大家的普遍认可。[1] 这种忽视，可能源于决策行为仅限于明确制定总方针的观念。但是事实刚好相反，组织的总目标确定后，决策过程并没有结束。"决策"工作同"执行"工作一样渗透到整个管理型组织中，事实上这两者紧密相连，缺一不可。因此一般管理理论既要包括保证决策正确制定的组织原则，又要包括保证决策有效执行的组织原则。

决策制定和决策执行

显然，执行组织目标的实际任务总是落在最低管理层级的人身上。制造实体汽车的不是工程师或经理，而是装配工人；灭火的不是消防队大队长，而是那一队手持高压水龙头的消防员。

同样，高于最低管理层级（也称为操作层级）的人员也并非多余，他们在实现组织目标的过程中也发挥重要作用。说到具体的因果关系，纵然开枪打仗的是士兵而非军官，但是军官对战斗结果的影响可能比任何单个士兵都大。

那么，组织的管理和监督人员如何影响该组织的运作呢？一个管理型组织中的非操作人员通过影响最低管理层级的操作人员的决策，来参与实现组织目标。军官通过指挥士兵的行动来影响战斗的结果。他通过战场上的兵力部署和具体任务的指派，来决定士兵所处的方位和目标。在小型组织中，所有监督人员都可能对操作人员产生直接的影响，但是无论大小，任何组织都在高层监督人员和操作人员之间插入了几层中间监督人员，他们受到上层的影响，并且对这些影响进行传输、详细描述和修改，再下达给操作人员。

　　如果以上正确描述了管理过程，那么建设有效的管理型组织就是一个社会心理学范畴的问题。其任务就是组织起各个操作人员，并在操作人员之上添加监督人员，他们能够影响整个操作团队的行动，使之产生一种协调一致的有效行动模式。这里使用"影响"而不是"指导"，是因为指导，也就是管理权威的使用，只是管理人员影响操作人员决策的几种方式中的一种；所以管理型组织的建设不仅仅包括职能安排和职权分配。

　　在组织的研究中，操作人员必须是关注的焦点，因为组织机构成功与否是通过操作人员在组织中的表现来判断的。分析组织和组织内部其他因素如何影响这类职员的决策和行为，是我们洞察组织结构和组织职能的最佳途径。

选择与行为

　　所有行为都是从行动者及其可以施加影响和权威的人可能采取的所有行动方案中，有意无意地选择特定行动的过程。这里的"选择"没有任何有意识或特意挑选的意思，只是指出一个事实，如果个人采取某种特定的行动方案，必定要放弃其他的行动方案。在很多情况下，选择过程只是一种既定的反射行为，比方说，打字员用某个手指敲击特定键，只是因为在打印字母和特定键之间已经建立了一种反射关系。所以这种动作至少从某种意义上来说是理性的，也就是以目标为导向的，但是不包括任何有意识或刻意的成分。

　　在其他一些情形下，选择本身就是称为"规划"或"设计"的一系列复杂行为的产物。比方说，一个工程师可能在广泛分析的基础上断定，某座桥应该采用悬臂式设计。他的设计方案通过对该桥结构的详细计划得以进一步实施，最终导致该桥梁建造者的一整套行为。

　　本书将举出各类选择过程的多个例子。所有例子都具备以下的共同特征：任何时刻都存在大量可能的备选行动方案，特定个人都会采取其中某一种行动；通过某种过程逐渐缩小备选方案的范围，最终剩下一个实际采纳的方案。在本书中，"选择"和"决策"可以相互替换使用，都表示上述的过程。由于这两个词一般有自觉的、刻意的和理性选择的含义，所以我们强调指出，任何选择过程无论自觉、刻意和理性的成分达到何种程度，这里都用这两个词表示。

决策中的价值和事实要素

大量行为，尤其是个人在管理型组织内部的行为，都是有目的的，也就是以目标为导向的意思。这种目的性会导致行为模式的整合。没有目的性的管理将毫无意义，因为如果说管理是设法让团队成员"完成任务"的方法，那目的就是决定应该完成什么任务的主要准则。

支配具体行动的小决策，是实际应用更大范围涉及目的和方法的决策的必然结果。比方说，行人收缩他的腿部肌肉是为了迈出一步，他迈出一步是为了继续向目的地——信箱进发，他靠近邮箱是为了寄信，而寄信是为了向他人传递某些信息，等等。每项决策都包括选择目标和与目标相关的行为，而此目标可能又是实现另一个更远目标的中间目标。如此进行下去，直到达成相对的最终目标为止。[2] 只要是导向最终目标选择的决策，就称为"价值判断"；只要是包含最终目标实现的决策，就称为"事实判断"。[3]

令人遗憾的是，管理者面临的问题，并没有按价值、事实两类要素区分妥当。一方面，政府组织和政府行为的目标或最终目标通常使用非常一般化和模糊的"公正""一般福利"或"自由"等词语来描述；另一方面，指定的目标可能只是实现更远目标的中间目标。比方说，在一定行动范围里，人的行为一般是以"经济动机"为导向产生的，但是，对大多数人来说，经济利益本身通常不是最终目的，而是实现最终目的比如安全、舒适和名望的一种手段。

最后，在某些情况下，价值要素和事实要素还可以组合在同一目标中。比方说，拘捕罪犯一般是公安部门的一项目标。在一定程度上可以把这个目标本身设想成一个最终目标，也就是说，公安部门的目的是逮捕并惩罚违法者。但是从另一个角度来说，逮捕罪犯又是保护公民、改造罪犯和告诫潜在罪犯的一种手段。

决策层级系统

目的性的概念包含了决策层级的意思：每个较低层级的任务，都是实现上

一层级各个标的的途径。只要受到总目标的指导，行为就有目的性；只要选择
的行动方案有助于达到既定标的，行为就是有理性的。[4]

不应因此就推断，在任何真实行为上，这种金字塔式的目标都被完美组织
或协调了。例如，一个政府机构可能要同时考虑多种不同目标：城市的娱乐管
理部门，一方面会谋求改善儿童健康状况，让他们更好地利用休闲时间，从而
防止青少年犯罪；另一方面，也为该地区的成年人谋求同样的福利。即便有时
决策过程中并没有有意或刻意地将这些目标结合成一个整体，我们也应当注意
到，它们在实践活动中一般仍会结合在一起。比方说，娱乐部门的管理者在决
策制定过程中，由于种种原因，没有权衡不同甚至相互冲突的目标的相对重要
性；但是，他制定的真实决策及政策方针，实际上体现了这些目标的特定权重。
比方说，如果某个项目以男性青少年的体育活动为侧重点，那么，这个目标在
实践中确实会受到重视，但是策划该项目的管理者却不一定会意识。所以，虽
然管理者可以拒绝刻意去构成综合目标体系，或对此无能为力，但他无法避免
真实决策的实际效果，也就是事实上实现了目标的综合。

决策中的相对要素

从某种重要意义上来说，一切决策都是折中的问题。最终选择的方案，只
不过是在当时的情况下可以选择的最佳行动方案而已，不可能尽善尽美地实现
各种目标。具体的决策环境必然会限制备选方案的内容和数量，从而设定了实
现目的的最大可能程度。

由于在实现目标的过程中存在这种折中的相对因素，因此当行为同时要实
现多个目标时，寻找一个共同衡量尺度是必要的。例如，如果经验表明，像发
展工程管理局这样的机构可以同时实现发放救济物品和兴建公共工程这两个没
有相互冲突的目标，那么，该机构就能够力争同时达到这两个目标。另一方
面，如果经验表明该组织的两个目标之间相互冲突，那么就必须选择其中一个
作为目标，同时放弃另一个。在权衡这两大目标的重要性并努力寻找共同衡量
尺度的过程中，不要将这两个目标本身当成最终目的，而是要把它们当成手段
来实现某个远大的目的。[5]

决策过程的一个例证

为了帮助读者更清楚地理解任何实际管理问题中存在的价值判断与事实判断之间的密切关系，现研究一个市政建设方面的例子。

在新街道的修建和维护问题上，包含哪些价值要素和事实要素呢？这个问题的决策，必须先确定：①街道设计方案；②街道设计方案与地区总规划的合理关系；③项目融资手段；④项目是采用工程承包方式，还是由官方组织完成，⑤这项工程与可能的后续修缮工程（如这条街道的公用管道设施修建工程）的关系；⑥自然环境等许多其他问题。我们必须找到这些问题的答案，每一个问题都混杂着价值要素和事实要素。通过区分工程实施的目的和工程施工的程序，我们可以对这两类要素实施部分的分离。

一方面，做出这些问题的决策，必须依据修建街道的目的和受其影响的社会价值，包括：①交通运输的速度和便利程度；②交通安全；③新街道布局对地产价值的影响；④筑路费用；⑤纳税人的费用分摊。

另一方面，就实现上述价值的具体措施所产生的效果而言，决策的制定工作，又必须依据科学和实用知识，包括：①各种铺设材料的相对平整度、持久性能和价格；②从费用和交通便利的角度看，备选路线的相对优缺点；③不同融资手段的总成本和费用分摊情况。

因此，最终决策将取决于不同目标的相对权重，和备选方案实现每个目标的程度。

举出这个简短的例子，是为了说明决策过程的某些基本特征。本书稍后还要进一步详细讨论这些特征。

管理过程中的决策制定

管理行为是团队行为。个人策划并单独完成任务的简单情形，大家都很熟悉。不过一旦任务变成需要几个人才能完成的复杂工作，那种简单情形就不可能成立了，此时就有必要开发出应用组织力量完成团队任务的过程。促成上述应用过程顺利进行的技巧就是管理过程。

应当注意，管理过程就是决策过程：它们先分离出组织成员决策制定过程中的某些要素，再建立规范的组织程序，来选择和确定这些要素，并将要素的信息传递给组织内相关的成员。例如，如果团队的任务是建造一艘船，首先要画出该船的设计图，一经组织采用，该设计图就会限制和指导实际造船者的行为。

由此可见，组织剥夺了个人的一部分决策自主权，而代之以组织的决策制定过程。组织代替个人制定的决策，通常包括：①确定组织成员的职能，即职责的一般范围和性质；②职权分配，也就是确定组织中哪些人掌握制定决策的权力；③对组织成员的自主选择设置协调其他成员活动的必要限制。

管理型组织以专业化为特征。所谓专业化，就是委派组织的特定部分承担特定的任务。我们在上面已经指出，专业化可以采取"纵向"分工的形式。也就是说，我们可以建立一种具有一定正规性的权力金字塔（层级），再将决策的职能分解，各层级的组织成员各司其决策职能。

组织的分析研究工作大多侧重于"横向"专业化分工，以此作为有组织性的基本特征。例如，卢瑟·古利克在《组织理论札记》一文中写道："业务分工是组织的基础，实际上也是组织存在的理由。"[6]在本书中，我们主要讨论"纵向"专业化，即操作人员和监督人员之间决策职责的划分。我们要仔细探寻，操作人员被剥夺一部分决策自主权，并受到管理人员控制和影响的原因。

组织的纵向专业化，看来至少有三个原因。第一，在存在横向专业化的条件下，纵向专业化对于协调操作人员的行动至关重要。第二，横向专业化使操作人员能在执行任务的过程中培养更多的专业操作技能，纵向专业化同样也能保证在决策制定过程中，培养出更多的专业决策技术。第三，纵向专业化让业务人员对自己的决策负责：对企业组织来说，是向董事会负责；对公共机构来说，是向立法机关负责。

协调

团队行为不仅要求采取正确的决策，而且要求所有团队成员都采取一致的决策。假设有 10 个人想合作造一艘船，如果他们各执己见，又不沟通各自的工作计划，制造出来的船恐怕不能航行。反过来，即使他们采取的设计方案很平庸，但如果大家全都遵照这同一个方案行事，成功的概率可能更高一些。

通过行使职权或施加其他形式的影响，我们可以将决策职能集中化，制订一个总作业计划，来协调控制所有组织成员的行动。这种协调，既可以是程序性协调（程序协调），也可以是业务性协调（业务协调）。程序协调指的是组织本身的具体规定，也就是对组织成员行为和关系的概括性描述。程序协调构造出了权威关系的链条（权威链），描述了每个组织成员的行动范围。而业务协调则指定了组织成员的工作内容。例如，对汽车厂来说，组织结构图是程序协调的一个方面，而正在制造的汽车引擎装置的蓝图是业务协调的一个方面。

专门技术

为了发挥专业操作技能的优势，我们必须将组织的业务工作细分，由具备某种特定技术的人参与执行需要该种技术的所有过程。与此类似，要发挥决策专长的优势，我们就必须对决策职责进行分配，安排具备某种特定技能的人制定需要该种技能的所有决策。

决策的细分，比操作的细分更复杂；因为，虽然让一位工人的敏锐眼力与另一位工人的稳当手法结合起来，以保证某项具体操作达到更高的精确度通常是不可能的，但是为了改善某项具体决策的质量，而把律师的知识与工程师的知识结合起来，却往往是可能的。

职责

以权威的政治性和法律性为主题的作家一直强调，组织的主要功能就是强制组织成员共同遵守组织或组织权威人士制定的规章制度。下级人员的权力，受到高层管理人士制定的政策限制。坚守职责是关键，同时纵向专业化的目的，是要保证对管理者施行立法控制，留给管理人员足够的行政自由裁量权，处理那些立法机关的外行人士无法胜任的技术问题。

组织影响模式

组织上层制定的决策，若不向下层传达，就无法影响操作人员的行为。要对这一过程进行考察，就必须研究影响操作人员行为的方式。这些影响大致可以分为两类：①培养操作人员自身的态度、习惯和精神状态，引导他制定出对组织有利的决定；②强迫操作人员接受他人制定的决策。第一类影响方式，是对员工谆谆教诲，树立员工的组织忠诚度，引导员工关注效率，一般地说，就是对员工进行培训。第二类影响，主要是通过行使权力、提供咨询和信息服务的方式来施加。这种分类法可能遗漏了某些影响方式，也可能出现功能重叠之处，但是这里只不过是进行介绍而已，稍后会深入讨论。

现在的讨论比上一段的讨论有所扩展，因为我们现在讨论的组织影响对象，不仅包括操作人员，同时还包括组织中的所有的决策者。

权威

管理学者已经对权威的概念进行了详细透彻的分析。本书将采用本质上与巴纳德提出的定义[7]相同的权威定义。下属只要允许上级监督人员通过制定决策，指导自己的行为，而不独立审查该项决策的优劣，就可以说他接受权威的控制。上级监督人员在行使权威时，并不奢求下属会心悦诚服，而只想得到下属的默许。当然，权威在实际行使过程中，往往会自由混用各种建议和说服手段。

虽然权威的重要职能之一，就是在出现意见分歧时，能保证决策的制定和顺利的执行，但是对权威专断性的强调可能还是过分了。无论在什么情况下，如果上级人员过分行使职权，超越了下属所谓的"接受范围"[8]，就会导致下属不服。接受范围的大小，取决于让权威生效的保障手段或约束力。"保障手段"或"约束"在这里必须从广义上去理解。因为像共同标的、习惯、领导等积极和中性的刺激因素，在保证权威的接受方面，至少和物质或经济惩罚的威胁同等重要。

因此，按照我们这里的定义，在组织当中，权威行使的方向既可以"向下"，也可以"向上"和"横向"。例如，一个经理如果让秘书决定如何摆放文件柜，而且没有重新审查其决定的优劣就接受了他的建议，那么就说，这个经理接受了该秘书的权威。但是组织结构图所表示的"权威链"的确有特别的重要性。当人们无法就某特定决策达成共识时，为了结束争论通常求助于这类正式的权威关系。由于这种上诉式的权威行使方式，一般要具备保障手段才能生效，所以组织中的正式权威结构，通常与人事任命、惩罚、免职等有关。在组织日常工作中，正式权威链往往还有非正式权威关系作为补充。正式的层级结构，在很大程度上是为解决争端而准备的。

组织忠诚

有组织团队的成员往往有认同该团队的倾向，这也是人类行为的普遍特征。在决策制定过程中，组织成员在组织忠诚的引导下，从其行动给组织带来的后果的角度，评价各种备选行动方案。如果一个人赞成某一行动方案是因为"对美国有利"，那么他就是认同了美国人；如果他赞成某行动方案因为能"促进伯克利的商业"，那么他就是认同了伯克利人。而民族忠诚和阶级忠诚在现代社会的结构中具有根本重要性。

我们特别感兴趣的管理研究主题是，对管理型组织或其某分部的忠诚。在军队管理中，这种认同的传统标志就是部队的战旗；而在市政管理中，忠诚常见的证据就是人们大声疾呼："我们单位急需资金！"

这种认同的现象，或称为组织忠诚的现象，执行着一项非常重要的管理职能。如果管理者每次面临决策时都必须根据人类所有价值去评价决策，那么管理就不可能存在理性。如果他只需要按照有限的组织宗旨来考虑决策，他的任务才处于人力所及的范围。所以，消防员可以全力关注火灾问题，卫生官员可以一心关注疾病问题，他们无须考虑其专业工作范畴以外的不相关问题。

此外，若管理者要对自己的决策负责，这种全力关注有限价值要素的做法，几乎是必不可少的。当上级正式指定组织目标时，也就给定了管理者制定决策的主要价值前提，只需实现这些指定目标。如果让消防部门主管考虑人类的所有价值——他可能认为公园比消防卡车更重要，从而将消防部门改成娱乐部门，那么组织将一片混乱，职责也不复存在。

但是，对组织的忠诚也给我们的管理工作带来了一些困难，不容小觑。认同引起的主要不良后果，是在该组织成员认同的有限价值与其他单位价值之间必须做出权衡的情况下，它会妨碍受习惯束缚的组织成员做出正确的决策。这也是造成大型管理型组织特有的部门之间竞争和冲突的主要原因。由于组织成员不把自己与整个组织视为一体，而是认同组织的某个部门，所以当自己的部门和整个组织发生利益冲突时，他会认为前者比后者更重要。这个问题在"家政服务"机构里表现得非常明显。往往在迫使该种机构按标准程序行事时，该种机构的辅助性和便利性主旨就被抛在脑后了。

组织忠诚还导致了另一个困难，就是几乎所有部门的领导都无法胜任本部门与其他部门之间资金需求的平衡工作。所以，我们有必要建立一个不受"认同"这一心理偏见影响的预算中心机构。在管理层级中所处的等级越高，管理者要考虑的社会价值范围就越广，评价上的偏见就对他越有害，管理者摆脱狭隘认同观念的束缚也就越重要。

效率准则

我们都已经知道，行使权威和培养组织忠诚，是组织对个人价值影响的两种主要方式。那么作为个人决策基础的事实情况又如何呢？在很大程度上，这取决于任何理性行为都暗含的一个原则：效率准则。从广义上说，有效率无非是指采用最短的路径、最廉价的手段达到预期标的。效率准则不关心要达到什么标的，它对于价值问题完全持中立态度。任何管理机构成员的决策都会受到一个重大的组织影响，就是要遵守"有效率！"的训诫；至于判断决策是否"有效率"，则是审查过程的一项重要职能。[9]

建议和信息

我们以上讨论的都是正式的组织影响，其实组织成员还受到许多非正式的组织影响。我们也许可以很现实地将这些非正式影响看成内部公共关系的一种形式。因为，除非组织内部存在足够的沟通渠道传输颇有说服力的信息，否则谁都无法担保，在组织此处发布的建议一定会在彼处发挥作用。在总部管理机构中普遍存在着一种误解，就是认为内部咨询功能无非是准备言简意赅的解释性公告，并保证准备好适当份数，发送给适当的"传递者"。让总管理机构叫苦不迭的是，这些公告在发布之后，常常尚未对操作人员的实际工作产生影响便夭折了，其死亡率比任何灾难造成的死亡率都高。

信息和建议在组织中的流向不只是自上而下的，还是全方位的流动。与决策有关的许多事实依据有稍纵即逝的特点，只有在决策时刻才能完全确定，而且往往只有操作人员才能确定。例如，在军事冲突中，掌握敌军兵力的部署至关重要；这种情报稍纵即逝，而且往往最先由下级人员掌握。军事组织已经发展了一套十分精细的程序，用来向无法亲自猎取有关情报的决策者，传递与决策有关的一切事实信息。

培训

与我们讨论的其他影响方式不同，培训这种组织影响方式，如组织忠诚和效率准则一样，是"自内而外"地影响组织成员的决策。也就是说，培训会让组织成员依靠自己的能力做出满意的决策，而不需要无休止地行使权威或提出建议。从这个意义上说，在对下级决策进行控制的手段中，用培训来替代行使权威和提出建议是可行的。

培训可以是在职培训，也可以是职前培训。当拥有一定学历的人被委以某种职务时，该组织依赖的是职前培训，它是保证他们制定正确的工作决策的主要依据。培训和员工权限范围之间的相互关系，是设计管理型组织的过程中必须考虑的一项重要因素。通过对下级人员进行培训，使他们在减少监督的情况下依然能好好地工作，这往往能最大限度地减少某些评审过程，甚至完全免除。同样，在起草特定职位申请人必备的资格时，也应该考虑通过招收半熟练的员工，为他们进行特定工种培训的方式，来降低人事费用的可能性。

只要相同要素在大量决策中反复出现，培训就适用于决策过程。培训有如下功能：可以向受训者提供处理决策所需的事实要素；可以向受训者提供思维的参考框架；可以向受训者传授"公认的"解决问题的方法；可以向受训者灌输制定决策所依据的价值观。

组织的均衡

接下来我们可能要问，个人接受这些组织影响的原因何在？他为什么要根据组织对他的要求来调整自己的行为？为了理解个人行为如何成为组织行为系统的一部分，我们有必要研究一下，组织中单个成员的个人动机与组织活动目标之间的关系。

暂且以企业组织为例，参与者可以区分为三类：企业家、员工和顾客。[10]企业家的独特特征是，他们的决策最终控制着员工的行动。员工的独特特征是，他们向组织贡献其（无差异的）时间和精力，以换取工资报酬。顾客的独特特征是，用金钱换取组织的产品（当然，现实世界中的任何人都可以同一个组织发生多种关系，例如，某红十字会的志愿者，实际上具有员工和顾客的双重身份）。

每一类参与者参与组织活动时都有其个人动机。若对这些动机进行简化，并采用经济理论的观点，我们可以说，企业家追求利润（收入超出费用的盈余部分），员工追求薪水，顾客寻求（以某种价格）用金钱换取中意的产品。企业家通过与员工签订劳动合同，获得支配员工时间的权利；通过与顾客签订销售合同，获得用于支付工资的资金。如果这两种合同对组织足够有利，企业家便获得利润，更重要的是该组织便得以继续生存。但是如果签订的合同对组织不利，企业家就无法吸引其他参加者继续与他合作，甚至他个人也失去了继续在该组织开展工作的动机。总之，除非诱因与利益在某一活动水平上能实现均衡，否则组织将无法继续生存。当然，在任何一个真实的组织中，除了上述的纯经济动机以外，企业家的行为还取决于其他许多动机，如威望、信誉、忠诚等。

在上述组织中，除了参与者的个人目标外，还存在一个或多个组织目标。比方说，制鞋厂的目标就是制鞋。这是谁的目标？企业家的、顾客的还是员工的？一旦否认这个目标属于其中任何一个个体，就会出现"群体心理"，即脱离个体构件的有机实体。其实，真正的解释简单得多：组织目标是所有参与者的间接个人目标。它是组织参与者联合行动来实现各自不同的个人动机所采取的手段。经营鞋厂的企业家，正是靠着雇用工人制鞋并售出才获得利润；员工正是通过接受企业家的指挥去制鞋才得到薪水；而消费者正是靠购买成品鞋，才从组织获得了满足感。由于企业家追求利润，而且他能在员工的接受范围内控制员工的行为，所以他理应以"尽可能高效率地制鞋"为准则来指导员工的行为。因此，只要他能控制组织行为，就可以将效率准则定为组织行为的目标。

我们应该注意到，顾客的诸目标同组织的诸目标有着相当紧密和直接的关系；而企业家的目标又同组织的生存紧密相关；但员工的目标同这两者（组织的目标和组织的生存）并没有什么直接关系，只是由于他们存在一定的接受范围，才被安排到组织计划中去。即使我们承认不存在纯粹的"企业家""顾客"和"员工"，即使为符合各种志愿组织、宗教团体和政府机构的要求需要对上述计划进行修改，我们依然通过这三类角色的存在来识别管理型组织行为的特点。

本书的安排

本章提出了本书的探讨框架，介绍了后面各章的内容梗概。下面我们依次简要介绍后面各章的论题，来结束本章的内容。

第2章从某种意义上来说也是引言。写作本书的部分原因在于，本人对现有管理理论文献中所谓的"管理原则"深感不满。在第2章中，我对这些原则进行了批评分析，指出了它们的不当之处，并指出让这些管理原则沿着本书提出的线索发展的必要性。

在第3章里，恰当地说，分析了管理决策中的价值问题和事实问题所起的作用。第4章紧接着描述了贯穿全书的概念工具，用来刻画和分析包括管理型组织行为在内的社会行为系统。

第5章考察个人在组织中的心理问题，以及组织影响成员行为的方式。第

6 章根据前面提出的线索，把组织看成由维持某种均衡的个体组成的系统。第7 章详细地分析组织中权威和纵向专业化的作用，以及使纵向专业化生效的组织过程。第 8 章研究传送组织影响力的沟通过程。第 9 章详细论述效率概念。第 10 章仔细考察组织忠诚或认同的概念。

第 11 章以管理型组织结构的综述，以及对于管理理论研究所面临问题的讨论，来结束本书。

评论与延伸

我在本评论与延伸中，将对第 1 章讨论过的几个主题进行扩充。首先对制定决策的组织性质稍加解释。然后讨论组织与市场在协调现代工业社会中的行为上分别发挥的作用。接着引入计算机对组织造成的冲击及未来对组织的影响这一主题，这在以后诸章将进一步讨论。再下来，更深入详细论述本章引入的决策"纵向"专业化。最后，简要评论一些组织研究和组织理论的发展路线，特别是从《管理行为》初版以来，在决策制定过程方面的相关发展。

组织与个性

近年来，组织方面的著作出版得不多。大型组织，尤其是大型公司和庞大的政府机构，被指责为患有五花八门的社会病，包括员工、经理和行政管理人员与其工作和社会的普遍"疏离"，从而导致"官僚主义"和组织无效率。我们在以后章节将会了解到，目前还没有经验证据表明，当今的疏离或无效率状况比过去的时代和其他社会更为普遍，"疏离的病根在于组织"这种说法也毫无根据。不过，这类批评还是有一个优点：它很严肃地看待组织，并且承认组织确实影响着组织成员的行为。

管理者们常常表达出另一种截然不同的对组织持怀疑态度的观点，即真正重要的不是组织，而是组织里的个人。我敢肯定，这样的话你听过很多次："我曾经认为组织很重要，但是现在，我认为个性问题重要得多。重要的是组织里的人。一个人如果有魄力、有才华、想象力丰富，几乎能胜任任何组织的工作。""个性"无疑是一个有用的概念。但是，个人特征对组织绩效非常重要，并不意味着组织特征就无关紧要。人类各种事务构成的复杂世界并不是按照简单的单变量主导方式来运作的。

而且，个性也不是凭空而来的。一个人的语言不可能不受其父辈语言的影响；他的态度，同样也无法摆脱其同事和教师的影响。一个人，如果成年累月在组织的某个特定岗位上任职，同他人交往，受他人保护，其知识、信仰、志向、希望、欲求、兴趣、忧虑、打算等，绝不可能不受到他人的深刻影响。

如果组织无关紧要，如果我们只需要个人，那么为什么还要坚持给个人设岗？为什么不让每个人自己设置适合自己能力和素质的岗位呢？当上司的创造才能尚未被组织激发出来时，人们为什么还必须叫他老板？最后，如果我们必须授予管理者一定程度的权威才能将他的个人素质转化为有效影响力，那么其他人的组织方式将在多大程度上影响此种转化呢？

这些问题的答案都很简单：组织是重要的。首先，因为组织提供了塑造和培养个人素质和习惯的大环境（请特别参考第5章和第10章）；其次，因为组织为各负责人提供了与其职位相应的对他人行使职权施加影响力的手段（请特别参考第7章）。最后，因为它通过建立沟通渠道，确定了决策制定和实施所需要的信息环境（请特别参考第8章）。我们如果不理解经理或行政官员工作的组织，就无法理解他们的"投入"或"产出"。他们的行为及其对他人的影响，是组织状况的函数。

"组织"的含义

忽视经理人员（或行政管理人员）行为中组织因素的这种趋势，根源在于人们对"组织"的误解。不少人以为，组织是组织图，或职位说明和正式程序的详细手册所体现的东西。组织在图表及手册中的样子不像居民住宅，而像是根据某种抽象的建筑逻辑设计出来的一排排井然有序的小隔间。大型公司和政府机构组织部的制图或编写手册行为，加强了组织这种古板概念的印象。

在本书中，组织指的是一群人彼此沟通和彼此关系的模式，包括制定及实施决策的过程。这种模式向个体成员提供大量决策信息，许多决策前提、标的和态度；它还预测其他成员目前的举动以及他们对某个体成员言行的反应，并向该成员提供一系列稳定的易于理解的预期值。社会学家将这一模式称作"角色体系"。我们关心的是"组织"这种角色体系的形式。

经理的行为，许多都是对组织的日常业务发挥主要的短期作用。经理制定的日常决策范围包括产品定价、原材料采购合同、工厂选址、雇员不满情绪等。每项决策，都有直接解决目前面临的特定问题的作用。不过，决策流（包括拒绝做决定的决策）形成的最重要的累积效应，是可以对经理所处组织的行为模式产生影响，达到滴水穿石的效果。例如，如何订立下一个合同？是经理人员干脆自己亲自办理，还是交由下级订立？订立合同之前，要完成哪些准备工作？有哪些合同订立指导原则？下一个合同办好之后，后面十个、百个合同又如何处理呢？

每一位经理（或每一位行政长官）在制定决策和采取行动时，都是一边关注目前的决策事务，一边展望此决策对未来模式的影响——也就是关注此决策对组织造成的后果。

组织与市场[11]

要讨论组织对人类行动的协调作用，不能不谈到现代社会另一种强大的协调机制：市场。事实上，目前流行诋毁组织，而赞美市场是经济和社会整合的理想机制。在现代工业经济体制中，市场作用的确比中央计划有效。然而俄罗斯甚至美国的经验显示，只有在健全的基础结构下，特别是在实施高效管理的企业公司和其他组织的环境下，市场才会有效地发挥作用。市场与组织相互补充，缺一不可。

外星来客可能非常惊讶我们把社会描述成市场经济。它们可能感到好奇，为什么我们不称之为组织经济？毕竟，它们观察到各组织的内部，集中着大批人在工作。它们遇见了大型的企业、政府机构和大学。它们也知道工业化社会中80%以上的工作者，都是在组织内活动，只有少数员工才直接与市场联系。天外访客可能会提议说，我们至少应该把我们的社会称为"组织兼市场型"社会。

新古典经济学是在"厂商理论"的基础上处理组织的。可是经济理论中的厂商只是一个骨架式的抽象概念，它基本上就是一个"企业家"，目标就是通过选择产量和价格，努力实现厂商利润最大化，他使用生产函数（说明投入和产出的关系）和成本函数（把投入和产出作为产量的函数）来分别确定产量和价格。这种理论不涉及厂商生产函数蕴含的技术，支配经理及员工制定决策的动机，或导致利润最大化决策的过程。特别是，它不过问厂商内的当事人如何获得决策必需的信息，不管他们如何进行必要的计算，甚至连问题的症结所在，即他们究竟能不能制定出符合"效用最大化"或"利润最大化"要求的那种决策，它也不理会。经济学理论中的"企业家"与积极创业和探索新路径的创新者截然不同，他只在固定的框架下制定静态的决策。

本书的许多篇幅，都用于补充和修正上述这种对组织无力的描述。本书从第4章和第5章开始，主要关注人们的实际决策制定方式，以及有限理性（知识及计算能力的限制）如何影响人们的决策制定过程。其他各章，特别是第6章和第9章，试图解释如何激励组织成员采取有利于组织目标的行动，以及他们如何形成组织忠诚。

近年来，有人打着"新制度经济学"的旗帜，试图在经济理论中为现实组织找到一席之地。新制度经济学的关键观点是：把多数组织现象只看成是另一种市场行为，即员工与雇主间相互的市场关系。这种观念关注于雇用合同。新制度经济学试图通过分析雇用契约及其他个人与组织之间的各类隐性或显性契约，来解释组织的运作方式。

这种方法相比它取代的骨架式抽象概念的确有所改善，但是也有很大局限。事实上，支配我们所有组织员工行为的因素，不仅包括个人短期利益的目标，而且在相当程度上还包括为实现组织目标做贡献的意图。组织成功运作的必要条件是，在绝大部分时间里，大多数员工处理问题、制定决策时，不只考虑到个人目标，还会考虑到组织目标。无论组织成员的最终动机是什么，组织目标都必须在员工和经理的目标规划中占据重要地位。

新制度经济学试图解释产生上述动机的原因，它认为权威及对良好业绩的奖励使雇用合同生效。不过众所周知，"奖惩制"本身只会导致最小化的生产行为。因此，现实的组织理论，必须解释形成组织标的的其他动机来源。我们在以后各章讨论组织忠诚的本质和心理根源时，会深入讨论激励主题。

决策与计算机

本书初版发表的时间，稍晚于第一台现代电子计算机的诞生日，但比计算机在管理上最一般的应用还要早出好多年。尽管计算机现已广泛应用于组织工作中，但是我们在很大程度上，仍旧生活在原始的计算机发展阶段。也就是说，我们现在只不过是用计算机去实现以前计算器和打字机同样可以执行的功能，只不过比以前速度更快、成本更低。除了现已被广泛运用于运筹学的线性规划技术和人工智能专家系统的一些中层管理决策领域外，计算机只是稍稍改变了管理决策过程和组织设计的形态。

不过，我们必须对那种从过去推测未来的方法持谨慎态度。汽车在问世之初影响力也非常微弱：它只不过是承接了从前马车完成的任务。当时几乎没有任何迹象表明，它以后会对整个运输系统，实际上是对整个社会造成巨大的影响。郊区化、移动住宅、家庭远距离度假等，这只是几个比较显而易见的例子。

我们到现在也已经知道了，计算机绝非巨型计算器，它对我们这个社会的意义远比计算器重要得多。[12] 不过，它的重要性才开始显现出来，十年前个人电脑的出现可能是一个关键的转折点。有一种方式可以猜测计算机能够承担的重要的新任务，那就是仔细审查对计算机的多种比喻。第一，计算机是一个功能相当强大的数字计算器。特别是在工程及科学上，计算机的数值运算成果不凡。不过，随着计算机威力日益增加，我们还会发现其许多新的用途。第二，计算机是一个大型记忆库。我们才开始探索（例如在互联网上）应该如何组织大型数据库才能选择性地访问，以便降低抽取其中蕴含的与特定任务相关信息的成本。

第三，计算机是专家。在如医疗诊断、工程设计、下棋、法律搜索以及越来越多的应用领域上的表现，它能够达到人类专业水准。第四，计算机是全球通信网络核心，是信息高速公路。每个人现在几乎瞬间就可与"任何人"通信。第五，计算机为一个巨型头脑，能够思考、解决问题，还能做出决策。我们持续寻找计算机能发挥重要作用甚至有时包揽一切工作的新决策领域：信用风险评估、基金投资、生产安排、公司财务问题诊断等。

由于计算机有能力输出大量的信息，所以我们很容易得出错误结论：更好地利用计算机的主要条件是，提升其信息储存和信息扩散的能力。其实正好相反，计算机的发展史给我们最重要的教训是：信息不再稀缺或迫切需要加强扩散，现在的世界与过去不同，信息极其丰富。

我们热衷于无限量信息的全球网络化，有时就忽略了另一种新的稀缺已经形成的事实：就是人类对流入信息关注时间的稀缺。信息革命使每个人能在组织中或世界范围内散播的信息量成倍增加；然而每个人每天拥有的时间没变，可用来消化信息的时间也没能增加。因此，组织沟通系统设计的主要要求，并不在于降低信息的稀缺度，而在于让人与信息的洪流搏斗，并找到时间关注与任务最相关的信息——只要我们能在信息系统包含的无关信息的泥沼中迅速找到出口，任何事情都是可能的。

我们在第8章及其评论与延伸中，将探讨在这个不缺乏信息，却缺少关注信息的时间的世界里，沟通及组织设计所面临的问题。在本章的评论与延伸中，我们会解释为何第一代甚至第二代管理信息系统及管理决策辅助通常表现平平，并且简单描绘未来可能采取的更有效的信息系统形式。

"垂直"决策制定：决策过程剖析

第1章正文提到"垂直"专业化，即操作人员和监督人员之间决策任务的分工。本章也指出，将决策任务细分成多种组成要素的划分，比上面深入得多。任何重要决策都依据大量事实（或对事实的推断）、种种价值观、边界条件和各种约束条件。我们可以把所有这些事实和价值，当成最后决策的前提——就是投入到最后制定出决策的装配过程的原材料。

有形产品的制造过程可在大量专业化部门完成：依次进行原材料转化、最终产品元件的生产、元件装配以及产品的最后处理。同样，决策可以先分为各种元件，每种都分别由专家及专业团队制造，最后再组装成一个协调的整体。因此，制定新产品投入市场的决策，可能需要下述专家主动提供事实证据与目标：设计工程师（改善产品或降低成本）、制造工程师（由重新设计简化制造过程）、营销专家（预测潜在市场的规模和特性）、财务专家（设计新工厂的融资方案）、法律专家（确认潜在的专利问题、产品责任）等。本书中，我们使用决策前提来表示决策制定过程中的事实要素及价值要素，该过程包括事实搜寻、设计、分析、推理、谈判，所有步骤都适合采用大量"直觉"判断甚至猜测。

组织功能的主要任务是，首先确定提供各种决策事实前提的知识的所在位置。然后再确定，能可靠地向哪些职位分配责任，确定该组织要实现的目标以及决策必须满足的约束条件和边界条件等。设计将各种决策前提组合成决策的有效过程，同设计组织产品的生产和分销的有效过程一样重要。本书用许多篇幅来处理各种决策前提来源的识别及其装配过程的追踪。

组织的社会学及心理学

有时会有人问：从决策制定过程的角度来分析，组织是属于"社会学"范畴，还是属于"心理学"范畴？这个问题，就像问分子生物学究竟是生物学还是化学一样，有点奇怪。这两个问题的正确答案就是："两者都是。"《管理行为》从组织参与者的决策行为的角度来分析组织，但正是围绕这一决策行为的组织系统赋予了它自身的特色。组织成员的角色是通过他们认同的目标来塑造的，而成员对目标的认同，很大程度上又取决于他们在组织中的位置以及组织的沟通模式。

角色的概念，提供了人类行为的标准社会学解释：船长之所以要与沉船同归于尽，是因为他认可自己的船长身份，而且这也是我们的社会文化对船长角色的要求。然而，我们采用"决策前提"而不采用"角色"来描述组织行为还有一个原因，"角色"作为戏剧用语，本意所蕴含的行为模式太具体了。譬如母亲不会照剧本念台词，她的角色行为适合并取决于她所处的情境。而且，在扮演某种社会角色时，还要留有个体差异导致变动的空间。

如果我们把社会影响看成对各种决策前提的影响，那么角色论的难题就迎刃而解了。角色（或身份）是对个人制定决策时依据的某些前提的具体说明，而不是全部前提。除了角色前提之外，同一决策中还包括许多其他前提，包括信息前提及由于个性差异所表现出的个性化前提。对某些目的而言，只要了解角色前提，就足以预测其选择方案。而对有些目的来说，信息等前提才是关键。

除非把前提当作基本单元，否则角色理论就会犯一个与经济理论正好相反的错误，即不给理性留任何余地。如果一个角色就是一种行为模式，那么该角色从社会的观点来看的确可以发挥作用，但是该角色的扮演者不可能拥有理性，甚至没有个人意愿，因为他纯粹只是扮演自己的角色而已。另一方面，如果说一个角色处于价值前提和事实前提的具体规定下，那么该角色的扮演者往往为了合理利用事实来实现价值，不得不思考和解决问题。如果根据前提来定义角色，角色扮演者就能在行动时留有思考的余地，并纳入他的知识、需求和情绪等元素，尽量发挥。

当然，决策分析不是组织研究的唯一途径，这与生物化学不是生物研究的唯一途径道理一样。有许多研究者，特别是社会学家，喜欢考察比较全面的组织特征，并考察这些特征与组织规模和组织环境等变量的关系。这类研究工作在组织研究中占有重要地位，但是，我们最终还是希望找到各个研究层次之间的联系。如果不同行业的组织（如钢铁公司和广告代理商）呈现明显不同的结构特征，我们当然希望根据决策制定要求上的基本差异来解释结构特征的差异。而要求上的差异，又会体现组织运作环境的差异。

组织中的决策制定，不是在个体的思想中孤立进行的。相反，某一成员的产出，是另一成员的投入。该过程在每一步都要吸收利用员工记忆、组织的数据库和计算机程序存储的知识和技能库。由于此相互关联性的存在，又有丰富的半正式沟通网络支撑，所以决策制定就是一个有组织的关系系统，而组织化只是一个系统设计的问题。读者可以自行决定本书是属于"心理学"还是属于"社会学"，也可以认为这个问题根本无关紧要。老实说，我觉得这个问题无关紧要。

组织及组织理论的发展状况

本版各章后增添的评论与延伸有一个主要功能，就是讨论组织的演变，以及自从本书初版以来组织理论发生的变化和目前的进展。当然，理论的变化与组织的演变是完全不同的两个事物，即使没有后者，前者也可能发生，反之亦然。总之我们要区分这两项，而且任何时候都要弄清楚我们讨论的究竟是哪一项。

组织理论的"学派"

组织理论的研究常把各著作根据"学派"分类。最近出版的一本组织论文集[13]，区分八大组织理论"学派"：古典学派；新古典学派；组织行为学派（又称为人力资源学派）；"现代"结构学派；系统学派、权变管理学派、人口生态学派；多重构成或市场组织学派；权力与政治学派；组织文化与象征管理学派。我们从这种分类中能得到什么结论呢？

科学领域的"学派"之分是一种过时的观念，在管理学和组织理论领域已经没有多大意义。生物学或地质学没有什么学派，只有专门领域的知识与理论，例如生物学分为分子遗传学、细胞生物学、发育生物学和种群遗传学，地质学分为地球物理学、古生物学、海洋学和石油地质学等。这些领域并不是相互冲突的理论学派，而是将各种理论学派的观察现象及理论知识分别集合在一起，并将各个集合体充分分隔出来，让我们至少为了达到许多目的独立地审查各个集合体，找出它们之间的关联性，确定它们在更大的体系结构中所处的合适位置。

某一学科的各种理论的确在逐渐发生变化，不过在某个给定时点，只有几种前沿理论属于猜测和争论的焦点。而且，科学的进步一般都不需要颠覆重大理论。通常的情形是，在稳定累积的情况下，随着新事实的组合及新现象的出现，不断强化、扩充和修正原有的理论。即使像相对论及量子力学这样伟大的"革命"，也没有取代牛顿力学和麦克斯韦的电磁方程式组在物理理论上的关键地位。

在前述各组织理论"学派"的发展过程中，我没发现概念上有任何"巨大突破"，不过倒看到了由于仔细观察和实验，我们不断取得了实质的进步。譬如说，所谓的新古典理论（夏弗利兹和奥特把本书归为新古典理论派的范例），的确曾经对古典理论过于一般化的"规律"提出质疑，并建议从决策制定的角度进行组织分析。这种观念有点新奇，但绝不是全新的观念。不过，如果比较《管理行为》与在它前后出现的各种理论，就会发现，权威层级（权力层级）及组织部门化的模式仍然是组织理论的核心概念。第 2 章的后半部分也将进一步阐明，这两个概念至今仍保持着中心角色的地位。

譬如说，"现代"结构组织理论和权变理论都还继续考察部门化。前者探讨纯层级和统一指挥（已经受到"新古典"学者的质疑）的备选方案，从而提出诸如矩阵组织及项目组织等组织形式。权变理论从本书第 2 章的"谚语"讨论开始，继续探讨如何根据技术、市场和组织其他环境来确定部门化的方式。

　　同样，如果我们把组织定义为"在向组织参与者提供的'诱因'和他们做出的'贡献'之间取得平衡而维持的复杂的相互作用结构"（此概念由巴纳德首创，本书第 6 章将进一步扩展，也可以参考其他"新古典学派"的著作），那么诸如系统、多重构成、权力与政治、组织文化等概念，都可以很自然地从组织这个概念推导出来。特别是组织文化的主张与象征性组织理论，从"诱因－贡献网络"及其产生的"组织认同"的角度进一步发挥本书讨论的观点。

　　我们也可以对最近文献中引进的其他术语进行类似的比较。我强调这种连续比较，是因为管理理论各种术语的数量远超过了术语指代的新概念的数量，而且空洞的居多，这对学生会造成极为不利的影响，可能把原本非常直接的东西弄得更加复杂混乱。孔子非常重视"正名"，所以我们该多"正名"，而不应该制造许多名目，不管概念用在什么地方，都使用相同的术语。如果能这样，我们就可以从单一概念框架来发展组织理论，而不需要独立出所谓的八大组织理论"学派"了。所以，我偏爱本书中概念框架的描述方式，不过更重要的是，我们在建立一门科学时，要学会采取积累的方式，而不是像现在这样百家争鸣、各取其是。

组织的演变

　　我在以前曾经说过，如今的组织成员不会对 2000 年前的组织和未来的组织感到全然的陌生。然而，最近这种观点受到了挑战，特别是受到认为现代电子计算机及通信网络的出现是工作和组织的本质发生重大革命的先兆的那些人的挑战。[14] 这种新观点多数关注的都是，远距离通信的可行性导致共同工作场所的瓦解，从而改变了工作和组织。

　　譬如说，由于组织成员不必被束缚在共同的工作场所来完成工作，所以容易同时接受数个组织的兼职工作，使得工作模式介于雇用与顾问之间，或类似于纺织等行业在工厂制之前所采用的委外制。目前拥有的数据显示出，这种工作模式有一定程度的增加，这肯定对组织的认同及组织忠诚有重要的意义。

　　有一个相关观念就是，由于通信的简化，无论组织成员身处何地，都可以让更多成员参与制定决策和解决问题的过程。这种观念已经导致了"组件"形式的新产品的诞生，所谓组件，就是可以让组群人员更简单地共同工作、合作创作报告和类似产品或共享访问共同数据库的路径的电子软件。网络化当然不必局限在一个组织里，它还可以促进组织间的沟通和合作（例如电子邮件和互联网）。

另一个相关观念是，新兴的通信网络降低了传统组织层次的重要性：因为信息可以在水平或垂直等全方位上传送。有些观察家认为近期中层管理人员的缩减，是因为维持单一的权威和沟通层次不再像以前那样重要了。

网络化并不是所有可预测变化的诱因，有些变化是由于社会对权威态度的改变，以及对传统的权威关系民主化的要求。

这里暂时对这些新发展和展望不做评论，我会在以后各章的评论和延伸中的适当之处，对上述的变化和其他变迁再进行评论。

注　释

1　在这种普遍忽视决策研究的状况中，有两个显著的例外，见 C. I. Barnard, *The Functions of the Executive* (Cambridge: Harvard University Press, 1938), and Edwin O. Stene, "An Approach to a Science of Administration," *American Political Science Review*, 34: 1124–1137 (Dec., 1940)。

2　第 4 章将详细讨论中间目标和最终目标的区分，并说明进行这种区分的必要性。

3　"事实"一词虽然可能产生误解，但由于没有更恰当的称呼，我们还是采用了它。显然，实际决策依据的"事实"通常是对事实的估计或判断，而不是确切无误的事实。由于作者常用"评价"一词来表示这种事实的估计和判断过程，所以加剧了读者概念的混淆。但是读者如果能记住，本书所谓的"价值"是指应当如何（无论必然性大小），而"事实"是指实际如何（无论推测的成分占多大比例），便可避免混淆。

4　这种"有理性的"的定义不够准确，我们在第 4 章将进一步详细地探讨。

5　摘自 MacMahon、Millett 和 Ogden 关于发展工程管理局筹备阶段的论述。看来，在制定基本决策时，在很基本的组织层次上才考虑这种整合的可能性。Arthur W. MacMahon, John D. Millett, and Gladys Ogden, *The Administration of Federal Work Relief* (Chicago: Public Administration Service, 1941), pp. 17–42.

6　Luther Gulick and L. Urwick, eds., *Papers on the Science of Administration* (New York: Institute of Public Administration, 1937), p. 3.

7　Chester I. Barnard, *The Functions of the Executive* (Cambridge: Harvard University Press, 1938), pp. 163 ff.

8　Barnard *(op. cit.*, p. 169) 称之为"无差异范围"，但我喜欢用"接受范围"这个词。

9　关于效率概念的进一步讨论请参考 Clarence E. Ridley and Herbert A. Simon, *Measuring Municipal Activities* (Chicago: International City Managers'Association, 1943)。

10　我们这里遵照巴纳德的观点 *(op. cit.*)，认为顾客是组织行为系统的一个组成部分。他们是不是"组织成员"是个不太重要的术语问题。我们原本可以加入原料供应商，当作第四类参与者，但这样并不会给我们的描述带来任何实质性的新要素。

11　此节内容在 "Organizations and Markets" 部分中有详细论述，请参考 *Journal of Economic Perspectives*, vol. 5, no. 2, Spring 1991, pp. 25-44, reprinted in *Models of Bounded Rationality*, vol. 3 (Cambridge: MIT Press, 1996)。

12　我在 *The New Science of Management Decision* (New York: Englewood Cliffs, N.J.: Prentice-Hall, revised edition, 1977) 中，已经考察了计算机和运筹学中这些方面的进展，以及这些学科对于目前和未来的管理、组织的重大意义。虽然 New Science 已经建刊 20 年了，但仍然还能真实地反映新技术对决策制定的影响力。本书第 8 章的评论与延伸考察了该领域中正带领我们走向未来的连续发展成果。

13　Jay M. Shafritz and J. Steven Ott, eds., *Classics of Organization Theory* (Pacific Grove, Calif.: Brooks/Cole, 1992).

14　推荐两个对这种未来新发展的看法的优秀调查：E. H. Bowman and B. M Kogut, eds., *Redesigning the Firm* (New York: Oxford University Press, 1995); and D.M. Rousseau, "Organizational Behavior in the New Organizational Era, " *Annual Review of Psychology*, vol. 48 (1997), Palo Alto, Calif.: Annual Reviews Inc。

第 2 章

管理理论的某些问题

由于本书的主题和内容与"管理原则"[1]的一般论述相去甚远，因此，也许应当先解释一下这种偏离，描述一下目前理论的缺陷，再说明本书为何要立新说。本章中，我们首先要批判地考察一些"管理原则"，然后讨论如何才能建立一套合适的管理行为理论。因此，本章实际上是为以后各章奠定方法论的基础。

目前流行的管理原则有一个致命的缺陷，就如俗话说的"福无双至，祸不单行"一样，管理原则也总是成对出现。无论对哪个原则来说，几乎都能找到另一个看来同样可信、可接受的对立原则。虽然成对的两个原则会提出两种完全对立的组织建议，可是，管理理论里却没有指明，究竟哪个原则才适用。为了证实这种批评是中肯的，我们有必要简单考察一下某些主要原则。

某些公认的管理原则

在管理文献中，比较常见的"原则"有：

（1）组织内任务实现专业化，就能提高管理效率。

（2）在权力层级上为每个团队成员安排一个明确的位置，就能提高管理效率。

（3）限制权力层级中的任何一处的管理幅度，就能提高管理效率。

（4）为了方便控制，根据目的、过程、顾客和地区来组织工作者，就能提高管理效率（这实际是第一项原则的深化，但应该单独讨论）。

由于这些原则看来相当简单明了，所以把它们用于管理型组织的实际问题时，似乎不会产生歧义，而且它们的正确性也容易进行实证检验。然而，事实并非如此。

专业化

管理效率理应随专业化的增强而有所提高。但是，这意味着专业化上的任何增强都能提高效率吗？如果是，那么下列方案哪一个正确应用了这个原则？

（甲）某护理计划应采用按地区分配护理人员的办法，让分配到某区的护理人员承担该区的一切护理工作，包括学生检疫、走访学生家庭和结核病护理工作。

（乙）该护理计划应采用按职能分配护理人员的办法，即指派不同专业的护理人员，分别进行学生检疫、走访学生家庭和结核病护理工作。现行的按地区分配的一般护理方法，会阻碍医护人员在这三个很不同的项目上专业技能的发展。

上述两种管理办法都符合专业化的要求：第一种是地区专业化，第二种是职能专业化。所以如果要在这两种备选方案之中选择，专业化原则毫无帮助。

看来专业化原则的简单性，是一种假象，这种简单性隐藏着根本的内在模糊性。因为"专业化"并不是一个有效管理的条件，它只不过是所有群体活动的必然特征罢了，而不涉及群体活动是否有效的问题。专业化只是说明，不同的人在做不同的事而已。事实上，由于任何两个人要在同时同地做完全相同的工作，是根本不可能的，所以任何两个人总是在做不同的事。

因此，管理上真正的问题，不是泛泛地追求"专业化"，而是要以特定方式沿着达到管理效率的特定路线去实行专业化。但是，通过重述上述专业化管理"原则"，管理"原则"的内在模糊性已经昭然若揭："以提高管理效率为导向实现组织内部任务的专业化，就能提高管理效率。"

关于在各种对抗性的专业化依据之间如何选择的问题，后面还会进一步讨论。在此之前，我们先考察另外两个管理原则。

命令统一

人们经常认为，把组织成员安排在权威层级中确定的位置上，保证"命令统一"，应该就能提高管理效率。

要分析"命令统一原则"，就要明确地理解"权威"的含义。一个下属，只要允许自己的行为接受他人决策的指导，而不考虑他自己对该决策的优劣判断，就可以说他接受了权威。

从某种意义上讲，命令统一原则与专业化原则一样是无法违背的，因为一个人实际上不可能同时服从两种矛盾的指挥。命令统一若要成为一条管理原则，其内涵必须超越这种实质上的不可能性。也许这个"原则"主张：不要将组织成员安排在接受多头指挥的位置上。这显然正是古利克赋予这个原则的含义。古利克说过下面这样一段话。

> 绝对不能忽视命令统一原则在协作和组织过程中的重要性。人们在建立协作关系时，常常想给具有多方关系的工作者设置多个领导。即使像泰勒这样伟大的管理大师也犯了这种错误，他在设置分别处理机器、原材料和作业速度等的独立工头时，赋予每个工头直接命令单个工人的权力。严格遵守命令统一原则可能有点荒谬，但是如果违反了这个原则，肯定会出现混乱、无效和不负责任的状况。这两种情况相比，荒谬就显得无关紧要了。[2]

当然，命令统一原则如果确实如上述理解，就不能批评它模棱两可了。上面给出的"权威"的定义，还应该明确地检验在任何具体情况下是否都遵守这个原则。应该指出这个原则的真正问题在于，它与专业化原则不相容。权威在组织中最重要的用途之一就是导致决策制定工作的专业化，以便在组织里最恰当的地方熟练地制定每个决策。因此，行使权威使决策制定达到的熟练程度比每个操作人员制定所有决策能达到的更大。单个消防员不需要决定是使用两英寸的水管还是使用灭火器，这是消防官员事先已经替他决定好了，并且以命令的形式将决定传递给他。

但是，根据古利克的说法，如果遵守命令统一原则，管理层级中任何位置上的个人的决策都只受到来自一个权威渠道的影响，如果他的决策需要多个知识领域的专业技术，那么就需要依靠咨询和信息服务，提供组织的专业化模式不了解的领域的那些要点。比方说，学校财务部门一位会计员是某位教员的下属，而且他遵守命令统一原则，那么财务部门便不能就工作的技术和会计层面的事务直接向他发布命令。同样，公共建设部门的机动车辆主管，将不能向消防卡车司机直接发布维护机动设备的命令。[3]

古利克在上面的引述中明确指出了，如果不遵守命令统一原则，将面临的难题会发生一定程度的不负责任和混乱。但是要提高决策需要的专业技术，付出这种代价也许不算太大。决策必需的管理原则，是能让某人能够权衡两种行为过程相对优势的管理原则。但是命令统一原则与专业化原则在裁决争端方面都无能为力，它们只会彼此冲突，而不会指明任何解决冲突的程序。

如果这纯粹只是一种学术争端，大家一般都同意而且也已经证明，在任何情况下都要保持命令的统一（就算会导致专业技术的损失也不例外），一个人就会主张，在两种原则发生冲突的情况下，应该采取命令统一原则。但是议题还很不明确，争端双方也都有专家出现。在命令统一原则的支持方，可以引用古利克等人的权威论断，[4] 而在专业化原则的支持方，有泰勒的职能监督理论、迈克玛亨和米利特的"双重监督"观点以及军事组织中的技术监督实践行为。[5]

可能正如古利克所断言的，泰勒的观念和其他类似观念是"错误的"。如果的确如此，除了上面引述的启发式松散的意见以外，这种论断还从未被整理过或公开发表过。人们在没有任何证据的时候，被迫在同样显赫的两个管理理论学家之间做出抉择。

看来，真实管理实践行为的证据似乎会指明，专业化的需要在很大程度上优先于命令统一的需要。事实上，稍加留意就会发现，古利克所说的命令统一，从未存在于任何管理型组织中。如果一位军舰指挥官接受了会计部门关于正式征用程序的规定，可以说他在这个范围里不受会计部门权威的约束吗？在任何真实的管理情形中，权威都是经过划分的。

为了保持权威划分不与命令统一原则冲突，就要给"权威"下一个与前面大为不同的定义。军舰指挥官员受会计部门约束这一事实，同泰勒提出的，工人在作业安排上服从某一工头，而在机器操作上服从另一工头的建议，本质上是一样的。

命令统一原则若能从狭义的角度来理解，也许就比较站得住脚了：万一两个命令相互冲突，应该有一个下属必须服从的明确人选；保障权威行使，应该强迫下属仅服从某个人的指挥。

虽然这种有限意义上的命令统一原则具有更强的辩解力，可是它能解决的问题却更少了。按照它的意思，单一的权力层级除了解决权力冲突之外，没有其他用途。因此，它没有解决具体组织中至关重要的职权划分（也就是确定专业化方式）以及行使职权的途径问题。另外，即使是这种狭义的统一指挥原则，也与专业化原则相矛盾，因为，一旦真的出现了命令不统一的情况，而组织成员为解决这个难题，转向正式权威链，这时也只有权威层级中体现出的那些专业化分工代表，才能对决策施加影响。如果某市培训部门官员只对警察培训官员施行职能监督的话，那么他同警察局长出现意见分歧时，治安问题的专业知识将成为决定结果的关键，培训问题的专业知识则被推至次要地位，或干脆被忽略了。各职能管理人员常说，他们因缺少权威来行使各种约束或保障手段而屡受挫折。

管理幅度

限制直接向任何组织管理者汇报的下属人数（比如说6个人），应该可以提高管理效率。"管理幅度"遵循狭小的观念不容置疑地应作为第三项管理原则。限制管理幅度的某些理由，属于大家都很熟悉的一般常识，所以无须赘言。但是大家尚未普遍认识到，还存在着一个与之对立的管理谚语，虽然它不如管理幅度原则那样广为人知，但其支持依据同样很有道理。这个谚语就是：

把一件事情执行之前必须经过的组织层级的数目保持在最低限度，就能提高管理效率。

上述谚语是指导管理分析者简化管理程序的基本准则之一。但在许多情况下，这个原则导致的结果，与管理幅度原则、命令统一原则和专业化原则的要求发生直接冲突。现在先讨论第一种冲突。举例说明，某小型保健组织将提出两种备选方案，一个以管理幅度的限制为依据，另一个以组织层次数目的限制为依据。

（甲）由于该部门全部11个员工都直接向保健处长负责，而且有些员工缺乏充分的技术培训，因此该部门目前的组织模式使处长的行政负担过重。因此，性病临床治疗等细节琐事，都要保健处长面面俱到，乃至心力交瘁。

前面已经建议，要安排一名医疗主任来负责性病、胸腔临床治疗及所有的儿童保健工作。另外还建议，指派一名检疫员担任检疫主任，负责该部门的所有检疫工作；还要从护士中选派一名护士长。这样，保健处长就能摆脱大量琐碎的事务，有更多时间对卫生项目进行总体计划和监督，开展健康教育，协调该部门与其他社区机构的工作。如果该部门采用这样的组织模式，就可以大大提高所有员工的工作效率。

（乙）在保健处长和业务人员之间存在一个不必要的监督层，并且 12 个业务人员中最训练有素的 4 位主要从事"非直接作业"的管理职务，这种组织模式导致该组织的低效率和过多繁杂的批复手续。所以，在那些需要保健处长关注的问题要获得其批复的过程中，总是出现很多不必要的耽搁，而且很多事情还要经过审查和复审。

医疗主任应继续负责性病及胸腔的临床治疗和儿童保健工作。但是我们建议取消检疫主任和护士长这两个职位，这两个职位的任职人员只开展日常的检疫和护理工作。而现在，这些工作安排可更有效地由处长秘书来承担。而且由于更多事务涉及政策问题，一般都要处长亲自处理，所以取消那两个职位，将撤销一个完全不必要的审查步骤，并允许扩展检疫和护理服务，而且至少还可以开始准备推荐的健康教育项目。这样直接向处长报告的人数增加到 9 个，但由于除了工作安排及上述的政策问题之外，几乎没有什么事情需要对员工进行协调，所以这种变动实际上不会增加处长的工作负担。

现在就出现了进退两难的情况：对组织成员之间存在相互联系的大型组织来说，限制了管理幅度，必然引起过多的烦琐手续，因为组织成员之间的每次接触都必须向共同的上司汇报。如果该组织很庞大，那么这个过程就包括将所有决策材料经由好几个层次上报到共同上司那里制定决策，然后再以指令或指示的形式下达。这的确是一个烦琐而费时的过程。

另一种方案就是增加每个管理者指挥的人数。这样就减少了中间层次，很快就可以到达管理金字塔的顶部。但是这种方式也会产生困难，因为如果一个管理者同时监督的人太多，他对下级的控制能力就会减弱。[6]

如果管理幅度的扩大和缩小会产生不良的后果，那么最佳选择是什么呢？主张限制管理幅度的人建议，3 人、5 人，甚至 11 人比较合适。但是，他们没有解释选取这些数目的具体论证过程。管理幅度原则本身并没有希望解决这个十分关键的问题。

按目的、过程、顾客、地区来进行组织分工[7]

有人认为，按照目的、过程、顾客、地区来进行组织分工，能提高管理效率。但是，我们在前面关于专业化的讨论中就已经非常清楚，这项原则显然存在内在的不一致性。因为，目的、过程、顾客和地区是相互排斥的组织化依据，无论从组织的哪个层次、哪个单位来看，要得到某种分工方式的好处，就必须牺牲其他三种方式的优点。例如，城市的大多数部门都是依据主要目的进行组织的，因此，医生、律师、工程师和统计学家，都不会分别组成一个完全由本专业人士构成的部门，而会根据专业需要分配到城市各个不同的部门中去。但是这样会失去依照过程进行组织的部分优势。

不过，在重大部门内按过程进行组织，能重新获得这些优势中的某些优势。譬如，公共事业部可以设置工程局；教育局可以设立学校卫生服务部门，作为其下属的主要单位之一。与此类似，在相对比较小的单位里，我们还可以按地区或顾客来划分部门。比方说，消防队可以在城市各区设置独立消防分队，福利局也可以在各区设有救济申请与核实办事处。但是所有主要类型的专业化分工不可能同时实现，因为处于组织的任何层级，都必须决定下一层级的分工，究竟是以主要目的、主要过程为依据，还是以顾客、地区为依据。

目的与顾客之间的选择困难

我们可以用一个保健处组织方式的例子来说明，按目的分工与按顾客分工是如何导致不同结果的。

（甲）为了预防疾病，维持卫生环境，公共卫生管理应包括下述内容：①人口动态统计；②儿童保健——孕育期、出生期、新生期、婴儿期、学前期和学龄期的保健计划；③传染病控制；④牛奶、食品和药物检查；⑤卫生检查；⑥化验服务；⑦健康教育。

让此保健部门为难的一大障碍是，它无权控制归县教委管理的学校卫生工作，因此在市县卫生单位负责执行的统一卫生计划中，上面说到的这个重要部分与其余部分之间几乎根本没有协调。因此，建议市、县与教委举行商谈，把所有学校卫生工作和拨款任务，转交给卫生单位。

（乙）对于现代学校来说，在孩子离家在学校的整个时期，孩子们的健康问题都由卫生部门来负责。卫生部门对他们主要有三大责任：①为孩子们接受技能、知识、品德教育做好准备；②为健康的课外活动提供便利条件；③照顾孩子们的身心健康，保证达到基本营养水准。

使教委为难的一大障碍是，除了在校用餐外，教委无法控制孩子们的健康和营养，因此在教委负责执行的儿童发展计划中，这个重要部分同其余部分之间几乎根本不能协调。因此，建议市、县与教委举行商谈，讨论把学龄儿童的全部保健工作转交给教委。

我们现在又一次陷入了进退两难的困境：要在两个同样有理的管理原则中选择一个。不过，目前的情况下不只包含这一个困难，因为进一步研究还会发现，在"目的""过程""顾客""地区"等关键词的含义上还存在根本的模糊性。

关键词的多义

"目的"一词，可大致定义为一项活动所要达到的目标或终点；"过程"一词，可定义为实现某"目的"的一项手段。这样，执行某一过程就是为了实现某一目的。不过，目的本身，通常会安排成某种层级。打字员移动手指是为了打字；打字是为了撰写信件；撰写信件是为了回复询问。因此，写信是打字的目的，同时，写信也是回复询问这一目的的过程。由此可见，同一活动既可被描述成目的，也可被描述成过程。

就管理型组织来说，很容易举例说明这种模糊性。例如，一个卫生保健单位可被看作以保障社区的卫生健康为任务的目的型组织，也可以被视为运用医术执行任务的过程型组织。同样，教育单位既是目的型组织（为了教育），也是顾客型组织（为孩子们服务）；林业局也是如此，它既可以被当作目的型组织（为了保护森林），又可以被看成是过程型组织（管理森林），也可以被视为顾客型组织（为利用公共林区的伐木者、畜牧者服务），还可以被看作地区型组织（建立在公有森林区）。每当我们选用这些类型的具体解释时，就会发现它们之间的分界线确实非常模糊不清。

古利克说过[8]："主要目的型组织，为的是把所有努力提供某种特定服务的人集中到一个大单位里。"但是，特定服务是指什么？消防是一个单纯的目的，还是它只是公共安全目的的一部分？抑或它包括防火、救火两个目的？思考这样的问题，我们必定得出一个结论，即世界上没有单纯目的这样的东西存在，也不存在单一职能（单一目的）型组织。究竟什么是单一职能，完全取决于语言描述和技巧运用。[9]假如英语中有一个综合性的词汇能包含两个子目的的意思，那么自然可以认为这两个子目的合起来才是单一目的。如果缺少这样一个词，那么两个子目的都应该是单一目的。另一方面，单独一种活动可以为多个目标服务，但由于这些目标在技术上（程序上）不可分割，所以人们就把这种活动当成单一功能或单一目的了。

我们在前面已经提到了目的呈现层级形式的事实，每个子目的都服务于更远、更综合的目的。这个事实有助于弄清目的与过程之间的关系。古利克说[10]："主要过程型组织……趋向于把所有利用特定技能或技术工作的人，或者说把所有致力于特定专业的人，集中到同一个单位里。"我们看看一种简单的技能——打字。这是一种要求肌肉运动符合手段－目的协调的技能，只不过，它在手段－目的层级中的层级很低罢了。打出的信函内容与打字技能无关。这种技能仅仅是信函需要什么字母就迅速打出什么字母的能力。

因此，"目的"和"过程"只有程度上的不同，没有实质上的差别。"过程"就是一种活动，其直接目的就是处于手段－目的金字塔的低层；而"目的"则是各种活动的集合，它的定位价值或宗旨就是处于手段－目的金字塔的高层。

下面我们考察一下以"顾客"和"地区"来作为组织化依据的问题。这两类依据实际上不可能与目的分离，而是目的的一部分。例如，消防队目的的完整陈述必须包括其服务领域，如"减少火灾给某市造成的财产损失"。同理，一个管理型组织的目标，也要从它提供的服务类型和服务领域来表述。通常，"目的"仅指第一要素，而第二要素自然只是目的的一个方面而已。服务区域，当然可以是明确的顾客，也可以是某个地理区域。对一个采取"轮班制"的机构来说，其目的还有第三种要素——时间。例如，在一定时期里，向一定的地区（或一定的顾客群）提供一定的服务。

　　我们的下一个任务，是要用这些术语来重新考察组织工作的专业化分工问题。再用"目的型"组织、"过程型"组织、"顾客型"组织和"地区型"组织来称呼就不太合适了，因为同一个单位根据其所属的上级组织的性质，可以属于上述任何一类。一个在马尔特诺马县向学龄儿童提供公共卫生和医疗服务的单位，①如果它是为俄勒冈州提供医疗卫生服务的某组织的一部分，就可以被看作"地区型"组织；②如果它是向处于各年龄段的儿童提供医疗卫生服务的某组织的一部分，就可以被看作"顾客型"组织；③如果它是某教育部门的一部分，就可以被看作"目的型"或"过程型"组织。

　　把某局说成过程型的局并不正确，正确的说法是，某局是某部内一个过程型的局。[11] 其意思就是，某局集中体现了某部内的某种过程，而不涉及某部的任何子目的、子区域或部分服务对象。一个具体单位集中体现了某种过程的全部，是可以想象的，但是，这些过程可能只与该部门的某些特定子目的有关。例如教育部门内的保健单位，在这种情形下，这个单位按照目的和过程来进行专业化分工，换言之，该保健单位是该部门唯一使用医术（过程）和唯一关心卫生保健（子目的）的单位。

缺乏专业化准则

　　即使解决了如何正确使用"目的""过程""顾客"和"地区"等词的问题，对于在具体情况下，这四个互相排斥的专业化依据究竟哪个才适用，诸管理原则仍无济于事，即不能为解决问题提供任何指导。可是，英国议会下院的全体委员会对此却毫不怀疑，它认为目的和顾客是两个可以考虑的组织化依据，而且特别信赖前者。其他机构也同样相信能在目的和过程两者之间做出选择。推出此种明确结论的论证过程尚待进一步查明。英国议会下院的全体委员会却依照下述唯一理由，做出了它的抉择：

　　　这种（按顾客）组织方法的必然后果就是趋向一种小人国[⊖]式管理。各个部门都必须向社会提供专业服务，因为当其工作局限于为某

　　⊖　小人国出现在英国作家斯威夫特所著的《格列佛游记》中。——译者注

一类人提供多种服务时，与该部门只集中提供社会所需的某一类专业服务，而且不限于某一类人时相比，其服务水准不可能达到后种情况的高度。[12]

这一分析的缺陷很明显。第一，它没有明确某项服务的识别方式。第二，它有一个未经证实的大胆假设。举例来说，这个假设意思是说，一个儿童保健单位若设在儿童福利部里，其提供的服务品质标准不会同把它设在卫生部里"一样高"。它并未解释当一个单位从甲部门转移到乙部门时，它究竟是如何影响（提高或降低）工作质量的。第三，它没有提出任何依据来判断目的和过程这两种冲突主张谁是谁非，只用"服务"这一种含糊的说法将目的和过程都包含在内。在此，我们不必确定该委员会的建议是否正确，重点是，尽管没有任何明显的逻辑基础和经验证据，该建议还是代表了在两个相互冲突的管理原则之间的一种抉择。

在关于选择目的还是过程作为专业化依据的大多数讨论中，有比这更明显的不合理例证。若不是人们在严肃的政治和管理争论中常常引用它们的话，这些例子的荒谬程度真让我不敢引用。

例如，农业教育应当归什么部门负责：教育部还是农业部？这取决于我们是希望用比较陈旧的方法传授最新的农业知识，还是想用最现代的、最引人入胜的方式去传授那些或许有些过时的农业知识。这个问题不言自明。[13]

这个问题果真不言自明吗？假设现已成立了一个农业教育局，比如说，由一个具有广泛农业研究经验或担任过农业学院院长的人来领导，并由具有同样合适背景的人就任职员。在这种情况下，我们没有理由认为，如果这个局归教育部管，他们就会用新方法传授旧农业知识，若归农业部管，他们就会用老方法传授新知识。这个局的管理问题，是用新方法传授新农业知识的问题，而且，要看到该单位的部门归属将如何影响这个结果也有点困难。只有过分迷信单位归属转移法是改变机构活动方向一种有力手段的人，才会认为"这个问题不言自明"。

上述矛盾和冲突在近几年日益受到了管理学者们密切的关注。例如，古利克、华莱士和本森等人陈述了几种专业化模式的某些优缺点，考察了最适合采用某种模式的条件。[14] 但是，所有这些分析都局限在理论层次上，并没有使用数据来证明不同模式所宣称的各种分工方式的优越性。这些分析虽然是在理论层次上进行的，但却缺乏一种系统的理论。由于尚未建立一套全面而深刻的体系作为讨论的框架，因此，那些分析不是存在上述例子中那种逻辑上的片面性，就是缺乏说服力，所以无法定论。

管理理论的僵局

本篇论文在开始阐明的四条"管理原则"目前已经遭到了批判。这四条原则都不尽如人意，因为无论在什么情况下，它们都不能在整体上成为一条意义明确的原则，而是一组虽然同样适用于管理状况但却相互排斥的原则。

而且，读者还将看到，即使对最一般的"集权"和"分权"的讨论，也会出现同样的批评。那些讨论的结论，实际上是："一方面，决策职能的集中化是可取的，但另一方面，分权也有一定的优点。"

虽然如此，我们是否仍能从中获得某些东西，从而在构建管理理论时发挥作用呢？其实差不多所有东西都可以重新发挥作用。那些"原则"之所以面临困境，症结在于，它们实际上只是描述和诊断管理状况的准则，却被当成了"管理原则"。储藏室空间，当然是住宅设计是否成功的重要指标，但是，如果完全依据"储藏室空间最大化"的观点来设计，全然不考虑其他指标的话，设计出来的房屋至少是不平衡的。同样，命令统一、按目的（用途）分工、分权等，都是设计有效的管理型组织时应该考虑的指标。但是，它们的重要性都不足以让它们成为管理分析工作的指导原则。管理型组织的设计过程同运作过程一样，必须以总体效率为指导准则。就像建筑师权衡扩大储藏室和起居室的相对利弊那样，我们也必须权衡那些相互排斥无法兼得的利益。

这一主张如果成立的话，它无异是对目前流行的许多管理论著的一项"控诉"。本章的举例都充分证明，很多管理分析只有选取了单一准则，将之应用于管理实际状况并提出建议才有效。然而，人们往往忽视这个事实：实际上存在着相互矛盾但同样有效的原则，应用这些原则有相同的理由，但却会得出不同的应用结论。管理研究的正确途径，要求识别出所有重要的诊断准则；要求我们用一整套准则去分析每种管理状况；要求我们通过研究搞清楚几条相互排斥的准则所占的权重。

建立管理理论的方法

建立管理理论的计划，需要循序渐进地考虑。首先，为了进行分析，对管理状况的描述应该包含哪些内容呢？其次，从全局考虑，怎样确定不同准则所占的权重呢？

管理状况的描述

一门科学在建立原理之前，必须先有概念。例如，在形成重力定律之前，必须先有"加速度"和"重力"的概念。因此，管理理论的首要任务，就是要建立一系列概念，让人们能用这些与该理论相关的术语来描述管理状况。为了能够科学地应用这些概念，它们必须具有可操作性，也就是说，它们的含义必须符合实验观察结果或状况。本章前面介绍的"权威"的定义，就是一个可操作性定义。

什么是对组织的科学描述？对组织的科学描述，就是尽可能说明每个组织成员制定了哪些决策，以及制定每项决策时所受到的影响。目前对管理型组织的描述，还远远没有达到这个标准。因为它们在很大程度上都只局限于职能分配和正式的权力结构，而几乎不关注其他类型的组织影响和沟通系统。[15]

例如，在描述一个"部"级机构时，有人会说："该部由三个局组成。第一个局具有某某职能，第二个局具有某某职能，第三个局具有某某职能。"这种描述有什么意义呢？我们从这种描述中，能了解多少关于组织安排可行性的信息？确实很少。因为，我们从中丝毫无法了解局级或部级决策的集中程度；丝毫无法了解各部对各局行使权威的真实范围（可能是无限的）以及靠什么机制来施加权威；丝毫无法了解各沟通系统究竟对三个局之间关系的协调起多大作用，也不知道这三个局的工作性质究竟要求达到什么程度的协调。这种描述，只字未提各局成员接受过的培训类型和这些培训所导致的局级分权化程度。总之，要达到管理分析的目的，仅仅从职能和权威链的角度来描述管理型组织是完全不够的。

什么是"集权"？如何确定一个具体组织的运转究竟是"集权化"的还是"分权化"的？有现场办事处就能证明是分权吗？在总部的各个处就不会发生同样的分权吗？我们要认识到，对集权化的实际分析，必须包括对组织中决策权分配状况的研究，还必须包括上级对下级决策影响方法的研究。这样的分析研究显示出一幅景象，一幅比列举各组织单位的地理位置要复杂得多的决策制定过程的景象。

目前对管理的描述肤浅、过于简化、缺乏现实性。它太局限于权威机制，而没能把同样重要的其他几种组织行为影响模式纳入考虑范围。它回避了对决策制定功能的真实分配状况的研究这一繁重任务。它满足于谈论"权威""集权""管理幅度""职能"等，却不去寻找这些术语的可操作性定义。如果对管理的描述不能达到更高的思辨水平，就不要希望能在辨别和验证正确的管理原则方面取得迅速的进步。

管理状况的诊断

为了能提出建设性的意见，我们有必要稍稍离题，进一步考察管理理论命题的确切性质。管理理论主要讨论的是，组织应当如何建立和运作才能更有效率地完成任务。从"好的"管理的理性特征中几乎直接得出来的管理基本原则就是，在若干个费用相同的备选方案中，应当总是选择能够最大限度地实现管理目标的方案，而在若干个实现程度相同的备选方案中，应当总是选择成本最低的方案。这种"效率原则"，是试图使用较少的资源最大限度地达到目的的所有活动的特征，而这既是管理理论的特点，也是经济理论的特点。"管理人"同古典的"经济人"的意义是并列的。[16]

实际上，不应把效率"原则"当成原则，而应看成定义：它是"好的"或

"正确的"管理行为的一种定义。它并没有阐明应该如何获得最大成就，只是说明，成就最大化是管理活动的宗旨，以及管理理论必须揭示成就最大化成立的条件。

那么，哪些因素决定了一个管理型组织能达到的效率水平呢？我们固然不能毫无遗漏地把所有因素一一列举出来，但是可以列出主要类型。而最简单的方法，也许就是针对管理型组织中的单个成员，向他询问"其工作成果的数量和品质的限制是什么"。这些限制包括：①执行任务能力的限制；②正确制定决策能力的限制。如果排除这些限制，管理型组织就能达到高效率。两个人具有同等技能、相同的目标和价值观以及同样的知识和信息，如果依理性行事，他们会采取相同的行为。因此，管理理论必须研究确定组织成员工作时所用的技能、知识和价值观等决定因素。这些就是管理原则必须涉及的理性的"限制"。

第一方面，个人受到无意识的技能、习惯和反射动作的限制。例如，一个人的工作表现会受到手的灵活性、反应速度和个人力量的限制。决策过程也会受到思维过程的速度、基本运算技能等因素的限制。在这方面，管理原则必须关注人体生理学、技能培训规则和习惯规律。泰勒的追随者在这个领域进行了最成功的开拓，发展出时间－动作研究和基本分解动作。

第二方面，个人受到影响其决策的价值观和与目的有关的诸概念的限制。一个人如果对组织很忠诚，他的决策可能就会体现出对组织目标的真诚接受；他如果没有这种忠诚心，个人动机就会干扰管理效率。他如果仅忠于自己的组织，制定的决策有时就会不利于该组织的上层组织。在这方面，管理原则必须关注忠诚心与士气的决定因素，关注领导艺术和积极主动性，关注决定个人组织忠诚归属的因素。

第三方面，个人受到有关其工作事务的知识水平的限制。这里所讲的知识，既包括决策所需的基础知识（例如桥梁设计者必须具备力学基础知识），也包括在具体场合制定决策所需的适当信息。在这方面，管理理论要研究的基本问题包括：头脑所能积累和容纳的知识量究竟受到什么限制？掌握知识的速度有多快？管理型组织中的专业化怎样才能与社会职业结构中流行的专业知识分类进行联系？沟通系统如何向适当的决策点传送知识和信息？哪些类型的知识易于传送，哪些不易传送？专业化模式如何影响组织内双向信息交流的需要？这也许还是管理理论的未知领域，而对这一领域的认真探索，无疑会给恰当运用管理谚语带来很大希望。

也许，上述三方面还不足以构成约束理性范围的完整边界，还必须再增加几方面的限制。但无论如何，我们列举这些限制的目的在于，指出建立不矛盾的有效管理原则必须考虑哪些因素。

我们要牢记在心的一项重要事实就是，理性的限度是个变量。其中最为重要的一点是，对理性限度的认识本身就会改变这些限度。比方说，假设我们发现某个组织中的小团体忠诚，常常会导致组织内部的有害竞争。那么我们就可以使用职工教育计划，训练组织成员认识到自己的忠诚，从而使维护小团体利益的忠诚，附属于维护大团体的忠诚，这项教育计划将会大大改变该组织中的理性限度。[17]

我们应当提出，这里所说的"理性行为"，指的是以较大组织目标为依据来评价行为时的理性；因为正如我们刚刚指出的，个人宗旨与大组织目标之间的差异，正是管理理论必须研究的一项非理性要素。

给准则设置权重

那么，彻底研究管理谚语的第一步，就是根据上面提出的原则，找到合适的术语来正确描述管理型组织。第二步就是研究理性的限度，以便全面、综合地列举出评价管理型组织时必须权衡的各项准则，这一步骤我们已概要讲述过了。而目前流行的谚语，只是那些准则中零散的、不成系统的一部分。

完成了这两个步骤之后，我们还要给各准则设置权重。由于那些准则或"谚语"往往是相互矛盾、相互冲突的，所以仅仅识别它们是不够的。例如，只知道组织中的一项特定改革将会减小管理幅度，不足以证明该项改革的合理性。因为我们必须将减小管理幅度可能产生的利益与减小管理幅度可能导致的上下级之间接触减少的损失进行权衡。

因此，管理理论还必须研究各种准则的权衡问题，也就是它们在具体情况下的相对重要性问题。这是本书的篇幅无法解答的一个实证问题。我们要通过实证研究和反复实验，来确定各种备选的管理安排方案的相对可行性。这一研究的方法论框架，已经体现在效率原则当中了。如果我们所研究的管理型组织的活动容易受到客观评价的影响，那么，我们对由于改变管理安排所导致的实际成就的变化，就能够进行观察和分析。

要想成功地沿这些途径进行研究，有两个必要条件。第一，必须用具体语言明确说明待研究的管理型组织的目标，才能精确地衡量这些目标所要达成的结果。第二，我们必须施行充分的实验控制，才能把待研究的特定效应，与可能同时影响组织的其他干扰因素分离开来。

在所谓"管理实验"中，根本无法充分满足这两个条件。例如，立法机关通过了建立某行政机构的法案，而该机构运转了五年后，最终被解除，然后我们再对该机构的历史进行研究。这一系列事实还不足以将该机构的历史造就成一次"管理实验"。而在现代美国的立法机构中，这种"实验"比比皆是。当这种实验在各州雄辩家的论辩范围里出现时，这种实验确实给他们的演说提供了充分的抨击资料。但是，它们没有，或者说几乎没有给科学调查者们提供任何客观的证据资料。

在管理学文献当中，只有少数研究工作符合上述两个基本的方法论条件，其中大部分也只涉及组织问题的边缘。最主要的便是泰勒学派为寻求高效的技术条件所进行的研究。而泰勒本人关于金属切割的研究，也可以算是苦心探求科学方法的最佳范例了。[18]

与管理技术面的研究相比，人性面和社会面的研究就更罕见了。在这类罕见的研究工作中比较重要的，是一系列关于疲劳的研究工作，该项研究在第一次大战期间发端于英国，在"西方电器公司实验"（著名的霍桑实验）时期到达研究的顶峰。[19]

在公共管理领域，关于如何确定公共福利机构中社会工作者工作量的一系列研究，几乎是这种实验的唯一例子。[20]

除了这些零碎的研究工作之外，我们对行政机构进行研究时，几乎从不考虑对结果的控制和客观衡量，所以不得不由根据"管理原则"进行的事前推理来确定这些研究的结论和建议。我们在本章已经说明，为什么通过这种方法得到的"原则"充其量只是"谚语"而已。

我们这里所概述的重建管理理论的计划，看来雄心勃勃，甚至有点堂吉诃德的味道。而其实，我在着手实施这个项目时，并没有幻想这是件轻而易举的事，而是应充分估计了路途的遥远和曲折。尽管困难重重，我们还是要选定这样一条路，因为除此之外，很难找到其他可行的途径。无论是管理实践者还是管理理论家，他们肯定都不满意那些谚语提供的贫乏的分析工具。我们也没有任何理由相信，比我们所描述过的还要温和的修补计划，会让这些原本没多大用途的分析工具重新变得有用起来。

说管理不能成为一门"科学"，其本质决定了它只是一门"艺术"可能会遭到某些人的异议。无论正确与否，这种异议都与我们目前的讨论无关。我们能建立的管理原则有多"准确"，只能靠实践经验来回答。至于这些原则是否应该合乎逻辑，大家都没有争议。纵然是"艺术"也不能以谚语为基础。

如前概述，本书只致力于管理理论重建的第一步——构建充足的词汇和基本分析方法。我们在谈论其他后续步骤时，千万注意，不要低估这第一步的重要性和必要性。管理文献中固然从不缺乏"理论"，也不缺乏描述性的和经验的研究，它缺少的一直都是这两者之间的桥梁。如果有了这座桥梁，理论就能指导"关键"实验的设计和具体的研究工作，与此同时，实验研究又能对理论进行明确的检验和修正。本书如果成功的话，将会对建造这样的桥梁做出贡献。

评论与延伸

组织理论探讨可采取两种途径。一种途径是，我们可像任何一门科学那样，对所谓的组织实体进行合乎事实的正确描述，并对组织行为进行解释，包括组织行为在哪些环境下有效、哪些环境下无效，以及特定组织设计方案的有效性与它们必须适应的环境之间的相关性。这正是第 2 章正文所采用的组织理论的"基本科学"式途径。

另一种途径就是，我们可以把组织理论看成是为组织设计提供指导，就像建筑学为设计建筑物提供指导，工程学为设计机器和结构提供指导一样。上述基本科学与工程学之间其实并不存在冲突，只不过观点中有一处显著不同。科学关心的是建立起支配各种系统行为的各种"规律"；而工程学关心的则是设计出能完成期望目标的系统。在本章的评论与延伸中，我们更要换一种途径，即从工程学或设计的角度来审视组织理论。

"谚语"和组织设计

我们再考虑一下第2章里比较引人注目的"谚语"。古典组织理论声称，只要组织设计满足这些"谚语"，组织就有成效。我们在正文中已经指出，这些古典原则彼此相互矛盾，所以不能成为一门科学的基础，除非我们能通过研究确定，每一条谚语在什么环境下可以占有什么程度的优势。

但是如果从工程学角度而不是从科学角度考虑，同样的问题就变得容易多了。从工程学的新角度，这些谚语并不是颠扑不破的规律，而仅仅是设计的指导原则而已。比方说，"你在评价某一有关专业化的计划时，要考虑指向相同目标的活动、采用相同过程的活动以及在同一地点开展的活动等的聚合程度如何"。

设计师要灵活地应用这些指导原则，仍然需要第2章所提出的科学知识，也就是了解各种指导原则各自在什么环境下特别重要。在古典组织理论中最主要的困难在于，它一心一意想发现组织的绝对"原理"，它将永远适用于一切组织。在当今的组织学教科书上，这些"组织原理"仍然频频出现，不过，它们已经渐渐成为相对原则，因为人们经过不断的批判和实证研究发现，在不同的环境下实现不同职能，需要不同的组织设计。

权变理论：使组织适应环境

正如威廉·迪尔在这类早期研究中所指出的，一家为多行业用户生产多种产品的制造厂商，如果要生存和发展下去，其组织方式必然与为同一类用户生产单一产品的厂商不同。[21] 伍德沃德、伯恩斯、斯塔尔克、佩罗、汤普森、劳伦斯、洛尔施等很多人，[22] 做了更多的研究工作，已经积累了关于组织对环境的适应问题的大量信息。

在这些研究过程中，有高举"权变理论"旗帜的人。这种理论的中心观点是：哪些要素构成有效的组织结构，取决于组织标的及社会和技术环境。此主题会在本书中反复出现。比方说，在第 11 章的评论与延伸部分，我们会探讨组织形式与环境和任务的关系。在该评论与延伸中有一个案例：1948 年经济合作署成立，该联邦机构主要负责管理向西欧国家提供援助的马歇尔计划，该案例强有力地说明，目标与组织结构之间是如何相互影响的。我在这里先做一些初步评论。

对经济合作署的研究强调，组织设计与解决其他问题一样，必须先找到适当的模式表现该问题的具体情境。除非设计者对该问题已有既定的表现模式（该类问题他们以前遇过多次），否则首先要找出这种表现模式，然后才能把注意力转移到问题的解决上。[23] 由于起初，经济合作署的标的非常含混，而且各备选标的之间又相互冲突，所以导致各种矛盾的再现模式的形成。只有根据该机构的任务要求对这些再现模式进行检验，并且全员看法达成一致，该组织的形式才能确定下来。要想稳定组织内部的决策过程，大多数决策参与者要能对该组织及其标的持有共同的看法。

在第 11 章的评论与延伸中讨论的第二个组织案例是某商学院的组织形式。它对任务的一种表述，来源于支持和形成商业实务的种种科学（例如经济学、社会学、运筹学、心理学和计算机科学）；而另一种截然不同的表述则是来自应用科学知识的组织和管理的"真实"世界。一所商学院或任何专业学院要求的是，对任务的表述，要在科学领域对公司的描绘和实务领域对公司的描绘之间，保持高度一致。

设计结构与过程

正如解剖学和生理学为生物研究提供了新的途径那样，结构和过程研究也为组织研究提供了新的途径。绝大多数研究组织与环境关联性的学者，都强调组织的稳定结构特性。而本书更加周密地考察组织的适应机制：决策制定过程和沟通系统是如何充当组织与环境之间的媒介的。我们举两个简单的例子来说明此观点在商业组织设计上的应用。

会计组织 [24]

多年前我们做了一项广泛研究，旨在决定各公司的会计系统应该如何组织，才能最大限度地帮助各营运主管制定决策和解决问题。回答这一问题之前，必须先决定各营运主管制定了哪些重要决策，会计资料如何帮助制定这些决策，以及在决策制定过程的哪些时刻提供会计资料最管用。我们详细地观察了多家公司的实际决策制定过程，确定了各个重要组织层级如副总裁级别、厂部经理级别、厂内部门经理级别等所需的确切数据。这样，对会计部门而言，每一层级又提出了不同的沟通问题。

先对特定组织层级的资料需求进行分析，然后发展出会计部门的一般组织模式，从而有效地向各营运主管提供资料。例如，我们建议，在生产部门层级上安排一个或几个完全精通实际操作的会计分析师，帮助部门主管通过每月的成本报表来了解并追踪成本状况。另一方面，我们建议在更高层级上设立几个分析小组，并安排到具有战略意义的位置上。它们的主要任务不是处理周期性报告，而是做专业研究：分析营运方法和设备的可能变化所带来的成本和收益。

我们目前主要关心的不是这项研究的发现，而是这项研究对组织设计和重组技术的意义。

（1）这项研究的基础，是考察真实的决策制定过程和决策点。

（2）我们提出的会计部门组织模式，是围绕会计部门提供信息并影响营运决策的任务建立起来的。

（3）我们不是通过组织结构图的正式变动，而是通过改变沟通模式，也就是沟通对象、沟通频率和沟通信息等，来落实组织变迁的建议。

产品开发

在最新技术基础上开创的行业，一般要经历以下几个典型的产品开发和改进阶段。在第一个阶段，产品改进的主要动力通常就是新技术本身及支持该技术的科学。所以，当计算机行业处于这个阶段时，行业领导地位基本上取决于计算机存储器和电路上的基本技术改进，而这一改进又源于固态物理学的进步成果，以及计算机硬件系统结构方面的基础研究。而在此之后的一个阶段，如何适应终端用途在很大程度上变成产品改进的主要问题了，例如为顾客提供合适的应用软件。

对这两个阶段里新思路的来源进行的分析表明，这两个阶段需要不同类型的研究与开发技能，工程技术部门与环境之间的沟通也要采取不同的模式。从长期观点来看，大多数（幸存的）企业固然是迫于外界的压力，才进行适当的组织改革，但是，对产品开发过程进行系统的组织分析，往往能加速这些改革的进程，并为组织带来更多利润。

组织研发活动中的主要问题是，如何把两种不同来源的信息汇集在一起。这两种来源分别是：作为主要应用技术基础的科学，以及决定产品终端用户需求的环境。但这又回到我们在上一小节提到的组织问题。职业学院与研发组织所面临的问题是一样的：如何将不同的远程信息源所产生的关键决策信息综合在一起。

以上两个例子说明，本书提出的主要分析法，是要对组织活动所需决策以及决策前提进行细致而真实的描述。为此，我们需要一些词汇和概念，采用比以往组织分析中朴素的智慧更加根本的方式来处理组织问题。

注　释

1　关于目前人们接受的"原则"的系统说明，参考 Gulick and Urwick, *op.cit.*, or L. Urwick, *The Elements of Administration* (New York: Harper & Brothers, 1945)。

2　Gulick, "Notes on the Theory of Organization," in Gulick and Urwick, *op. cit.*, p.9.

3　This point is discussed by Herbert A. Simon in "Decision-Making and Administrative Organization," *Public Administration Review* 4:20-21 (Winter, 1944).

4　Gulick, "Notes on the Theory of Organization," p.9; L. D. White, *Introduction to the Study of Public Administration* (New York: Macmillan, 1939), p.45.

5　Frederick W. Taylor, *Shop Management* (New York: Harper & Bros., 1911), p. 99; MacMahon, Millett, and Ogden, *The Administration of*

Federal Work Relief (Chicago: Public Administration Service, 1941), pp. 265-268, and L. Urwick 在 "Organization as a Technical Problem," Gulick and Urwick, eds., *op. cit.*, pp.67-69 中描绘了英国军队组织的实践。

6　关于限制管理幅度这一主张的典型辩解，请参考 L. Urwick, *op. cit.*, pp. 52-54。

7　Cf. Schuyler Wallace, *Federal Departmentalization* (New York: Columbia University Press, 1941), pp. 91-146.

8　*Op. cit.*, p. 21.

9　如果这种说法正确的话，那么想要证明某种活动由于与单一目的有关所以属于单一部门的尝试，注定要失败了。请参考 John M. Gaus and Leon Wolcott, *Public Administration and the U.S. Department of Agriculture* (Chicago: Public Administrative Service, 1941)。

10　*Op. cit.*, p. 23.

11　应当注意，Gulick 关于专业化分工的分析，大多隐含着这种区分（*op. cit.*, pp. 15-30）。但由于他只举市政府部门为例，而且常提 "分组活动" 而非 "分工"，所以这些类型的相对特征在讨论中不是太明显。

12　*Report of the Machinery of Government Committee* (London: His Majesty's Stationery Office, 1918), p. 7.

13　Sir Charles Harris, "Decentralization," *Journal of Public Administration*, 3:117-133 (Apr., 1925).

14　Gulick, "Notes on the Theory of Organization," in Gulick and Urwick, *op. cit.*, pp. 21-30; Schuyler Wallace, *op. cit.*; George C. S. Benson, "Internal Administrative Organization," *Public Administration Review,* 1:473-486 (Autumn, 1941).

15　MacMahon, Millett 和 Ogden 的专著（*op. cit*），同其他已经发表的行政管理研究论著相比，也许更接近管理描述中所需要的思辨深度。请参考该书关于总部与办事处关系的讨论。

16　关于效率原则及其在管理理论中的地位的详细论述，请参见 Clarence E. Ridley and Herbert A.Simon, *Measuring Municipal Activities* (Chicago: International City Managers's Assn., 2nd ed., 1943)，尤其是第 1 章和第 2 版序言。

17　Herbert A. Simon and William Divine, "Controlling Human Factors in an Administrative Experiment," *Public Administration Review*, 1:487-492 (Autumn, 1941).

18　F. W. Taylor, *On the Art of Cutting Metals* (New York: American Society of Mechanical Engineers, 1907).

19　Great Britain, Ministry of Munitions, Health of Munitions Workers Committee, *Final Report* (London: H. M. Stationery Office, 1918); F.J. Roethlisberger and William J.Dickson, *Management and the Worker* (Cambridge: Harvard University Press, 1939).

20　Ellery F. Reed, *An Experiment in Reducing the Cost of Relief* (Chicago: American Public Welfare Assn., 1937); Rebecca Staman, "What Is the Most Economical Case Load in Public Relief Administration?" *Social Work Technique*, 4: 117–121 (May–June, 1938); Chicago Relief Administration, *Adequate Staff Brings Economy* (Chicago: American Public Welfare Assn., 1939); Constance Hastings and Saya S. Schwartz, *Size of Visitor's Caseload as a Factor in Efficient Administration of Public Assistance* (Philadelphia: Philadelphia County Board of Assistance, 1939); H. A. Simon et al., *Determining Work Loads for Professional Staff in a Public Welfare Agency* (Berkeley: University of California, Bureau of Public Administration, 1941).

21　W. R. Dill, "Environment as an influence on Managerial Autonomy," *Administrative Science Quarterly*, 2:409–443(1958).

22　这类文献中的介绍性著作是 W. H. Starbuck 主编的书：*Organizational Growth and Development* (Harmondsworth, Middlesex, England: Penguin Books, 1971), especially Starbuck's introductory essay, "Organizational Growth and Development," chap.9 by D. S. Pugh, D. J. Hickson, C. R. Hinings, and C. Turner, "The Context of Organization Structures," and the bibliography at the end of Starbuck's volume。

23　解决问题和其他认知工作的再现模式，可参考 chap. 3 of *Human Problem Solving, op. cit.*, and in J. R. Hayes and H. A. Simon, "Understanding Written Problem Instructions," in L. W. Gregg, ed., *Knowledge and Cognition* (Potomac, Md.: Erlbaum Associates, 1974)。

24　此处论述的依据是 the report of a study carried out in collaboration with Harold Guetzkow, George Kozmetsky, and Gordon Tyndall, *Gentralization v. Decentralization in Organizing the Controller's Department* (New York: Controllership Foundation, 1954)。

第 3 章

决策的事实要素与价值要素

第 1 章里已经指明了每个决策都包括两种要素，分别称为"事实"要素和"价值"要素。在管理上，这是一种非常基本的区分。首先它可以让你理解"正确的"管理决策的含义；其次，它指明了管理文献中经常提到的政策问题与管理问题的区别。这些重要的议题都是本章探讨的主题。

如果要使用非常基本的原理来回答这些问题，这本管理书的前言就必然是一篇更长的哲学论述。我们需要的观点倒是很容易在哲学文献中找到。所以，可以把某个特定的现代哲学学派——逻辑实证主义得到的结论当成起点，来考察它们对于决策理论的意义。读者如果对这些学说基础的推导过程感兴趣，可以参照本章注释里列出的参考文献。

事实含义和道德含义的区别

事实命题是对可观察的世界及其运作方式的陈述。[1]事实命题原则上可以经过检验来确定真伪，也就是确定它们的论述是不是确实会发生。

决策不只是事实命题而已。它固然描述的是未来的事态，这种描述从实际角度严格来说可能正确也可能错误，但是决策还具有支配性，因为它们优先选择某一种未来状态，并且让行为直接向选定方案的方向努力。简而言之，决策既包含事实成分，又包含道德成分。

决策正确与否的问题可以转化成如"应该""好"和"更优"这类道德术语是否有纯粹的事实意义的问题。本研究的基本假设前提就是，道德术语不完全能还原成事实术语。这里不打算说明关于道德命题观点的正确性，逻辑实证主义者以及其他相关人士已经就此提出了正当理由。[2]

证据简述如下。为了确定某个命题的正确性，应该直接把该命题与经验相比较，或者应该通过逻辑推理把该命题引导到能够与经验相比较的其他命题上。但是任何推理都不可能从道德命题推导出事实命题，道德命题也不可能与事实直接比较，因为它们的主张是"应该如何"，这并不是事实。所以我们无法通过经验或理性方式检验道德命题的正确性。

按照这个观点，如果某个判定宣称"应该"出现某特定事态，或某特定事态"更可取"或"很称心"，那么这个判定就有支配的作用，而不论其自身真实与否，正确与否。由于决策里就包括这类评价，所以我们也不能客观地说决策是正确的还是错误的。

试图从纯事实命题推导出道德命题的哲学家，就像寻觅点石成金和整圆为方的妙方的人一样多。举一个比较新的例子，本森将"好"定义为"有益于获得幸福"，这里的"幸福"采用其在心理学上的定义。[3]

他认为某事态好不好，就要看它是否有利于获得幸福。当然大家对于这个程序的逻辑推导并无异议，反对的原因是本森定义的"好"不具备一个功能，即道德中所谓的"好"必须能够表达对不同方案的道德偏好。当然，通过本森的推理过程我们可以得出这样的结论：人在某些情况下比在另一些情况下感觉更幸福，但是这并不能证明他们应该更幸福。亚里士多德对"好"的定义也有同样的局限性，因为他的定义是，对人来说，好事就是能让人与理性动物的核心本质更能保持一致的事。[4]

因此，合适地定义"好"就能构造出"那种事态是好的"这种论断，但是这样定义的"好"却不能推导出"这种事态应该出现"的论断。伦理学的任务就是选择具有支配性的用语，也就是"应该"型的句子。如果只用表明其存在性的方式来定义"好"，就无法完成伦理学的这个任务。所以，我们在研究当中，只保留"好"或"应该"的道德意义，而不从纯事实的角度上对事态进行判断。所以，固然可以说某决策是"好的"，但是要说它是"正确的"或"真实的"还需要进一步证明。

决策的评价

我们发现，严格来说无法用科学方法对管理者的决策进行评价。这是因为管理问题不存在科学成分吗？它们纯粹只是道德问题吗？事实正好相反，我们断言每项决策中都包含道德成分并不等于断言决策中就只包含道德成分。

我们来看一下美国陆军《步兵野战手册》中的一段话：

> 突袭是攻击取得成功的主要因素。无论战役大小都应该力争达到突袭效果。步兵要营造突袭的效果，必须对袭击时间、袭击地点

以及兵力部署的情况保密，采取迅捷行动、惑敌战术以及超越陈规的方法。[5]

很难说这三个句子在多大程度上属于事实命题，在多大程度上属于命令（决策）。第一句纯粹就是叙述成功袭击的条件；第三句是罗列突袭所必需的一系列条件。但是要把这两个事实陈述句连接起来，就要用到一系列明确或含蓄的祈使句。这些祈使句可以理解为："要成功地袭击！""要运用突袭！""不要透露袭击的时间、地点和兵力部署情况，要迅速出击，迷惑敌人，避免使用陈规旧法！"

事实上，我们可以换一种方式重新叙述这个段落，将这个段落分成三个句子，第一个是道德论断，剩下两个是事实陈述：

（1）要成功地袭击！

（2）成功袭击的必要条件就是突袭。

（3）突袭的条件就是不透露袭击的时间和地点等。

那么，军事指挥官做出隐藏兵力部署状况的决策就包括事实和道德两种要素，因为他隐藏兵力部署是为了达到突袭的效果，而突袭又是为了成功地攻击。所以从某一个角度可以判断该指挥官决策的正确性：他为了实现目标而采取的措施是否合适，这纯粹是个事实问题。而除非一个宗旨是为了下一个宗旨，那么宗旨本身正确与否并不是个事实问题。

决策总是可以从这种相对意义上来评价，就是只要给定要实现的目标，就可以确定决策是否正确，但是，目标的变化蕴含着评价的变化。严格地说，我们评价的不是决策本身，而是我们判断的决策与宗旨之间的纯粹事实关系。[6]我们不评价指挥官为了实现突袭而采取特定措施的决策，我们评价的是他采取的措施确实能实现突袭效果的事实判断。

这一论断还可以用稍微不同的方式来表达。考虑这两个句子："要突袭！"和"突袭的条件就是不透露袭击的时间和地点，等等"。虽然第一个句子包含了支配性的或道德要素，所以无所谓真假，但是第二个句子只是纯粹的事实论述。如果可以把逻辑推断的概念的应用从句子的事实要素上延伸到句子的道德要素上，那么从这两个句子就可以推导出第三句："袭击的时间和地点等要保密！"因此，通过事实前提（第二句）的中介，我们就可以从一个祈使句推导出另一个祈使句。[7]

道德陈述的混合特征

上面提出的例证已经清楚地说明，多数道德命题都混合了事实要素。因为多数祈使句本身并非最终目的而是中间目的，所以它们是否适合更进一步的目的，这仍然是一个事实问题。至于究竟能否沿着手段－目的链一直追踪到足以分离出一个"纯粹"价值的地步，也就是能否找到一个单纯目的的问题，我们不必在这里解决。目前讨论的重点是对于任何包含道德要素的陈述，无论是中间目的陈述还是最终目的陈述，都不能用正确与否来判断，而且决策制定过程必须以某些"给定"的道德前提为起点。这个道德前提描述的就是所研究的组织的目标。

在管理上，给定的道德前提的混合特征通常相当明显。某个市政部门的目标是向本市居民提供娱乐活动。这个宗旨可以进一步被分解成实现"锻炼出更强健的体魄""更有建设性地利用休闲时间""防止青少年犯罪"等许多目的的手段，这种分解还可以沿着手段－目的链继续进行下去，直到到达称为"好生活"的模糊领域为止。到达这个地步，手段和目标之间的关系（如娱乐与品德的关系）要靠猜测，而价值观内涵的定义又太含糊，所以这种分析对管理目的来说变得毫无意义。[8]

我们也可以用更加积极的方式来叙述上面的要点。道德命题要对理性决策行为起作用：①设定为组织目标的价值观必须清楚明确，这样才能对目标在任何情况下的实现程度进行评价；②必须能判断特定行动方案实现目标的概率。

判断在决策中的作用

将决策前提划分为道德和事实两类，看似剥夺了判断在决策制定中的地位。而赋予"事实"一词非常普遍的含义就可以避免这个问题：一项对于可观察世界的陈述，只要原则上能检验其真假，就是事实陈述。也就是说，如果所说的那些事件发生了，我们就说该陈述是真的；如果其他一些事件发生了，我们就说它是假的。

但是，这样绝不等于说，我们就能事先确定事实陈述的真伪。这个时候就需要判断。制定管理决策的过程中，我们总是必须不断选择不明真伪的事实前提，这些事实前提即使使用做出决策的信息和时间也不能完全确定其真伪。

某次步兵袭击的特定行动是会成功还是失败纯粹是个事实问题，但它还是一个包含了判断的事实问题，因为袭击行动成功与否取决于敌人兵力的部署、炮兵支持的准确性和密集度、地形地势、进攻和防御部队的士气，以及许多指挥官无法完全了解或估计到的其他因素。

人们在日常对话中经常混淆决策中的判断要素与道德要素。事实上，手段－目的链越往后（也就是道德成分越大），对链上步骤的怀疑度就越大，对什么手段有利于实现什么目的的确定中的判断成分就越大。[9]

以往对判断的形成过程的研究工作非常不完善。在实际管理过程中，有时会由于过于相信自己的判断，而不依据后来的结果严肃地对判断进行系统的评价，这一点令人很担心。但是我们把对决策心理学的进一步考察，推迟到后面的章节进行。[10]

私营企业管理中的价值判断

本章到目前为止采用的例证大部分都来自公共管理领域。原因之一就是，在公共管理领域对价值判断问题的探讨，比在企业管理领域要深入得多，特别是在行政自由裁决权和行政规章的价值判断问题的探讨上尤其如此。事实上，价值判断问题对这两个领域来说并没有实质的差异。私营企业管理决策与公共管理决策一样，必须将组织目标当成决策的道德前提。

当然，私营企业管理和公共管理在设定的组织目标类型和建立组织目标的程序和机制上，存在重要的差异。在公共管理中，确定目标的最终责任在于立法机关；而在私营企业管理中，则是董事会负责此事，并最终由股东确定目标。[11] 在采取什么手段履行控制机构的职责上，这两类管理都存在着严重的问题。[12] 我们再次把注意力拉回到公共管理领域，来考察上面这个问题。为了让这里的大部分讨论同样适用于股东－经营者的关系，应该稍稍对术语进行一下解释。

政策与管理

在实践判断中，道德要素和事实要素通常不能分离得很清楚，管理决策中包含的价值观一般也不是心理和哲学意义上的最终价值观。多数目标和活动的价值都来源于将具有内在价值的目标和行为联系在一起的手段－目的关系。期望目的的内在价值通过预期过程，转化成手段。产品的价值，在生产商看来在于产品变成现金的转化力（所以产品只有交换价值），而在购买者看来在于从产品的消费过程中所获得的价值。同样，消防部门或教育系统的活动，最终的价值在于它们对人类和社会生活的贡献，所以它们只要为更加远大的目标服务，就能保持自身的价值。

从这些中间价值的包含程度来说，评价过程肯定包括重要的事实和道德要素。由于管理活动的结果只能被当成中间目的，所以究竟给这些结果赋予多大价值取决于我们怎样看待这些结果与最终目的之间存在的经验联系。为了正确权衡这些中间价值，有必要了解它们所导致的客观后果。

人们都希望决策过程最好细分成两个主要阶段。第一阶段包括中间价值体系的扩展和对中间价值相对权重的评价。第二阶段包括根据这个价值体系比较各种可行的行动方案。第一阶段显然要考虑道德和事实两方面的因素；而第二阶段就只考虑事实问题。

我们已经指出，做出这样的划分，是因为决策中的事实要素和道德要素"正确性"的评判准则不同。道德要素的"正确度"只有在人类主观价值上才有意义，而事实论断中的"准确性"却意味着客观的经验真理。如果两个人对同一个事实问题给出不同的答案，那么至少有一个人的答案是错的，但是道德问题却并非如此。

"政策和管理"区别的模糊性

如果认识到在政策上和管理上"正确"含义的差异，就很容易清楚地了解政治文献中经常提到的"政策问题"和"管理问题"的区别。但是让这些术语真正流行起来的，是古德诺于 1900 年发表的经典论著《政治与行政》[13]。然而无论是古德诺的研究，还是在他之后的无数探讨，都没有提到识别"政策问题"，以及区别"政策问题"与"管理问题"的任何明确的准则和标志。显然人们觉得这种区别不言自明，所以基本上不需要讨论。

查尔斯·E. 梅里亚姆在《新民主与新专制》中提出了民主的五大主要前提，其中一条就是"对在社会趋势和政策的基本问题上分析得出的大众决策，以及这些决策的表达及落实的公认程序的需求"。[14] 至于"基本问题"的范围和性质，他表述得比较含糊：

> 可能有人会问，谁来决定什么是"基本问题"？谁来确定表达大众意愿的方式和方法是不是恰当有效？我们不可能超越公众的"一般理解"，因为它始终是体系设立时所依据的法律秩序的形式和功能的裁判。[15]

古德诺在关于政府中的政治和管理角色的原始宣言中，同样没有划清这两者之间的分界线。事实上，他竟然将"政策"与"决策"，"管理"与"执行"等同起来。例如，他写道：

> 政治职能本身自然而然地自动分为两类，它们同样适用于有自我意识的个人的思维活动和行动。也就是说，作为政治实体的国家，其行动要么是表达意志的必要动作，要么是执行意志的必要动作。[16]

还有：

> 为方便起见，政府的这两种职能可以分别称为政治和行政管理。政治管理政策负责表达国家的意志，而行政管理负责执行这些政策。[17]

不过，古德诺在后面的讨论中，极端的态度又有所收敛，他承认管理职能中包含某些决策要素：

> 事实上，行政管理的一大部分与政治无关，所以即使不能全部，也应该将其大部分从政治实体的桎梏中解脱出来。管理与政治没有关

联，是因为它包括半科学、准司法和半商业或贸易活动，这些工作对于表达真正的国家意志即使有影响，影响力也微不足道。[18]

抛开古德诺关于"应该把一部分管理从政治桎梏中解脱出来"的结论不谈，我们也可以在第三个论述中发现，他企图分离出不需要外部控制的一类决策，因为它们本身拥有判断正确性的内在准则。按照本书的认识论观点，我们可以认为内在准则就是事实正确性准则，而符合这种内在准则的决策类，本质上就是事实型决策。

从行政法观点出发，探讨行政自由裁决权，有时存在这样一种倾向，就是否认任何一类拥有独特认知地位的事实问题的存在。无论是弗罗因德还是迪金森，都找不到行使行政自由裁决权的正当理由，除非把它作为决策在具体实例上的应用，或作为在法规尚未涉及的不确定范围内的一种短暂现象。[19]

这两人针对逐渐消除这种不确定领域的问题，确实提出了不同的建议。弗罗因德依靠立法机构发挥政策决定作用来限制行政自由裁决权。[20] 而迪金森却认为，由于对特定的一组问题进行了解能逐步提出原则，所以法院制定的一般性裁决规则会逐渐取代行政自由裁决权。[21] 他们都不愿意承认在立法过程中事实要素和道德要素之间存在的根本差异，也不愿意在这种差异中寻找行使行政自由裁决权的正当理由。

法院倒是越来越能接受这种差异了，但是他们区分"事实问题"和"法律问题"的时候，却将许多事实问题划归法律问题了，特别是将司法事实和宪法事实都划归为法律问题了。[22] 但是，现在不适合讨论整个司法审查的问题。这些简短的评论只是为了说明，在行政法领域，对于事实和价值问题之间的根本区别还没有普遍地达成共识。

与"按照内在准则评判行政自由裁决权不可取"的观点相反，另一个同样极端的观点是，判断正确性的内在准则在指导所有行政决策的制定和执行上是可靠的，而且立法控制可以由科学社团施行的控制取代。[23] 我们的分析既明确批驳了宣称决策完全是道德问题的论点，也同样清楚地揭示了宣称决策完全是事实问题的论点的谬误。

从目前研究的方法论前提得到的观点是：证明事实命题成立的过程与证明价值判断成立的过程截然不同。前者是通过与事实相符来证明，后者是通过人为的命令来证明。

立法者与管理者

民主机构存在的主要理由是它可以作为证实价值判断的程序。由于不存在任何价值判断的"科学"法或"专家"法，因此无论具备何种专业技能和知识都没有资格执行价值判断的职能。如果实践中可以严格地将决策的事实要素同道德要素分开，代表和专家在民主决策过程中的作用就很适当了。但是有两个理由导致该假设不可能成立。第一，我们前面已经叙述过，多数价值判断都是依据中间价值做出的，而中间价值本身就包含事实问题。第二，如果把事实决策委托专家办理，就必须提出约束条件，来保证专家信守以民主方式形成的价值判断。

对于行使职责的现有程序的批评直指在实践中这些程序的高度无效性。[24]但是我们没有理由断言这些程序没有内在价值。首先，根据我们已经解释过的理由可知，只依靠管理者的自我责任感解决不了这个问题。其次，即使实际情况是立法工作的负担大，只能审理少数几个管理决策，这也不妨碍使用约束手段，允许立法机构要求管理者为任何个人制定的决策负责。立法机关的调查和复审，尽管实际上很少发生，还是会对管理者产生强大的控制作用。政治实体的决策职能的分布与解决有争议决策的最终权威的分布方式极不相同。

对于极富争议性而且研究很不完善的主题来说，任何最终原则都不可能建立。[25]不过，如果事实问题与道德问题之间的区分能成立的话，就可以得到下面四个结论：

（1）发明一定的程序机制，更有效地分离决策中的事实要素和道德要素，这可以加强民主机构的价值判断职能。后面的章节会针对这些方面提出一些建议。

（2）把某决策问题分配给立法机关还是管理者，取决于决策问题中包含的事实要素和道德要素的相对重要性，以及对事实问题的争论程度。如果我们成

功地实现了上述第一点，进行合理的分配就越可能，而且不必让立法机关的负
担过重。

（3）由于立法机关必须做出许多必要的事实判断，所以很容易获得信息和
建议。然而，这不仅要包括行动方案的建议，还要包括立法机关面临的备选方
案所导致的客观结果的事实信息。

（4）由于行政管理机构必须做出许多必要的价值判断，所以它必须对远远
超出法律明文规定范围的社会价值做出响应。同样，虽然往往把价值判断的职
能委派给行政管理者（尤其是不包括任何有争议的问题的情况下），但是必须
保证在出现意见分歧时他能完全负责。

如果我们希望保留"政策"和"管理"这两个术语，那么最好将它们应用
到决策职能的划分上。这种划分虽然与"价值"和"事实"的分离不同，但是
也依赖于这种分离。

如果建议任何实际公共机构都非常严格地按照上述方式来划分立法机关和
管理者的任务，那么实在是有点幼稚。首先，出于政治原因，立法机构往往希
望避免制定明确的政策，而把政策制定工作转交给行政管理机构来做。[26] 其次，
行政管理者可能根本不像这里描述的那样，是个中立顺从的人。他可能（而且
往往如此）有自己一套明确的个人价值观，而且希望他的管理型组织按照其意
图行事，他也可能会抵制立法机关独揽政策制定权的做法，或通过执行政策的
个人方式，故意破坏立法机关的决定。

但是，这样说可能比较公正：要履行现代政府的民主职责，就要大致画出
立法机关和管理者之间的分界线。

术语评注

在本章结束前，我们还应该指出，"政策"一词的含义比这里介绍的要
广泛、宽松得多。特别是在私营企业管理文献中，"政策"往往有两种意思：
①组织规定的用于限制下属自由裁决权的一般规则（例如，把所有信件的副本
按主题归档就是某部门的"政策"）；②它至少指由最高管理层颁布的比较重要

的规定（例如，允许员工每年病休两周）。这两种用法都没有"政策含有道德成分"的含义。如果我们对前面段落探讨的道德前提的概念，和刚刚列举的政策和管理的概念使用不同的术语，就可以避免严重的一词多义。管理的道德前提可以称为"法定政策"，最高管理层制定的广泛的非道德规章可以称为"管理政策"，而其他规章就称为"工作政策"。

除了这几种政策（或称权威颁布的规章）之外，几乎所有组织中还有大量"惯例"，它们没有明文规定，也没有强制组织成员执行，但是组织成员因为"习惯"或其他原因还是会遵守。除非组织有将所有政策都写成条文的"惯例"（或政策），否则惯例和政策之间的界线通常都不太明显。

结论

本章主要解释决策制定过程中的价值要素和事实要素之间的区别。而且还说明了，这种区别通常是划分政策问题和管理问题的界线的依据。

在下一章里，我们将特别运用决策制定过程中"理性"的概念，进一步考察决策的内部结构。我们的重点仍然是决策的逻辑层面，而非心理层面。

评论与延伸

第3章的前半部分主要关注"是"与"应该是"之间的基本逻辑差异，而后半部分主要关注这种区分对民主政府的组织和运作的意义。所以，关心公共管理的读者可能对这一章最感兴趣，因为在公共管理领域里，政策和行政管理关系的争论由来已久，而其中"是"与"应该是"的区分一直在其中扮演着主要角色。

但是，无论是公共机构、私营企业还是非营利组织，都会出现"谁来确立组织的基本标的"（也就是基本的"应该是"）这样的基本问题。"标的设定"的讨论焦点，在公共管理中是行政管理者对立法机构和选民的责任；在企业管理中，是经理和员工对股东的责任；在私营的非营利组织的管理中，是理事会在与管理方和顾客（例如在教育机构，有学生、校友和捐献者）的关系中扮演的角色。

"是"与"应该是"

我在第 3 章的第 2 段指出，逻辑实证主义为讨论"是"与"应该是"提供了哲学基础，结果却让一些评论者对此不明所以，感到非常困惑。很多人都认为，逻辑实证主义的哲学立场已经不足以相信，如今人们常把这个名称当成一个贬义称呼来使用，而不是描述性术语。我并不想为逻辑实证主义辩解，但我只想指出，如果我们用"经验主义"代替"逻辑实证主义"，或如果我们论述时不指明论点属于哪一特定哲学学派，本章的整体论述也不会受到影响。

我的根本论点是，无论多仔细，都不可能只从一系列纯粹的事实推理出一个论断。要得出一个"应该是"的结论，一开始在前提里至少就应该为其埋下伏笔。我们对世界的事实知识累积得再多，也不可能完全说明这个世界应该处于的状态。想要知道这个世界应该是什么样子，我们就必须愿意开口说，我们自己想要什么样的世界，也就是除了事实，我们还应该提出一些价值观。

当我们开始用期望方式（比方说，组织的目标和标的）思考时，该期望就会影响到后面的种种结论，这些结论用第 3 章的话说，就是"混合了事实要素的道德陈述"。此外，构成一项组织目标的论断，通常早已与事实要素完全混合在一起了。"我们应该再引进一条更廉价的生产线"的含义是，事实上，这样的生产线已有广阔的市场，我们如果引进的话，就能增加利润（这就是组织目标）。

为一项受到挑战的目标辩护的方式就是，引用指导该目标的某个更基本的目标，以及实现该目标有利于实现基本目标的信念（这是一种效益尚待证实的假设事实）。消防队灭火的目的是降低火灾损失（灭火也确实能降低损失），为了保护有价资产（建筑物有价值也有用途），沿这个目的链如此类推下去，也许可以推到如真善美这类的终极价值。

我希望上述简单的评论，能够让大家都清楚地了解"是"与"应该是"之间的区别，并且减少对"是"与"应该是"的争论。

"事实"不一定代表"正确"

"事实前提"这个术语的意思，并不是在实际上确实正确的陈述，而是一种信念，也就是对事实的判断。这种判断不一定有事实证据提供支持，而且即使存在事实证据，其效益也有大有小。人类决策制定过程要用到各种信念，这些信念不一定刻画了真实的世界。但是无论对与错，我们把这些信念一律称为"事实前提"。

技术与技术统治论

20 世纪以来，技术在整个世界中的地位在迅速提升，所以普通人越来越难正确地判断对许多重要决策而言特别重要的技术议题是哪些。每天我们都可以在报纸上找到许多例子：大气中各种氮氧化合物的含量对健康有什么影响？降低这些水平的成本是多少？

于是有人建议，我们应该将决策问题全部转交给真正了解事实又能明白其内在含义的"专家"处理。不过使用这种技术统治论的方法来解决问题，其谬误很明显。因为多数决策前提都是事实与价值混合在一起，如果我们不能将价值观的选择和决策结果的考虑同时转交给专家，就不可能把决策问题完全转交给专家处理。第 3 章介绍了这个问题，尤其介绍了该问题在公共机构中的实际情况。[27] 接下来我想就这个议题在私营组织（营利性或非营利性的）中的实际情况再发表一些看法。在后面的章节及其评论与延伸中，还会进一步讨论这个议题。

私营组织的自治

"事实"与"价值"的区别向私营组织提出了两个问题：第一，组织要达到的基本价值观的抉择者是谁？抉择者又如何进行抉择？第二，在私营组织所选择的标的和组织所处的社会所期望达到的标的之间该如何保持协调一致？

通常第一个问题的答案是，由于受到法律的限制，在私营营利性组织中，由业主来选择组织的基本价值观，而在非营利性组织中，由理事来选择。这样又引发了第二个问题：业主和理事如何进行抉择？已经有很多文献都讨论过，要杜绝管理者利用职务之便中饱私囊的情况，公司股东在实际上能对公司政策达到何种控制程度。非营利性组织也存在同样的问题，不过可能还没有对它进行彻底研究。大篇幅的讨论超出了本书的范围，我们只要承认这些议题很重要就可以了。[28]

新古典经济学回答了第二个问题，即私营组织的标的和社会标的之间的协调性问题，新古典经济学主张在自由竞争的市场环境下，组织为了生存和实现利润最大化，除了尽可能有效地生产社会上的消费者选择购买的产品和服务之外，别无选择。自由市场和完全竞争强迫厂商对社会价值具有一定的响应，这种社会价值可体现在由每个消费者购买力加权形成的消费者整体行为中。它们几乎没有给私营组织留下多少选择价值观的余地。

即使暂时不谈收入分配以及由此造成的个人购买力差异的问题，在任何一种真实的社会里，做出上述回答都需要先做很大程度的限定。任何偏离完全竞争的情况，都让组织有余地在不同价值观之间做出选择，而且在利润最大化和实现市场价值之间造成落差。还有一个同样严重的问题就是"外部性"（也就是没有反映在市场价格中的组织活动的结果）的存在，也鼓励组织进行有利于获得利润但是会损害其他社会价值的活动。负外部性的经典例子就是，工厂向周围环境排放的浓烟。同样，市场机制也抑制产生"正外部性"（也就是为社区带来利益，但是没有反映在市场价格中）的活动发生。

当然，产生负外部性的活动可以通过立法进行禁止，通过征税或管制（对产生正外部性的活动要补贴）进行限制，但是总的说来，外部性的存在，使得市场作为对私营组织活动进行社会控制的通用手段无法简单地运作。尽管如此，有一个不争的事实：无论是营利性还是非营利性组织，如果必须被限制在其财务底线上，也就是如果它们只能消耗它们向社会成员提供产品和服务而得到的资金，而且在此过程中还必须与处于同样状况的其他组织共同竞争，那么它们对社会实施权力，以及用自己的价值观代替他人价值观的能力，就会受到严重限制。

在一个包括竞争和垄断的混合体系中，不完全竞争的存在，以及各种正负外部性所造成的系统复杂性，将使得现代社会成为一个由市场、大小组织以及各种各样的法律规定、其他政府管制和干预措施组成的复合体系。政府干预的可能性又造成典型的新问题，例如，组织通过政府津贴和补助的方式，避免对自己的目光短浅所造成的后果负责。这种危机显然不是凭空想象出来的，我们还依稀记得美国克莱斯勒汽车公司以及建设、贷款协会的政府紧急财政援助，以及美国由来已久的农业津贴。社会组织作为一门学科，既不简单也不确切。

注　释

1 关于科学命题本质的实证主义观点在下列文献中做了详尽的论述：Charles W. Morris, *Foundations of the Theory of Signs*, and Rudolf Carnap, *Foundations of Logic and Mathematics*, in International Encyclopedia of Unified Science, vol. 1, nos. 2 and 3 (Chicago: University of Chicago Press, 1937 and 1938); P. W. Bridgman, *The Logic of Modern Physics* (New York: Macmillan, 1937); Rudolf Carnap, "Testability and Meaning," *Philosophy of Science*, 3: 420-471 (Oct., 1936), and 4: 2-40 (Jan., 1937); Rudolf Carnap, *The Logical Syntax of Language* (New York: Harcourt, Brace, 1937); Alfred J. Ayer, *Language, Truth, and Logic* (London: Victor Gollancz, 1936)。

2 最近两部论著 Ayer, *op. cit.* 和 T.V.Smith, *Beyond Conscience* (New York: McGraw Hill, 1934)。

3 Jeremy Bentham, *An Introduction to the Principles of Morals and Legislation* (Oxford: Clarendon Press, 1907), p. 1.

4 Aristotle, "Nicomachean Ethics," bk. I, chap. vii, 12-18, in *The Basic Works of Aristotle*, ed. by Richard McKeon (New York: Random House, 1941).

5 *Complete Tactics, Infantry Rifle Battalion* (Washington: Infantry Journal, 1940), p. 20.

6 This point of view is developed by Jorgen Jorgensen in "Imperatives and Logic," *Erkenntnis*, 7:288-296 (1938).

7 事实上，从一个祈使句推出另一个祈使句时，通常的推理法看来都不是严格成立的。祈使句逻辑推理可能性以及构造严密的推理体系的相关讨论，请参考：Karl Menger, "A Logic of the Doubtful: On Optative and Imperative Logic," *Reports of a Mathematical Colloquium* (Notre Dame, Indiana, 1939), series 2, no. 1, pp. 53-64; K. Grue-Sürensen, "Imperativsätze und Logik: Begegnung einer Kritik," *Theoria*, 5:195-202 (1939); Albert Hofstadter and J. C. C. McKinsey, "On the Logic of Imperatives," *Philosophy of Science*, 6:446-457 (1939); Kurt Grelling, "Zur Logik der Sollsätze" *Unity of Science Forum*, Jan., 1939, pp. 44-47; K. Reach, "Some Comments on Grelling's Paper," *ibid.*, Apr., 1939, p. 72; Kalle Sorainen, "Der Modus und die Logik," *Theoria* 5:202-204 (1939); Rose Rand, "Logik der

Forderungssätze," *Revue internationale de la Theoria du droit* (Zurich), New Series, 5:.308–322 (1939)。

8　See the excellent discussion of this point by Wayne A. R. Leys in "Ethics and Administrative Discretion," *Public Administration Review*, 3:19 (Winter, 1943).

9　Leys 指出（*op.cit.*, p.18）关于行政自由裁决权的文献大多存在这种混淆现象。

10　Barnard（*op.cit.*,）在其著作的附录 "Mind in Everyday Affairs" pp. 299–322 中，对管理决策中的"直觉"要素，进行了有趣，但也许有点过分乐观的阐述。

11　我们将在第 6 章中论证，真正与立法机关类似的是顾客而不是股东。

12　关于这方面的私有管理文献，大部分是比较新的，但这类文献的数量增加很快。See for example Beardsley Ruml, *Tomorrow's Business* (New York: Farrar & Rinehart, 1945); Robert A. Brady, *Business as a System of Power* (New York: Columbia University Press, 1943); or Robert Aaron Gordon, *Business Leadership in the Large Corporation* (Washington: Brookings Institution, 1945).

13　Frank J.Goodnow, *Politics and Administration* (New York: Macmillan, 1900).

14　Charles E.Merriam, *The New Democracy and the New Despotism* (New York: McGraw-Hill, 1939), p.11.

15　*Ibid.*, p. 39.

16　Goodnow, *op. cit.*, p. 9.

17　*Ibid.*, p.18.

18　*Ibid.*, p.85.

19　Ernst Freund, *Administrative Powers over Persons and Property* (Chicago: University of Chicago Press, 1928), pp. 97–103; John Dickinson, *Administrative Justice and the Supremacy of Law in the United States* (Cambridge: Harvard University Press, 1927), *passim*.

20　Freund, *op. cit.*, pp. 98–99.

21　Dickinson, *op. cit.*, pp. 105–156.

22　Freund, *op. cit.*, pp. 289–299; Dickinson, *op. cit.*, pp. 307–313.

23　C.J.Friedrich 强调 "fellowship of science" 科学社团在执行职责方面的价值。不过，他并没有建议取消立法控制机构。See "Public Policy and the Nature of Administrative Responsibility," in *Public Policy*, 1940 (Cambridge: Harvard University Press, 1940), pp. 3–24. Cf. John M. Gaus, "The

Responsibility of Public Administration," in *The Frontiers of Public Administration*, ed. Gaus, White, and Dimock (Chicago: University of Chicago Press, 1936), pp. 26–44.

24　Cf. Friedrich, *op. cit.*, pp.3–8. 应该再次指出的是，他没有提出牺牲民主控制，而是提出以其他约束对这种控制进行补充。

25　I. G. Gibbon treats of this question in "The Official and His Authority," *Public Administration*, 4: 81–94 (Apr., 1926), 其结论与我们这里提出的观点实质上是一致的。

26　This point is ably discussed by Leys, *op. cit.*, pp.20–22.

27　我在 chap. 3 of *Reason in Human Affairs* (Stanford University Press, 1983) 中有更详细的讨论。

28　A classical reference is A. A. Berle, Jr. and Gardner C. Means, *The Modern Corporation and Private Property* (New York: Macmillan, 1934). For more recent discussions see H. Demsetz and K. Lehn, "The Structure of Corporate Ownership: Causes and Consequences," *Journal of Political Economy*, 93: 1155–1177 (1985), and O. E. Williamson, *The Economic Institutions of Capitalism* (New York: The Free Press, 1985).

第 4 章

管理行为中的理性

我们在第 3 章已经得出结论，管理决策的正确性是一个相对的概念——如果它选择适当的手段来达到指定的目的就是正确的。理性管理者主要关注如何选择有效手段。要建立一种管理理论，必须进一步考察理性的概念，尤其必须要彻底澄清"选择有效手段"的含义。这个概念的澄清过程，对于理解管理理论的两个核心概念"效率"和"协调"非常有益。

本章基本上不讨论决策人的内心活动，我们将在第 5 章从心理学的角度再来探讨这个主题。本章主要考察决策的客观环境，以及做出抉择的实际后果。抉择只要是理性的并且其客观条件是可认知的，它就是从多个备选方案中选出其中一个的过程。由于各备选方案的实施后果不同，所以对决策客观环境的分析，主要就是指研究抉择的各种可变的后果。

虽然太强调后果会让本章有一种明显的"理性主义"偏向，但是不应该因为对人类行为理性层面的特别关注，就断言人类永远或一般都是理性的。这种错误的概念虽然渗透到了功利主义的政治理论和古典经济理论的大部分内容当中，但是已经遭到现代心理学和社会学的致命批驳。[1]

就像"良好的"企业经营就是为赢利而精心策划的经济行为一样，"良好的"管理就是在实际上能适应其目的的行为，要发展一套管理决策理论，必然要全力注重研究抉择的理性层面。本书在后面的章节将更密切地关注管理行为的现状。本章与这些现状分析的关系，类似于讨论企业原理和理论，与描述经济机构和真实的市场行为的关系；也就是说，本章不是描述管理者如何制定决策，而是描述管理者决策的优劣程度。[2]

手段和目的

我们在第 3 章已经说明，"事实和价值"同"手段和目的"有关系。在决策过程中，只有具有达到预期目的的适当手段的方案才能入选成为备选方案。但是目的本身，往往只是帮助更远大目标的实现。因此，就出现了目标系列或目标层级的概念。而理性必然同构建这种手段－目的链有关。[3]

目的层级

即使发生在生理层次上，手段－目的关系也是起到整合行为的作用。在这个层次上，肌肉张力的协调（一种手段）是为了执行简单的生理动作，如行走，伸手拿一样东西，将眼光转移到某件物体上。这些简单的动作对于成年人来说在很大程度上是无意识和自动进行的；但是儿童必须费很大力气去学习，这种学习虽然不是反射行为，但实质上完全类似于成年人在手段－目的情形下的学习。

但是迈步或抓住某个东西，这些动作本身通常又是达到下一个目的的手段。要确定哪些目的是这些动作本身所追求的最终目的，追求哪些目的是为了实现下一个目的而使用的手段，最明显的方法是：让行动主体处于在矛盾的目的之间必须做出选择的情境当中。

某些目标必须依赖于其他一些更远大的目标才能发挥作用。这个事实导致目标的层级式结构，每一层相对于其下层都是目的，相对于其上层又是手段。通过目的的层级结构，行为得以保持完整性和一致性，因为每个备选行动方案都使用综合的价值尺度，即"最终"目的来权衡。但是真实行为几乎达不到高度自觉的整合。因为有意识动机的结构不是单一的分支层级式，而通常是错综复杂的网络式，更确切地说，是只有微弱和不完整关联性的要素集。随着目的层级上的等级逐渐提高（就是说有更远大的目的），这些要素的整合程度也逐渐减弱。

手段和目的的层级结构既是个人行为的特征也是组织行为的特征。实际上，第2章所说的目的型组织的专业化分工模式，也就是与目标实现的手段和目的体系保持一致的组织结构安排。因此，消防部门的目的是减少火灾损失，但是实现这个目的的手段则是防火和灭火。这两种主要手段在组织结构中一般分别由防火局和灭火队来实现。我们发现，由于后者必须散布在城市的各个分区才能达到目的，所以该单位的下一层组织单位是按照地点进行专业化分工的。

无论是对于个人行为还是对于组织行为来说，手段－目的层级结构一般都不是完全联系在一起的整合链。组织活动和最终目标之间的关系往往很模糊，要么这些最终目标没有完全形成，要么在最终目标中或实现最终目标的手段中，存在内在的冲突和矛盾。例如，公共工程管理署由于把"政府投资"和"失业直接救济"这两个相互冲突的目标同时当作该机构的目标，因此使得其决策复杂化了。战时生产委员会制定决策时，也必须在战争需求和平民需求之间取得平衡。

组织的手段－目的层级缺乏完整性，有时是因为政策制定机关拒绝确定一个政策"热"点，比方说，国会拒绝确定家庭身份和职业在延缓服兵役中的相对重要性。手段－目的联系本身有时就很模糊。比方说，"军队的目标就是打败敌人"这种说法，在实现该目的的正确战略上给人们留下了很大的争吵和冲突的余地。说到这个问题，我们首先联想到的就是美国在第二次世界大战时，"先打德国"与"先打日本"两个派系之间的辩论。

只考虑这些手段－目的关系，组织和个人都不能完全地整合自身的行为。但是，行为中的理性，恰好就体现在刚才描述过的那种不完整，有时还不一致的层级中。

手段－目的分析结构的局限性

使用手段－目的层级对理性行为进行分析时，要小心谨慎，否则可能得出错误的结论。

首先，如果不考虑其他行动方案可以达到的目的，那么我们对选择某特定行为方案能达到的目的的陈述就会是片面的、错误的。在选择某桥梁的设计方案时，仅知道悬臂设计能够达到为河流架桥的目的是不够的，抉择是否明智，还取决于悬臂设计是否比吊桥、高架桥或其他设计方案更有效更经济。理性的决策始终需要根据各种可行手段分别实现的目的，对这些手段进行比较。我们在第8章里将会了解到，这意思就是说"效率"（也就是说，使用有限的手段实现最大价值）必须是管理决策的主导准则。

其次，在真实的情形下，往往无法将手段和目的完全分离，因为对于各种可行手段的评价并不是中性的。正是因为这种分离的困难，所以在"手段是否符合目的"的问题上，出现了许多无效的论点。就拿"禁酒修正案"的例子来说，使用禁酒手段涉及的价值问题太多了，有个人自由问题、合适的治安方法问题等，这些问题很快显得比禁酒这个"最终"目标还重要。因此，认为禁酒令只是实现禁酒这个最终预期目的的一种手段便是错误的。采用实现某个特定目的的特定手段，可能产生许多始料未及的其他后果。因此我们在评价手段的可取性时，也必须适当考虑这些可能的后果。

再次，手段－目的术语一般会掩盖时间要素在决策过程中的作用。如果某个目的是实现过程中的某种条件或状态，那么在某个时点只会实现一种状态，但是在一段时间里会实现许多状态，抉择不仅受到特定目的影响，还受到时间要素的影响，也就是受到不同时点预计会实现的目的的影响。抉择提出了两个问题：①如果要在给定的时间里实现某特定目的，那么必须放弃哪些备选的目的？②如果要在给定的时间里实现某特定目的，这个任务对于在其他时间实现的目的会产生什么限制？路易十五说"我们的身后有大洪灾"时，他是在表达一种事实判断，也是在表达一种价值判断。说是事实判断，是因为他特定的短期目的如果实现的话，就会产生某些不幸的长期后果；说是价值判断，是因为他不关心长期后果。按照经济学家的说法，他是将时间大打折扣（以眼前利益为重，未来不重要）了。

时间要素还以另一种形式体现在决策制定中。有些决策一旦营造了新局面就无法挽回了，因为新局面又会影响到后面的决策。在经济学里，这种情形可以用固定成本来解释。某个制造商正在决定是否建造一家制鞋厂，他目前就只要确定，销售收入是否足够支付各种费用就可以了。但是，如果他已经拥有了一家制鞋厂，该厂的成本是一种无法收回的"沉没"成本，所以即使整体出现损失，但只要收入能够冲抵新增的成本和费用，他就会继续生产。所以开办工厂的决策影响到他后面的决策。就是因为存在这些具有长期效应且不可撤销的决策，所以个人行为和组织行为在时间上存在相对一致性。在面对新形势而进行调整的过程中存在"惯性"也就是这个原因。

存在这么多反对意见并不是说，目的和手段的术语就不能用了；而是说，我们应该相当谨慎，应该经过深思熟虑再用。在某些情形下，使用另外一套术语也许能更清楚地说明情况，介绍这样一套术语是本章下一节的主要内容。

备选方案和后果

人们对手段－目的分析结构的反对意见，包括：①它不能明确决策过程中需要进行比较的要素；②不能成功地分离决策的事实要素和价值要素；③没有充分认识到有目的的行为中时间变量的作用。我们如果使用备选的行为方案和方案的实施结果的术语来表述决策理论，恰好可以满足上述反对意见提出的正面要求。

行为备选方案 [4]

行为主体或多个行为主体组成的行为组织，任何时刻都要面临大量可行的行为备选方案，主体只意识到其中的一部分。决策或抉择，按照我们这里的用法，指的是在某个时刻选择将要执行的其中一种行为备选方案的过程。我们可以把确定一段时间里的行为的决策序列称为一项策略。

选择并贯彻执行任何一种可行战略，都会产生一定的结果。理性决策的任务就是选出能够产生最优的一系列结果的策略。我们应该强调的是，不仅是那些预料之中的结果，选定的策略所产生的所有结果都对评价该策略的正确性很重要。

决策的任务包括以下三步：①列举所有备选策略；②确定执行每个备选策略所产生的所有结果；③对多个结果序列进行比较评价。我经过一番考虑，才决定在这里使用"所有"这个词。个人显然不可能知道所有备选方案或每个备选方案的所有结果，这种不可能性是导致真实行为偏离客观理性模型的重要原因。我们将在第 5 章进一步考察这个问题。

时间和行为

行为主体或行为组织如果在周一选择了某种策略，那么在周二完全可以选择不同的策略。但是由于在重新考虑是否采用决策之前，他在周一已经执行了一部分，所以实际上周二可行策略的范围已经缩小了。我们在上面制鞋厂的例子中已经说明了这一点。因此，个人或组织可以坚持特定的行为路线，因为事实上，一旦开始执行某个特定的行动方案，那么最好将它继续进行下去，而不要完全放弃已经执行的那一部分。

策略的这种时间限制特性应该受到我们的高度重视，因为它至少能给行为带来一丝理性，不然行为就变得不可思议了。比方说，如果某人已经花了 7 年时间学医，又花了 10 年时间行医，他一般不必再花时间决定是否应该从医。因为从他的策略所进行的投资来看，他实际上已经没有选择职业的余地了。

同样，一个制鞋厂也不必每天都重新考虑是否应该转行生产汽车（也许有必要间或地重新考虑这个问题）。这样就缩小了个人每时每刻必须考虑的备选方案的范围，它虽然不是理性的充分条件，但肯定是理性的必要条件。

知识与行为

知识在决策制定过程中的作用，就是确定哪个备选策略会产生哪些结果。知识的任务就是从可能结果集里选出一个限制更多的子类，在理想的情况下，甚至是为每个策略选出与之相关的唯一一组结果。行为主体当然不可能直接了解自己行为会产生的后果。如果他能了解的话，那么就是本末倒置了——未来的结果将决定现在的行为。他所能做的，就是形成对未来结果的预期，这些预期值是以已知的经验和关于现状的信息为依据推断出来的。

我们可以用一个典型的管理决策过程——人员的选用来说明这个问题。首先从测验、服务级别等来源收集某职位的每个候选人的数据。然后以这些数据为依据，进行比较预测，来确定哪位候选人最胜任这份工作。如果我们预测准确的话，决策就可能正确。

我们已经说过，在这种分析框架下，行为主体如果希望完全理性地采取行动，就必须完整地描述每个备选策略所产生的各种结果，并对这些结果进行比较。他必须从各个层面上了解他行为的变化可能导致的变化，必须使用无限延伸的时间、无限扩展的空间和无穷的价值观来探究各种行为结果。即使在这些条件下，实现真实行为的理性也是不可思议的。经验法则描述了自然规律，并且分成相对独立的子集。幸运的是，经验规律的发展趋势通常大大简化了抉择问题。我们对两种行为备选方案进行比较发现，它们产生的结果只在少数几个方面有所不同。也就是说，两种备选行为方案的差异化结果只可能发生在很短的时间范围和有限的描述区域范围内。如果经常因小失大，那么实际生活中碰到的结果系列会复杂到理性行为实际上都不可能发生的地步。

从某种意义上来说，私营企业的决策问题比公共机构的简单得多。私营企业大概只会考虑决策所产生的影响它自己的结果，而公共机构必须从公共价值综合体系的角度来权衡决策。比方说，当私营企业的总裁决定为自己的儿子在公司里安排一个职位时，他要考虑的是这种任命对整个企业效率的影响；而公共服务机构中处于同等位置的人则必须关注这种行为对"公共服务机构中机会均等"的影响。私营管理和公共管理的这种区别也不是泾渭分明的，因为越来越多的私营企业开始"受到公共利益的影响"，越来越多的私营经理开始关注社会托付给他们的责任，甚至超出了法律强制的范围。

事实是，各种结果通常都形成一个个"孤立"系统，这极大地帮助了科学家和从业者运用"理性"。因为科学家能在实验室里分离出这些封闭的系统，并研究他们的行为，同时从业者可以利用科学家发现的规律来改变某些环境条件，又不至于对其他情况造成太大的影响。

在科学发现和决策之间仍然存在两个重要的区别。首先，推导在某些简化的假设条件下能够成立的经验法则是一个有效的科学问题，即使这些条件在实践中并不常见，比方说理论科学家经常谈到的"刚体""完全真空""无黏性流体"等。但是不管考虑弹性、气压或摩擦的效应是否会将选择正确方案的问题复杂化，只要这些效应存在而且不容忽视，从业者就必须考虑。其次，科学家可以只研究他希望关注的那些系统结果，其他一概忽略。如果问"具体的设计改进方案对飞机的总重量有什么影响"，那就是一个有效的科学问题。但是在实际决策时，可能要减轻重量与成本的增加、机动性灵敏度降低以及其他品质下降共同保持平衡。实际工作者不会因为有条件限制的事实或结果超出了理论范围就不予考虑。

群体行为

如果决策人不止一个，决策问题就更复杂了。因为在这种情况下，每个人在制定个人决策时，还必须考虑其他人的决策。也就是说，每个人为了确定自己行动的结果，必须了解他人所采取的行动。这个因素对于整个管理决策制定过程具有根本的重要性。

这里实际上存在一种循环。甲在能理性地选择自己的策略之前必须了解乙选择了什么策略；而乙在能理性地选择自己的策略之前必须了解甲选择了什么策略。这种情况可以用猜硬币的游戏来说明。游戏需要两个玩家。第一位在第二位视线之外的桌面上放置一枚硬币，哪面朝上都可以，并用手覆盖着，第二位要猜出究竟是哪面朝上。第一位玩家必须决定第二位会做出什么抉择，然后将硬币反向放置，而第二位玩家必须决定第一位对形势的估计是怎样的。这两位不可能都正确，因为如果第一位正确估计了第二位的选择，那第二位肯定会错误估计第一位的选择，反之亦然。这样产生的行为系统具有高度不确定性，因为每个行为抉择的不稳定性都会导致另一个行为抉择的不稳定性。

虽然这个例证看起来微不足道，但只要稍加思索就能明白，这个游戏是所有包括两个参与者的纯竞争活动的模型，军事对策也许算是这种竞争活动最重要的实例了。[5]

与纯竞争情形相反的另一个极端情形，就是两个或两个以上的参与者拥有共同的目标，而且每个人都完全了解别人下一步的行动，所以能够制定正确的决策。"团队合作"就是这个意思。足球比赛里的信号，桥牌里的叫牌，都是让本队每个队员对团队队员的下一步行动形成正确的预期，从而能采取适当的合作方式来达到共同目标。任何在采取行为之前的策划和组织，其主要目的不仅是让每个参与者完成最适合他的工作，而且还是让每个队员都能准确地预期其他成员的下一步行动。也许为了让管理理论的探讨更清晰明了，我们使用"合作"这个词来表示参与者拥有同一目标的活动，用"协调"表示向每个参与者通知团队其他成员的行动计划的过程。因此，如果没有协调，合作一般是无效的，也就是无论参与者有什么意向，都达不到目标。

竞争性活动会表现出某种不稳定性，因为每个人如果"发觉"其对手的意向，就会重新调整自己的行为，这可以作为防止对手发觉自己意向的防御战术。但是，即使是合作活动，只要参与者掌握的信息不充分，也会出现同样的不稳定性。比方说，在某个责任分配不够明确的组织里，两个经理可能由于同一件事向同一个人发出相互矛盾的信件，还有一种情况就是，每个经理都以为另一位会写，结果却是两个人都没写。

我们把这种情况再正式地陈述一遍，在合作模式下，合作双方都偏好同一组结果；因此，如果每人都能准确地预测对方的行为，那么双方就会采取一致的行动获得期望的结果。而在竞争模式下，对第一位参与者来说是最优结果的对于第二位参与者来说却不是最优的。因此如果实现了第一位参与者偏好的结果，就会打击另一位参与者，例如，市场规则是贱买贵卖，但是如果购买者贱买，卖者就不可能贵卖。就算是采取合作模式，如果每个参与者不能稳定地预测另一位的下一步行动，这种模式也可能不稳定。在这种情况下，为了实现双方都偏好的结果，必须对参与者的行为进行协调。我们这里只考察了不完全知识的问题，而没有考察宗旨冲突的问题。

管理型组织是合作行为系统。[6] 预计该类组织的成员采取行动都是为了实现"组织目标"。这存在一个组织成员行为的协调问题，也就是向每位成员提供其他成员行为的信息，作为该成员个人制定决策的依据。在合作系统中，即使所有参与者都对期望目标达成了共识，一般也不能完全自主地选择实现这些目标的策略，因为每个人要选择正确的策略，就要了解其他人所选择的策略。[7]

价值和可行方案

在决策制定的过程中，还有第三种要素尚待研究，就是确定各种结果的优先顺序。我们可以把这个过程称为评价。由于每个策略都对应了唯一一组结果，所以理性行为包括按照优先顺序列出各种结果，然后选择与该列表上最优结果对应的策略。

价值体系的效用体现

由于体现在各种备选方案中的价值观如此之多，种类各异，所以个人在选择其偏好的方案时必须对它们一一权衡，从中选择适合的价值观。经济学家已经开发出了一个与这里使用的体系相类似的概念体系来描述这个过程。

　　个人在各种互相排斥的价值观之中进行的选择，可以用一系列无差异曲线来描绘。这些无差异曲线表明哪几组可能结果的效用相同，或对抉择来说相互之间"无差异"。用经济学家最喜欢的物品——坚果与苹果来解释，无差异曲线可以说明一个人是偏好 10 个坚果和 5 个苹果的组合，还是偏好 5 个坚果和 7 个苹果的组合，还是两种组合之间并无差异。

　　个人的存货量和价格结构对抉择造成的经验局限性被引入经济分析结构中。它假设个人一开始就拥有特定数量的坚果和苹果，他可以以具体的交换率在这两种物品之间进行互换，然后选择最能满足他需要的互换量。[8]

价值、经验和行为的关系

　　"手段－目的"关系的重要性变得越来越明显。它们的区别本来不可与事实和价值之间的区别相提并论，那么这两套术语之间有什么联系呢？简单地说就是，一条手段－目的链就是将某种价值同实现该价值的情境联系在一起，然后再将这些情境与产生这些情境的行为联系在一起的一系列预期。这条链上的任何要素既可以充当"手段"也可以作为"目的"，这取决于我们研究的是它与该链价值端的关系还是与行为端的关系。

　　在手段－目的链上，某个要素如果靠近该链的行为端，该要素的手段特征就占优势；如果靠近该链的目的端，该要素的目的特征就占优势。于是，可以把描述行为结果的术语当作这种行为的价值标记。虽然经济学家把有价物品看作经济活动标的的价值，但显而易见，在实际中，有价物品只是让我们可以从中获得价值的某种事态存在的标记（消费该物品的可能性）。[9]

　　评价各备选方案的心理活动，一般包括采用某些价值指标衡量这些方案，人们发现，实际上，这些价值指标一般与价值本身的实现有关联。比方说，金钱可以购买某些价值时，金钱就是这些价值的指标。这些价值指标包括重要的事实要素，因为它们存在的前提是，高价值指标的备选方案就应该相应拥有高价值。比方说，联邦贷款机构只投入资金的一小部分来管理贷款，我们可以把管理费当作一个效率指标，因为如果其他因素都不变的话，我们总希望尽量减少管理费。然而，在这个例子中，管理费与总费用的比率显然不是一个好的价值指标，因为，在缩减管理费用时，如果没有确凿的证据证明调查的质量不会因此而改变，那么做出"其他因素都保持不变"的假定是很危险的。

如果使用这样的方式来定义手段－目的关系，就不要把价值与事实鲜明地区分开了，因为从结果来看，同一种行为可能具有多种价值，它可能同时属于多个手段－目的链。比方说，以救济政策为例，为了激励救济对象寻找并接受私人雇用，而把家庭救济预算额设置在一个很低的水平上的做法，它所产生的后果可能会严重影响救济对象的身体健康，导致他们的营养不良和种种疾病。要想制定一个人们可以接受的政策，不能只考虑一条手段－目的链，而把其他链接统统忽略掉。

理性的定义

本章的主要宗旨是为清楚地理解"理性"的概念奠定基础，但是清楚不一定就简单。粗略地说，理性就是根据评价行为结果的某些价值系统来选择偏好的行动方案。这个意思是说，人们的适应是个自觉的过程，还是它也包括了很多无意识的过程？数学发明过程大概算是最需要运用理性的了，但事实表明，即使是这个高级的创造过程，其中许多步骤也是受潜意识支配的。对于更简单的方程求解过程来说当然更是如此。[10] 而且，如果我们不规定自觉是一个理性要素，那么我们是只承认刻意的适应过程，还是也承认无意的适应过程？打字员训练自己受到特定字母的刺激，就产生敲特定键的反应。一旦学会了某个动作，该动作就是不自觉的，但它却是刻意的。另一方面，任何人都会本能地缩回被烫的手指，从满足实用目的这个角度来说，这种适应过程是"理性的"，但是这种适应既不是自觉的也不是刻意的。

此外，如果某种行为出错只因为依据的信息有缺陷，我们还可以称之为"理性"行为吗？从主观角度进行检验，个人如果认为某种药能治他的病，那么吃药就是理性的行为。从客观角度进行检验，只有该药确实有效，吃药才算是理性行为。

最后，我们判断理性时，应该依据什么目标、谁的价值观呢？组织成员的行为是为个人目标服务才算理性还是为组织目标服务才算理性？两名战士坐在战壕里，面对敌人一个机枪火力点。一名战士隐蔽起来了，而另一名却冒着生命危险，投手榴弹摧毁了这个机枪火力点。哪种才是理性行为呢？

也许避免或澄清这些复杂状况的唯一途径，就是将"理性"与适当的限定词搭配使用。那么，如果某项决策确实能在给定的情况下实现给定价值的最大化，就可以称之为"客观"理性决策；如果这只是相对于决策者对主题的实际了解而言，这项决策就是"主观"理性的。手段对目的的适应过程只要是自觉进行的，就是"自觉"理性的；手段对目的的适应过程如果是个人或组织刻意进行的，就是"刻意"理性的。决策如果以组织目标为指导，就是"组织"理性的；如果以个人目标为指导，就是"个人"理性的。在后续的讨论中，除了上下文非常明确之外，我们总是用这些限定词来确定"理性"这个词。

结论

本章的目的是，从建立一套分析术语和一个分析框架对管理决策进行实际研究的角度，对决策进行剖析。为了达到这个目的，我们对抉择的目标环境进行了考察。这个环境就是一系列备选行为方案，每种方案都会导致确定的预期结果。

知识就是发现某行为的哪种结果确实会发生的手段。知识只要属于抉择过程的一部分，其最终宗旨就是发现每种行为备选方案的唯一可能结果，当然，实际上人们都只能部分地实现这种宗旨。

因此，关于行为结果的知识是抉择的第一大影响因素。其第二大影响因素就在于行为个体对结果的偏好。所以抉择的问题就是对结果进行描述、评价，并将结果与行为备选方案联系起来的过程。

我们发现，"手段和目的"与"事实和价值"没有完全一一对应，但是在这两套术语之间还是存在一定的联系。手段－目的链就是包括从实际行为到行为产生的价值在内的一系列有因果关系的要素。链上的中间目的可以充当价值指标，利用这些价值指标，我们不需要完全了解各方案内在的最终目的（或价值），就可以对各行动备选方案进行评价。

备选行动方案的概念相当明确地说明了人际行为模式。多个相互作用的个体的价值观与他们的共同行为所产生的结果之间的关系，可以确定行为模式是竞争性的还是合作性的。如果行为模式是竞争性的，或者该模式的每个参与者都错误地预测了其他参与者的行为，就会产生不稳定的行为模式。

为了区别理性的不同含义，本章最后还提出了几个定义：客观的、主观的、自觉的、刻意的、组织的和个人的。

本章基本上没有涉及抉择的心理要素。我们在下一章将试图对抉择过程中的心理要素和逻辑要素进行对照研究。从第6章开始，我们将使用本章和下一章介绍的分析工具来研究管理决策的一些核心概念：权威、效率、认同、影响和沟通。

评论与延伸

第4章和第5章主要研究人类的理性决策。下面将简单地解释这两章着重介绍理性行为的原因，以及强调理性的限制的原因。

理性行为和管理

社会科学在对待"理性"的问题上深受严重的"精神分裂症"之苦。一个极端是，经济学家不合理地赋予经济人无所不知的理性。经济人拥有完整、一致的偏好体系，让他始终可以在各种备选方案之中进行选择；他始终十分清楚到底有哪些备选方案；为了确定最优备选方案，他可以进行无限复杂的运算；概率计算对他来说既不恐怖也不神秘。在过去的几代里，这个理论已经向竞争性对策（例如博弈论）以及不确定性条件下的决策（例如理性预期）等领域扩展，目前已经达到了托马斯式的精巧状态。它具有巨大的智力和美学魅力，但是与现实中人的真实或可能行为之间几乎没有多大关系。

另一个极端是，社会心理学有试图将所有认知活动归因于情感的趋势。这种趋势多半可以追溯到弗洛伊德的理论。因此，我们发现，穷人家的孩子眼里看到的硬币比富人家的孩子看到的大 [11]；某个社会团体迫于压力，可能会说服大家相信自己看到了根本不存在的东西 [12]；群体解决问题的过程包括了积聚压力和释放压力 [13] 等。继弗洛伊德之后的几代行为科学家一直忙着证明，人们几乎不像自以为的那样理智。也许下一代又必须证明，他们比我们目前描述的状态理智得多，但是理性程度没有经济学家宣称的那么夸大。

这种精神分裂体现在第 4 章和第 5 章里。第 4 章的任务是澄清经济学和形式决策论发展出的理性概念，而第 5 章却是讨论人类的有限认知能力对发挥理性的限制。因此只有第 5 章才描述了真实生活中会出现的那种理性。刚刚读完第 4 章的读者，请读完第 5 章以后，再来判断理性在管理决策中的表现形式。

对于任何一个组织观察者来说，有一点看起来很明显，就是组织成员的行为如果不是完全理智的，至少在很大程度上是有意如此。组织中的许多行为是（或看起来是）以任务为导向的，而且往往也能有效地实现目标。因此，如果我们要从心理学的角度来解释人在组织中的行为，我们的理性行为理论就必须在其中占有一席之地。但是还有一点也同样明显，就是组织中表现出来的理性远没有达到经济人的那种无所不知的境界。因此，我们不能轻率地把心理学撇在一边，将组织理论完全建立在经济基础之上。实际上，在现实世界里，人类行为才是有意的理性行为，但只是有限的理性行为，也只有在现实世界里，真正的组织理论和管理理论才有生存的空间。

最后，主张组织里的行为是有限理性的，并不是说行为始终都以实现组织目标为导向。个人也会理智地努力提出个人目标，它可能不完全与组织目标保持协调一致，常常还会与组织目标背道而驰。此外，组织中的个体和群体往往会争夺权力来实现各自的目标，维持各自的组织观点。要理解组织，我们必须考虑理性的各种形式和目标，也必须考虑人类的自私心理和争权夺利的情况。

我们说人们行为不理智，通常意思是说，他们的目标不是我们的目标；他们行动的依据是无效的、不完全的信息；他们忽视自己行动的后果；他们的情感蒙蔽了他们的判断力；他们只关注短期目标。我们倒很少指责他们的行动太随意，以至不可理喻。第 5 章和其评论与延伸部分探讨的主题，就是这种有意、有限理性的本质。

刻意理性和习惯理性

在第 4 章的最后，我们简短讨论了几种不同类型的理性。尤其讨论了，抉择如果能达到目的（例如从热炉上缩手），且如果只有刻意的目的（例如熟练的打字员敲某特定键），或如果更严格一些，只有既刻意又自觉的目的，是否还应该算是理性行为。所有这些类型的理性我们都能在组织中观察到。许多行动都是既刻意又自觉地进行的。但是也有很多时候，行动者根本不知道行动的根本目的或理由，例如，许多职员的任务就是只要将某些文件根据账号编码归档，而不需要知道原因。即使行动者刻意而且自觉地开发出一种程序，行动也许很快变成了完全习惯性的动作，但仍然保持了原来的效用。

习惯和常规不仅能有效地达到目的，而且还可以节省稀有和昂贵的决策时间和注意力。有鉴于此，组织活动（或个人活动）的很大一部分都可能是根据现有的惯例和常规进行的，而每隔一段时间，这些惯例和常规都要进行审查和修改。这些惯例和常规的建立本身就是一项理性的决策，我们说到组织决策的理性时，必须把这些惯例、常规以及它们的建立过程包括在内。[14]

最近，有一些关于组织方面的论著都提出，由于习惯和常规在组织中发挥了巨大的作用，所以用决策术语[15]来描述组织行为不合适。但是这种说法多半是错误的观点。我们都知道，常规本身就是"一劳永逸"式决策的具体表现，将它们应用到特定环境中就是一项决策，只不过这种决策往往只是例行公事而已。当行为变成了常规，我们分析的对象就必须转向常规的建立过程，以及让我们对常规不时质疑、进行审查和周期性修正的过程。自巴纳德以来，我们一直都很清楚，确定采用决策（或不采用决策）的时机本身就是决策过程的关键要素。

决策制定过程中的动机和情感[16]

我们平日里常以为，人类行为的理智和情感实为相反的两个极端：情感流露时，行为就容易变得没有理性，甚至连有限理性也没有；而理性也常常阻止我们表达自己的真实情感。为了确定这种普遍观点的真实性，我们必须考察情感的功能及其在行为中所扮演的角色。

人类同多数复杂生物一样，一次只能自觉地处理一件或有限的几件事。当然，我们在做事时，还会呼吸、心跳、消化食物，但是需要思考的行动还是要一件一件依次进行的。交通不拥挤的时候，我们可以一边驾驶一边闲聊；但是如果交通拥挤起来，我们最好专心开车。注意力的瓶颈意味着，我们的行为主要采取串联模式，任务要求越严苛，我们就越要专心。

但是，在一整天时间里，尤其是在较长一段时间里，我们必须面对许多需求，还要努力实现许多目标。我们必须分配时间干很多事，有些事需要立刻引起注意并马上解决，有些事却可以灵活掌握。所以我们必须建立一些机制，让我们在特定任务之间分配注意力，但是出现相当紧急的任务时（比方说，有一块砖头向我们飞过来），又能迅速转移注意力。而动机和情感都是负责注意力分配的机制。

一个快速移动的物体（就算处于视觉边缘），以及巨大的声响都是大家十分熟悉的中断性刺激。这些刺激暂时打断我们的注意力，使我们去关注另一项必须即刻处理的紧急任务。它们在打断我们的同时，也唤起让我们准备攻击或逃逸的情感。人体内部或自发的神经系统会刺激肾上腺素的大量分泌，从而激发人们的情感。饥渴等许多情感都是渐进式的，但是最终同样都有中断注意力的效果。

简言之，我们可以说，情感与外部刺激，或过去的经历在脑海中所储存的特定记忆内容有直接关系。当出现这些外部刺激时，或者某些事件或思想唤起了这些留存的记忆时，我们就能相应地感到害怕、愤怒、喜爱、幸福、悲哀、饥饿或性冲动，这些情感一般会打断我们前面一直关注的事物，使我们只关注激起这些情感的情境或思想。

情感和理智并非天生对立的：情感是动机的主要来源，它让我们把注意力集中在特定目标上。而且情感会有助于对其激起的目标进行积极的相关思考。有时，当我们心里滋生的情感妨碍了任务的完成，将我们的理性转向实现其他目标时，我们认为情感与理智是相互敌对的。但是要仔细考虑某个主体，尤其是要能抵制思维的中断，就必须依靠强大的动力来集中我们的注意力。

但是，如果情感很强烈，注意力的焦点就会缩小到一个非常具体且可能只是暂时的目标上，我们也可能暂时忽略在行动前应该考虑的重要因素（因此，我们

建议事前冷静地"从一数到十"）。所以，在缩小聚焦范围的过程中，情感的确是
与理智对立的。但是我们在评价过程中一定要保持谨慎的态度，因为在其他情况
下，我们若使用同样的思维强度，就能集中精力解决极其复杂的问题，应付极端
困难的处境。

　　考虑情感与组织管理以及组织决策的关系，最有效的想法就是，把情感当成
有助于指导实现目标行为的一股力量，而这只要持续关注特定目标和实现目标的
手段就可以实现。如果情感保证不会使行动的思考变得狭隘，而且有利于实现大
范围的长期目标，那么情感与理智便是合作关系；而如果情感使得决策制定得过
于仓促，并且过分缩小了决策过程中应该考虑的行动备选方案和结果的范围，那
么情感与理智就是对立关系。

注　释

1　幼稚的功利主义观点以 Jeremy Bentham（*op. cit.*, pp.1-7, *passim*）的论断
　　最为突出。另一方面，在亚当·斯密的论著中，没有明显表明理性主义，而是将
　　它隐含在其中的。See *An Inquiry into the Nature and Causes of the Wealth
　　of Nations* (New York: E. P. Dutton, 1914), pp. 12-15. 对理性主义的批
　　判，也许要算弗洛伊德学派最为强烈，但是几乎所有的现代社会学和心理学学
　　派，一般对理性主义都持批判态度。See, for example, Harold D. Lasswell,
　　Psychopathology and Politics (Chicago: University of Chicago Press,
　　1930), pp. 28-37; Sigmund Freud, "The Unconscious," *Collected Papers*
　　(London: L. and V. Woolf, 1925), 4:98-136; Vilfredo Pareto, *The Mind
　　and Society* (New York: Harcourt, Brace, 1935), *passim.*

2　附录更详细地讨论了实践管理学（研究管理者"应该"做什么）和管理社会学
　　（研究管理者"做"什么）之间的区别。

3　Talcott Parsons 在 *The Structure of Social Action* (New York: McGraw-
　　Hill, 1937), pp. 44, 49, 228-241 中借助这些术语分析了社会行为系统。

4　这里介绍的理论是笔者在 1941 年提出的。这一理论的重新整理，受到了 John
　　von Neumann 和 Oskar Morgenstern 的　杰　作 *The Theory of Games and
　　Economic Behavior* (Princeton: Princeton University Press, 1944), chap.
　　2 的极大影响。应该指出的是，von Neumann 早在 1928 年就发表了与这里的讨
　　论有关的理论部分："Zur Theorie der Gesellschaftsspiele," *Math. Annalen*

100: 295-320 (1928)。

5　Cf. Col. J. F. C. Fuller, *The Foundations of the Science of War* (London: Hutchinson, 1925), p. 183.

6　我们将在第 6 章讨论这种组织的参与者为什么拥有，以及在多大程度上拥有共同的目标。

7　这种说法批判了无政府主义理论的致命弱点。无政府主义理论主张，如果给定共同目标，社会体系的参与者就会自动为自己选出最适合自己的角色。

8　Henry Schultz, *The Theory and Measurement of Demand* (Chicago: University of Chicago Press, 1938), pp. 12-35.

9　Frank Knight 认为古典经济学有一个严重弱点，就是没有认识到经济收益只是实现 "名誉" 和 "舒适" 的手段，纯粹是手段 - 目的链上的中间环节；同样，它也没有认识到能够获得收益的经济活动只对它来说是一个最终目的。See *his Risk, Uncertainty, and Profit* (Boston: Houghton Mifflin, 1921), pp. xii-xx.

10　Jacques Hadamard, *Essay on the Psychology of Invention in the Mathematical Field* (Princeton: Princeton University Press, 1945).

11　J. S. Bruner and L. Postman, "On the Perception of Incongruity: A Paradigm," *Journal of Personality*, 18:206-223 (1949).

12　S. E. Asch, "The Doctrine of Suggestion, Prestige, and Imitation in Social Psychology," *Psychological Review*, 55:250-276 (1948).

13　R. F Bales, *Interaction Process Analysis* (Cambridge: Addison, Wesley, 1951).

14　R. Nelson and S. Winter, *An Evolutionary Theory of Economic Change* (Cambridge: Harvard University Press, 1982).

15　此点在下述论著中有简短但公平的讨论, M. D. Cohen and Lee S. Sproull (eds.), *Organizational Learning* (Thousand Oaks, Calif.: Sage Publications, 1996), pp. xii-xiii。

16　关于动机、情感和认知的关系更一般的论述，请参考作者其他著作："Motivational and Emotional Controls of Cognition," *Psychological Review*, 74:29-39 (1967); and "Bottleneck of Attention: Connecting Thought with Motivation," in W. D. Spaulding, ed., *Integrative Views of Motivation, Cognition, and Emotion* (Lincoln: University of Nebraska Press, 1994).

第 5 章

管理决策心理学

本章的论点叙述起来非常简单。单一个体的行为不可能达到任何理性的高度，因为他必须考虑的备选方案的数量太大，评价备选方案所需要的信息太多，所以就算要达到近似的客观理性也难以想象。个人的种种决策是在"给定条件"的环境中发生的，所谓"给定条件"就是被决策主体当成个人决策所依据的前提条件，行为只能适应这些"给定条件"所设置的限度。

如果决策的心理环境，即那些"给定条件"，是以某种偶然方式决定的，那么成人的行为不会比儿童的行为表现出更多的模式和完整性。但是，由于成人能对决策环境进行选择和刻意修改，所以其行为可以达到更高程度的完整性和理性。从某种意义上说，这是属于个人的事：个人让自己置身于受到一定刺激和一定信息影响的情境中。但是，这更大程度上属于组织的问题。组织的一项职能就是，将组织成员安排在某种心理环境中，组织成员会根据环境的情况制定出最终能实现组织目标的决策，这种环境也能为他们提供正确决策所必需的信息。

本章的内容分为三部分：

第一部分将详细阐述个人行为达不到理性标准的原因。

第二部分将考察决策的心理环境的实际形成过程。我们将证明，这个环境是让整个瞬时决策序列都符合一致模式的统一要素。

第三部分将研究组织对于建立决策心理环境的作用。这一部分将依次介绍组织如何识别个人目的，如何对个人技能进行培训，以及如何向个人提供信息。在这一部分的讨论过程中，我们会逐渐发现，个人正是通过组织才得以合乎情理地接近客观理性。[1]

理性的限度

我们在上一章已经定义过了，客观理性的含义是，行为主体通过下列途径，将自己的所有行为融合成一个完整的模式：①决策前从全局的角度来看待各备选行动方案；②考虑每个决策所导致的全部结果；③使用价值系统作为从所有备选方案中选出一个最佳方案的决策准则。

　　真实行为，就算是通常人们眼里的"理性"行为，也包括在理想状态下不会出现的许多不连贯元素。如果从一段时间区间里看待行为，行为就会表现出拼凑的特性。行为模式的每一部分由于指向共同的目的所以综合在一起，但是这些目的又会随着知识和注意力的转移而逐渐发生改变，并且只是通过任意一个总体决策准则的概念松散地结合在一起。可以说，行为只表现了理性的一些"片段"，也就是说，行为只是表现了每个片段内部的理性结构，而各个片段之间基本没有太强的联系。

　　真实行为至少在三方面不符合第 4 章所定义的客观理性的概念：

　　（1）按照理性的要求，行为主体必须完全了解并预期每项决策产生的结果。而实际上，我们对决策结果的了解总是零零碎碎、不完整的。

　　（2）由于决策产生的结果未来才会发生，所以在给它们赋值时就必须用想象力来弥补缺乏真实体验的不足。但是要完整地预期价值还是不可能的。

　　（3）按照理性的要求，行为主体要在所有可行的备选行为中做出选择。而在真实情况下，主体只可能想到有限的几个可行方案而已。

知识的不完备性

　　我们在第 4 章已经提到了真实行为理性的第一种局限。[2] 理性就意味着要完全了解每项抉择的精确结果，这在实际中是不可能达到的。事实上，每个人对于自己行动所处的环境条件只有片面的了解，也只能稍微洞察其规律和规则，让他可以在了解目前状况的基础上，推导出未来的结果。

　　比方说，为了成功地应用现有资源来彻底解决城市的灭火问题，消防部门的成员必须详细而全面地了解该市每一个分区（实际上是每个建筑物）发生火灾的概率，以及管理程序的任何变化或灭火主力的重新安排对火灾损失的确切影响。

　　我们采用上面这种形式来陈述这个问题，就是承认完全理性在一定程度上要受到知识缺乏的限制。如果消防部门在每次火苗才出现时就收到警报，火灾损失就会奇迹般地减少。正是因为达不到无所不知的境界，消防部门才必须投入相当大的气力，通过特别警报系统以及其他方式获得关于火灾形势的信息，尽可能迅速地采取救援行动。[3]

对这一点展开讨论，是为了强调它所提出的一个非常实际的管理问题，即有必要获得一种决策制定过程的组织方式，让相关信息能够顺利地传递到决策点。我们还可以用企业组织的情况来说明这一点，比方说，其决策依赖于对市场价格的正确预测。

力争达到理性但又受限于自身知识水平的人，已经开发出一些工作程序，部分地克服了这个难题。这些程序主要是，假定他能分离出一个只包括有限变量和有限结果的封闭系统。

有这样一个故事，大意是说，有个统计学家发现，在各个英语国家中，老处女的人数同三叶草植物的数量之间存在非常显著的相关性。经过一段时间的苦苦思索之后，他终于有了线索：看来老处女喜欢养猫；猫吃老鼠；但是田鼠又是大黄蜂的天敌；大黄蜂又是三叶草植物花粉的主要传播者。这个故事的寓意在于，英国议会必须先评价老处女的减少对三叶草植物的影响，才能对婚姻利益的事项进行立法。

在实际决策过程中，我们必须忽略这类间接性非常强的结果。[4] 我们只考虑那些在因果关系和时间上与决策最密切相关的因素。对于正确抉择来说，发现给定情形下的重要因素和次要因素的问题，与了解最终入选的相关因子所服从的经验规律一样重要。

如果作为决策依据的有限数量的因子组在本质上对应于一个封闭的变量系统，也就是说，如果不存在显著的间接效应，理性抉择就是可行的。只有在进行极端重要的决策时，我们才可能运用充分的资源，去解开一个非常复杂的效应链。例如，如果投入大量研究经费，确实得到了经济系统中政府的财政政策对就业问题的间接影响，那么这项投资就很明智。另一方面，一位替人治病的医生不会花时间去确定病人的生死会给社区带来什么影响。

预期的难题

预期的快乐也许与现实的快乐相差甚远，这是众所周知的经验之谈。真实体验可能比预期的合意得多，也可能正好相反。

出现这种现象不仅是因为有些结果无法预期，有时就算我们相当完整地描述了抉择的结果，这种预期所带来的情感波动也几乎不如真实体验所带来的情感波动效果明显。造成这种差别的其中一个原因就是，我们的头脑一时间无法掌握所有结果，而是随着对结果偏好的转移，注意力也从某一价值要素转向了另一种价值要素。

所以，评价的准确度和一致性都受到个人能力的限制，也就是个人探索其设想结果中变动的价值要素，并在预期与实际体会中同样重视这些价值要素的能力。

这对"风险"行为来说可能是一种重要的影响力。比方说，在风险投资中，失败的结果根据以往的经验或出于其他原因让人感受越深，风险承担行为就越不可取。这与其说是失败的经历让我们赋予失败较大的发生概率，不如说避免出现失败结果的愿望变得强烈了。

行为的可行性范围

构思个人可能采取的所有行为模式的过程也需要想象力。一个只受体力和生理限制的人在一分钟这么短的时间里，能够完成的动作简直多得不可思议。他有两条腿、两只手、一个头、两只眼睛、一个脖颈、一个躯体、十根手指、十个脚趾以及许多控制这些器官的肌肉，每个部位都能单独或协调地做出复杂的动作。

任何时刻，我们都只能想出非常有限的几个可能动作作为备选行为方案。由于每种备选方案都有各自独特的结果，所以许多可能结果集根本无法进入评价阶段，因为人们还没认识到它们也是备选行为方案的可能结果。

当然，相对而言，人类对于目的行为中自身生理能力的探索比其他动物强得多。根据人类的标准，猿能够[5]进行的相对简单的"利用工具的行为"，实属非常基本的动作。

在某些领域，为了探索可能行为，人们已经开发出许多相当有创意的方法。人们设计出了非常精巧的语音装置，用来观察和矫正唇舌的动作。人们还进行了时间－动作研究，极其周密地观察工业过程中的手工作业，以便改进这些动作，从而实现高效率。整个工具发明和技能培训领域都属于这一类，这两者都包括了对行为过程的密切观察，因此扩大了可行方案的抉择范围。

个人有目的的行为

以上关于真实行为偏离理性标准的言论，已经指出了抉择这一心理过程的某些特征。我们现在应该更加系统地考察这些特征。

可训练性

我们在第 4 章已经指出，迈步、注视物体等最简单的动作本质上也是有目的的，但这些动作是从最早的无目的的随机动作逐渐发展而来的。人在实现动作整合的过程中表现出一定的可训练性；也就是说，他观察到自己动作的结果，然后对动作进行调整以达到期望的目的。[6]

可训练性的特征就是，在适应阶段之前有一个探索和询问阶段。我们在个人和组织的行为中都可以观察到可训练性。一个学习如何操纵高架起重机的人，首先要向熟练操作者学习起重机的操纵方法以及各种装置和控制杆的功能；然后他要通过实际操作来补充这方面的知识，逐渐从实践中了解到该设备对特定操作方式的预期反应。如果做到了上面这些，他就能够使用起重机实现他的目的了，也就是让操作符合自己的意图。

同样，一家新成立的出版公司必须根据自身经验或其他公司的经验，确定某本书可能的销量，以及最有效的广告促销形式。了解了特定的广告技巧可以制造的效果之后，组织就可以根据特定的奋斗目标明智地调整广告技巧。这个例子也说明，在多数实际情形下，判断和估计在适应阶段都起到重要作用。

人类可训练性的特征

虽然，高级动物的行为和人类行为一样也有可训练性的特征，但是，动物和人类的可训练性之间存在几个相当显著的差别。动物学习行为的主要特点是"试错"，也就是说，动物只有在有机会通过实际体验，观察到自己的行为结果时，才可能进行学习。而人类具有观察普遍的自然规律和与他人沟通的能力，能够大大缩短这一学习过程。

首先，他能够从以前其他抉择（或同样抉择）的经历中，推断出关于目前特定抉择的特征的一些结论。他同样也可用想象的实验来代替真实的实验，也就是说，他可以只在头脑中思考每种行为备选方案的结果，并从中选择一个最优方案，而不用对每个备选方案进行真实的试验。比方说，某位工程师可以在头脑里或稿纸上设计出几种排水系统方案，而他不需要对任何一个方案进行真正的实验，就能非常准确地确定各种方案的效用。[7]

其次，沟通使人类在学习方面具有动物所望尘莫及的巨大优势。设计公路的工程师并不完全以想象的实验或真实的实验为依据，他还会参照原始资料，以及别人在本领域长期的实验和研究的基础上得出的结论，当然他还会根据个人成败的经历对这种累积经验进行选择和修正。而且，在某些情况下，完全依靠沟通进行学习，个人甚至无法进行学习成果的成败检验。许多专业学科的情况都是这样。比方说，在医药学领域，单个医生一般不可能根据自己一小群病人的治疗情况就能确定某些特殊疗法的效果，非常见病的情况尤其如此。他的治疗必须依据医学家使用特别设备开展受控研究所发展起来的学说。研究的作用，尤其是实验研究的作用，是在实验室控制条件之外不容易对行为结果进行评价时，使行为适应目的。

因此，正是因为认识到某些特定行为所产生的结果，才使得有目的的行为成为可能。人类的优势是，他不必确定每个特定决策的结果，只要通过实验、知识交流以及对结果进行理论预测等方法，他就能将相对较少的经验作为大范围决策的依据。这就达到了明显节省思考和观察的效果。

记忆

记忆在理性行为中的重要性无须多言。正因为有了记忆，人们在首次解决问题时，就把收集到的信息，甚至结论都储存到了头脑中，而当类似的问题再次出现时，不需要重新研究，人们可以直接利用记忆中储存的信息。

人们常说，记忆既可以是自然发生的，也可以是人为产生的，因为信息可以存储在头脑中，也可以记录在纸上，供未来取用。由信息库、文件和记录保存的人为记忆，是组织中极其重要的一种记忆。

无论是自然记忆还是人为记忆，要发挥作用，都必须具备根据需要提取记忆信息的机制。档案中散失的信件或遗忘的数字，如果不能找出来，同样都属于无用的记忆。因此，人类理性极度依靠心理上和人为的关联机制和检索机制，人们在制定决策时，一旦需要记忆中储存的信息，利用这些机制就可以找到。

习惯

习惯是与记忆同等重要，而且有助于保存有效的行为模式的一种机制[8]。由于习惯能把同一情境中重复出现的内容从自觉思考的范围里抽取出来，所以它可以节省人们的脑力。

学生在学习打字的过程中，要尽量密切注意手指的每一个细微的动作，以及手稿上的每个符号与打字机按键之间的关系。只有通过逐步摸索，调整自己的动作，才能实现必要的眼手协调。当他通过练习达到了一定的熟练程度时，就再也不必注意这种最低层次的整合行为了，只要一想到打字（行动目的），他不需要特别注意就可以做到。如果达到了上面这一步，习惯或技能就会取代以前需要注意力和学习欲望才能实现的行动整合。

对有目的的行为来说，习惯有一项极其重要的任务，就是它不需要人们自觉地重新思考采取正确行动的决策，就能让类似的刺激或情形产生类似的反应。有了习惯，人们才能把注意力投入到需要决策的新层面上。为造就冠军足球队、优秀工作组、优秀部队和消防队而进行的培训工作，很大一部分在于培养队员（组员）对迅速变化的形势立即做出反应的习惯。[9]

同记忆一样，习惯在组织中也有一种人为的形式，即斯坦尼所说的"组织惯例"。[10] 由于处理重复性问题的方法有可能被当成组织惯例写进了工作手册和程序手册里，所以该类问题出现时它们也不再是人们重新考虑的目标。组织的惯例与记忆同个人的习惯与记忆一样，明显存在着密切的关系。如果一定要一个正式准则的话，可以说，当某个问题是通过对大家接受或批准的实际方法的参照，而不是基于对备选方案优劣的考察来解决的，这种解决方法就是组织惯例。

　　我们不应该把习惯看成组织行为或个人行为中完全被动的要素，因为，习惯一旦养成了，就会在一定的刺激下引发惯性行为，而不需要再深思熟虑。在这种情况下，确实需要认真注意，以免在情况发生变化时出现不合时宜的惯性行为。在面临危险时习惯紧急刹车的汽车司机，即使是在结冰的路上开车，也很难控制自己不踩刹车。这种观点对组织有深远的意义，必须深入研究。

正刺激的作用

　　要做到理性抉择，抉择前一定要经过一番犹豫，这是因为需要对备选行动方案、对环境条件和行为结果以及预期的价值观进行了解。从心理学上来说，这种犹豫标志着行为处于相对复杂的层次。那种一旦出现刺激，便几乎毫不犹豫地发生响应的行为，可以称为简单的行为模式。

　　行为的刺激－反应模式与犹豫－抉择模式之间的差异，也在一定程度上说明了完整的行为模式中非理性和理性成分各自发挥的作用。我们刚刚说过，人类满足理性要求的能力存在局限性，因此，可以想象，抉择前的犹豫不决最终可能会导致放弃行动。人如果认识到自己无法考虑到所有与抉择相关的因素，而且对理性也失去了希望，他就会在各种可行方案之间犹豫不决，最终错过了行动时机。事实上，人在关注自己能理解的情境要素之前，早就做出了抉择，并采取了行动。外部刺激和内部刺激的作用，就是将注意力引向一定情境中的某些选定的要素，同时排除可能改变抉择方向的对立要素。在人的中枢神经系统中有很多渠道，可以让内部刺激在这里转化成实际行动，同时保证不干扰大部分中枢神经系统的正常运作。

　　在这个过程中，自觉的注意并不是必要因素。伴随"惊讶型"行为出现的自觉性，并不是出现这种反应的原因，而是伴随反应发生的，甚至是在反应之后才发生的。但是，由于我们主要关注决策点，以及人们对新情境的反应，所以我们可以先考虑注意力在抉择过程（也就是为刺激的转化开通渠道过程）中的作用。

威廉·詹姆斯不受行为主义犹豫不决的困扰，他对注意力的描述如下：

> 人人都知道注意是什么。注意就是，对于几个可能同时出现的物体或思路，人的精神以清晰鲜明的形式占领其中一种。注意的本质就是意识的集中。注意意味着将关注点从某些事物上撤离，以便有效处理其他事情。注意实际上是与混乱、迷茫和注意力不集中（法语称为 distraction，德语称为 Zerstreutheit）相反的一种状态。[11]

托尔曼更谨慎，他喜欢用"对刺激的选择性响应"来代替"注意力"这个术语。[12]

所以，注意力指的是，在任意的给定时刻人们自觉意识到的那一组要素。自觉性很显然不是可训练性的必要先决条件，而且，行为就算不处于注意力的焦点上，也能进行有目的的调整。例如发展运动技巧之类简单的条件反射，就不包含自觉性和注意力。但是在大多数情况下，注意力范围和理性之间似乎存在着密切的关系。也就是说，可训练性主要受到下列两个因素的限制：①注意力跨度；②技能和其他适当行为形成的习惯区。所以上面讲过的理性限度，在很大程度上是注意区限制的结果。

我们已经注意到，受习惯支配的那一部分行为，并不在自觉注意区内。比方说，人们在考虑备选行为方案时，一般不会注意个别肌肉的可能动作。相反，人们真正注意到的备选行为，是行走、书写、发音之类的单一动作的习惯性整合体；只有在异常情况下，人才会自觉地尝试分析这些整合体。而人一旦受到刺激启动了这类动作，就会不假思索地完成。

就算在更高的整合层次上，也会发生这种由刺激引起的习惯性反应。接受了某项文字录入工作的打字员，几乎不必自觉或重新做决定，就可以把稿子打出来。对于装配工人来说，面前的传送带上半成品的出现，是促使他完成一系列熟练动作（代表他对完成品的贡献）唯一必要的刺激。对于坐在餐桌边就餐的人来说，不用自觉地注意，面前的食物就足以引起他吃喝的复杂动作，所以他吃的同时，可以与别人谈话。

看来，在与客观理性行为不同的真实行为中，决策是由能够指导注意力方向的刺激引发的。对刺激的反应，虽然有一部分是从推理得出的，但大部分还是习惯性的。习惯性的反应，不一定是不理智的，甚至往往也不是不理智的，因为这种反应可以代表以前行为针对目的进行的有条件的调整或适应。

对于公务繁忙的行政主管来说，引发他制定决策的，大多是他本人之外的刺激。比方说下级提交上来要求审理的难题；采访者或另一个组织的成员坚持要与"高层领导"面谈等。经理或行政长官，被迫一直关注大量的人、问题和事务。因此，处在这种职位上，要解决的问题的特殊性在很大程度上取决于会出现什么意外刺激。

刺激不仅决定管理者可能制定什么决策，也对管理者的决策有相当大的影响。这主要是因为，引发决策的刺激也会将注意力导向决策情境中的特定要素，而忽略其他要素。例如，消防队长希望将某市的火灾损失降到极低，这好像是件好事。他的知识告诉他，购买一套新设备，对于实现上述预期目标很有利。而理性要求，在考虑购买一套新设备之前，他还要考虑该资金的其他用途：街道修整、市医院的扩建等。我们在后面的章节里将详细论证，这种描述比较接近管理行为的真实情况。[13]

几乎所有人都曾经有过这样的感觉，想做的事情太多，做事的时间太少。也就是说，如果所有可能的刺激同时引起了人的注意，那么真正能引发实际行动的只占少数。理性的要求是，人应该在相互冲突的"事物"中有意识地做出抉择，而不能任由引导注意力的刺激随意左右人的抉择。

心理环境的决定因素

由以上的论述可见，如果只从偶然和随机的刺激对人造成冲击后引发的抉择来看，似乎成年人忙碌的整体活动，只是比儿童的随机动作和飘忽的注意力更加模式化而已。与儿童相比，成人所有活动组成的有机整体固然更大更复杂，但是作为整体，与任何总价值体系关系的密切程度却差不多。除非能证明，从组织整体而不是从个体成员的立场来看，引发抉择的刺激不是，至少不一定是随机的，否则对管理行为这种理性活动的研究便毫无作用。[14]

所以我们下面要考虑的问题就是，引发决策过程的刺激是如何产生的。

一个人如果身处放满书籍的房间里，他可能会粗粗浏览一下书名，考虑之后选出其中一本读上一个小时。他一旦开始读，如果书不是太乏味，也没有人来打扰他，那么在接下来的一个小时时间里，吸引他注意力最重要的，可能也是唯一的刺激就是映入眼帘的那些字符了。看来，他对书籍的选择，决定了这些后来刺激的产生。

我们再考虑一个稍微实际一点的例子。某个人养成了每天早上一走进办公室就看日历记事本的习惯。他在星期四收到一封信，要在第二周的星期二之前回复。他在记事本上留下记录，因为他相信这条记录会刺激他回信的日期。

第三个例子中就包含了刻意培养某种技能的情况。一个不常使用打字机的人，打字时可能会边打边找，因为对他来说，这种拼字方法最快了。但是，如果他预料自己在今后一段时间内要经常使用打字机，他也许会耐心地培养自己触打键盘的习惯技能。因此，从长远来看，与以前没有培养这项技能时的情况相比，他对于打字的希望这一刺激能收到更有效的回应。

我们最后再举一个来自某管理型组织内部的信息沟通渠道的例子。该组织的每个成员都需要一定的信息来正确地制定自己职责范围内的决策。为了确保必要的信息能顺畅地到达每个成员手里，该组织设计了一个定期记录与报告系统，自动将这些刺激导向正确的沟通渠道。

以上四个例子都大致说明了行为整合机制的概念。我们可以从中区分出两套主要的机制：①行为一旦确定了方向，就让它一直持续这个特定方向的机制；②引发某特定方向行为的机制。前者虽然不完全是，但大部分还是处于人脑中的内部机制。从这个意义上说，这些机制的描述和功能发挥都是心理学问题，本书只是略微提到。

另一方面，虽然行为引发机制通常都意味着个人对特定刺激的敏感反应，但是这种机制主要还是位于人脑之外。但正因为是外部机制，所以它才能存在于人与人之间。即便是这些机制无意影响的人，也能使它们发生作用，因此，它们在管理型组织中扮演着主要角色。

就目前的讨论而言，我们对行为引发机制的说明已经足够充分了。下面的篇幅将简要探讨行为持续机制。在此讨论的基础上，我们才可能重新描绘理性行为的画面，赋予整合机制在理性行为中的核心地位。

行为持续机制

某特定方向的注意力和行为一旦被引发，就有持续相当长一段时间的趋势。即使是相对比较随意的原始活动抉择，情况也是这样。

我们在第 4 章已经讨论过行为持续的一个重要原因。活动往往都会产生某种形式的"沉没成本"，所以持续原来的方向是有利的。管理者对于是否应该开展某项活动，可能存有相当的疑虑。但是，一旦他承担起这种职责，那么继续下去，不放弃已经付出的时间和精力是比较有利的选择。换一种说法就是，活动通常至少会持续直到达成"圆满"，也就是沉没成本的价值被收回为止。

行为持续的第二个原因是，这种活动本身产生了新的刺激，将注意力导向活动的持续和完成方面。我们在前面也说过，一本书如果写得好，一般就能吸引读者的注意力直到读完此书为止。但是每个管理问题差不多也同样可以得到这种解释。某位工程师，早上一走进办公室，就看见了前一天设计的一系列街道铺设方案，他的注意力立刻就会转向这些方案和与完成方案有关的问题，要让他一整天时间都花在这上面，可能不再需要其他的外部刺激。

我们可以看出，这种刺激大部分是"内部"刺激，而且是沿着脑中成形的联想途径继续发挥作用的。如果联想模式非常丰富，我们的头脑就会像闭合回路一样，只要思路发生偏离，就会重新把它拉回到所关心的主题上来。众所周知，意念的高度集中（也就是内部刺激），实际上会降低个人对外部刺激的敏感度。[15]

行为持续的第三个原因，也是与"沉没成本"最密切相关的原因，可以称为"准备时间"成本。对许多重复性任务来说，执行任务的准备时间，以及任务之间必要的转移时间，使得持续执行一项任务比执行多项任务更有利。

行为的整合

我们现在应该把重心从导致行为整合的机制，转向这些机制所产生的行为模式上来。这个过程包括三个主要步骤：

（1）个人（或组织）大范围制定决策，决策范围包括个人活动所要实现的价值，实现这些价值所采用的一般方法，在政策限度内制定特定决策以及执行决策所必需的知识、技能和信息。刚刚描述的决策活动可以称为实体规划。

（2）个人设计并确立注意力的导向机制以及信息与知识的沟通机制，采用的方式要保证具体的日常决策与实体规划相一致。这种决策活动可以称为程序规划，对应于我们前面所描述的"构建决策的心理环境"。

（3）个人通过在步骤1和步骤2所提供的基本框架下的日常决策和日常活动来执行计划。

事实上，这个过程不只包括三个步骤，还包括一个由很多步骤构成的完整的层级系统，任意一个给定层级上的一般决策，都为下一层级相对更具体的决策提供了一定的环境条件。在非常广泛的意义上决定即将考虑的价值、知识和种种可能性的决策，导致了最高层级的行为整合。而在下一层级上决定具体应该开展什么活动的那些决策，让这些高度概括的决定因素更加具体化，从而导致了较低层级的行为整合。其他层级可以依次进行下去，每一层都更加具体地确定了上一层区域范围内的一个子区域。

在较高的整合层级上，只能考虑某种情境的大致方面。只有当注意力被导向可能发生的更细节化的行为和结果时，才会出现具体化。因此，管理理论的根本问题就是，应该如何构造这个决策群：在一般的"计划型"决策和具体的"执行型"决策之间应该如何进行恰当的劳动分工。第二个根本问题是程序规划的问题：要设计出多种机制，使计划型决策通过执行型决策更加有效地施行控制。

一般决策的类型

我们都应该明白，现实事件往往是通过现场决定行动方案以便立即采取行为来决定的。从严格的意义上来说，一项决策对未来的影响只能通过两种途径：①该项决策决定了目前的行为，从而限制了未来的可能行为[16]；②目前决策在一定程度上指导着未来的决策。正是因为存在目前决策对未来抉择产生影响的可能性，所以才产生了相互连接的决策丛的观点。我们已经讨论过第一种影响方式，第二种影响方式还有待进一步考察。

当某类特殊问题一再发生，需要做出决策时，我们往往会有下面的疑问："这种问题出现时，我可以找到哪些准则作为抉择依据？"例如，有经验的消防员会问："有没有基本的灭火原则能用于我所面临的许多灭火救助任务？"

这个问题一经提出并得到解答，也就等于制定了一项决策，它将指导以后所有关于该主题的进一步决策。做到这一点可以通过下列途径：①选择特定的价值作为以后决策的准则；②选择特定的经验知识来辅助以后的决策；③选择特定的备选行为方案，作为以后抉择时需要考虑的备选方案范围。

（1）管理职能的专业化，即每一项职能都有各自的"目标"，能指导组织的各个部分实现一系列特定受限的价值。消防部门接受"减少火灾损失"作为目标，就是确定一种价值准则，指导消防部门主管制定方方面面的决策。

（2）许多领域里达成的一般决策，都与制定辅助决策时应该考虑的事实有关。比方说，工程师通过常规的计算程序来确定，某个给定的桥梁设计在承受压力方面是否符合安全系数的要求。

（3）同样，在许多领域里，一般决策还决定，面对具体抉择时应该考虑的备选行为方案。某支足球队带着一定的"竞技技能"走入绿茵场，只要时机适合，就会把这些技能发挥出来。警察受过专业训练，所以一看见违法行为，就会产生类似"逮捕""警告"和"报告"的反应。

我们已经讨论了在瞬时抉择问题上，施加早先确定的一般准则的心理机制。[17] 这些以前做好的决策通过产生内部和外部刺激，确定头脑对特定抉择情境做出反应所采用的注意力框架。这个相对狭窄的注意力框架与先前制定控制性决策时更大的注意区之间，形成了鲜明的对照。也就是说，决定"建立一支以火灾损失最小化为目标的消防队"时的一系列考虑因素，与影响某个消防员决定"我最好把 2.5 英寸的软管接到消防龙头上"的一系列因素截然不同。与事先毫无准备的"现场"决策相比，这种决策呈现层级化，使得每项抉择都可能受到更大范围理性的考虑因素的直接或间接指导。因此我们得到一个概念："有计划"的行为是保持高度理性的适当手段。

计划过程

计划过程中的心理过程，包括选择一般性的抉择准则，并通过具体情形的应用来实现一般准则的具体化。[18] 例如，一个设计工程师的目标是设计一条穿越山区连接 A 市和 B 市的铁路。初步勘察了地形之后，他选择了两三条看似可行的总路线，然后把每条路线当成新"目的"（中间目的），利用更加详细的地形图，进一步确定具体路线。

我们可以把他的思维过程描述成一系列假设推想，"如果我要从 A 市到 B 市，路线 1、2、3 最可行；如果我选路线 1，方案 1a 最可行；如果我选路线 2 和路线 3，最可行的方案分别是 2c 和 3a"等，这个过程一直进行下去，直到设计方案的细枝末节都明确了两三种可行方案为止。他还要在这些详细的可行方案中做出最终抉择。

这种思维过程与从所有可行路线中做出单一抉择的思维方式形成鲜明对照。后一种方法完全受逻辑支配，也是保证达到最优的终极决策的唯一程序。不过，这种方法要求人们在制定任何决策之前，要一一详细列举出所有的可能方案。显然这种方法在现实中不可能存在。计划程序是一种折中法，只要求把"看起来最好"的方案详细设计出来。

我们再举一个例子。假设我们要选择建立某水库大坝的地点。为了简单起见，我们假定，必要条件就是以最低费用提供一定的蓄水量，而超过指定要求的蓄水量则毫无价值。当然，实际问题通常没这么简单。我们可以对河流沿岸的每个地点，按照指定蓄水量的要求，估算出筑坝的费用。然而，如果想进行精确的估计，我们就要周密地考察每个地点的地基状况，然后整理出一张条目众多的费用估算表，并从中选出费用最低的筑坝地点。

而在实际中，该工程师的工作程序完全不同。通过查阅地形图，他马上就能挑出 6 个"看来不错"的筑坝地点，其他地点将全都忽略。他对筑坝费用也相当熟悉，所以他能清楚地知道，选择哪些地点只会提高筑造费用。接着，他先假定地基状况"正常"，然后近似地估算出每个看来不错的筑坝地点的筑坝费用。最后，他会选择一些最有希望的地点，仔细地研究地基状况，作为最终估算的依据。

在计划过程的每一步，确实称心的筑坝地点可能没有经过完整分析就被排除在外了。他必须相当熟练地确定估算过程中每一步所允许的近似程度。

社会组织的功能

本章已经多次提到，导致行为整合的机制可能存在于人与人之间。我们如果从广义上把组织和社会制度设想成群体行为模式，那么就不难看出，这种组织和制度的个人参与，可能是产生某些最基本、最深远的行为整合的根本原因。组织对个人的影响主要有以下两类：

（1）组织和制度允许群体中每个成员稳定地预期在特定条件下其他成员的行为。这种稳定预期，是理智地思考社会群体行为结果的一个根本前提。[19]

（2）组织和制度提供一般性刺激因素和注意力导向因子，来引导群体成员的行为，还向群体成员提供刺激行动的中间目标。[20]

当然，任何社会行为模式，如果不能以某种方式预测并满足人们的食欲、性欲和休息等生理需要，就无法继续存在。除此之外，制度安排千变万化，几乎不以人类任何先天特性为依据。由于这些制度在很大程度上决定了组织参与者的心理模式，所以也设定了训练组织成员的条件，也因此设定了在人类社会中运用理性的条件。

一个人能达到的最高层级的行为整合，就是把现有的制度集当成一种备选方案，并与其他制度集进行比较。也就是说，如果人将自己的注意力转移到，为其心理过程提供运作框架的制度环境上，那么他确实就是在最高整合层级上思考备选行为方案可能产生的结果了。并不是所有文化中都可以经常见到这一综合层级上的思考。就西方文明来说，这种思考也许受到两种制约：①乌托邦政治理论家的论著；②关于现代立法过程的思潮和论著。[21]

所以人类理性是在制度环境中塑造出来的，也是在该制度环境中运作，并获得更高层级的标的和整合的。在民主型文化中，立法是这些制度的主要设计者和仲裁者。在人类基本价值的宝库中，管理型组织也许无法像家庭这种更古老的传统组织一样重要。然而，随着人们在经济上的相互依赖性，以及人们对政府机构的依赖性逐渐增加，正式组织迅速承担起前所未有的重要角色。这种发展趋势不无益处，因为管理型组织的建立和完善，通常都是经过精心策划而且不拘泥于传统的。虽然不够完美，但这却让管理型组织有很强的适应性，能根据新需要对组织安排进行调整。

所以，从广义上来说，我们称为组织的这种行为模式是实现人类理性的基础。理性的个体是，也一定是，组织化和制度化的个体。若要解除人类心理状况对周密思考施加的严格限制，他的个人决策也一定受到他所在的组织群体的影响。他的决策不仅是个人心理活动过程的产物，还体现了更全面的考虑因素，而正是组织群体的职能才使这些考虑因素确实生效。

组织的影响机制

我们在第1章已经大致介绍了组织影响个体成员决策行为的手段。我们在后面的章节还要进一步分析这些手段，所以这里只进行简要讨论。

（1）组织在成员之间进行劳动分工，安排每个成员完成一定的任务，从而将成员的注意力引导并限制在个人工作上。人事部门的工作人员只负责人员招聘、培训、分类和其他人事工作。他不必特别关注组织的会计、采购、计划或操作的职能，因为他知道组织中的其他部门会完成这些工作。

（2）组织确立标准的工作惯例。组织确定了特定任务的具体完成方式，从此一劳永逸，至少这种具体方式在一段时间内有效，所以真正执行任务的人就没必要每次都重新确定工作方法。

（3）组织建立起权威和影响体系，使之能够沿着组织层级向下（向上或横向）传达各种决策。大家最熟悉的形式就是正式的权威层级制了。但是还有两种形式也同样重要，第一种是指定特定个体履行正式的顾问职能，第二种是在实际组织中依据组织成员的正式职位和社会关系逐渐发展起来的非正式影响体系。

（4）组织提供了四通八达的沟通渠道，供决策信息流通。这些渠道同样也有正式和非正式两种。正式渠道的一部分建立在正式权威链的基础上，另一部分却脱离正式权威链；非正式渠道与非正式组织密切相关。

（5）组织对组织成员进行培训和教育。这种方式可以称为影响的"内在化"，因为它将组织希望采用的决策准则灌输到组织成员的头脑中了。经过培训和教育的组织成员，掌握了一定的知识、技能以及认同（组织忠诚），他能在组织需要时独立制定决策。

协调过程

在本章和上一章，我们已经间接提到组织影响的一项主要职能，就是对组织成员活动的协调。我们已经解释过了，在任何社会形势下，个人要有效地达到宗旨，不仅取决于他自身的活动，也依赖于他的活动与其他相关个体的活动的相关程度。在任何大型组织（最杰出的例子就是美国联邦政府）中，把一个人或单位的活动与其他人或单位的活动联系起来，是一项最重要、最复杂、最困难的任务。无数次战争活动都突出地证明了这一点。负责飞机专用汽油生产的行政官员根据执行任务的需要合理地发布命令，但这可能会干扰到另一位负责橡胶生产的管理者的工作。采办商船用钢材，可能与采办武器、坦克用钢材相冲突。再如，开展大规模军事行动可能需要及时协调大量准备活动。这样的例子不胜枚举。

从组织中个人的立场来看，协调包括几种要素：个人的目标和中间目标与组织其他部分的目标和中间目标的关系；个人对本人及组织其他成员现有的备选方案的评估；个人对他人将要采取的行动方案的预期。

自我协调

在最简单的情形下，个人只要观察他人的活动，就可以协调个人活动与他人活动的关系。比方说，在三四个油漆匠合作组成的一个群体中，大家各司其职，整个群体像团队一样工作，每个人都承担自认为最有效而且对别人干扰最少的任务。偶尔也会有命令下达，但是工作调整大多不需要讨论，可以默默进行。

只要观察一下无组织群体在发生紧急事件时的表现，就能明白这类有组织的行为。当然，如果该群体为了应付紧急情况事先组织好了，或如果该群体的一个或多个成员被公认为"领导"，协调机制就会精细得多，其中还包括下达口头命令等。

多数情况下，一群人成功地完成一项任务，需要的协调程度还要稍高一些。比方说，有效地执行任务的必要条件是，群体成员要同时采取行动。即使在这种情况下，协调也可能不是刻意进行的，也不需要明确地下达命令。群体的不同成员只接受某个成员的"领导"，并根据他的行动相应地调整自己的行动，例如，搬运重物的一群人的情况就是这样。

可以进行自我协调的所有情形都要求，个人能够观察组织成员的行为并相应地对自己的行为进行调整。而在多数复杂情形下，不可能进行这种直接观察，这时就必须由组织本身进行协调了。

群体备选方案与个人备选方案比较

个人的观点是，个人目标的实现，取决于他所采纳的特定行为方案。每个备选行动方案都有一系列不同的结果。我们前面已经解释过了，理性抉择就是选择能产生最偏好的后果或结果的方案。

当个人在群体的环境下做出抉择，某一行动方案的后果就不仅取决于个人对特定方案的选择，还取决于该群体中其他成员的选择。只有其他成员的行为被当成"不变常量"，也就是对他们的行为形成了预期，抉择才可能变成确定的决策问题。对其他成员行为的预期形成了以后，唯一的独立变量就是个人的选择，决策问题因此就简化成前一种情形。

所以我们要仔细地区分群体的备选方案和个人的备选方案。后者只是前者的子集，是群体其他成员行动集的不同子集。个人为个人行为实际选择的方案，可能与他在能确定其他群体成员行为的情况下会选择的方案大相径庭。

即使个人对其同事行为的预期比较准确，这些预期通常也与他所希望的不同。由于他个人的理性决策必定与他的预期相关而不是与他的愿望相关，所以他偏好的目标行动方案必定不是群体所面对的所有可能方案中的一个，而是个人所面对的所有可能方案中的一个。

我们必须区分这两种计划，以对敌方行动的希望为依据制订的作战计划，和依据敌方的"正确"行动制订的作战计划。这是军事战术中的一项主要原则，而且的确也是任何竞争性活动的主要原则。第一种计划绝对不可能成功，因为它要取得成功，就必须错误地假定，敌方会按你的希望采取行动。而在现实世界里，若以许多个体的理想行为作为计划成功的依据，但是计划却无法解释如何产生理想行为，这样的计划便只能是"空想的乌托邦"。

如果群体所有成员有相同的价值偏好，而且在群体可能实现的所有结果中，也偏好同样的结果，就会出现一种特殊情形。灭火的所有消防员都一致同意，他们协作行动的目的是尽快灭火。从完全客观的经验角度来说，在这种情况下，群体成员只能采取能够最迅速实现这个目标的行为集。群体成员可能会对最佳解决方案的意见不一，但这都属于事实层次上的不一致，也就是说是事实判断的问题，而不是价值取向的问题。

实现"最优"结果，也就意味着群体的每个成员都了解自己在方案中的位置，并且准备与他人一起工作。但是，如果群体每个成员的意图都无法传达给别人，那么这种协调也几乎不可能实现。每个成员的行为依据的是对其他成员行为的预期，但是他会毫无理由地预计，这些预期都适合既定的计划。这样，若缺少正式的协调，结果就有高度的随机性。

在多数实际情况下，自我协调永远没有事先的行动计划效果好，因为既定计划可以替群体每个成员省去预期其他成员行为的麻烦。

所以，对于比较复杂的合作行为来说，沟通必不可少。比较复杂情形下的协调过程至少包括三步：①开发一份群体所有成员的行为计划，而不是开发一系列的个人计划；②向每个成员传达该计划中重要的相关内容；③个体成员愿意让该计划来指导自己的行为。

这个过程与将个人行为纳入一个协调的整合模式的过程并没有多大区别。在群体的整合过程中，沟通可以说类似于人体的神经组织，填补了由于个体之间缺少有机联系而造成的间隙。

群体计划

群体行为计划的观点不包括任何形而上学的"群体心理"观念。"群体心理"是关于几个人如何行动的具体说明，而不是关于一个人如何行动的具体说明。计划可以以书面的形式存在，也可以存在于计划编制者的头脑里。这些计划编制者可多可少，可以是也可以不是群体成员。在计划实施以前，真正需要的只有，向即将执行计划的群体成员传达计划的内容。

目前为止，我们在讨论中一直假定，只有当群体成员一致同意实施某个可行方案时，计划才能成形。事实上，严格来说，这并不是必要条件。在许多情形下，虽然各人有各自不同的"最佳"观念，但进行群体协调还是可能的。他们只要同意寻找一个比各自面对的任何备选方案都要好的计划即可。[22]

由于我们目前对合作产生的机制讨论比较多，相比之下，对于个人合作理由的讨论就比较少了，所以这个"群体计划"的主题，我们留到下一章再充分地讨论。

沟通

一般的组织决策只能通过心理机制，给每个人提供决策所需的价值观和知识，从而控制个人的行为。在群体行为中，也同样有必要向执行计划者传达群体计划的信息。这不是必须传达整个计划的意思，而是每个人都应该知道自己的任务。

在管理过程的所有步骤中，决策信息沟通一般最不受重视，执行效果最差。最常见的情况是，不考虑计划对群体各个成员行为的影响方式，让计划"强制"生效；发布程序手册之后，却不继续了解，个人是否使用手册内容作为决策指南；虽然编写了书面组织计划，但组织成员依然对于此计划茫然不知。

如果人们忘记了个人行为是组织实现目的的工具，沟通就会失败。任何管理过程，都要提出这样一个问题：这个过程对组织成员的个人决策有什么影响？如果没有沟通，这个问题的答案肯定永远是：根本没有影响。

计划的接受

协调过程的最后一步是，组织每个成员都接受自己在群体计划中的角色。而保证人们接受计划的问题是下面两章的主要论题。

结论

在本章的论述过程中，我们同时考察了人类理性的限度和各种可能性。理性的限度来源于人类头脑没有考虑一项决策的价值、知识和相关行为的各个方面的能力。与其说人类的抉择模式是从多个备选方案中进行选择，不如说更接近于刺激－反应模式。所以人类理性是在心理环境的限度内发挥作用的。这个环境迫使个人不得不选择一些要素，作为个人决策必须依据的"给定条件"。不过，引发决策的刺激本身可以受到控制，来实现更广泛的目的，而且个人决策序列也可以整合成一个考虑全面的整体计划。

刻意控制决策环境，不仅可以对抉择进行整合，也能实现抉择的社会化。我们可以把社会制度看成个人行为规则，这些规则约束个人行为，使之服从社会要求的刺激－反应模式。在这些模式中，也可以体现出我们对组织含义和组织职能的理解。

评论与延伸

用一句话来概括第 4 章和第 5 章的主题：管理理论关注的焦点，是人类社会行为中的理性和非理性层面的分界线。管理理论尤其是关于刻意理性和有限理性的理论，也就是关于因为没有寻求最优化的才智，所以退而寻求满意的人类行为的理论。[23]

我在撰写本书第 1 版时，经济人模型远比寻求满意的管理人模型的发展完善得多，也正式得多。因此，有限理性大多被定义为一种理性残余，即对理性的偏离，而且对抉择过程实证特征的刻画也很不完善。我打算用第 4～5 章的评论与延伸的篇幅来弥补这种缺憾。[24]

有限理性的经验证据

过去 50 年以来，心理学界又重新开始对人类思维感兴趣。因此，如果要构造一个既考虑人类行为的真实特性，同时又符合经济人模型某些正式要求的理性抉择模型，现在比撰写《管理行为》初稿时更加可行。要把第4章所说的经济人变成第5章所说的管理人（就是我们日常生活中常见的只有有限理性的人），需要经历两种至关重要的变化：

（1）尽管"经济人"追求最优，也就是从所有备选方案中选择最好的那种，他的近亲"管理人"却追求满意，也就是寻找一种令人满意或"足够好即可"的行动方案。"市场份额""合理利润"和"公平价格"都是满意准则，多数经济学家都不熟悉这些准则，商人对它们却耳熟能详。[25]

（2）经济人旨在与这个"真实世界"的一切复杂要素打交道。而管理人认为，感知的世界只是对纷繁复杂的真实世界的极度简化模型；各种情境只是松散地连接在一起，真实世界里的多数事实都与某一具体情境没有多大关系；最重要的因果链非常简短。因此，我们可以把在特定时间看似无关紧要的大部分现实暂时置之不理。管理人只考虑少数几个最攸关也最关键的情境要素，其实在这方面，所有人都是这样。特别是，他们一次只能处理一个或少数几个问题，因为注意力存在限制，所以他们不可能一下子就注意到一切。

因为管理者追求"满意"而不是"最优"，所以他们在做出抉择之前，不需要考察所有可能的行为方案，也不需要预先确定所有的备选方案确实就是这些。因为他们认为这个世界非常空洞，并且忽略所有事物之间的相互联系（让思考和行动变得茫然若失），所以管理人只用相对简单的经验法则，对思维能力不提过高要求就能够制定决策。简化固然可能导致错误，但面对人类知识和推理能力的限制，除了简化，别无其他现实的方法。

但是，我们怎么知道对管理决策制定过程的描述是正确的，比经济人模型更准确？第一种检验是对常识的检验，这种检验也许不是最重要的。我们不难想象出有限理性管理者采用的决策机制。我们对管理人决策过程的描绘，与我们对自身判断过程的内省式了解非常一致。

然而，这种理论还通过了一种更加严格的检验：它符合心理学家和组织与管理研究人员对人类决策过程进行观察所得到的大量观察结果。过去的40年以来，人们在所谓"信息处理心理学"领域已经取得了巨大进步。我们通过基本的符号操作过程已经成功描述了在问题求解、掌握概念和制定决策等不同任务中的人类思维过程。相关的解释已经足够详细，所以人们也编制出许多计算机程序来模拟人类的行为，而且这些程序的运行结果和承担同一任务的人类主体有声思考的备忘录之间获得了相似匹配。[26]

我在这里不详细介绍信息处理心理学方面的发展现状。对我们来说，重点在于，这些行为模拟所依据的人类理性的基本假设，实际上就是对于寻求满意的决策者的假设。当然对这些新理论的检验工作并不只是局限在实验室中。我们举几个例子。有人使用信息处理的方法，仔细分析了商学院研究生如何选择自己的第一职业；能够进行医学诊断的程序也编了不少，其中一个还进行了市场推广；某个程序模拟了专业会计师通过检查财务记录来识别公司问题的全过程；还有人模拟了对贷款申请人的筛选过程。[27] 我们在后面还会介绍其他例子。

由于目前有大量证据支持决策的有限理性和寻求满意的概念，所以第 4～5 章所描述的人类理性已经不再是一种假设，它已经在主要特征上得到了证实。

与正式决策理论最新进展的关系

说起来很有意思，甚至还有点讽刺，就在我们都学会相当精确地建立经实证证实的人类理性决策理论的时候，经济人的正式理论化却又开始蓬勃地复兴。这种复兴，一方面可以追溯到最早由冯·诺伊曼和摩根斯坦提出的博弈论方面的显著进展；另一方面，由尼曼、皮尔逊、华尔德和萨维奇倡导的统计决策理论上的进展也同样显著，并与前面密切相关。[28]

冯·诺伊曼和摩根斯坦的博弈论至少包括 5 个分立的独特概念，全部都很重要。

（1）将可能的未来行为用"树"来表示，从每个决策点发出许多分支，个人在每个决策点都必须选择正确的分支。

（2）把竞争形势下的理性抉择定义为极大极小值（也就是面对竞争对手，选择提供最优结果的分支）。

（3）在竞争形势下使用混合战略（比如虚张声势），阻止对手预测自己的动向。

（4）从可能形成联盟的角度，来定义有两个以上竞争者的竞争形势下的理性抉择。

（5）假定，在只知道结果的概率分布的不确定情形下，决策者有一个基本效用函数，并且选择期望效用最大的行为。

本书中的有限理性理论包括上述第 1 项，并且与第 3 项和第 4 项相一致，但是剩下的项目更符合经济人的特征，所有没有被包括在这里的管理人有限理性模型之内的特征。有时评论家会忽略这种重要的区别，他们错误地认为本书中"理性的"这个词的含义，本质上与古典经济学、博弈论和统计决策理论中理性的含义相同。

现代经济学中的理性预期假设与博弈论密切相关。理性预期的基本观点是，所有决策者都确切了解经济系统的真实均衡水平，认为其他人都拥有同样的知识和观念，所有参与者都对未来进行预期，并依据这些知识和观念来制定决策。

博弈论与理性预期都没有考虑到，决策者在面对真实世界时，真实知识和计算能力都会受到严格的限制。由此可见，这两种理论几乎与有限理性理论完全背道而驰。

古典理论缺少的要素

对决策过程进行实证研究，我们很快就能发现古典理论缺少决策过程的三项基本要素。第一项，对特定时刻制定哪些决策议程的设定过程；第二项，对要关注的问题其再现模式的获取或构造过程；第三项，可供决策者选择的备选行动方案的一系列产生过程。我们在第 5 章已经概述了这些过程，现在需要对它们进行更加详细的描述。

设定议程

古典理论假设，每个时点要制定的决策都相同。古典理论中不存在议程这种东西，因为不存在对具体决策问题选择的必要。在真实世界里，有限的注意力必须指向需要及时处理的事务，所以一定要有议程的设定和修正过程。

设定议程的简单程序

如果同时出现两种以上的需要，主体和组织就必须决定它们在议程上的先后顺序。确定顺序通常可以依据一些简单规则：先关注最需要满足的需求。议程的设定方式与产业界中大家熟悉的双箱系统非常类似，即每种要求或需要都有一个"订货点"和一个"订货量"。当某种需要降到了一定的匮乏程度，就会向决策中心发送信号，吸引注意力（除非出现更紧急的信号）。某种需要如果没有立即得到关注，需求信号就会逐渐增强，直到该种需要获得最高优先权为止。

这种议程设定系统，并不需要综合效用函数。比较各需求的紧急程度的目的，只是为了设置搜索的优先顺序。这里只需要一种可以代表紧急程度而且能逐渐增强信号的简单机制，完全不需要进行最优化。只要在库存彻底耗尽前还有时间进行搜索来满足需要，这个粗略的程序就能达到令人满意（不是最优）的运作效果。而出现更加紧急的需求时，只要时间还宽裕，就可以暂时中断搜索过程。

决策问题纯数量的增加不会使得议程设定任务变得更复杂，当然，前提条件是它们在本质上都不属于生死攸关的重大决策。不够紧急的决策问题永远无法载入待议议程，我们在日常生活中大多对这种现象非常熟悉。最有可能成为议程项目的不是问题就是机会。问题如果不受到关注，就会带来麻烦；机会如果受到关注，就会增加利润，或提高生存概率。

不存在已经设定了优先顺序的固定机会列表和固定问题列表。无论是问题还是机会，只有引起注意，才有可能成为议程考虑接纳的对象。如果它们不能通过内部信号发送机制吸引主体或组织的注意力，它们就必须等待从复杂的外部感官环境中被挑选出来。所以机会只有引起注意才算是机会。我们在现实生活中，任何时候都只能注意到客观存在的机会的一小部分，也只能注意到一小部分问题。技术发明或社会发明最重要的第一步（这一步的内容并不明确），就是要从纷繁复杂的环境中将机会与问题抽取出来，以便关注其发展线索。

机会注意机制

目前，关于机会（或问题）注意机制的理论已经初见雏形。最大的进步是在科学发现领域。[29] 而对将人类的注意力集中在重要问题上的一个机制的发现却是个意外。亚历山大·弗莱明注意到，实验室中一个皮氏培养皿○中的细菌正在分

○　实验室用于培养细菌等的有盖小玻璃盆。——译者注

解。他非常意外，因为这些细菌没有理由会死。后来他终于发现，在该培养皿边缘接近细菌分解的地方，覆盖了青霉菌。

出现这样的意外需要什么条件呢？需要我们知晓某种情形，并且有不同寻常（也就是与我们的知识相悖）的事情发生。弗莱明通晓细菌和霉菌，他的知识让他无法预料到，细菌在周围有霉菌出现的情况下会死亡。是意外将解释细菌死亡原因的问题（或机会）放进了弗莱明的研究议程。而任何不具备那些知识的人，就不可能注意到这个机会（或问题）。很多机会，包括很多非常重要的机会，都是通过见多识广的意外机制才在议程上取得一席之地的。

我们可以将意外机制推广，得出关于"是什么让人对环境的具体细节特别关注"的更具普遍性的理论。在当今世界里，信息海洋将我们团团围住甚至将我们淹没，我们只能注意到其中无穷小的一部分。虽然我们可能希望拥有某些不可能得到的信息（例如，可靠的预测信息），但决策过程中最关键的缺乏因素不是信息而是注意力。我们有计划地或意外地注意到的东西，是决策的重要决定因素。

由于普遍缺乏注意力，所以人类和组织只能通过在潜在的信息来源中进行选择性的系统搜索，寻找值得仔细注意，以及能提供议程项目的事项，从而提高决策质量。这正是组织所谓的"智能"单位的主要功能，也是研发单位甚至计划单位的主要功能。

比方说，公司内的实验单位一般很少提供新产品的基础性发现，更多时候是充当产生新产品观念的学术界与其他学科领域之间的联系纽带。它的任务就是观察学术界，并与之保持沟通，注意学术界提供的机会并将它进一步发展。当然，这种实验性质的单位也有与自然界打交道的小窗口，但是如果没有与科学界的密切互动作为补充，这个了解自然界的窗口的作用也就相当有限了。

计划单位的一项普遍职责是，及早识别问题所在，这不一定会在职能界定上明确表达出来。问题识别的机制之一就是对感兴趣的系统建立计算模型，并利用模型进行预测。但对环境中已有信息进行选择性监视的做法，会比模型预测更可靠地发出早期警戒信号。

也许我对议程形成理论，也就是对注意力集中理论是理性决策理论的根本部分的说明，已经足够了。在人工智能和认知科学的文献里，我们可以找到与该主题相关的观点，比方说，最近对科学发现过程的研究。

再现问题

第 2 章的评论与延伸部分指出，组织结构本身就是组织要处理的任务的一种再现模式。问题再现在决策层级上也有一定的重要性。只要出现新的决策场合，就一定要先确定该决策问题的再现模式。

目前我们对问题表述机制的了解也许比议程设定过程还要少。当然，如果确定的议程项目是我们比较熟悉的，通常就会有标准程序将问题表述成可理解的形式。例如，我们如果能把问题表述成方程的形式，就知道该怎么解决了。

让我们回到通过意外机制确定的议程项目上来，科学家们对于各种意外发现的利用，已经有一套相当标准的程序。出现意外情况时，他们首先要将意外现象的范围特征化。如细菌面对霉菌时就会死亡，那么哪些种类的细菌会受到影响？（弗莱明发现有很多种。）哪些种类的霉菌会有此效果？（显然只有盘尼西林霉菌。）界定了该现象的范围之后，就要找到其运行机制。（我们能否使用研磨、酒精处理、加热、结晶等方式，从盘尼西林中提取一种可以保持甚至增强对细菌的影响效果的物质？如果我们发现了这种物质，我们能进行化学提纯，并描述其化学特征吗？弗莱明和之后的霍华德·弗洛里与厄恩斯特·钱恩做的一个完整序列的实验就达到了这种机制。）

有些问题初看起来非常困难，但是如果以适当的方式重新表达的话，就会变得非常简单。残缺棋盘问题就是一个著名的例子。考虑一个长宽各八方格的国际象棋棋盘和 32 只骨牌，每只正好覆盖两个方格。显然，所有骨牌正好完全覆盖整个棋盘。现在假设左上角和右下角的方格被切掉了，那我们还能用 31 只骨牌完全覆盖剩下的 62 个方格吗？

我们不能，但是这个答案并不是那么一目了然的。我们都没有耐性把所有可能的方案都尝试一遍，来证明这种不可能性，所以我们必须找到别的办法。让我们把这个问题抽象地表述一下，只考虑骨牌数、黑方格数和红方格数这三个要素。每个骨牌正好覆盖一个黑方格和一个红方格。但是我们切掉的两个方格同色（因为它们处于一条对角线上的两个终端）。因此，现在某种颜色的方格比另一种颜色少两个，比如说 30 个黑方格和 32 个红方格。但是骨牌必须覆盖相同数量的黑红方格，所以在残缺棋盘中，不可能摆下 31 只骨牌。

问题再现模式同问题本身一样，并不会自动出现在我们面前。对于熟悉的情形，我们可以从记忆中寻找以前的模式，否则就通过选择性搜索来发现。问题表述本身就是一个问题求解的过程。

例如，欧美公司如今已经完全意识到日本和其他远东国家所带来的严峻的竞争挑战。这个问题已经被列上了议事日程，但是找到合适的问题再现方式还是一个至今没有完全解决的难题。这个问题是关于质量控制的问题吗？是关于制造效率的问题吗？是关于管理风格的问题吗？是关于工人激励的问题吗？是关于薪资水平、汇率、外贸管制、投资动机的问题吗？这个列表还可以无穷地列举下去。针对不同的问题再现模式，我们可以提出不同的结论。

显然，发展一套问题再现模式理论，必然是决策议程上的优先考虑对象。

搜索并选择备选方案

理性经济人理论有一个显著特性，就是所有供他选择的备选方案在决策过程刚开始时就完全给定了。他生活在虚构的静态世界里，其中只有数量和种类都固定的货物、过程和行动。这种古典的理性观点没有说明备选行动方案的来源，只是把它们当成免费礼物赠送给决策制定者。

但是，很大一部分组织管理工作都是在寻找可能的行动方案。举几个很明显的例子，比方说，搜索新产品、新营销方法、新制造方法，甚至搜索新的组织结构。一切搜索活动旨在让组织能够在已知和熟悉的行动方案之外找到新奇的方案。

即使在本书第 5 章"计划过程"中初步讨论了备选方案的搜索过程，关于备选方案产生的主题也只是点到即止，所以我们一定要把这个当成处理决策的一项严重缺陷来认真看待。

找房子和找工作通常都是在一系列界限模糊的备选方案中进行广泛搜索的市场活动。应届毕业生第一次找工作时，不仅要掌握发现潜在雇主的程序，还要掌握确定搜索停止时间的停止规则，以及获得与雇用机会相关的信息的程序。组织的情况也一样，决策备选方案一般不是预先给定的，而是通过选择性搜索不断产生的。

有时，搜索备选方案就同刚刚说过的找房子和找工作的情况一样。可行方案是业已存在的，现在只要进行定位即可。但是很多（可能包括最重要的）情形下，组织要找的备选方案并不存在，它要把方案创造和设计出来。此时的任务就不是搜索而是设计。许多经济产品不是为公开市场生产的，也不是为了摆在货架上出售的，而是根据特定顾客的合同特别设计的。即使是现货，最初也要经过设想和设计，产品的设想和设计任务已经成为产业界持续发展的工作中心，比方说，在服装业和制药行业里，新产品一直源源不断地上市。

近年来，我们也从认知科学领域的研究成果中获得了许多关于设计过程的知识。[30] 任何一个问题的求解过程都包括一项或一组目标，它（们）被表述成对未来解决方案进行检验的形式，任何解决方案都要通过目标满意度的检验。设计需要一个能产生未来解决方案的发生器。如果该发生器不能逐个逐个地产生解决方案，以便接受检验，就必须采用一系列步骤将未来解决方案综合在一起，不断进行过程检验来指导搜索的进行。而我们对可以进行搜索的问题空间了解越多，从中抽取的用于指导搜索行为的信息就越多，探索过程的效率就越高。

决策阶段

我们把决策过程划分成设定议程、再现问题、搜索备选方案和选择方案的子过程，这种做法有时会被人批评为，错误地把决策制定过程描述成"线性"过程，因而使得决策制定过程变得非常死板。[31] 其实这是误解。我们所说的过程划分当然不是说这些子过程一定要遵守固定顺序。议程设定和重新设定是一个连续过程，同样，新的决策备选方案（例如新产品）的搜索，以及随着新决策情形出现的对备选方案的选择也都是连续过程。在某决策过程中发现的一个备选方案，也许对于后来某个完全不同的决策过程也能起到有效应用。

此外，决策的每个子过程本身也许还要设定议程、搜索备选方案、选择和评价方案等过程。我们使用计算机程序让决策过程自动进行，就能观察到出现在程序执行过程中的目标和子目标的复杂层级系统，而上面的情况也就一目了然了。我在这里描述的决策过程绝对不是"线性"的，出现新情形或发现新事实时也可以毫无障碍地进行灵活处理。我在第 5 章已经简单地表明了这一立场。

结构明晰和结构不明晰的问题

我们最了解结构明晰的问题的求解过程。如果目标检验明确易行，同时还存在一组明确定义的潜在的解决方案综合发生器，那么就是问题结构明晰型，否则就是问题结构不明晰型。我们在日常生活中碰到的许多问题都是结构不明晰型的。建筑师设计房屋、工程师设计桥梁或发电站、化学家寻找理想的分子及其廉价生产方式、管理者判断是否应该建立一个新工厂来满足日益增长的需求，这些全都是用很多未经明确界定的成分来解决问题的例子。

就目前所知，解决结构不明晰的问题的根本过程与解决结构明晰的问题的根本过程没什么不同。然而有些论点刚好相反，这些论点认为，结构不明晰的问题解决过程包括"直觉""判断"甚至"创造性"过程，这些过程与结构明晰的问题解决过程中例行的普通逻辑分析过程有着本质的差异。

我们可以从实证角度对这种论点进行反驳，因为如今我们已经掌握了强有力的证据来说明直觉、判断和创造性过程的实质运作机制。众所周知，某领域专家的记忆里存储了大量该领域的知识。我们只是粗略地衡量了一下他的知识量，觉得该专家也许有 5 万甚至 20 万信息"块"（熟悉的单位），但可能没有 500 万这么多。

这些信息在记忆里的保存方式很特别：它们与一个"索引"有关联，所谓"索引"，就是区分不同刺激的检验的网络。当该专家面对自己精通领域的某种情形时，许多不同的特性或蛛丝马迹都会吸引他的注意力。比方说，下棋者会注意到熟悉的暗示，例如"开局""叠兵"或"马残局"。注意到的每个熟悉的特征都会自动接通存储在记忆中的与该暗示有关的信息块。会计师如果看到资产负债表上的现金水平比较低，就会回忆起关于现金流和流动性问题的知识。

我们经常可以注意到，专家快而准的"直觉"反应能力，其实这只是知识累积以及运用知识来识别问题求解过程的结果。直觉、判断和创造性基本上都是以经验和知识为基础的识别和反应能力的具体体现。它们的神秘之处大概类似于这种情况：在大街上碰到朋友时我们会"马上"认出他，并且回忆起那个朋友在我们脑海中留下的点点滴滴。话又说回来，由于人们现在已经普遍认为直觉、判断和创造性无法用科学来解释，所以我们只好在下一节费一番工夫进一步介绍有关的知识。

我们在下一节就会明白，没必要假定分析式和直觉式两种问题求解风格。分析的作用取决于专家知识的运用是否快速又有效。如果没有通过直觉获得的知识，我们的推理过程就会进展得非常缓慢、吃力，而且往往没有什么成效。各个专家对分析和对直觉的依赖程度存在差异，不过我们可以预期，事实上在所有专家行为中，这两种风格都同时存在，而且密切配合、相辅相成。

直觉的角色[32]

经常有人对目前的决策理论提出反对意见，他们的理由是，它把所有的注意力几乎都放在决策过程的系统和"逻辑性"层面，而没有充分考虑到人类的直觉和情感在其中扮演的重要角色。"逻辑"式决策方法和"直觉"式决策方法之间的对抗由来已久，两者之间的争议比本书初版日期还要早。这场争议的一个导火索是切斯特·巴纳德的一篇著名论文《日常事务中意念的作用》，该论文发表在他 1938 年出版的《经理人员的职能》一书的附录中。最近也有许多作者，例如克里斯·阿奇利斯和亨利·明茨伯格，[33] 都猛烈抨击在决策制定框架里使用"逻辑"方法明显忽略了直觉的因素。

巴纳德关于非逻辑决策过程的论述

巴纳德的论文可以作为我们讨论的良好起点。它的中心主题是比较巴纳德所谓的"逻辑性"和"非逻辑性"的决策过程。

> 我所谓的"逻辑性"过程指的是，能够用话语或其他符号（也就是推理）表达的自觉思考过程；而"非逻辑性"过程指的是，不能用话语或推理而只能通过判断、决策或行动表达的自觉思考过程。

巴纳德的论点就是，与科学家相比，经理人员在制定决策时，往往无法以有条不紊的理性分析为依据，而是在很大程度上依靠他们对决策需求情境的直觉或判断反应。请不要忽略非逻辑性或直觉！虽然巴纳德没有提出一组区别逻辑性和判断性决策方法的正式准则，但是为了便于识别，他的确描述了这两种风格的特征，至少能让人们容易辨别两者比较极端的形式。在"逻辑性"决策过程中，首先要明确地给出标的和备选方案，然后计算追求各种方案的结果，最后根据结果与标的的接近程度对结果进行评价。

在"判断性"决策过程中，由于决策者对于决策需求的反应过于迅速，所以无法对情境进行有条不紊的序列分析，决策者通常也不能有效地叙述决策制定过程和决策判断基准。但是决策者对自己的直觉决策的正确性很有信心，而且可能把根据直觉迅速做出决策的能力归功于自己积累的经验。

多数主管可能都认为巴纳德对决策过程的说明很有说服力，因为它抓住了他们对决策过程运作方式的真实感受。另一方面，有些管理学科的学生，尤其是以改善管理决策过程为目标的学生，对巴纳德的说法感到很不适应。因为它看起来像是在为快速判断辩护，而且似乎还对管理科学工具的适用性相当怀疑，因为它们几乎全都要经过深思熟虑和大量计算。

巴纳德丝毫不认为非逻辑性决策过程不可思议。相反，他觉得它们大多以知识和经验为基础：

> 这些非逻辑性决策过程来源于生理条件或生理因素，或来源于不自觉地让我们印象深刻的物理和社会环境。决策来源还包括大量事实、模式、概念、技巧、抽象方法以及通常所谓的正式知识或信念，它们要通过一定程度的自觉行动和研究才能让我们铭记于心。非逻辑性心理过程的第二种来源会随着经验、研究和教育的增加而大大增多。

我在编写《管理行为》（1941~1942年）时，巴纳德对直觉判断的说法曾经一度给我造成了极大的困扰（参考第3章注释10），主要是因为他丝毫没有说明在做出判断的同时会出现哪些不自觉的过程。不过，巴纳德的说法完全说服我相信，决策理论必须能同时说明自觉和不自觉的过程。我对这个议题进行了一些巧妙的处理，假定这两类过程本质相同：这两类过程都要在事实前提和价值前提的基础上运作，并得出结论，最后制定出决策。

因为我在本书中默认逻辑（就是从前提推出结论）是描述决策过程的主要手段，本书许多读者就因此得出结论：本书提出的理论只适用于"逻辑性"决策过程，而不适合包括直觉和判断在内的决策过程使用。当然我本意并非如此，但是如今，这种模糊性可以得到解决了，因为我们已经牢固地掌握了关于判断和直觉过程的知识。我在上一节已经做了简单的概述，我一会儿还要提出一些新的证据。不过在这之前，我要先评论一下"双脑"假说，它的论点是：理性与直觉的决策过程截然不同，所以只能分别在头脑的不同区域进行。

脑半球与思维方式

左右脑指的是，被连接大脑皮层左右两个半球的胼胝体分开的那两个脑半球。关于"脑半球"的生理学研究支持两种性质不同的决策类型的观点：与巴纳德的"逻辑性"决策对应的分析型决策，以及与巴纳德的"判断性"对应的直觉或创造型决策。这种二分法的事实依据是，对于惯用右手的人来说，右脑半球和左脑半球分别在识别视觉模式与分析过程和语言运用方面发挥着特殊的作用。除了"脑半球"研究之外，还有其他证据也表明类似的脑半球专门化分工方式。例如，我们可以采用脑电图扫描技术来测量头脑局部的相对活跃程度。对多数惯用右手的人来说，当头脑参与的任务包括视觉模式的识别工作时，右脑半球会更活跃一些；如果是分析性比较强的任务，情况则正好相反。[34] 最近使用计算机断层摄影扫描和核磁共振成像技术获得的事实证据，也支持了上述左右脑半球专门化分工的说法。

不切实际的左右脑半球学说，把上述证据外推成两种极端的思维方式，分别称为"分析型"和"创造型"。按照这种说法，有分析能力的左脑，执行头脑每日单调而又实际的任务，而有创造性的右脑主要负责发挥想象力来创造音乐、文学、艺术、科学和管理。生理学研究只是证明了脑半球有某种程度的分工，特别是右脑在视觉模式的识别方面起着特殊的作用（但也需要左脑记录其在视野里的方位）。所以这种不切实际的外推法并没有生理学根据。

这些生理学证据并没有暗示说，左右脑半球能够相互独立地解决问题、制定决策或做出重大发现。存在两种不同思维方式的确凿证据，基本上就是巴纳德所依赖的真实证据：他观察到，在处理日常事务的过程中，人们往往迅速做出合理的判断或合理的决策，而毫无迹象显示他们进行了系统推理，他们也没有能力详细说明引导自己得出结论的思维过程。不过还是有一些证据证明另一种假说的可能性，该假说认为，面对特定问题时，有些人主要利用直觉过程来解决，而其他人更多地运用分析过程。

就我们的目的而言，重要的是行为的不同，而不是行为究竟发生在哪个脑半球。两个脑半球的说法只会妨碍我们对直觉的"非逻辑性"思维的理解。对我们来说，重要的问题是"直觉是什么""直觉是如何完成工作的"，而不是"直觉发生在脑部组织的多少立方厘米范围内"。

直觉过程的新证据

众所周知，近年来，人们在解决结构不明问题、创作科学艺术作品时所进行的过程方面的知识越来越丰富。这些知识都是在心理学实验室里，通过观察在某些领域确实有创造力的人的行为，并用计算机模拟具有专家水准的人类思维过程而获得的。即使大多数的直觉过程都是在潜意识下不自觉地进行的，但我们只要使用上述材料，就能相当详细地说明直觉判断的根本过程。

为了理解专家和新手之间行为的差异，并进一步了解新手是如何变成专家的，认知科学和人工智能一直非常关注处理专业任务的专家问题求解和决策制定过程的本质。认知科学研究的目标一直都是模拟人类各种思维过程，而人工智能研究的目标则是建立"专家系统"。这两种研究思路都大大加深了我们对专业技术的理解。[35]

对弈过程中的直觉

下象棋看似同管理天差地别，但是这种竞赛需要高智力水平和周密的思考，伟大的大师级棋手一般都是花了多年时间才掌握了精湛棋艺的全职专业人士。人们已经做了大量研究，来发掘象棋专门技术的基础，以及似乎在竞赛过程中扮演非常重要角色的直觉判断的本质。

看起来，用象棋似乎不是研究直觉的可行领域，因为大家总认为对弈极需要分析方法，棋手要系统地思考每步棋和对手反制棋步的后果，所以每下一步棋都可能要花半个小时或更长时间思考。不过专业棋手有时可以同时与多达50名对手对局，表现出来的技术水平只比正式比赛时稍稍逊色。专业棋手同时面对多场棋局时，每步棋都在一分钟内完成，通常只花几秒钟而已，因为时间不允许他们仔细分析。

如果问这些大师级棋手在这些情况下该如何出妙招，答案是靠"直觉"，靠对形势做出的专业"判断"。如果问其他专业人士如何速做决断时，他们的回答也是一样的。对局势瞄上几秒钟，就能想出妙招，虽然他对判断过程毫无意识。即使在正式的比赛场合，棋手也只要看着棋局考虑几秒钟就能心生妙招。其余的分析时间，他通常用来证实明显可行的招数实际上没有暗藏败机。

在其他专业领域里，我们也碰到了同类行为，不过在真正执行直觉判断之前，一般都要通过各种检验。当然也有例外情况，主要的例外就是必须在某个截止日期之前或马上做出决策的情形。当然，在这些例外情况下，同职业棋赛时限快到一样，出现错误在所难免。

对于大师级棋手通常依靠判断或直觉在很短时间内就能找到妙招的这种情况，我们该如何解释？我们只要进行一项很容易重复的实验，就可以得到大部分答案。若让一位大师和一位新棋手同时面对一场真实而又陌生的棋赛的某个棋局5秒钟，然后要求他们重新摆出该棋局，大师级棋手的准确率通常能达到95%（25颗棋子里大约能放对23～24颗），而新棋手的准确率平均只有25%（大约能放对5～6颗）。这是否意味着棋艺是以高超的视觉图像记忆为基础的？不是。因为若我们随机摆放同样这些棋子，新手的准确率还是差不多只有6颗，而大师级棋手的准确率却降到只有7颗。所以区别不在于图像记忆能力的高低，而是在于专家知识的多寡。对于大师级棋手来说，一场正常进行的棋赛中的某个棋局中，25颗棋子不是随意摆在一起的，而是安排成6种熟悉的阵势，像老朋友一样很容易辨认。在随机摆放棋子的棋盘上就没有这些阵势，只有25颗独立的棋子任意放在一起。

大师的记忆中保存着不止一组阵势。记忆中与每种阵势有关的信息都是关于该阵势重要性的：该阵势有什么危险，接下来可能出现哪些进攻型或防守型棋招。大师正是因为识别了阵势，才立刻想出合适的应对棋招，才能够快速地下出不失水准的好棋。专家以前的学习经历在他的头脑里储存了一大套经过索引的象棋百科全书，所以他才可能有上述表现，这也是大师的直觉和判断的秘诀。

我们在本章的评论与延伸提过，专家记忆中存储的熟悉模式数量估计在5万个左右。而一位美国大学毕业生的自然语言词汇量估计在 5 万～20 万个，与专家的范围差不多。识别某个单词，就能联想到记忆中所存储的含义；识别某个棋阵，同样也能联想到其对棋赛的重要性。

计算机专家系统中的直觉

在某些特定领域里，成功的计算机专家系统越来越多，它们的能力直逼专业水准。这些系统存储了成千上万种指令。这些计算机指令以"if-then"指令对的形式出现。"if"是一系列待识别的条件或模式，而"then"是与"if"相关的一组信息，只要在目前的形势中识别出了某种模式，计算机就会自动把这组信息从存储区调出来。

在医疗诊断领域，已经对人类直觉和专家系统进行了大量研究。诊断系统如 CADUCEUS 和 MYCIN 都包括大量的"if-then"指令对，以及一台具有适度推断能力的仪器。目前这些系统的医疗诊断能力在各自有限的领域里都达到了比较高的临床诊断水平。这种识别能力也就是这些"if-then"指令对，说明了这些系统的直觉或判断能力；推导过程说明了它们的分析能力。

医疗诊断只是建立了专家系统的众多领域中的一个。多年来，电动车、发电机和变压器一直都是由某些大型电器制造商开发的专家系统自动设计出来的。这些计算机程序从专业工程师那里接管了许多标准化和相对惯例的设计工作。它们相当近似地模仿人类设计师所使用的经验程序，这些程序是关于电器设备的大量理论和实践信息的产物。识别在这些系统中发挥重要作用。比方说，查明顾客的具体要求，提醒程序使用一类特殊装置作为设计的基础装备。然后选择该设计方案的参数，来满足该装置的性能要求。

在化学领域，合成有机分子的反应路径也可以通过专家系统进行设计。这些化学合成程序同人类专家和其他专家系统一样混合使用直觉和分析两种思维方式。我们还可以举出很多专家系统的例子，总之所有的专家系统都表现出分析或推理过程，并结合通过暗示识别接通知识库的过程。看来这正是统一的专家系统组织方式，也是人类专家问题求解的组织方式。

注意，根据指令进行的直觉或判断推理，丝毫没有"不理智"的地方。一项指令中的条件构成了一组假设前提。只要满足这些条件，该指令就会得出正确的结论。它把这些条件蕴含的信息从存储区调出来，甚至直接启动自动反应。一个才学会开车的人发现红灯亮了，马上意识到红灯要停车，然后再意识到停车就要踩刹车。但是对于经验丰富的司机来说，看到红灯直接就引起踩刹车的动作。每个行动者对这个过程的意识程度，或反过来说他反应的自动程度，可能有所不同，但是不能说谁的反应比谁更"符合逻辑"。

管理中的直觉

提出许多来自与管理天差地别的专业领域的证据看来非常重要，因为"直觉"判断具有与"逻辑"判断截然不同的特性的观念已经广泛流传开了，但是我们对这些特性多数还全然不知。这些证据强有力地表明管理者的直觉技能与象棋大师或医生的直觉技能都取决于同类型的运行机制，如果不一样才让人意外。经验丰富的管理者也在记忆中储存了大量从培训和经验中获得的知识，并采用可以识别的信息块和关联信息的方式组织在一起。

比方说，波乌曼已经编制出一个计算机程序，能够通过检查财务报表来发现企业的问题。[36] 该程序模型是在经验丰富的财务分析师解释这些报表时用有声思考方式达成的备忘录基础上建立起来的，它抓住了分析师凭直觉快速识别问题所必须具备的知识。如果比较该程序与人类财务分析专家的分析结果，就会发现两者通常都近似匹配。

巴思卡在另一项研究中，要求商学院学生和经验丰富的商人对某个经营方针案例进行分析，然后向他们收集通过有声思考方式达成的备忘录。[37] 学生和商人得到的最终分析结果十分相似。最明显的区别在于，双方识别该案例的关键特性所需要的时间不同。专家凭直觉一般速度很快；而新手靠大量自觉和明显的分析，一般速度比较慢。

一些结论

对于专家问题求解和决策制定过程中运用判断和分析过程的详细描述，在管理研究的议程中应该优先考虑。然而，依照已经进行的研究结果来看，存在两种管理者的说法（至少是存在两种好管理者的说法）让人相当怀疑，一种几乎完全靠识别（直觉的别称），另一种几乎完全靠分析技术。实际上，决策制定风格更可能是密切结合直觉和分析两种技能的一个连续集合。我们可能也会发现，有待解决的问题的本质是决定两种技能最有效比例的主要因素。

随着我们对判断和直觉过程的组织方式、执行特定判断任务所需的特定知识，以及引起与情境相关的知识的暗示越来越了解，我们也掌握了改善专家判断的一种强大的新工具。我们现在可以详细说明某个领域的专家所必须具备的知识和直觉能力，并在设计合适的培训学习程序时，采用这些详细要求。

在越来越多的场合下，我们还可以设计出能将专家技术自动化，或向人类决策者提供计算机专家咨询服务的专家系统。我们发现，管理辅助决策工具逐渐向人和机器自动化系统组件之间共享知识和分析的高度互动的方向发展。至于未来，把专家在不同类型的管理工作中所用的知识和暗示提取出来，并订立目录，还有待开展大规模的研究和开发工作。我们都知道，在管理领域，建立专家系统已经在公司财务报表分析领域取得了一定的进展。公司方针和战略领域也是这类系统进一步开发的候选对象。

其他方面的管理工作，如非常重要的人员管理方面的工作情况又如何？在改善管理工作中人员这个关键要素的表现方面，我们又预期能得到哪些帮助呢？我们将在下一节详细说明其中一个重要方面。

知识和行为

无论是靠分析还是靠直觉，管理者都知道自己应该做什么，但应该做的往往与他们的真实作为截然不同。我们观察到，管理者有一个共同的弱点，就是延迟制定困难的决策。其实我们自己何尝没有这个弱点？那么是什么原因导致制定决策如此困难，只好延期呢？问题往往是因为所有备选方案的结果都不令人满意。如果要在两恶中取其善，人们通常不会像贝耶斯派统计学家那样，只对比权衡两者各自的可能性。人们通常会延迟决策，寻找没有负面结果的新可行方案。如果找不到这样的方案，他们可能还会继续延迟抉择时间。在不满意结果之间做出选择就不是抉择，而是人们都希望避免或规避的两难处境问题。人们一般无法接受"负效用"最小化的结果。

还有些情况下，延迟抉择的原因是不确定性。每种抉择在不同的可能环境条件下会产生好坏两种结果。如果出现这种局面，我们的行为通常也不符合古典理性行为的要求，局面再次变成两难处境问题。而人们谋求的可行方案在各种未来条件下的结果至少要让人可以忍受。

还有第三种常见的延迟理由，让管理者延迟决策的坏结果通常也对他人不利。管理者有时不得不解雇某些员工，更常见的是必须告诉他们工作做得不尽如人意。对许多经理来说，也许对于多数经理来说，当面处理这类事情的压力很大，如果该员工是亲密同事或朋友的话压力就更大了。此等不愉快的事如果不能委派别人做的话，可能就会推迟。

最后，犯错的管理者可能觉得自己的处境压力很大。问题迟早要处理，既然这样，为什么不晚点再处理？此外，如果真的开始处理这类问题了，也有不同的办法。管理者可以说"这并不是我的错！"来逃避责任。管理者也可以提出补救措施。我没有系统数据说明到底每种方式的使用频率有多高，不过多数人也许都同意，严重错误发生之后，逃避责任的行为比解决问题的行为要常见得多。

压力的后果

所有令人不快的决策情境的共同点就是都会产生心理压力，也就是使行为偏离理性的一种强大的情感力量。这是管理者经常发生的明显无生产力行为情况的涉及范围更广的例子。特别是在有时间压力又要采取行动时，发生无生产力的反应就很常见。他们由于有减轻自己内心的内疚、焦虑和尴尬感的需要，所以往往采取暂时自我安慰的行为，代价就是给组织带来长期不利的后果。

这些也是"直觉"行为，不过与我们前面讨论的直觉行为意思截然不同。这种"直觉"的意思是指，没有经过仔细分析和计算的反应。比方说，撒谎可能常是惊慌的结果，而不是马基雅维利式权谋术老谋深算的结果。容易感情用事的管理者的直觉与我们前面讨论过的专家直觉截然不同。后者的行为是学习和经验的成果，多半有环境适应性；而前者的行为是对原始冲动和受情感限制的注意力范围产生的反应，经常不合时宜。我们不应该将专家的"非理性"决策（也就是专家根据直觉和判断制定出的决策）与人在心理压力下制定的不理智决策混为一谈。

我并不打算对组织决策的弊端进行综合分类。我只是举例说明，压力与认知相互影响导致反生产力行为的几种方式。这些行为反应可能逐渐变成个人甚至组织的习惯，以至于都成了一种可识别的管理"风格"。我们在下一章的评论与延伸中还会对这些问题再做一番探讨。

下面做个总结：将"分析型"和"直觉型"管理风格进行对比是错误的做法。直觉和判断（至少良好的判断）也都是分析，只不过已被固化成习惯，培养出通过识别熟悉的情境类型迅速做出反应的能力而已。所有管理者都必须能够运用管理科学和人工智能所提供的大量现代分析工具对问题进行系统分析。所有管理者还必须能够对各种情境迅速做出反应，必须通过多年的经验和训练来培养直觉和判断才可能具有这种技能。有效的管理者并不在"分析型"和"直觉型"解决方法之间进行选择。管理者的行为意思就是，要掌握全部的管理技能，并在适当的场合加以应用。

注　释

1　本章全篇大量使用心理学作为前提。任何一个社会科学家如果希望在自己的研究工作中使用心理学的研究成果，都要面对一个基本的难题，那就是心理学家分裂成严重对立的几个学派。幸好，与本书有关的多数心理学论题并不是各派争论的焦点。由于围绕抉择和目的的概念所展开的心理学理论寥寥无几，而 Tolman's analysis of *Purposive Behavior in Animals and Men* (New York: D. Appleton-Century, 1932) 是其中之一，所以本章的术语和观点主要来自这本书。对于"习惯""注意力"之类的传统心理学论题，在许多心理学教科书中都可以找到满足本章要求的分析。事实上，我们主要的参考文献是 William James, *The Principles of Psychology* (New York: Henry Holt, 1925), and to John Dewey, *Human Nature and Conduct* (New York: Modern Library, 1930)。

2　见上文。

3　关于军事战术方面的类似考虑，请参见 *United States Army Field Service Regulations, 1923* (Washington: Government Printing Office, 1924), p. 4。

4　Cf. Dewey, *The Public and Its Problems* (New York: Henry Holt, 1927), pp. 106-107.

5　Tolman, *op. cit.,* pp. 219-226, and the literature there cited.

6　此处 docility 一词的恰当含义就是"可教性"。由于这个词没有很好的同义词，所以，很遗憾，人们在一般日常对话中通常把它理解为"可驯服""顺从"或"柔顺"之意。Tolman 的提法与我们这里的用法接近。他把可训练性定义为："一种行为特征……其实质是，在给定的环境下给定的行为－动作如果不太成功，也就是，根本没有得到所需要的标的物，或绕了很大弯路才得到，这种动作就会逐渐演变，结果能够让主体得到需要的标的物，或不用绕弯路就能得到。"(*op. cit.*, pp. 442-443.)

7　事实上，人和动物在这方面的差别也许不是种类差异，而是程度差异。例如，Tolman 就指出，老鼠具有相当强的概括能力 (*ibid.*, pp. 187-190)。

8　Dewey (*Human Nature and Conduct*, pp. 14-131, 172-181) 早就强调了习惯在社会行为中的重要作用。James 的 *Psychology* 一书的第 4 章，是介绍习惯的心理学经典文献。

9　John Dewey, *The Public and Its Problems*, pp. 159-161.

10　Edwin O. Stene, "An Approach to a Science of Administration," *American Political Science Review*, 34: 1129 (Dec., 1940).

11　*The Principles of Psychology*, 1:403-404.

12　*Op. cit.*, pp. 35-36.

13　读者如果对这种激励－回应的思考模式的例子感兴趣的话，就能在以下两个方面找到感兴趣的素材。首先，可以查找自传，确定每本自传的主人公是如何选择自己的特定职业的。The autobiographies of Viscount Haldane and of William Alanson White both illustrate the point well: *Richard Burdon Haldane: An Autobiography* (London: Hodder & Stoughton, 1931), and *The Autobiography of a Purpose* (Garden City: Doubleday, Doran, 1938)。其次，可以参照最近关于宣传技巧的文献，就能发现宣传员通常使用的注意力引导工具是什么。预算听证会上关于预算文件和证词的支持性计划列举了很多关于将注意力导向特定问题的例子。

14　实用主义者似乎认为，从人类对随机刺激的调整反应来看，人类只是在最粗浅的意义上关心理性。John Dewey 在 *Human Nature and Conduct* 一书（ pp. 261-262 ）中说："我们都知道，刻意行动不外乎选择某一预期结果，而这起到刺激目前行动的作用……但实际上，选中的结果的确与其他结果一起，都处于不确定的环境之中……人们预见并采用的'目的'只不过是无边无际的大海中的一个小岛而已。目的如果不能适当地发挥解放和指导目前的行动走出困惑和混乱局面的作用，这种'小岛'的局限性将是致命的。但是这种作用构成了宗旨和目的的唯一意义。因此，与被忽略和未预见的结果相比，预见的结果分量很小，本身并不重要。"另见 *The Public and Its Problems*, p. 200. Dewey's later views set forth in *Logic. The Theory of Inquiry*, chap. ix, pp. 159-180 (New York: Henry Holt, 1938) 提出的观点，与本书的观点比较一致，这种观点说，由于社会组织为个人提供了抉择环境，个人行为因此获得了更加广阔的理性环境。

15　对这个主题的讨论我们就到这里为止，不再深入下去了。但是在心理学文献中还是可以找到大量解释性材料的。See, for example, James'chapters in *The Principles of Psychology* on "The Stream of Thought," "Association," and "Will" (chaps. ix, xiv, and xxvi).

16　见第 4 章。

17　见上文。

18　Cf. MacMahon, Millet, and Ogden, *op. cit.*, p. 17.

19　Cf. Stene's discussion of "organization routine" *op. cit.*, p. 1129.

20　Cf. Dewey, *The Public and Its Problems*, p. 54.

21　人们通常认为，有别于"发现法律"的"制定法律"的概念，是比较近期的发展成果。See, for example, C. J. Friedrich, *Constitutional Government and Politics* (New York: Harper & Bros., 1937), and Charles G. Haines, *The American Doctrine of Judicial Supremacy* (New York: Macmillan, 1914), pp. 12-13, 18-24. 只是到了近期，立法过程才开始有意识地考虑不同制度模式的可能性。Karl Mannheim 在他的近期研究著作 *Man and Society in an Age of Reconstruction* (London: Kegan Paul, 1940), pp.149-155 中强调了刻意构造制度环境的重要性。

22　Hobbes 在证明"甚至整体之间处于对抗状态时也能产生社会组织"时，曾经采用过这种论述的极端形式。而一些契约论理论家，特别是 Locke，觉得必须假定一种自然的利益同一性。关于合作的动机基础的深刻论述，参考 R. M. MacIver, *Community A Sociological Study* (London: Macmillan, 3rd ed., 1924), particularly Bk. II, chaps. ii and iii。

23　许多编辑不习惯"satisfice"这个词，甚至干脆替换成"satisfy"，我倒发现，在《牛津英文字典》第 2 版中对此词的定义与我们这里提出的含义相同。

24　See my "A Behavioral Model of Rational Choice," *op. cit.*; and "Rational Choice and the Structure of the Environment," in the P*sychological Review*, April 1956, both of which are reprinted in *Models of Thought* (New Haven, Conn.: Yale University Press, 1979). 认知心理学领域的后续发展，还可以参考 chaps. 3 and 4 of T*he Sciences of the Artificial*, 3rd ed. (Cambridge: MIT Press, 1996)。

25　See, for example, R. M. Cyert and J. G. March, "Organizational Factors in the Theory of Oligopoly," *Quarterly Journal of Economics*, 70:44-64 (Feb.,

1956).

26　See *The Sciences of the Artificial, op. cit.*, chaps. 3 and 4. 对于问题求解的研究更加完整的叙述，请参考 Allen Newell and Herbert A. Simon, *Human Problem Solving* (Englewood Cliffs, N. J.: Prentice-Hall, 1972)。要了解最新进展，请参考 Allen Newell, *Unified Theories of Cognition* (Cambridge: Harvard University Press, 1990)。

27　有关职业选择上的研究的简短叙述，请参考 Peer Soelberg, "Unprogrammed Decision Making," in J. H. Turner, A. X. Filley, and Robert J. House, eds., *Studies in Managerial Process and Organizational Behavior* (Glenview, Ill.: Scott Foresman, 1972). Several empirical studies on organizational decision-making are included in R. Cyert and J. G. March, *A Behavioral Theory of the Form* (Englewood Cliffs, N.J.: Prentice-Hall, 1963). Philip Bromiley 在 其 *Corporate Capital Investment*：*A Behavioral Approach*(Cambridge, Eng.: Cambridge University Press, 1986) 中，报告了对新投资决策过程的四种生产重点仔细进行了实证研究。

28　关于博弈论，请参考 J.von Neumann and O. Morgenstern, *Theory of Games and Economic Behavior* (Princeton: Princeton University Press, 1947)。关于统计决策理论，请参考 L. J. Savage, *The Foundations of Statistics* (New York: Wiley, 1954)。关于博弈论的最新进展，*The New Palgrave Dictionary of Economics* 有完整的参考资料。

29　P.Langley et al., *Scientific Discovery* (Cambridge: The MIT Press, 1987).

30　*The Sciences of the Artificial, op. cit.*, chaps. 5 and 6.

31　此种误解的最新例证，请参考 Langley, Mintzberg, et al., "Opening up Decision Making：The View from the Black Stool," *Organization Science*, 6: 260-279 (1995) , at p. 262.

32　这一节的内容大部分取材于 H. A. Simon, "Making Management Decisions: the Role of Intuition and Emotion," *Academy of Management EXECUTIVE*, February 1987, pp. 57-64。

33　As recent examples, see *Mintzberg on Management* (New York: The Free Press, 1989), especially chap. 4; and Langley, Mintzberg, et al., *op. cit.* 稍后我还会进一步阐明 Argyris 的立场。如果将这些批评言论与它们所批评的理论进行比较，读者很快就会发现这些批评言论的描述基本上是错误的。不过，如果作者的意思被人误解，我倒认为这是他们必须付出的表达不清的代价。

34　想了解一些管理实验和对应用于管理任务上的证据的评述，请参考 R. H.

Doktor, "Problem Solving Styles of Executives and Management Scientists," in A. Charnes, W. W. Cooper, and R. J. Neihaus, eds., *Management Science Approaches to Manpower: Planning and Organization Design* (Amsterdam: North-Holland, 1978); and R. H. Dokter and W. F. Hamilton, "Cognitive Style and the Acceptance of Management Science Recommendations," *Management Science*, 19: 884-894 (1973)。

35　For a survey of cognitive science research on problem-solving and decision-making, see *The Sciences of the Artificial, op. cit.*

36　*Financial Diagnosis*. Doctoral dissertation, Graduate School of Industrial Administration, Carnegie Mellon University, 1978.

37　*Problem Solving in Semantically Rich Domains*. Doctoral dissertation, Graduate School of Industrial Administration. Carnegie Mellon University, 1978.

第 6 章

组织的均衡

第 5 章描述了一些将个人行为与其所在组织其他成员的行为进行整合的机制。但是这些机制没有解释个人究竟为什么愿意参与有组织的群体，并让个人行为的宗旨服从既定的组织目标。组织归根究底是由人组成的集体，组织的工作也是由人来执行的。群体活动的组织化程度，依据每个成员允许自己在组织中的参与对自己的决策和行为的影响程度来决定。

诱因

我们在第 1 章论述把有组织的群体当成均衡系统看待时，就埋下了个人在组织中的参与行为的线索。当个体在组织里的活动直接或间接地对实现个人目标有利时，他们就愿意接受组织成员的身份。如果组织设置的目标对个人有直接价值，这种就是直接贡献，教会会众就是一个典型的例子。如果个人愿意为组织做出贡献，而组织以货币或其他形式提供个人报酬作为回报，这种就是间接贡献，企业雇用就是间接贡献的典型例子。有时，这些个人报酬与组织的规模和成长有直接关系，比如企业股东；有时，这种关系并不是太直接，比如企业的雇用劳动者。这三种基本的组织参与方式都各有特色，所以值得单独考察：个人报酬直接来自组织目标的实现；组织提供的个人刺激与组织的规模和成长有密切关系；个人报酬直接来自组织提供的个人刺激，但与组织的规模和成长没有关系。组织通常由三组人组成，每一组都有一种主要的行为动机。正是这三组人的存在，才让管理具有具体的特点。

这里所说的"个人目标"应该从广义上去理解，而绝对不限于自私的目标，更不是只有经济目标。"世界和平"或"帮助忍饥挨饿的人"也许同提高薪水一样，都是某个人的个人目标。虽然事实上经济刺激往往在企业和政府组织中起主导作用，但是也不能因此忽视了其他刺激类型的重要性，不应该忘记地位、声望或享受组织协会等无形的自我价值。

我们在第 1 章解释过了，在企业组织中，"顾客"就是以第一类刺激为主的群体，他们对组织目标有直接兴趣；企业家属第二类；员工属第三类。当然这种分类只是在非常粗略近似的情况下才成立，我们在本章稍后再设置必要的限制条件。

组织成员对组织做出贡献，组织向他们提供刺激物作为回报。一个群体的贡献是该组织为他人提供刺激的来源。如果总贡献的数量和种类足以提供必需数量和种类的刺激物，组织就能生存并且成长；如果没有达到均衡，组织就会衰退甚至最终消失。[1]

组织参与者的类型

除了按照组织成员接受的刺激物分类以外，还有其他分类法。可以根据他们对组织做出的贡献类型进行分类：具体服务（材料供应商）；金钱或其他可以充当刺激物的中性服务（顾客）；时间和劳动（员工）。

还有第三种分类法，就是将组织控制者与其他组织参与者区分开，所谓组织控制者就是有权制定其他成员准入组织的条款的人。刺激物、贡献和控制权安排的各种可能组合导致了很多种组织形式，我们将在后续讨论中考察这种多样性。

作为激励的组织目标

多数组织都是以某一标的或目标为导向的，这些目标提供了组织的目的，指明了组织决策和活动的方向。如果目标相对具体，比如说制鞋，要评价特定活动对目标的贡献以及这些活动的用途通常都不会太难。如果目标不太具体，如宗教组织的目标，特定活动是否对目标有所贡献就会存在争议。所以即使在那些希望为实现目标服务的人之间，也会出现对于如何实现目标相当程度的争论。就算目标比较具体，有些活动对目标的重要性也不一定因为与目标的间接关系就有所降低，但是其评价却是一个难题。比方说，预算对于生产线来说，比对广告部门或监督部门要容易进行得多。

在工商管理文献当中，一直很流行对某个企业组织的目的是服务还是利润进行辩论。其实根本没有什么好争论的。有些人，主要是顾客，对组织做出贡献是因为该组织提供的服务；还有些人，比方说企业家，却是因为组织能够产生的利润。如果对组织行为系统本身进行考察，就会发现服务和利润这两种宗旨都会影响决策。只是为了术语使用的便利，我们这里才使用"组织目标"来指代服务宗旨。

组织目标在特定组织类型上的应用

对于企业组织来说，组织的产品产出目标就是顾客的个人目标，但是人们一般不把顾客当成组织的成员看待。[2] 为了回报企业提供的产品，顾客愿意支付货币，为员工和企业家参与组织提供主要刺激物。顾客与组织的关系不仅可以从他们收到的刺激物类型来区别，而且如果这种关系并没有持续性或连续性，还可以根据事实上建立关系依据的特定产品合同或契约来区别。

对于政府机构来说，组织目标就是组织的最终控体，即立法机构的个人目标，也是公民的个人目标。这种关系与企业组织的情况有点类似，因为如果立法者为政府机构提供资金，从这个意义上说，可以把他们当成"顾客"。当然本质完全不同，首先，立法者保留了对组织的最终法律控制权；其次，他们的"个人"刺激也是以选举代表的特殊身份为依据的。至于对立法者如何进行价值判断来确定政府机构政策的考察，就偏离了本书的范围，变成对整个立法过程的研究了。

在自愿组织中，组织目标一般是获得组织成员贡献的服务的直接激励。自愿组织中特殊的管理问题往往是因为事实上，这类组织成员的贡献往往是兼职性质的，不同参与者对于组织目标的理解也可能存在冲突，而且组织目标在参与者的价值系统中的重要性不是很大，所以只能在一定程度上刺激他们进行合作。从这个意义上说，自愿者拥有企业组织中的顾客的许多特征，当然自愿者只是向组织贡献服务而不是货币。

组织目标的调整

组织目标绝对不是静态的。组织为了生存，设置的目标必须能吸引顾客[3]，让顾客做出组织生存所必要的贡献。因此，组织目标要一直随着顾客变动的价值观进行调整，或争取新顾客群体来代替失去的顾客。组织也要开展特别活动，比如广告、传教工作和各种宣传，来引导顾客接受组织目标。

所以，虽然组织行为的确是以组织目标为导向，但是并不完整，因为通过实现组织目标来获得个人价值的人也会影响到组织目标本身，导致组织目标发生改变。

组织目标的改变通常代表几种可能的参与者群体之间利益的折中，让他们在群体孤立无援，无法实现各自目标的情况下展开共同合作。因此，组织目标一般不会与个人目标完全一致，即使对于那些以实现组织目标为个人利益的参与者来说也是一样。对这样的人来说，关键问题是组织目标是否足够接近他个人的目标，从而让他选择参与该组织群体而不是争取靠自己的努力来实现目标或参与其他群体。我们将会发现，无论组织的控制群体本身是否直接对组织目标感兴趣，也无论它从组织收到的刺激是否是其他类型，这种折中过程始终会进行。

员工对组织目标的忠诚

虽然组织目标对于顾客的行为最重要，但是几乎所有组织成员多多少少都会被灌输组织目标的概念，并且把这种影响在行为上体现出来。我们在自愿组织中已经指出了这一点，在狭义上，这点对于政府机构和商业组织也同样成立。这也是组织忠诚的一个重要组成要素。如果组织目标显示出一定的用途，那么在日常工作中一直关注组织目标的组织成员，就会对目标的重要性和价值进行评价（这种评价往往有点夸大），而且实现这种价值在一定程度上对他们来说也有个人价值。我们稍后就会知道，除了对组织目标的忠诚以外，在员工中可能还会培育出一种不同的忠诚，就是对于组织本身和对于组织生存与成长的忠诚。

员工参与组织的激励因素

对于一个非自愿组织的员工来说，组织提供的最明显的个人刺激就是薪资。员工与组织的关系一个特殊而又重要的特征是，为了回报这种薪资刺激，他向组织提供的不是特定的服务，而是他的无差异时间和劳动。他允许组织里的主管将这种时间和劳动根据需要安排在适当的场合。因此顾客关系（商业组织中）和员工关系虽然都源于合同，不过合同种类截然不同。雇用合同会产生组织和员工之间持续的权威关系。

怎么会发生这种情况呢？为什么员工在受雇时会签这种空头支票？首先，从组织的角度来看，如果员工不接受组织权威，员工的行为便不能融入整个组织行为系统，那么向员工提供这种刺激也不能给组织带来任何收益。其次，从员工的角度来看，只要在一定限度内，占用雇用时间究竟从事什么活动对他来说相对没有差异。只要组织传达给他的命令还在他的接受限度以内，他就会允许他们指导自己的行为。

那么决定员工接受组织权威的限度范围的因素是什么呢？这个范围当然取决于组织所提供的刺激的特性和大小。除了员工收到的薪水之外，他也许还重视组织中的职位给他带来的地位和威望；自己与所属的工作组的关系。组织在替员工安排任务时，一定要考虑组织命令会对员工这些价值的实现产生的影响。比方说，某员工重视白领身份，如果某工作可能会让他丧失这一身份，那么即使工作本身并不让人感觉不快或感到困难，但他可能会完全不愿意接受。

如果晋升机会是员工参与组织的激励因素，那么效果会存在很大的个体差异。当然，晋升既是经济刺激又是声誉刺激。伯雷·加德纳指明了组织中存在一定数量的希望升迁者对管理理论的重要性，但是如果假设这些欲望对所有人都有强大的激励作用，那么就不对了，加德纳也非常小心地避免了这个错误。[4]

我们发现，组织会向组织员工提供很多物质和非物质的刺激，作为员工在受雇期间愿意接受组织决策为个人行为依据的回报，但是这些刺激一般都与组织目标的实现以及组织的规模和成长没有直接关系。员工对组织权威的接受范围不是无限的，接受限度取决于组织究竟能提供什么刺激。只要这些刺激不是直接依赖于组织目标，组织目标的修正就不会影响员工参与组织的愿望，因此，员工群体只会对确定组织目标产生比较小的影响。

组织规模和成长产生的价值

引导个人参与组织的第三种激励的来源是组织的规模和成长，我们可称这些价值为"存续"价值。在非常重视这些价值的群体之中，最突出的就是企业家了。就企业家"经济人"的身份来说，他们的确应该对企业利润而不是对企业的规模和成长感兴趣。而实际上，这种目标并不严格：首先，利润通常是，或被认为是与企业规模和成长有密切关系的；其次，除了利润之外，多数企业家还对威望和权力等非物质性价值感兴趣。存续目标的这种附件甚至更能体现积极控制大型商务企业的职业经理人的特征。

存续目标也能为其他组织员工，尤其是能为希望升迁者带来重要价值。正在成长和蓬勃发展的组织能比停滞不前或正在衰落的组织提供更多扬名和晋升的机会，所以存续价值实际上并不完全与第二类价值无关。不过基于分析的目的，分别考虑它们还是有好处的。

对组织生存的兴趣，为与前面所说不同的一种组织忠诚奠定了基础。忠于组织目标的人会对组织目标的修正产生抵制，如果变动太彻底，他们甚至会脱离组织。而忠于组织的人会支持有利于促进组织生存和成长的权宜性的目标变动。

对组织本身的忠诚也许是商业组织最有代表性的那一类忠诚，但是在公共管理和私营管理、商业管理和非商业管理中，对组织忠诚和对组织目标忠诚都非常普遍。这两类忠诚之间最明显的冲突现象是在宗教组织和革新组织中发生的，为了保证组织的生存，组织成员经常会就组织目标的修正幅度发生争议。这肯定也是斯大林主义者和托洛茨基主义者之间产生敌对的一个根源。我们前面曾经指出过，在这种争论中，机会主义者的动机当然可能是战术性的而不是利己主义。机会主义者认为，如果不做调整，生存是否还有机会便是个问题，所以他宁愿要半块面包也比没有面包好；而"理想主义者"却对生存机会持更加乐观的态度，或者认为目标的让步并不能改善生存机会。本书第 10 章还会更全面地讨论这两类忠诚。

组织均衡与效率

在组织当中，制定决策和在备选方案之中做出抉择时所用的基本价值准则，主要由组织的控制群体选定，所谓控制群体，就是有权力为所有组织参与者设置成员资格条款的群体。如果拥有合法控制权的群体没有行使这种权力，便可以将权力移交给管理层级上的下级。

行使基本价值准则决定权的任何群体，都努力通过组织取得各自的个人价值，无论这些价值是认同组织目标、认同存续目标还是利润或其他东西。但是控制群体拥有控制权无论如何都不意味着他们能够无限地行使权力，选择希望的路径引导组织前进，因为只有控制群体能提供充分的激励保持其他参与者继续对组织做出贡献，这种权力才会继续存在。无论控制群体的个人目标是什么，事实上他们只有维持贡献超过激励的正向平衡或至少这两者之间的均衡，才能通过组织满足个人目标。这将对他们的决策产生重大的影响。

因此，无论个人价值是什么，控制群体都存在机会主义，也就是说，存续目标似乎至少对它有很大的激励作用。也许该是时候从截然不同的组织类型的角度更全面地说明这一点了。

商业组织的均衡

在商业组织中，控制群体一般都会以利润和存续为基本目标。[5] 他们努力通过两种方式，维持贡献和刺激之间的正向平衡：第一种方式，根据顾客需求修正组织目标；第二种方式，运用原材料、货币以及员工的时间和劳动等资源，给员工提供最大限度的激励，并使用这些资源最大限度地实现组织目标。对于目标实现方式的详细考察产生了经济学家所说的"厂商经济学"理论。我们这里就不详细展开了。但是有一点我们还是要注意：第二类调整，即使用给定的资源尽可能有效地实现既定的组织目标，使效率成为这类组织中制定管理决策的一项基本价值准则。

可能有人会问，如果多数商业组织的基本调整是机会主义性质的，为什么它们通常倾向于维持相对稳定的目标呢？答案包括三个方面。第一，由于存在沉没成本，所以即使从存续的角度来看，即刻迅速的调整也毫无收益；第二，组织获得了特定领域的专门方法，实际上是一种无形的沉没成本，更准确地说，应该叫"沉没资产"；第三，组织获得了商誉，也是一种不容易传递到另一活动领域的沉没资产。换一种说法，组织目标的变动一般会降低资源（沉没成本和专门方法）的使用效率，损失原本可用于维持正向平衡的刺激因素（商誉）。

政府机构的均衡

对政府机构来说，"顾客"就是立法机关，是最终的控制群体。因为这个群体能向组织贡献实现目标所必需的资金量，因此如果随意考察，就不容易看出这种组织也是一种均衡系统；对组织目标见机修正的做法，没有在商业组织中表现突出。

更周密的考察却告诉我们，这些差异并不像初看起来那么重要。首先，立法机关和选民的品位与目标都会发生变化；其次，立法机关对公共机构的控制通常比较被动、比较一般化，而真正主动制定目标的往往是（也许总是）最高层管理群体。这个群体可能受到组织目标、存续宗旨的强烈熏陶，并在其权限范围内扮演几乎与商业组织中的管理群体完全相同的角色。

无论如何，效率再一次以公共组织决策的基本准则出现，因为无论组织目标如何确定，控制群体总是试图使用它能支配的资源尽可能实现组织目标。

非营利性私营组织的均衡

非营利组织（例如职业协会或私立学校）可能在下面几个方面异于一般的企业组织。首先，在这类组织中，不存在利润宗旨和我们讨论过的其他目标类型之间的冲突，而在企业组织中，这种冲突始终有可能出现。其次，控制群体能非常认同组织目标，因此对这类组织的均衡性来说，"机会主义"虽然是一个重要因素，但可能是我们前面描述过的"战术性的"机会主义。另一方面，效率准则在这类组织中发挥的作用与前面描述过的其他组织并无不同。

共同因素

上述解释也许适用于各式各样可能的组织形式。读者毫无疑问可以从自己的经验出发，提出其他形式，并明确这些组织形式能够承受的大量修正，尤其是控制群体动机方面的修正。

我们也可以把同样的分析运用到组织的各个部分上，即构成组织的部门、单位和分部上。在管理权限的允许范围内，这些部分的管理者的行为方式，大致可以与控制一个独立自治组织的群体的行为相比较。

这些解释说明，所有组织形式至少存在两种共同因素。任何组织都有某种或某些均衡机制；任何组织中效率都是管理抉择的一个基本准则。

效率准则

由于效率准则是组织决策过程中一项非常重要的因素，所以我们后面用整一章的篇幅进行探讨。在结束本章讨论之前，最好给这个术语下个更精确的定义。效率准则，要求在两个成本相同的备选方案中，选择组织目标实现程度较高的方案；在目标实现程度相同的备选方案中，选择成本较低的方案。

如果资源、目标和成本都是变量，组织决策就不能单纯建立在效率考虑的基础上。如果给定资源的数量和组织目标，那么除了管理者的控制之外，效率就成了管理决策中具有控制性的因素。

结论

在本章中，我们把组织描述成一个平衡系统，它接受货币或劳动形式的贡献，并提供诱因作为回报。这些诱因包括组织目标本身、组织的存续和成长以及与这两者无关的刺激。

组织均衡是由控制群体来维持的，他们的个人价值有很多种，但是为了实现个人价值，他们承担着维持组织生存的责任。

本书剩下的篇幅将进一步阐明到目前为止所介绍的主题。我们将更周密地考察权威关系，分析效率概念，研究组织忠诚，详细讨论组织对个人施加的影响机制。掌握了这些材料，我们就有可能勾画出一幅综合的组织解剖图，描绘出管理决策过程的综合画面。

评论与延伸

本章的评论与延伸主要讨论两个主题：第一，区分"动机""目标"和"限制条件"以及它们各自在决策过程中扮演的角色；第二，组织为员工提供的典型工作环境类型，以及组织内工作与员工的个人动机和个人生活相互作用的过程。

论组织目标的概念[6]

第 6 章从采用组织目标和两种个人目标（也就是获得与组织成长和成功有关的报酬、挣得工资以及其他与组织成功不太相关的报酬）两方面讨论了组织的生存和成功发展。这些目标都是激励个人参与组织活动的动力，组织目标（也就是生产产品和服务）与顾客有直接利益关系，而第一类个人目标与股东和高级经理层有直接利益关系，而第二类个人目标与其他员工有直接利益关系。虽然这种说法做了很大的简化，但还是大致指出了组织如何利用多样化的个人利益来形成一股合作行动的力量。

然而这种用语中还是存在一些歧义。我们称与顾客有最直接利益关系的目标集合为"组织的"目标，另外两组为"个人的"目标。为了澄清这几个概念，我们要区别：①个人参与组织的动机；②直接以前提的形式出现在组织决策之中的目标与限制条件。[7]第 6 章主要介绍前者，基本没有涉及后者。在本章的评论与延伸中，我们将使用"动机"这个术语指代个人的宗旨（包括顾客、员工和企业主），使用"目标"和"限制条件"指代组织决策的前提。

我们也许认为，依据法律效力，企业主和高级主管应该是组织决策目标的主要决定者。但我们却常常发现，实际上充当决策基础的目标并不与企业主和高级主管的动机完全一致，而是经过了各个层次的管理者和员工的修正。那么我们是否应该得出结论说，下级管理者和员工的动机才支配着组织的行为？大概不是，因为如果下级管理者和员工只考虑个人动机，产生的行为就不是我们所期望的类型了。

决策的多重准则

概念清晰化的第一步就是要强调对目标与动机做出的区分。我们使用目标来指代决策的价值前提；使用动机来指代导致个人选择某些目标而不是其他目标作为决策前提的原因。一开始，我们可以暂时忽略组织环境，只考察目标如何成为一个复杂决策问题的价值前提的问题。

例子 近年来，我们已经学会建立正式的运筹学模型来达到"最优"决策。现在举的这个例子运用线性规划模型来描述决策情形。对于方程我都给出了文字解释，所以看不看代数表达式都能理解这个例子。[8]

最优饮食问题是一个典型的线性规划问题。假设给定一系列食物，每种食物都给出了价格、卡路里含量、矿物质含量和维生素含量。然后还给定了营养需求集合，包括矿物质、维生素和卡路里的最低日摄入量，可能还限制了其中一些或所有成分的最高摄入量。饮食问题就是在给定的食物系列中找到以最低成本满足营养需求的食物种类及数量。这个问题可以形式化地表达如下：

我们把各种食物标号为 1 到 N，各种营养成分标号为 1 到 M，x_i 是饮食中第 i 种食物的数量，y_j 是饮食中第 j 种营养成分的总量，p_i 是第 i 种食物的价格。a_{ij} 是一单位数量的第 i 种食物中第 j 种营养成分的量。b_j 是饮食中第 j 种营养成分的最低需求。c_j 饮食中第 j 种营养成分的最高允许量（有些 b_j 可能是 0，有些 c_j 可能无穷大）。那么：

$$\sum_i a_{ij} x_i = y_j, \ j = 1, \cdots, M \tag{1}$$

也就是说，第 j 种营养成分的总消耗量就是在每种食物中该种成分的消耗量的总和。营养需求条件可以叙述为：

$$c_j \geq y_j \geq b_j, \ j = 1, \cdots, M \tag{2}$$

也就是说，第 j 种营养成分的总量应该介于 b_j 和 c_j 之间。消耗的每种食物的数量一定是非负数，但可以是 0：

$$x_i \geqslant 0, \ i = 1, \cdots, N \tag{3}$$

最后，饮食的总成本取最小值，即：

$$\text{Min} \sum_x \sum_i x_i p_i \tag{4}$$

这个线性规划的最优解不一定唯一，只要满足所有式（2）~式（4）关系的饮食方案就是最优方案。满足不等式（2）~式（3）（称为限制条件），但不一定满足最低成本要求的饮食方案称为可行方案。

饮食决策的目标是什么？我们可能会说，目标是将充足饮食的成本降到最低，因为我们要对条件式（4）最小化。这个标准强调以经济性为目标。换个角度，如果我们把注意力主要放在营养需求条件式（2）上，我们可以说，目标是找到一个既经济又能达到营养需求的饮食方案。虽然这种情况下我们还会提到成本，但是主要目标已经变成了营养良好。

我们可以把准则函数式（4）和限制条件式（2）之间的关系表示得更对称一些。我们用一个新的限制条件来代替函数式（4）：

$$\sum_i x_i p_i \leqslant k \tag{5}$$

也就是说，饮食方案的总成本不应该超过一定限量 k。现在可行饮食方案集限制在满足式（2）、式（3）和式（5）这三个条件的那些方案。但是由于排除了最小化条件，我们显然没有根据来选择哪一个方案比另一个更好。

但是，在某些情况下，我们还是可以将可接受的饮食方案限制在可行集的一个子集里。假设所有的营养限制条件式（2）是最根本的限制，其他条件均同，我们总是偏好营养成分多一些而不是少一些。如果饮食方案 B 不比饮食方案 A 成本高并且饮食方案 B 包含的每种营养成分不比饮食方案 A 少，而且至少有一种比 A 多，我们可以说饮食方案 B 优于饮食方案 A。经济学家把可行集合里的这组优于其他可行方案的饮食方案称为帕累托最优集合。

在帕累托最优集合中，我们究竟偏好哪一种方案完全取决于成本与营养的相对重要性，以及这些营养成分的相对量。如果成本是最重要的因素，那么我们就选择根据准则式（4）挑选出来的饮食方案。另一方面，如果我们非常重视营养成分j，一般就会选择一种截然不同的可行饮食方案，也就是j的量尽可能多的方案。在限制条件设定的限度内，我们把让我们选出帕累托最优集合中的特定元素的准则当成目标十分合情合理。

但是，如果限制条件太强了，可行集合和帕累托最优集合包含的元素都很少，那么限制条件对我们最终选择的饮食方案的影响至少与成本最低的目标一样大。例如，如果我们把某一种或某几种营养需求设置得特别高，那么满足预算限制式（5）的饮食方案的范围就很窄，所以引入成本最低作为挑选规则对饮食方案的选择的影响效果相对就小了。

在这种情况下，最好放弃只用一种目标来描述决策情形的想法。使用目标集合更合理：决策者努力实现营养和预算的整个限制条件集合。用一句大家熟悉的警句来说，就是"如果我有权决定限制条件是什么，我不介意究竟由谁来选择最优化准则"。

组织的多重准则

为了说明上述例子与组织的相关性，我们假定决策场合出现在一个生产商用畜牧饲料的企业公司里，营养成分是公猪的需求量，价格是可提供的饲料成分的价格，而且厂商面对的饲料完成品的价格固定不变。那么满足一定营养标准的饲料成本最小化，与销售满足那些标准的饲料利润最大化是一样的。成本最小化就是公司的利润最大化目标。

我们同样可以说，该饲料公司的目标是，以固定的价格，尽可能向顾客提供营养成分最优的饲料。当企业发言人说企业的目标不是利润而是产品和服务的高效生产时，他大概也是这个意思。如果我们对模型再进行扩充，把某些价格也变成限制条件，而不是固定的常数，那么就引入了其他目标。比方说，供应商的利润目标或员工的高工资目标（如果有劳动投入）。[9]

总结一下：在现实生活中的决策情形下，可接受的行动方案必须满足要求或限制条件的整个集合。一条限制条件有时会被单独挑出来作为行动的目标。但是从多种限制条件中选出一条，在很大程度上是很随机的行为。对于实现许多目的来说，把整套要求当成行动的复合目标更有意义。这个结论无论对个人还是组织决策制定都适用。

搜索行动方案

我们在第 5 章已经介绍过，在多数现实情形下，必须靠人发掘、设计或综合才能得到可能的行动方案。在搜索令人满意的解决方案时，目标也就是限制条件，它们可能以两种方式扮演指导性的角色。首先，它们可以用来综合各种提案（备选方案产生）；其次，可以用来检验某个提案的满意度（备选方案检验）。对我们来说，前面那组限制条件通常更像目标所扮演的角色。[10]

将信托资金投资于股票和债券的银行职员，可以因为信托文书的条款的要求，把提高资金的资本价值当成目标，所以考虑购买成长行业的公司普通股（备选方案产生）。但是该信托部职员还会根据其他要求检查每种可能的购买方案：该公司的财务结构是否合理，该公司过去的盈利记录是否令人满意等（备选方案检验）。这些考虑因素都可以计入构造资产组合的目标中，但是有些目标充当备选资产组合的发生器，而有些充当检测器。[11]

设计行动方案在对综合提案进行指导的"似目标"的限制条件与检测备选方案的限制条件之间引入了一种重要的不对称性。搜索过程通常要继续进行，直到确定可行集合中的一个备选方案至数个备选方案为止。至于发现和选择集合中的哪个元素关键取决于搜的要求，也就是取决于哪些要求是发生器，哪些要求是检测器。

在多人决策的情形中，一个人的目标也许是别人的限制条件。饲料生产商可能谋求尽可能廉价地生产饲料，比方说，不断搜索可能的新成分。但是，饲料也必须满足某些具体的营养要求。养猪户可能追求最优质的饲料，比方说他会搜索新的饲料生产商。同时，饲料的价格不可能超过资金允许的范围，饲料如果太贵的话，质量或数量一定会大打折扣。当大量饲料同时满足生产商和养猪户的要求条件时，买卖就可以成交了。

生产商和养猪户有相同的目标吗？从某种意义上来说，显然没有。因为养猪户希望贱买，而生产商希望贵卖。但如果双方能敲定一个满足双方要求的成交价，那么从另一种意义上来说，他们就有了一个共同目标。在完全竞争的限制情形下，限制条件将可行集合缩小成一个点，双方愿意成交的数量和价格是唯一的。

完全竞争的限制情形虽然肯定能导致市场出清，但是我们却不应该因此盲目，看不到多数现实情形根本不与这种情形吻合。产生备选方案（例如，发明、开发和设计产品）一般都是一种艰苦而又昂贵的过程。而且，可能方案实际上一般也有无穷多种。在服从灌溉、防洪和娱乐方面所规定的限制条件下，实现发电宗旨的河谷开发计划，与服从灌溉和娱乐方面所规定的限制条件下，实现防洪宗旨的计划，看法肯定截然不同。即使两种情形下计划的适宜性将受到全方位的考察，但是两种情形下的方案肯定截然不同，而最终挑选出来的两种计划一定会代表各自独特的可行集合侧重点。

我们稍后将阐述，虽然不同决策者可能采用截然不同的方式将限制条件划分成发生器和检测器，但是不同部门的决策者所考虑的各组限制条件却可能相似。在这些情形下，如果我们广义地用"组织目标"指代限制条件的集合，那么我们的结论就是组织的确有目标，就是共同的限制条件的集合。如果我们狭义地用组织目标指代发生器，我们就会得出结论：在大型组织的不同部门之间几乎没有共同的目标，而且子目标的形成和目标冲突是组织生活的显著和重要特征。重要的是，始终要说明究竟打算使用目标的哪种含义。

实现目标的动机

动机的意思就是导致某人采用特定行为方案的原因，所以每次行动都有动机。但是动机和行为之间一般并不是简单关系，而是存在一连串事件和周围条件作为媒介。如果我们向前面考察过的信托投资职员询问目标的情况，他也许会回答："我正在努力选择一种适合这种投资组合的股票。""我正在构造一种资产组合，为我的客户带来退休收入。""我目前是一位受雇于信托投资部的职员。"目前，组织理论特别感兴趣的是处于第二种和第三种答案之间的间接回答阶段。信托投资职员大概对于客户的退休收入并没有"个人"兴趣，它只是作为一名信托职员和银行员工的"职业"兴趣而已。另一方面，该信托职员的确对维持该角色和雇用身份有个人兴趣。

角色行为

在现实生活中，个人兴趣和职业兴趣之间的分界线不太明显，因为个人满意度可能完全来自某个职业角色，而且无数雇用条件又会导致满意或不满。但是这种分界却对以下两个动机问题的答案很重要："你为什么从事或继续从事这份工作？"和"你为什么做出这种特殊的投资决策？"第一个问题主要针对担当该职业角色的个人动机，而第二个问题则是为了确定合适的角色行为的目标。

与个人动机和角色目标之间的分离情况相对应，组织理论有时也分成两块：①解释人们决定参与并继续留在组织的原因的理论；②在前面这种人组成的组织内部制定决策的理论。[12] 第 6 章主要介绍第一块：组织成员的动机和贡献及其对组织均衡的影响。

将组织的角色扮演行为从个人动机中分离出来，也是对现实生活纷繁复杂的情况进行抽取。关于人类关系和非正式组织大量的重要研究，已经对我们理解组织行为做出了重大贡献，同时这种研究也特别关注由于这种抽取而排除在外的现象。就像工作中混杂了对社会和对手艺的满意和不满之处一样，权力欲望和关心个人升迁也将组织角色和个人目标混合在一起。

但是，这种抽离往往很有用处。首先，组织决策基本上不会影响个人动机。举一个很小的例子，秘书的动机－贡献平衡一般不会受决定打信给 A 还是给 B 的影响，也不会受信件内容的影响。其次，个人动机可能以固定常数的形式输入决策过程（只有满足限制条件的行动方案才是可行的，但限制条件对于可行方案集合里行动的抉择没有影响）。因此，雇用合同的条款可以限定工作时间是每周40 小时，但是却无法详细说明这 40 个小时内具体会做什么事。[13]

组织角色和个人目标的（部分）分离是与人类的有限理性一致的。在人类所有的知识中，看法和价值存储在人的记忆中，受到具体场合激发而产生的知识只占很小一部分。因此，一个人可以同时承担适当场合激发的多种角色，每种角色相互之间只有微弱的关系。一个人一时是父亲，一时是机械师，一时又是桥牌手。日常组织环境从记忆中激发的联想与一个人在考虑更换工作时所激发的联想截然不同。既然情况是这样，那么一个人的"个人"动机和贡献系统不会影响到他的"组织"决策。

因此，一个人受到环境的影响，在各种角色之间进行转换的能力有助于说明组织目标内在化的程度，也就是，个人在扮演组织角色时激发和应用组织目标的自动化程度。无论一个人起初出于什么动机接受该角色，适合该角色的目标和限制条件都会变成决策程序的一部分，作为角色行为的定义存储在这个人的记忆中。

人与人之间的差异

然而，人与人之间的差异会导致他们在充当同样的组织角色时产生的行为极不相同。一个角色并不是具体刻板的行为集合，而是确定行动方案的过程。我们可以设想一种只把组织目标作为决策前提的理想角色，但是真实的组织角色永远都包括组织目标和个人目标两种。

人与人之间的角色行为差异不只因为个人目标的差异，还因为个人知识的差异。因此，特定的职业培训会向个人传授解决问题的具体技术（会计技术和法律技术等）和知识，这可以用作角色激发程序的一部分。处于同一职位但是分别具有会计背景和法律背景的两位高级主管，找到的问题解决方案肯定也不一样。一个人会把职业风格和个人风格都融入到自己的角色中，给角色带来角色习惯和信念，从而提供关键前提来处理人际关系。即使充当同样的组织角色，追求同样的组织目标，权威人物和柔顺人物的行为肯定截然不同。

顺便说一句，个人在被动承担角色的情况下，处理事务时所表现出的个人差异通常最小，而主动选择议程上权限范围内的事件进行处理时，个人差异表现得最明显。相对来说，组织提供的前提一般更能控制备选方案的选择，而不是备选方案的产生。

组织决策系统

将行为分解成个人成分和组织成分的做法有什么含义呢？这种做法让我们可以把所有组织参与者的决策程序，以及相互联系的信息流集中在一起，综合地刻画组织决策系统。对于最简单的相对不太专业化的小型组织的情况来说，我们可以回到类似最优饮食问题的例子上，我们使用的"目标""要求""限制条件"的说法同样可以用于简单的组织情形。对于更复杂一些的情况来说，将我们的个人动机抽取出来不会影响到决策过程中各个角色之间的差异。对于许多专业角色参与制定组织决策的情况，个人差异仅仅在于接收的信息以及接收信息的环境，还有搜索程序方面的不同。因此，我们即使忽略个人动机，还是可以找到很多理由来说明出现不一样的感知以及形成不同子目标的原因（请参考第 10 章和其评论与延伸）。

比方说，考察一个工厂库存和生产控制系统。其中必须制定的决策是关于：①总生产率（员工总数和员工的工作时间）；②总产量在各个产品之间的分配；③机器处理各种产品的顺序安排。它们分别被称为总生产率决策、产品分配决策和工序安排决策。这三组决策可能由不同的组织角色来制定。一般来说，我们希望核心单位来制定总决策。现实世界的情形总是更复杂，因为还包括把产品运输到仓库的决策、仓库库存量的决策等其他许多决策。

我们现在可以设想一位无所不知的计划者（古典经济理论中的企业家就是这样），他能通过求解一组联立方程式，制定出上述每个以及所有彼此相关的决策。但是我们现在对于这个整体问题的数学结构已经了解得非常透彻了，尤其是，我们知道要求出这整个问题的最优解，大大超出了目前或未来计算设备的处理能力。在组织实务中，没有人会试图寻找整个问题的最优解，而是把特定的决策交由特定的组织单位制定。在制定决策的过程中，各个专业化单位，找到一个或多个子问题的"满意"解，"满意"的定义就体现了我们把解决方案的一部分影响当作系统其他部分的限制条件。

熟悉组织生活的人可以举出许多类似的例子，即组织不同部门会注意到不同的问题；同一个问题，他们又有不同的解决方法，这取决于问题具体产生在哪个部门。我们没必要为了解释上述组织冲突或分歧，而假定个人目标或动机相互抵触。如果每个组织决策者的角色由计算机来扮演，完全不存在个人接受组织角色时常见的几种限制，上述不一致也完全可能，最终也将同样呈现出来。因为这种分歧是由于决策者的认知能力不足以将整个问题当成一组联立关系式来处理而造成的。[14]

在几乎所有组织中，通常都在组织高级管理部门制定总体决策，而在组织低级管理部门逐个制定具体的决策，这两类决策要分别制定。如果由高级管理者制定总库存决策，那么这种决策分解方式就进行了大大简化，具有了极高的近似度。比方说，根本不存在一种单一明确的某特定总库存的总成本。一般来说，每种产品库存项目的成本并不相同（例如不同产品可能有不同的废品率或报废率），而且每种产品项目的缺货损失概率和成本也不一样。因此，不同的总库存有不同的成本，应视库存品的组成而定。

要设计出一个能制定全部劳动力、生产率和全部库存决策的系统需要假定：全部库存绝对不会与某典型产品组合相差太大。做这种假设，类似于工程师要用一支温度计来测量整箱水的温度一样，只要水充分搅动，温度计测量出的温度就有效。

如果总劳力、生产率和全部库存的一系列决策是在这种近似的基础上制定的，那么这些决策就成了别处制定特定产品的库存或产量等详细决策的限制条件。如果已经做出下个月生产 100 万加仑⊖油漆的总体决策，那么其他决策就是在各个种类的产量加起来要等于 100 万加仑的限制条件下，来确定每一种油漆的产量。[15]

这个简单的例子足以说明，可以把在一个复杂组织中连续制定的整个决策群看成一个有机系统。在这系统中，特定决策过程旨在根据多重目标和限制条件，找到可行和满意的行动方案，而每个部门制定的决策，都会成为其他部门制定决策的目标或限制条件。我们不能保证这样做出的决策对于任意组织目标都是最优的，因为它只是一个松散的接合系统。但是，我们可以用组织目标来测定整个系统的效果，而且一旦认为上述效果并不令人满意，就可以立刻变动决策结构。

实际组织决策结构的形成方式，通常是各专业单位在制定决策时，会考虑更一般的目标。每个单位通过生产安排，以成本和利润目标为基础的奖惩体系、库存限度等，与总系统结合在一起。各个部门之间的松散接合使得加诸于各个子系统的种种特定限制，不至于让决策机制复杂到不具实用性的程度。

动机、贡献与组织行为

我们已经指出，个人动机和贡献体制，向组织施加要留住成员和自身生存所必须满足的若干限制条件。与此同时，该体制还在构想和执行行动方案的过程中向组织决策系统施加限制条件。在这两个限制条件集合之间没有必然的逻辑联系。毕竟，组织有时会消亡，往往是因为组织不能在组织决策系统中体现所有参与者的全部重要动机的缘故。

⊖　1 加仑 =3.785 41 立方微米。

例如，小企业失败的一个重要原因是，营运资金短缺，这是行动没有符合债权人要求立刻付款的限制的结果。新产品也经常失败，因为在指导产品设计的限制条件中，没有真正体现消费者很重视的诱因（第二次世界大战以后，克莱斯勒汽车公司的一些主要问题出在其汽车设计的前提上，它认为汽车购买者主要是想买一部好机器而已）。

不过，一般而言，在这两个限制条件集合之间有很强的经验联系，因为我们通常观察的组织往往是顺利发展了一段时间的组织，也正是已经建立了组织决策系统的组织，组织决策系统的限制条件保证，组织采取的行动能维持组织参与者的诱因和贡献之间的有利平衡。[16] 于是，组织生存所必需的功能，一般可以为我们预测组织目标提供良好线索，但是这种和谐一致只是经验性的，并不确定。无论组织的决策过程是导致组织生存还是消亡，都必须从对这个过程的观察来推断目标。

结论

我们现在可以总结一下"组织目标"是什么意思了。首先，我们发现，决策通常不会是只为了实现单一目标，它是与发现满足整个限制条件集合的行动方案有关的行为。就是这个限制条件集合，而不是它的任何子集，被准确地当成行动的目标。我们有时选择一个限制条件特别加以关注，是因为它与决策者的动机有关，或者是因为它与产生和设计特定行动方案的搜索过程有关。

我们评论组织决策时发现，为了确定令人满意的行动方案，许多限制条件都与某种组织角色联系在一起，因此与这一角色扮演者的个人动机之间只有间接的联系。在这种情况下，我们用"组织目标"指组织角色施加的与个人动机只有间接关系的多个限制条件集合。由于组织决策系统的限制条件集合，一般都体现各类组织参与者所重视的各种诱因和贡献的限制条件，所以不利于组织生存的行动方案通常会被排除在考虑范围之外。

考虑到多数正式组织都采用层级结构，所以我们常用的"组织目标"特指界定最高层角色的限制条件和搜索准则。所以，我们说保护森林资源是美国林业部的主要目标，减少火灾损失是城市消防部门的主要目标。这些组织的高层管理者将搜索并支持能够促进这些目标实现的行动，他们根据组织的最终目的来确立限制条件，而下级员工再设法根据这些限制条件，来调整个人的抉择。

最后，由于任何大型组织的决策过程都存在大量分权化因素，所以不同的限制条件可以确定不同职位或不同专业单位的决策问题。比方说，企业组织多数成员都不能直接制定关于"利润"的决策，但是这并不是说，把利润当成该企业的主要目标就毫无意义。它只是说，决策机制只是松散地接合在一起，所以"利润"限制条件只是以间接的方式介入多数决策子系统。多数厂商都是在服从一些边界条件的情况下以利润最大化为宗旨来制定决策的，这些边界条件将许多粗略的近似要素引入了对有利可图的行动方案的搜索过程中。而且，目标归属并不意味着任何员工都会受到工厂利润标的的激励，只有一些人可能确实如此。

这种对组织目标本质的描绘工作，为我们展示了一幅组织决策的复杂图画。但是，它能通过对组织决策机制结构的描述，为我们提供一种操作方式，说明如"利润"或"保护森林资源"这样的总目标，是如何以及在多大程度上帮助确定实际备选行动方案的。

组织作为工作场所：满意 [17]

第 6 章的中心主题是，组织要生存和成功，就要向组织成员提供足够的刺激，来促使他们向组织做出必要的贡献，从而完成组织的任务。货币报酬当然很重要，不过工作意愿和工作热情与该工作者对该工作的满意度及其物理环境和社会环境都大有关系。

许多文化都向往以前黄金时代的神话，我们的文化也不例外，那个时代生活快乐，人们都安居乐业。而在 18 世纪的理性年代，这样的神话更加盛行。让·雅克·卢梭说过："人生而自由，却无往不在枷锁之中。"黄金时代的理想到现在还没有消亡，因为在当今时代里，我们都用怀旧的眼光看待过去，想象着昔日简单幸福的时光一去不复返，只剩下当今工业社会的复杂和混乱。

本章评论与延伸的这一部分将主要考察当今人们对工作场所的不满情绪，评估这种不满的严重性，并考察它与过去的不满之间有多大程度的差异。现代工厂、办公室和工作作坊是否是人类工作生活的适当场所？特别是，工作场所是否发生了变动？这些变动是因为技术的持续进步，社会教育水平的提高，还是因为我们对于资源匮乏和环境污染所做出的反应？这些变动改善了工作场所的生活质量，还是让它恶化了？

当然，有些人的情况可能有所改善，而有些人的情况却恶化了。经理人员和蓝领工人、行政工作者的生活，就不一样了。而且，生活质量也牵涉许多层面。我们可能在某些层面上取得了进步，而在某些层面上却退步了。下文讨论的焦点是工作满意度，也就是人们心理上对于自己的工作是有依附感还是疏离感的问题。先讨论经理人的工作。

经理人的工作

40 年前，威廉·怀特创造了一个新名词"组织人"。[18] 组织人就是已经把自己的灵魂卖给了公司的经理人。他的服饰、婚姻和思想完全由公司的需要来决定。但是最重要的是，组织人是群体的一个成员。他忠于该群体，遵守该群体的规范，并通过群体过程来制定决策、从事个人的工作。他的角色行为绝对不包括表现个性、独自创新和特立独行。

人们普遍把怀特的论点理解成对现代企业机构和工业社会的抨击。其实不然，这种观点只是表达了对个人主义伦理（经常称为新教伦理）的一种怀旧情绪。怀特认为，社会伦理正在迅速取代这种个人主义伦理。[19]

我们可以体会怀特怀念过去那些强大的个人主义者的感觉，例如亨利·福特和安德鲁·卡内基，但是我们也要记住，在一家公司里通常只能容得下一个这样的个人主义者。亨利·福特是因为可以雇用很多组织人为他服务才能成为个人主义者的。

其次，我们务必不要误认为，在如今的工商业界里容不下个人主义者。像以往一样，随着新行业和新公司的蓬勃出现，个人主义者也大有出彩的机会。单就电子行业，我随口就可以举几个例子，比如惠普的威廉·休利特、德州仪器公司的帕特·黑格尔提、微软的比尔·盖茨。看来这些当代的个人英雄一般都掌握了一种管理风格，让他们能有效地与他人一起工作。他们看来多少已经吸收了某些社会伦理要素。但是，我们只要仔细审视过去卡内基等人的历史，就会发现他们其实也是如此。

　　所以现在我们面临的问题是，组织人这种说法，是显示出一种真实趋势，还是重新发现多数人在多数时候都需要一个支持性的社会环境，需要"归属"，而且无论是独处还是在团体中，至多只能爆发出适度的创造力。怀特自己十分谨慎地说，在个人主义伦理和社会伦理之间需要达到一种平衡，只是该平衡偏向后者太多了。

　　让我们接受社会伦理关于现今大多数职业经理人思考与行事方式的描述这一前提，看看它对于经理人对其职位的满意度、生活质量是怎样描绘的，经理人对于他的状况是喜欢还是厌恶。

　　我们可以怀疑，在过去几代里管理工作的性质或社会环境是否已经发生了巨大的变迁。顺从社会压力并不是我们这一代人的新奇发明。我们也不应该走另一个极端，说我们的时代是非常叛逆的时代。正是在课堂上看到很多学生都穿格子条纹的蓝色牛仔裤，让我产生了这个念头。是哪种非从众性造成大家不约而同地穿起同一类蓝色牛仔裤，按非正式的安排生活呢？我们不是孤立的野人，而是社会动物。多数人如果处于孤立状态而且还需要解决含糊、复杂且无组织依靠的问题，一般都不具有生产力，甚至感到极为不适。因此我们不能总结说，为我们提供社会支持和社会互动的办公室，是一个对我们充满敌意的环境。

　　那么许多经理人在工作中表现出来的厌倦和不满足我们又该如何解释呢？如果工作场所充满人性，为什么许多人表现出与工作场所的疏离态度？他们为什么到工作场所之外寻找满足感？丹尼尔·伯里尼在研究导致事情令人厌倦还是让人感兴趣的因素时指出，活动如果要保持人们的兴趣和注意力，就要有一个必要条件，就是它们既要够复杂，能不断让人感到新奇，也要够简单，让人能够理解，识别出其中的模式。当然，一件任务的复杂程度并不是一成不变的。经验会逐渐降低其复杂性，所以几乎任何任务假以时日，都会变成枯燥无味的例行公事。而且一件任务的复杂性对不同人可能有所不同，某些人觉得艰深难懂的东西对他人而言可能简单平常得很。

　　当然，我们的主要宗旨不可能是为了把经理任务的复杂性维持在一定的水平上，从而实现工作兴趣和工作满意度的最大化。对于经理人来说，公司成功运营的目标要比立即获得工作满意度的目标优先。简单地说，并不只是管理工作，各类工作都是如此，每天总有大量枯燥的任务必须完成，每个人或多或少都会碰到一些。我们已经把某些枯燥的工作，尤其是那些需要机械动作的枯燥工作，移交给机器来完成，不过几乎所有职业中还是有许多工作要由人亲自完成。

人们在觉得工作变得无所裨益时，就会在工作之外的生活中寻找满足感，此时，我们可以说这些人产生了疏离感。这也不是现代生活独有的特性。在 150 年前的法国，司汤达总是在他的小说和书信中抱怨，军队和政府的执行工作烦闷枯燥。[20] 在 300 年前的英国，萨缪尔·佩皮斯在日记中对于他作为海军上将的工作情况只有只言片语的记录，因为除了周期性的政治危机会危及他的职位之外，他觉得公职以外的生活有趣得多。[21] 上述的证据特别有价值，因为这两位据说都是有效的办事能手，而且对生活有着强烈的兴趣和好奇心，然而他们的好奇心多半要在工作场所以外的生活中才能得到满足。

当企业开始使用计算机时，这幅有关工作的图像会如何改变？至今，计算机对管理工作的影响仍非常有限，高级管理层次的管理工作尤其如此。在某些中级管理区域（例如，工作调度和库存控制），计算机已经承担起以前由经理进行的日常重复性决策的责任。所以计算机引入的后果除了裁员之外，还会将管理者的注意力转移到相对长期的考虑因素和人员管理上。

在比较高的管理层级上，上述效果都看不到。计算机在有限的程度上影响和改善了流向高级经理的信息，比方说高层经理正在就在劳动合同上增加特定条款的成本要求大家集思广益。然而，这种变化对于经理工作的人本特征没有多大影响，它们不能改变经理与同事或下属之间互动的性质。当然，我们无法肯定这种情况会不会持续下去，也就是说，我们不知道，以后计算机革命性的发展，例如目前数据库和通信网络的广泛普及，是否会对管理者的工作造成根本性的冲击。到目前为止，我们都无法根据自己的知识有把握地预测这些发展会是什么样子，它们最终会造成人际的疏离感，还是会带来社会伦理和个人主义之间的平衡。

我刚才并不是要立论反对把经理人的工作场所变成一个更富挑战性和更具人性的环境。使用计算机来实现例行程序的自动化，是改善工作环境的一个可行方向，不过我们还是应该记住，自动化所遗留下来的由人完成的工作，可能会变得比以前更简单。而工作丰富化的其他可能途径还包括，同一层级上不同职责的经理人之间更加频繁的换位。

至此，我还没有提出任何系统证据，但已经依靠轶事并唤起你个人经历的共鸣来进行印证，从而支持我自己的立场。我们下面要转向另一个领域，这个领域至少存在一些客观证据，让我们的个人观点更规范一些。我想考察蓝领工人和文职人员的工作满意度和疏离感，尤其是工厂和办公自动化对工作满意度的影响。

工业化之前的工作

黄金时代的神话所描述的并不都是快乐的野人。在工业化以前还有一个黄金时代，根据推测，社会上居住着快乐的工匠和农人。这个黄金时代与工业革命早期工厂和矿山里凄惨的现实生活之间形成强烈的反差，这成了 19 世纪社会批评家的中心话题。在卡尔·马克思的论著中明确地涉及疏离感的主题。《共产党宣言》[22] 里有如下简洁的陈述：

> 由于机器的推广和分工，无产者的劳动已经失去了任何独立的性质，因而对工人也失去了任何吸引力。工人变成了机器的单纯的附属品，要求他做的只是极其简单、极其单调和极容易学会的操作。

在《共产党宣言》发表 100 年后，人们对于引入计算机来实现生产和办公自动化，表示出同样的恐惧。因此，这两种控诉被等同起来：工业革命使工作失去人性，而电子计算机使非人性化变本加厉。

还是没有出现什么统计证据可以非常明确地说明上述问题。不过我们知道，在工业革命前，几乎所有人的物质缺乏程度都比如今要严重得多。然而，也许当时他们安贫乐道。也许他们放弃了快乐、富有挑战性的职业是为了换取虽不令人满意但物质丰富的空闲时光。

英国作家阿拉斯戴尔·克雷尔 [23]，搜集了工业化以前工人对自己工作的评论。当然，关于工人和农民的文字比由工人和农民所写的文字要多得多，但是克雷尔还是找到了一些日记资料，一些由观察人员所写的相当具体的观察报告，最重要的是，还有一些当时流行的诗歌和劳动歌曲。我们就他的发现举一个典型的例子，大约 1730 年，一位名叫史蒂芬·达克的人所写的一首诗的节选：[24]

> 一周又一周，工作枯又板。除非去糠日，才有新鲜事。真有新鲜
> 事，往往更糟糕。产量不满意，主人骂不停。数着蒲式耳，看有多少
> 量。然后咒骂说，偷了半天工。

所有证据完全一致，无论是农场还是海上的工作，都是既辛苦又累人。工作完成之后，兴许有娱乐的时间，兴许没有。克雷尔总结说：[25]

> 我们在全部传统歌曲中，罕见地把工作当成无关情爱、无关打情
> 骂俏、无关玩乐、无关报酬，而仅仅是具有内在价值的活动。

虽然证据不如我们所希望的那样完全，但它显然揭示了已经被机器和工厂破坏掉工作的"黄金时代"的现实。同时，我们不可走入另一个极端，认为工业革命本身就是一个黄金时代。我们对于工厂制兴起后 100 年的惨状非常了解，所以不至于陷入这种错误中。但是我们关心的是 20 世纪的疏离感，而不是 19 世纪的。

自动化与疏离感

计算机革命至今才 40 余年。这次革命毫无疑问才刚刚开始，却是意义最深远的一次。由于计算机创新发明算是较新的事，所以关于计算机引入前后工作的满意水平，我们确实有一些可比性的相当可靠的数据。此外，我们还有不少证据来自对实现生产和办公自动化时工人经历的变革的几项悉心研究。

从全国工人工作满意度抽样调查（至少 15 次）的数据中，看不出受调查者的平均工作满意水平有所下降。35 年或 40 年前，多数工人（80%～90%）都说对自己的工作"满意"或"相当满意"，现在情况也差不多。[26]

当然，我们一定要谨慎地解释这些调查结果。对工作表示相当满意的工人也许对工作并不感到特别开心，他们也许希望很多事物会发生变动，他们甚至也许不是特别满意自己的职业选择，而是希望自己能另入他行。我们没有掌握衡量绝对满意水平的良好尺度，不过，我们可以从调查结果得出结论，自从计算机在工商业界开始大规模使用以来，绝对满意水平，还没呈现出明显的趋势（无论是高是低）。到目前为止，自动化还没有产生新的疏离感。

而那些受到查理·卓别林的电影《摩登时代》影响的人，对上述调查结果可

能就会感到困惑。机器的非人性化效果如此显而易见，所以除非工人早已被工作麻痹，否则他们不可能视而不见。然而，《摩登时代》是一部讽刺电影，它讽刺的机械化方式已经逐渐过时了。为了获得自动化对工人更加真实的意义，我们必须实地考察自动化工作场所并研究其特征。

在这方面已经出版了不少的研究报告，尤其是 20 世纪 60 年代和 70 年代，这些报告都描述了以一定程度的生产办公机械化与自动化运营的工厂和办公室，包括安装新的计算机系统前后的一些对比研究。首先，有研究引入计算机的短期效果的，如艾达·霍斯的观察报告。[27] 我们在这些研究中还发现变革造成心理创伤的许多证据。工人往往惧怕新技术，觉得他们的工作变得没有人性了。他们担心自己将来会被计算机取代，担心自己不能妥善应付转换后的工作。

这些人面对计算机化所产生的这类反应毋庸置疑，不过关于这类反应的解释却问题重重。这些反应是对计算机和计算机化的工作场所做出的反应，还是对变革做出的反应？更具体地说，它们是对引入和实施变革的特定方式的反应吗？人际关系学家多年来一直说，创新被工人接收的方式关键取决于创新的表现方式。工人可能害怕和抵制变革，也可能欢迎变革所带来的挑战。

人类并不是对变革有先天的敌意，因为人类经常逃避变革，但是也经常追求新奇。他们的反应是积极的还是消极的，很大程度上取决于他们对变革过程参与的本质和程度。简单地说，他们对于自己完成的行动（认为是自己完成的）都会做出积极的反应，而对于没有经过他们同意就对他们采取的行动就会做出消极的反应。让人感觉不舒服、让人反对的，往往不是变革本身，而是必须服从变革，而又无法控制和影响变革，因而人会感到焦虑和无助。

因此，我们不能肯定，人们对某新近计算机化的工作场所表现出的消极态度，究竟是一种技术特征，还是只是变革过程中管理不善所产生的后果。我们都知道，以前的管理层经常犯错，就是在进行许多与机械化无关的变革中，都没有考虑工人的意见，也没有争取工人的参与。我们知道，这些缺乏沟通的现象都会产生上述的种种反应。因此，这些反应可能来自两种不同的根源，但是又没有根据将它们进行区分。如果要进一步了解，我们必须求助于其他种类的研究报告。

30 年前，罗伯特·布劳纳进行了一系列重要的案例研究，后来编辑成书

《疏离感和自由：工厂工人和行业》[28]。布劳纳的观点是，生产技术有很多形式，流水线只是其中一种，而且不同的形式可能有不同的心理影响力。有的形式会造成严重的非人性化和疏离感，有些形式的这种效应很小甚至根本没有。

布劳纳采用四种不同的技术来考察公司：一家印刷厂、一家纺织厂、一家汽车装配厂和一家连续制程化工厂。他在这四家工厂的环境下发现了工人满意或不满水平的重大差异。尽管有些差异是由工人的种族和社会出身的差异导致的，但是排除这种因素，巨大的差异还是存在。印刷厂和化工厂的工人满意度相对高些，而纺织厂和汽车装配厂的工人满意度相对较低。

我们可以根据这些结果猜测出一些原因。印刷在布劳纳进行研究的时代，还是熟练技工使用的一种相对比较传统的技术，而织布机和装配线更像《摩登时代》里的机械技术。这些工厂里的多数工作都是重复性的例行程序，人类工作的步调要与机器的节奏保持一致。

化工厂的工作满意度相对比较高，这一发现要多加考虑。这是一家高度自动化的现代化工厂，人在里面基本充当后备支持的角色，他们不是负责过程的操作而是负责过程的监督，只在过程发生故障时才进行干预，他们当然还有维修的责任。一部分工程人员从事的长期工作，重点是持续改善和扩展工厂，并引入新的操作技术。与该工厂工作有关的大部分工作要求很高的技能水平，人的工作步调几乎不需要与生产过程的节奏保持一致。工人监督机器的运作，对机器进行维护、设计和修缮，但是不受机器的驱使，工人的步调有时不必配合机器的步调。

高度自动化和高度计算机化的工厂、办公室最典型的发展趋势的代表是上述的化工厂，而不是纺织厂或汽车装配厂。与工业革命早期使用的典型技术相比，更新的技术与人类操作者的关系似乎和谐得多。高度自动化水平的趋势正在淘汰半自动化技术中一些枯燥的例行工作。

托马斯·魏斯勒对于 20 家保险公司进行的一系列研究也值得我们注意。[29]魏斯勒和霍斯一样，比较了文职人员对大规模计算机化前后的工作态度。魏斯勒和霍斯的研究差异是，魏斯勒考察的对象是办公室，而且不是变革发生后立刻产生的后果，而是几年以后的后果。他没有观察到霍斯报告的那种强烈的消极态度。文职人员一般报告说，现在对他们的工作要求更严格了，也就是期望他们获得更高的精确度和可靠性。他们同时还报告说，工作的舒适感和沉闷感与以前并没有多大区别。工作上的更高要求显然既带来了挑战，又导致了同等程度的压力。魏斯勒还发现，所有态度的改变幅度都很小，而且不同公司态度改变的方向可能相反。数据处理技术的根本改变对于文职人员工作环境品质的改变非常微小，几乎微不足道。

我们还需要更多类似魏斯勒和霍斯所做的研究，才能满意地将他们的结果安全地外推到自动化制造和文书作业的整个范围。然而，只有尚未详细研究过新技术的人才会对这些发现感到意外，这些人仍旧把新技术看成传统机械化工厂的直接继承，其实新技术代表一种独特不同的发展路线。

疏离和权威的关系

对工作场合疏离感大量探讨的焦点都是组织里权威的角色，以及在权威环境下产生的疏离效果。因为我们将在下面第 7 章全部介绍权威的主题，所以我们把权威和疏离的关系推迟到下一章再讨论。

自动化的系统效果

为了理解自动化对工作满意度的影响效果，只观察自动化对其发生场所——工厂或办公室的直接影响还远远不够。自动化的目的和经济理由是节省人类劳动，自动化以后，一定的产出水平所需要雇用的人比以前少了。生产率的这种提高方式导致职业和行业之间劳动力分配格局的变动。在目前及可以预知的未来，这些变动会导致从事制造和例行文职操作的劳动力比例相对降低，而从事服务的劳动力比例相对升高，这种变动已经在这一代人的身上发生了，将来也会无限地继续进行下去。

这些变动提出了一个重要问题：一般而言，服务业的工作究竟是比制造行业、大型文书处理工作更令人满意还是更让人不满。已有的意见调查结果显示，各种类型工作的满意度之间并无太大差异，但是类型的范围太广泛，所以我们无法做出有把握的定论。尤其是所谓的"服务类"，实际上是一个非常异质化的分类，它包括学校教师、化妆品销售员、医疗技术人员以及无数其他工作类型的人员。除非我们知道这些职业中哪一类最可能扩大，否则我们无法轻易决定，平均而言，工作是变得更令人满意还是更让人不满。

也许平均而言，服务业的例行工作比工厂和办公室的要少。另一方面，多数服务性职业似乎在服务过程中有更多的人际接触。这一点通常被看成是一项工作的积极和人性化的一面，而且大多数人可能都同意这种说法。

我们的结论是，自动化可以造成雇用劳动力向服务业的净移动，所以在提高工作满意度和工作场所的人性化方面小有贡献，而且很可能在净效果上不会有不利影响。这一部分的所有讨论都基于一个隐含的假设，就是就业和失业水平与经济的自动化程度无关。多数经济学家都接受这个假设，我在拙著《管理决策的新科学》第 5 章提出了该假设的论据。[30]

未来的组织

在第 1 章的评论与延伸的最后，我对随着计算机和网络技术的普及以及应用范围的日益扩大，正在进行和将要进行的组织性质的变化进行了观察。我论述说，有些工作从工厂或办公室转移到家中进行；网络化和"组件"鼓励和辅助协作性工作的进行；随着组织的网络化发展，管理层级在整个沟通渠道系统中的重要性越来越小。

这种发展正方兴未艾，所以对它的传播速率以及它对工作满意度的影响力，我们不可能肯定地加以预测。[31]这些发展中的每一项都引出了一些议题。比方说，关于"在家工作"员工的一个议题是，员工是喜欢在偏僻环境下用电子联系方式与同事合作的工作方式，还是喜欢办公室面对面的互动式社会环境？关于网络化的一个关于沟通的中心议题是，如何将各个一对多的沟通网络加诸于人类注意力上的负荷，保持在可接受的限度内？我们在第 8 章的评论与延伸中将会更详细地探讨这个问题。关于层级制的一个明显议题就是，高层主管怎样才能既维持对整个组织发展路线的控制能力，又维持对目标的忠诚？

除非我们对这些发展成果有更多经验，否则最明智的做法就是采用一句苏格兰常用的裁定用语："尚未证实"。同时，这方面的进展速度还比较慢，所以我们有很多机会在这些改变初露端倪的工作情境下研究它们的后果。

结论

我在调查执行官和工人工作疏离的趋势的正反面证据时，还考虑了从工业革命就开始的长期趋势，以及过去 40 年来由于计算机在工厂和办公室的广泛应用所导致的短期趋势。

　　两种趋势的证据几乎都完全欠缺。工业革命前并不存在黄金时代，至少工人本身似乎并没有意识到他们是生活在黄金时代。同样，目前工人对工作的满意度与40年前也没什么改变。（然而，他们工作的持续时间变得不太确定了。）

　　关于执行官的满意度也可以得出同样的结论，对于组织人和他的不满情绪都不是我们这一代特有的现象。我们的注意力只能受到"社会伦理"的吸引。只要我们有组织，社会伦理就成了执行官的行为准则，这并不是例外情况。

　　我对于疏离趋势的否定，并不表示疏离感在东欧和所有西方工业化国家就不是普遍现象。这种趋势的主要原因不是工作已经工业化，而是人们必须为了生存而工作，而且工作一般都不够复杂，让工作者都无法产生深层次的兴趣。

　　我们并没有任何理由乐观地认为，工作上的疏离感问题会得到解决，也没有任何理由认为我们可以完全免于亚当的诅咒。一定程度的疏离感可能是人类整体中的一部分。然而我们没有理由不努力、不用智慧去寻找方法，来减少我们社会中的疏离感。对那些在有生之年把很多时间花在工作场所的人，我们要找出方法使工作场所更让人满意。虽然至今为止，当代自动化趋势对工人的疏离感并没有多明显的影响力，不过高度自动化的工作环境看来远比早期生产方式的典型工作环境更加合乎人性。我们或许因而可以名正言顺地希望，自动化会及时地提高工作的满意度。

　　我们都没有水晶球可以预测未来，所以很难预见网络化和"组件"对工作环境造成的改变（工作地点的变化）会有多大程度，也无法预测这种变化会对员工满意度有什么影响。

注　释

1　均衡的观点来源于 C. I. Banard。参考 *The Functions of the Executive* (Cambridge: Harvard University Press, 1938), pp. 56-59 and chaps. xi and xvi。

2　巴纳德也许是主张这一观点的第一位作者。他在 *The Functions of the Executive* 一书中强调，任何管理理论都必须把顾客当成组织活动系统的一部分。他的这一观点显然还没有得到管理学作者的普遍接受。我们前面已经指出，这里的重要问题并不是要如何定义"组织成员"，而是在组织分析中是否应该考虑顾客的行为。

3 这里的"顾客"采用的是含义,指的是认同组织目标有个人价值的个人,如顾客、立法者或志愿者。

4 关于激励问题的这一方面以及其他方面的论述,参考 Burleigh B. Gardner, *Human Relations in Industry* (Chicago: Richard D. Irwin, 1945), particularly chaps. i and viii.

5 这一点近年来越来越失去真实性了,对于"受公共利益影响"的企业尤其如此。在企业的某些方面,尤其是公共设施建设方面,"托管"的概念已经树立起来,造成了实权控制群体对该组织目标的认同,至于认同程度,笔者不准备做出估计。

6 原载于 *Administrative Science Quarterly*, 9: 1–22 (1964) 的同名论文。承蒙允许稍加修改收入本书。十分感谢 Herbert Kaufman 对原稿的有益评语。

7 目前的讨论与我同事 R. M. Cyert and J.G. March, *A Behavioral Theory of the Firm* (Englewood Cliffs, N. J.: Prentice-Hall, 1963) 第 3 章中关于组织目标问题的讨论大体一致,但是并不完全相同。

8 在管理科学文献中有大量关于线性规划的讨论。要想详细了解这里提出的观点,请参考 A. Charnes and W. W. Cooper, *Management Models and Industrial Applications of Linear Programming* (New York: Wiley, 1961), chap. 1. See also Charnes and Cooper, "Deterministic Equivalents for Optimizing and Satisfying Under Chance Constraints," *Operations Research*, 11: 18–39 (1963)。

9 "A Comparison of Organization Theories," in my *Models of Man* (New York: Wiley, 1957), PP. 170–182.

10 要了解对发生器和检测器在决策和问题求解过程中充当的角色的进一步讨论,请参考 A. Newell and H. A. Simon, "The Processes of Creative Thinking," in H. E. Gruber, G. Terrell, and M. Wertheimer, eds., *Contemporary Approaches to Creative Thinking* (New York: Atherton, 1962), particularly pp. 77–91。

11 G.P.E.Clarkson, "A Model of Trust Investment Behavior," in Cyert and March, *op. cit.*

12 For further discussion and references, see J. G. March and H. A. Simon, *Organizations* (Cambridge: Blackwell, 2nd ed., 1993), chap. 4.

13 "A Formal Theory of the Employment Relation," in *Models of Man, op. cit.*

14 对于某些经验证据,请参考第 10 章的评论与延伸。

15 在 "Determining Production Quantities under Aggregate Constraints" 一文中,对这种系统进行了详细描述。C. Holt, F. Modigliani, J.Muth, and H. A. Simon, *Planning Production, Inventories, and Work Force* (Englewood Cliffs, N. J.: Prentice-Hall, 1960). 读者也可以对照本书第 11 章关于复合决策的讨论。

16　生存所必需的功能与运行系统的真实限制之间的关系是 W. R. Ashby 的多稳态系统观念的中心概念。请参考他的 *Design for a Brain* (New York: Wiley, 2nd ed., 1960)。

17　This section draws upon *On the Alienation of Workers and Management*, The Zucker Lectures, Hamilton, Ontario: McMaster University, 1981.

18　New York: Simon & Schuster, 1956.

19　*Ibid.*, p. 17. "我说的社会伦理指的是当代思维流派，它使得社会对个人的压力，在道德上变得合法。它的主要命题有三个：相信群体是创造的源头；相信'归属'是个人的终极需要；相信应用科学可以达成该归属。"Whyte 所谓的"科学"，特指应用于人类关系的社会心理学。

20　*To the Happy Few: Selected Letters of Stendhal* (New York: Grove Press, 1952).

21　*Diary and Correspondence of Samuel Pepys, F.R.S* (London: George Bell and Sons, 1875), 4 vols.

22　Chicago: Charles H. Kerr & Company, n.d.

23　See his book, *Work and Play* (New York: Harper & Row, 1974).

24　*Ibid.*, p. 93.

25　*Ibid.*, p. 134.

26　Robert P. Quinn and Linda J. Shepard, *The 1972-73 Quality of Employment Survey* (Ann Arbor: Survey Research Center, Institute for Social Research, University of Michigan).

27　*Automation in the Office* (Washington, D. C.: Public Affairs Press, 1961).

28　Chicago: University of Chicago Press, 1964.

29　*The Impact of Computers on Organizations* (New York: Praeger, 1970); and *Information Technology and Organizational Change* (Belmont, Calif: Wadsworth, 1970).

30　Revised edition, Englewood Cliffs, N. J.: Prentice-Hall, 1977.

31　关于大学和企业环境下网络化的社会效应的研究，下列图书含有十分丰富的信息：Kiesler and Sproull, eds., *Computing and Change on Campus* (New York: Cambridge University Press, 1987). 该书大量证据都是来自校园网络先驱卡内基－梅隆大学对安德鲁系统的初期经验。关于计算机技术可能造成新员工关系的讨论，请参考 Denise M. Rousseau, "Organizational Behavior in the New Organizational Era," *Annual Review of Psychology* ,vol. 48 (Palo Alto, Cal.: Annual Reviews Inc., 1997)。

第 7 章

权威的角色

以上探讨了个人成为组织成员的过程，我们现在转向另一个问题：组织如何使个人的行为符合组织的总体模式，也就是组织如何影响个人的决策。要注意区分组织影响的两个方面：第一，组织影响个人的刺激因素；第二，决定个人对刺激因素反应的个人心理集合。这两部分可以分别称为"外部"影响和"内部"影响。

为了达到解释说明的目的，把内外两方面的影响完全分开考虑并不方便。每种影响都在所有的主要影响模式中充当一定的角色：权威、沟通、培训、效率和认同（组织忠诚）。在后面的章节我们会对以上每个主题依次进行考察。

在本章和后面几章的讨论过程中，我们必须时刻牢记在前面讲过的一个概念：决策是从一组前提——价值前提和事实前提推导出来的结论，所以组织对个人的影响，我们不要把它理解成组织对个人决策的直接决定，而是组织对个人决策依据的某些前提的决定。由此可见，几种影响模式绝对不会互相排斥。当个人决定采取特定的行动方案时，该决策依据的前提中，有些也许是通过组织对个人行使权威强加给了个人，有些可能是培训的结果，另外有些是个人追求效率的结果，还有些是个人对组织忠诚的结果等。

我们发现，在所有影响模式中，权威主要是把作为组织参与者的个人行为与他们在组织以外的行为区分开来。正是权威赋予了组织正式的结构，至于其他的影响模式，最好在组织正式结构确定以后再讨论。

我们在有组织的人类群体中经常可以看到非常突出的行为统一、协调的现象，这使许多社会思想家都把群体和个人进行类比，甚至提出一种"群体心理"的假说。[1] 然而察觉这种群体行为协调的实现机制并不容易。对于个人来说，人体内有一个非常完整的神经纤维结构，能够把身体任何部位的刺激传递到其他部位，也能把这些刺激转换和存储在中枢神经系统里。而社会群体没有具体的生理结构，所以我们无法通过解剖学研究来搜寻其内在机制的线索。

我们在第5章的最后一部分已经部分描述了这种群体协调的实现方式，先为群体制订一份行动计划，然后将该计划传达给群体成员，过程的最后一步是该计划被群体成员接受。权威在成员接受计划方面起主要作用。

因此，当个人的行为受到他对群体其他成员行为预期的指导时，就产生了协调。我们前面也讲到了，在最简单的情况下，可以进行自我协调。但是在任何复杂的情形下要产生协调，就必须让个人的具体决策服从某种群体计划。从心理学上来说，个人如果意识到某种具体行为只是他在群体计划中角色的一部分，那么这种意识一定足以刺激他产生协调的行为。

协调行为包含的心理过程一般不是完全刻意或有意识进行的，产生协调的多数行为很大程度上只是习惯性或反射性的。服从命令的士兵并不会去思考服从的哲学，他会为自己设置一条行为准则，让自己制定的决策对命令做出响应。士兵不是时刻都受到"我现在就要进攻"这个决定的指导，而是把这种决定全部归纳成一条总准则："一收到进攻命令，我就进攻。"

对各种有组织行为进行的分析表明，当每个协作者都为自己设置一条抉择准则，让自己的行为依赖于他人行为时，就会产生有组织的行为。在最简单的情况下，应该如何适应的问题个人会自行做出决策。但是在稍微复杂一些的组织形式中，个人总是为自己设置一条一般准则，允许他人的决策来指导自己的抉择（也就是作为个人抉择的一个前提），而不从自己的角度精心思考这些前提的是非曲直。

权威

现有的对有组织行为的说明，都提到了权威的现象。即使是最简单的解释说明，也让权威现象初显端倪。我们可以把"权威"定义为指导他人行动的决策制定权力。权威是"上级"和"下属"之间的关系，上级制定并传达预期下属会接受的决策，下属预计上级制定的决策，并根据这些决策来决定个人的行动。[2]

所以，权威关系可以用纯客观和行为主义的术语来定义。权威关系包括上级和下属的行为。只有当双方当事人的行为确实发生时，他们之间才存在权威关系。无论组织的"书面"理论如何说，如果没有行为发生，就没有权威可言。

上级的行为模式包括命令和预期。命令就是关于下属决定采取某种行为方案的命令陈述。而预期是该命令或信号会被下属作为抉择准则接受。[3]

下属的行为模式受到一个不确定因素的决定，或受到决策准则的支配，"采取上级为我选择的行为方案"。也就是说，他暂时放弃了自己选择行为方案的权力，并使用接收命令或信号的正式准则作为他抉择的依据。[4]

既然权威关系包括一种特定的抉择准则作为下属行为的依据，这两人显然不是时刻都处于权威关系。因为下属的行为在一段时间受一个命令的支配，在另一段时间却不受命令的支配。我们也不能断言，当两人彼此认可对方是自己的"上级"或"下属"时，前者影响后者行为的一切言语就都是"命令"。而如果假设下属愿意接受一项命令，这也并不意味着他所有的或大部分行为抉择都受命令的支配。

因此，我们有必要在下述两者之间做出区别，一是作为行使权威的暂时性的特定行为；二是两个人在一段时间内扮演的角色，它们涉及其中一人让别人服从的预期和另一人顺从他人的意愿。

影响和权威之间的区别

权威关系绝对不能理解成一个人的言语影响他人行为的所有情形。"说服""建议"等动词描述的是几种不一定包括任何权威关系的影响关系。我们在上文已经提过，把权威与其他类型的影响区别开的特征，就是下属暂时放弃了自己选择行为方案的权力，并使用接收命令或信号的正式准则作为他抉择的依据。而接收建议的人，只是把建议当成做出抉择的一项实证依据，但是他的抉择取决于他是否相信该建议。说服也是围绕接受或反对某项行动方案的理由展开的。建议和说服会导致抉择的证据环境发生变动，但是不一定能让人信服。但是服从就意味着放弃抉择权。

造成这三个术语产生混淆的原因是，说服、建议和命令这三种现象经常同时出现在一种情境中。即使是在行使权威就完全可以产生某种行为的情况下，上级也往往（可能通常愿意）采用说服和建议的方法。我们一会儿还要讨论造成这种现象的一些原因。但是，我们前面指出过，两个人彼此接受对方的上级或下属的身份，并不意味着他们所有的或大部分行为都是权威行使的结果，如果记得这个事实，就可以避免出现术语的混淆。

然而建议和命令的分界线也许不像我们现在讨论的这样清楚。在用作区分准则的"信服"一词的背后，可能还隐藏着一些比较微妙的含义。

这里使用的信服，是对与特定决策有关的事实前提或价值前提的一种信任。让人们相信某一事实命题的方式有多种，其中一种就是证明。

但是我们相信的很多事从未经过逻辑推理或实证证明。多数美国人都相信原子弹已经发明出来了，但是他们很难纯粹靠逻辑推理或靠亲身经历来证实这一点。同样，没有几个人能在服用处方药前，要求医生证实该处方的疗效。

换言之，即使事实陈述缺乏证据，其社会性传播往往会导致人们相信它。因此，如果某雇主建议秘书调查某个办公程序的问题，她可能报告说："我了解过这个问题了，我建议你这样做。"雇主也许不考虑任何事实依据，仅仅依靠他对秘书的信任就接受这个建议。这里，雇主显然暂时放弃了自己选择行为方案的权力，这与我们前面说过的权威关系的特征是一样的。

因此，人们可以不通过证明，而是根据提议者的身份或地位就相信他的陈述。如果一个人没有得到公认的地位，或没有被同事公认具有某种专业知识，那么他与拥有"专家"文凭的人相比，要说服听众相信某个建议的合理性就会更困难。人们对建议的判断，一方面以建议的优劣作为依据，另一方面依建议者的情况而定。之所以如此，不外乎两个原因：首先，接受建议的人常常不具备判断该建议所需的专门知识；其次，时间限制要求他们接受他们所信任的人的建议。在组织中，那些逾越职责范围或超越正常沟通渠道而自愿提出的建议，经常受阻的重要原因也是如此。

然而，我们不应该认为，"非正规"建议面对的这种阻力完全是组织的一个弱点。决策职能的分工，以及专人负责专门工作的规定，是组织效率的重要源泉，我们必须用它来平衡不负责的想法可能导致的损失。

我们如果愿意承受可能出现的术语滥用的代价，就可以广义地使用"权威"，并且把不经过任何批判性审查或考虑就接受建议的所有情境都理解成权威现象。根据这种定义，那么甲在某一时刻是乙的上级，乙也可能在下一时刻成了甲的上级。那么我们说甲是乙的上级有什么意义呢？

权威和"最后裁定"

以上我们讨论过的情形是，下属没有进行明确的抉择就接受上级的命令。不过下级也肯接受与自己抉择对立的命令，在这种情况下，行为模式中的权威因素绝不含糊。当两个人之间出现了意见分歧，而且意见分歧又无法用讨论、劝说或其他让人信服的手段加以解决时，就必须由一方的权威来处理。通常说到管理型组织中的"权威链"，意思就是这种"最后裁定权"。然而，人们往往以忽略情境中其他元素为代价，过分强调服从现象中的意见分歧元素。如果把"权威"一词的使用限制于意见分歧的情形下，那应用面就太狭窄了。

最后，我们还要再给权威概念添加一些复杂因素。如果说权威完全是在接受确定命令或解决意见分歧的情况下才有明确意义的，那我们就可以通过检查有没有这些有形的相伴物（命令或意见分歧），来考察某种关系中是否存在权威。但是下属同样可能预料上级的命令，先前下属可能会问："在这种情况下，我的上级希望我采取什么行动？"在这种情况下，权威的行使不是靠先前的命令，而是靠完成行动的事后审查。而且，下属越顺从，权威就越不易察觉。因此，权威仅仅需要在推翻错误决策时行使。

弗里德里克已经指出了这一现象，[5] 并称其为"预期反应法则"。这种现象明显地说明了，预期对人类行为的支配方式，以及预期给人类社会制度的分析带来的困难。预期反应法则为权威关系的确定造成了困难，这在所有"权力"情境中很常见。例如，任何关于地方长官否决权的研究都必须考虑，立法机关哪些法案由于预期到否决权而没有通过，哪些因此而获得通过。[6]

关于权力关系的研究，如果仅仅考虑存在约束手段的情形，就遗漏了问题的本质。为了避免这一舍本逐末的错误，本书不采用上级的约束手段，而是用下属的行为来定义权威。

权威的约束手段

我们至少已经尝试定义了权威，我们必须进一步考察行使权威的环境。下属为什么接受别人的决定并用它来支配自己的行为？接受程度是多少？

角色关系是刻画种种人类行为的一大关系，上下级关系只是众多角色关系中的一种。接受角色关系最重要的基础也许就是习惯，也就是说，许多人类行为除了解释说是一定条件下的社会"预期"行为之外，不需要进一步解释。至于为什么特定行为会受到习惯的支配，这就必须研究其所处社会的发展史了。[7]

我们可以把一个社会的"社会制度"看成确定特定情形下人与人之间相对关系的规则。可能角色和可能行为的范围与人类在戏剧创作上的聪明才智一样广阔。[8]

许多社会里，由社会决定的角色之一就是"雇员"角色。这个角色的具体内容，也就是预期的服从程度，将会随着社会环境的改变而发生变动。例如，如今的美国工人对雇主命令的接受范围可能比其父辈要小一些。出现这种现象的原因，一部分是因为他们的谈判形势增强了，或反过来说，雇主的约束手段变弱了。不过，这里或许还有一个更基本的变化问题，就是雇主对雇员工作的"适当"要求的社会态度的变化，这种变化了的态度还体现在规定雇用合同条款的社会法规中。

另外，不同类型的雇员从各自职位出发，对权威关系的预期也存在很大的差异。专业人士和熟练工人的接受范围相对比较窄，他们在自己的专业擅长上和技能领域里表现得尤其突出。

对于确定一定情境下服从现象预期的社会态度的起源，我们在这里不打算解释，我们也不想解释它们与社会上其他态度集合的依赖关系。人们曾做过种种推测认为，主要的社会态度必定反应在管理型组织当中，所以民主社会中的管理，在某种意义上将是"民主式"管理，而集权社会制度里的管理必将是"独裁式"管理。到现在为止，我们只是对论点进行了论述，但是还没有进行论证。

使组织里的权威被人接受的，还有几个更具体的因素，可以被广义地称为"约束手段"。尽管这个词的意思通常局限在通过惩罚发生作用的刺激上，然而下列几个因素更适合归类为奖励：

（1）我们首先要注意到社会约束。这一项也许最重要。社会不仅使个人形成了在一定社会条件下，对将出现的服从现象进行预期，而且即使不接受个人角色的人，也能感到同事会以某种方式表示对社会的不满。在这样的情况下，不服从就像不打领带就去教堂一样，让人难堪。

另一方面，当一个雇员"责备"老板时，其同事可能会认为他在为大家出气，自己似乎也一吐为快，对这种情况来说，社会约束只起到降低权威效用的作用。霍桑实验极力强调的就是，群体接受（或反抗）的态度，在多大程度上以个人对权威的反应为条件。[9]

（2）个人之间的心理差异在建立权威关系过程中发挥着重要作用。虽然目前对领导的研究仍然处于十分原始的阶段，但现在已经有证据表明，可能确实存在一定的领导者个性和追随者个性。[10]

（3）管理研究者一贯强调，目的是首要的约束因素。我们在第6章已经指出，在自愿组织中，人们愿意贡献力量很大程度上是因为贡献者赞成该组织的目的。他愿意服从命令是因为他知道，获得协调一致有助于共同目的的实现。[11]

如果要把目的作为权威有效的约束手段，那就必须满足几个条件。首先，下属必须相信发布的命令可以促进目的的前进。其次，他必须相信该命令对实现目的有效。这种信心与其说是依据他自己对命令正确性的了解，还不如说是依据他对命令发布者能力的信赖，他承认他们有他所没有的信息，他知道没有来自上级的协调，他和同事就无法有效地达到预期目标。在一定限度内，他甚至会接受明知错误的命令，因为他不希望挑战和违拗他自认为对实现自己的长期宗旨有利的权威体系。

（4）我们的社会中更多的正式约束是以"工作"与经济保障和经济地位之间的关系为依据的。因此，要保留职位、获得更高的薪水或其他利益，就要付出服从的代价。事实上，多数组织都能容忍大量的不服从现象（尤其是没有用言语表达出来的不服从），它们不会因此解雇雇员，而且许多组织成员也没有晋升的欲望，这些事实都降低了组织日常工作中为了获得权威接受度而采用约束手段的重要性。

（5）尤其是对于不太受第三类和第四类影响的个人来说，不愿意或厌恶承担责任，这可能是他们接受别人制定的决策的主要原因。如果分配的任务不是过分讨厌，许多人还是宁愿听从别人的指挥而不愿意自己制定决策。事实上，当待制定的决策处于个人的经验和能力范围之外时，多数人可能都会表现出这样的特征。这种现象的心理根源不仅是害怕决策失误的后果，而且这种特征，也是因人而异。

权威的限度

"下属"角色最显著的特征就是，它确立了一个行为接受范围[12]，在这个范围内，下属愿意接受上级制定的决策。他的抉择是上级替他决定的，始终在他的接受范围内，而且上下级关系只在这个范围内成立。也许前面一节讨论的任何一种影响都可能导致他接受权威，当下属不介意选择哪个方案或者当约束手段足够强硬到让下属执行一个很不合意的备选方案时，也会导致接受权威。

接受范围的大小受到大量环境因素的影响。目标不明确的自愿组织也许接受范围最小。[13]军事组织的接受范围最大，因为约束手段和惯例都极端严格。[14]

在维持上下级关系的过程中，上级的克制与下属的服从一样重要。现代管理作家都强调克制的必要性，建议尽可能使用其他影响方式来说服下属，而不要使用权威，因为这最终往往只会让下属口服心不服。

梅里亚姆教授相应讨论了政治权威的限度。[15]历史理论家们常对"领导者"的实际领导程度表示非常怀疑。某个群体愿意继续听命于领导的无差异范围究竟有多大？很实际地说，领导者或上级人员，就像是公共汽车司机，如果他不能把乘客送到他们希望到达的地方，乘客就会下车。司机对行车方向基本上没有多大的自由裁决权。

权威的运用

我们前面已经把权威描述成让个人的决策服从他人传达给他的决策，从而获得群体内协调行为的一种关系。因此，群体内权威的行使，可能使决策过程和实际执行过程进行很大程度的分离，或者说，使我们所谓的决策纵向"专业化"成为可能。

正如舵手允许自己每时每刻的航向决策受到事先标好航线的航海图的控制一样，组织成员也愿意让自己的行为受组织决策部门的控制。对于第一种情形来说，协调在很长一段时间里都只发生在一个人身上。而在第二种情况下，协调在或短或长的时期内发生在多个人身上。这两种情形的原理是一样的：特定决策要服从一般决策。

当然不运用权威也可以实现垂直专业化，或者说决策专业化。某个单位在组织中可能只处于纯顾问或"幕僚"的地位，但实际上它通过提出建议，制定出被组织其他单位接受的决策。但如果其他单位对幕僚机构提出的建议不重新审查其优劣就接受，那么按照我们的定义，这个幕僚机构实际上就是在行使权威。而我们很难找到这样一个组织，其决策过程有效专业化，却不需要起码的权威来维持该过程。

权威作为群体行为协调的工具获得了广泛运用，这体现了该工具的重要作用。我们特别要注意权威的三种职能：

（1）它加强了个人对行使权威者的责任。

（2）它保证了决策制定过程中专门知识和专门技能的运用。

（3）它有助于活动的协调。

职责

权威的政治和法律层面的作者强调，权威的职能是加强个人遵守群体或权威操纵人员制定的规范。[16] 例如，立法机构颁布的法令，不仅被政府各级行政组织当成命令接受，而且也被服从法律的所有人接受。如果谁不服从，就有一套详细阐述的约束条例可以用来制裁违抗者。许多最重要的社会制度的核心都是由权威体制和一套执行权威的约束手段组成的。国家本身就是一个基本的例子，产权法、教堂，甚至家庭也属于这一类。[17]

权威的这个方面对我们的讨论相当重要。在民主国家的行政管理层级概念中，如果没有说明层级制得以成立的机制这一相应的概念，那么将是不可思议的。[18] 在讨论行政机构和立法机构的关系或分析行政法规时，职责问题必定是一个不可缺少的中心议题。

当我们运用权威来执行职责时，约束手段将在此过程中发挥重要作用，这说明我们在讨论权威时往往比较关注约束手段这个主题。虽然如此，我们还是不应该过分强调约束手段的重要性。在特定的制度背景里，接受立法机关、财产所有者或父亲权威的人，从心理动机上来讲，社会向他灌输的道德观念的作用，可能比他害怕受到惩罚的心理作用大得多。也就是说，处于特定社会的个人，认为自己应该服从立宪当局颁布的法律，应该承认产权。所以，用约束手段来解释整个权威和职责体系，就把情况过于简单化了。

专门技术

权威的一个极端重要的职能就是获得高度理性和效力的决策。长久以来专业化一直公认为对于管理效率具有根本的重要性，我们在这里也没有必要再重复说明专业化可以提高产量的例子。[19] 专业化的这些优点在"决策"过程和"执行"过程中一样很重要。

负责小区域的市政执行官是个有多种技能的杂家：他必须具备工程师、会计师、经理、工头、收账员和机械师等专业人员的技能。他也是一个知识杂家：他必须亲自制定指导他自己和仅有的几个下属日常工作的几乎所有决策；他必须决定什么时候修缮街道，什么时候修建下水道；他还必须预测对设备和人员的需要，及时购买设备、雇用职员；他还必须决定需要什么治安措施，需要什么卫生服务。

大城市政府组织的行政官员的处境非常艰难。该机构如果比较庞大，他可能雇用一位工程师来指导公共工程活动，制定该领域的技术决策；他可能有一个或多个人事专家和一个采购代理人；另外还有工头负责监督全体工作职员的实际工作。总之，城市事务的每项决策都得到比较专业化的、专家的考虑。

在大型组织中，为了获得专业化技能的益处，人们总是尽量对组织工作进行细分，即把需要特殊技能的所有过程都交给具备该技能的人去完成。与此类似，为了获得专门知识带给决策制定工作的益处，人们总是尽可能地分派决策职责，即把需要特殊知识技能的决策，留给拥有那些知识和技能的人去制定。这不仅包括把控制组织的大决策细分为大量较小的决定，还包括每个组织成员的活动只对应少数小决定。

有一个基本办法可确保在组织决策中应用专门知识，就是把专家安置在正式职权层级系统中的某个战略位置上。也就是说，给他安排的位置使他的决策能被其他组织成员接受，并将这一决策当成其他成员的决策前提。这是按"过程"划分组织的一大优点。如果我们把有关工程决策的所有活动交给同一部门，那我们就容易通过确保必要的技术能力的方式来分配决策职能了。[20]

但是，只要决策的传达范围还仅限于正式职权层级系统（正式权威链），我们就不可能保证决策制定工作中多种技术协作；而这种协作，往往又是必需的。例如，一个比较小的教育部门，可能缺乏制定有关学校卫生设施决策所需的医务技术，或缺乏有关学校设施维修的工程方面所需的建议。

因此，为了保证在决策制定中能应用专门知识取得所有益处，我们必须突破正式权威链的框框，"观念上的权威"必须同"约束手段的权威"相协调，在组织中赢得同样重要的地位。

到此为止，我们讨论的重点是决策所需的技术知识。不过，专门知识也适用于其他种类的信息。例如，大城市的现代警察部门会设立调遣中心机构，它一方面用电话设备等来接收案件信息，另一方面又用通话机派遣警察去调查那些案件。就派遣警察而言，调遣中心对决策过程的重要性，在于它们对有关的输入信息进行策略上的处理。我们在这个例子中又一次看到，正式的权威结构在这个过程中只起到了比较小的作用，而且除非出现意见分歧，否则实际上它在通信联络中常被忽略掉。

在组织层级中，上级人员通常由于职位高而享有信息优势。这种优势究竟是实实在在的，还是虚无缥缈的，这在很大程度上取决于组织中信息沟通渠道的设计。确实具备这种信息优势的上级人员，在求助于正式权威的约束手段方面，比不具备这种优势的要少得多。从信息角度看，后者的决策处境还不如其下属。

协调

权威的第三个职能是确保协调。在本章前几节里已经对此重申了多次，我们应该把协调同专门知识彻底分开。专门知识为的是采纳好的决策，而协调是为了让大家采纳一致的复合决策，以达到预定的目的。

假设有 10 个人想合作造一艘船，如果他们各执己见，又不沟通各自的工作计划，制造出来的船恐怕不能航行。反过来，即使他们采取的设计方案很平庸，但如果大家全都遵照这同一个方案行事，成功的概率可能更高一些。

在滑铁卢战役的第一阶段，拿破仑的部队分成了两个部分。右翼军由拿破仑亲自率领，在利尼迎战布吕歇尔；左翼军由内伊将军率领，在卡特尔布拉斯迎战威灵顿。内伊和拿破仑两人都打算进攻，而且两人都准备了对各自战事来说相当优秀的作战计划。不幸的是，这两个计划都打算利用戴尔隆的部队，从侧翼给敌人致命的一击。但他们没有就各自的计划交换意见，而且白天战斗所发布的命令又含糊不清，这致使戴尔隆的部队在两个战场之间疲于奔命，整天都没有投入作战行动。如果他们采用协调的战术计划，那么即使它不那么巧妙，他们也会获得更大的成功。

通过行使权威，有可能将决策职能集中起来，因此能用一个总的实施计划来控制组织所有成员的活动。每次我们都能看到，这个过程类似于一个人为规划自己的未来活动所采用的过程。

协调可以在两种意义上进行。其一为程序协调，其二为业务协调。程序协调是指组织本身的规定，也就是对组织成员的行为和关系进行概括性的描述。程序协调建立了权威链，描述了每个组织成员的活动及职权范围。

业务协调是指组织活动的业务内容。例如，汽车制造厂，组织结构图是程序协调的一个方面，而所要制造的汽车引擎装置的蓝图则是业务协调的另一个方面。

命令统一

我们在第 2 章已经对命令统一的通常说法的不完备性做了一些评论，指出在通常情况下，命令的统一性总是会实现。因为，如果让一个下属根据两个矛盾的前提去做决定，他显然只能接受其中一个，而不得不抛弃另一个。因此，人们极力主张命令统一时，指的是其他意思。

我们在第 2 章解释过，命令统一的意思通常是指，一个管理型组织中的每个人都只接受另一组织成员的命令。这个原则是否可以作为一个正常的组织程序令人质疑，因为这个原则没有说明为什么一个人不能在接受上级给他的决策前提的同时，还从其他人那里接受不矛盾的决策前提。例如，一个人在确定自己单位的计划时，一方面可以接受其直属上级的命令，同时在应当保留那些财务记录的问题上，也接受会计部门的命令。或者采用泰勒的"职能领班制"，即工人可接受某领班关于车床加工速度的指令，同时又接受另一个领班关于适时维修车床的指示。

如果能考察命令统一原则带来的结果，我们也许更能了解该原则想要达到的目的。如果一个人在同一个决策前提上收到了彼此矛盾的命令，组织肯定不会因为他没有执行这两项矛盾的命令而惩罚他，也不会让他自由选择其中一项命令。在前一种情况下，下属会因为陷入进退两难的境地而士气低落；而在后一种情况下，他会坚持自作主张，不服从任何实际权威。此外，如果上级不让下属对执行指令的过程负责，那上级也不能对结果负责。这些困难毫无疑问既实际又根本，其中，唯一的议题似乎是：命令统一究竟是不是唯一的最好答案？

其实，可以避免或解决权威冲突的一般方法，看来至少有 4 种：

（1）传统意义的命令统一，即每个人都只服从唯一上级的命令。

（2）第 2 章定义的狭义的命令统一，即一个人可以从若干个上级那里接受命令，但是在出现矛盾的情况下，他只服从一个上级的指挥。

（3）职权分工，即给组织中每个单位指定它拥有绝对权威的特定范围，任何人在这个范围内的决策前提都必须服从相应单位的命令。

（4）职位级别制，即一个人服从所有拥有一定职业级别者的命令。他如果接到矛盾的命令，就采用最后接到的命令，但必须通知该命令的发布人注意出现的矛盾。陆海军中的军官和士兵之间就是采取了这个通用程序。

这些程序，尤其是第 2～4 项，不一定彼此排斥，我们可以在组织中综合使用这些程序。

职权层级制

把组织成员安排在命令层级制（或叫命令金字塔）中，提供上述第 1～2 种避免权威冲突方法的依据。始终坚持这种安排，就能防止不同管理人员给同一下属发布相互冲突的命令。如果金字塔同一层级上两人的工作目的不一，就能自动将矛盾向共同上级报告，要求裁定并予以解决。所以，职权层级制提供了解决"谁是决断者"的决定性程序。

在实际场合下，职权层级制常常表现出两种命令统一论的折中，层级制中的权威链提供了传达命令和指导的规范渠道（但渠道几乎从来都不是唯一的），当命令出现矛盾时，层级制就被用来解决该矛盾。

职权分工

我们可以把职权层级制描述成按人进行的职权分工，即给每个人授以管辖一群下属的职权（若按照第一种命令统一理论，这种职权是绝对的）。我们同样可以按事务类别来分解职权，给每个人授以管辖组织某方面工作的职权，这在文献中常常被叫作按"职能"来分配权威。

各类事务的管理权是通过分发命令通知文件来分配的。这类通知包括指示和职责守则等，它们澄清了每个群体成员的活动范围以及群体指定权威性决策的范围。而且，它们使成员在出现具体冲突的情况下，不必决定究竟应该服从哪项决定或不应服从哪项决定，而是由事先准备好的一般规划，在他的职权范围内制定出特定的决策。

假如群体成员的工作是相互独立的，那么除了建立层级制之外，根本没有必要进行职权分工。不过，从规范的角度来说，每个群体成员执行任务的方式都会影响其他成员的工作。在流水线上，一个人动作迟缓会打乱整条流水线的节奏。采购单位供货延期，就会影响整个建筑队的工作进度。文职工作的耽搁和信件积压，会导致通信联络的中断。

因此，即使有职权层级制的地方，往往也有必要按照功能，或按照事务主题来划分组织。这里有两个准则可以衡量权力的分配是否成功：①它对集体工作的推动（或阻碍）程度；②它减少权限争端的程度。这两个准则不一定一致。比方说，汽车公司依据汽车买主的居住地点来划分职权，也许在意义上很明确，但对制造过程没什么帮助。为了取得成功，职权的划分必须适应工作任务的划分，即必须适应工作过程的技术要求。

就算是在最好的条件下，也会发生权限不明的情况，尤其是该组织内部是按不同原则组织的，比如按基本工艺和辅助工艺、按职能和按地理等来划分的，更可能出现上述情况。在这些情况下，也需要一个能向上申诉的过程来解决纠纷。这可以通过权威层级系统来实现，也可以借助专门的上诉机构。

然而，在依据任务主题进行正式职权划分的地方，即使过程一样，解决纠纷的依据也与只有一个上级的简单层级不同。如果不存在职权划分，那么每场独立纠纷都直接提交给唯一的上级，由他根据得失来裁定。如果存在职权划分，那么待决定的问题就不是起争执的具体问题，权限问题反而争议更大。

在我们称为"裁定"的过程中，上级千万不可过于关注决策的内容或决策本身是否得当，而应该更关心决策的"合法性"，也就是说从正式组织结构的角度来考虑决策者的资格。若不存在职权划分，上级就会主要关心具体纠纷的得失了。

比方说，采购员和直线管理者可能在文具的具体规格上意见不一致。直线生产管理者可能希望使用某种品牌和有一定质量保障的信纸，而采购员却可能坚持购买另一种。如果这仅仅是职权层级制的问题，他们两人的共同上级就会面临确定究竟哪种信纸更适用的问题。

在经过正式职权分配的组织中，这个问题并不会以这种方式直接提交给上级。每个下属都会申辩说，决定纸张质量的决策，是他的职权范围内的事，所以上级人员不是决定哪种纸张最好，而是不得不裁定应该由谁来决定最佳纸张种类。因此他面对的不是一个技术问题，而是一个管理问题。

当然，实际问题一般不会在这么明确的基础上决定。一般来说，上级管理人员既要考虑职权问题，也要考虑纠纷本身的得失。考虑一项决定是否得当，对他是有影响的，不过在权限划分比较模糊的情况下影响力更大。另一方面，为了组织中权威链的维持和任务分工，他往往必须支持某一具体决定，这不是因为该决定正确而是因为该决定属于某决策者职权范围内的事。

即使加上了这些限制条件，上述论证还是大大简化了实际问题，因为它只考虑了对权威关系的维持。实际上，当把职权冲突问题提交给管理者时，他必须考虑：①他的决定对权威链的影响；②他的决定对组织政策的影响；③冲突为他提供的下属的可靠性和能力的信息。第一点我们已经讨论过了。

至于第二点，如果纠纷本身是事关组织政策的一个重要问题，管理者可能确实倾向于考察纠纷本身的得失，而不愿意从职权角度来裁决。权限纠纷实际上是高级管理者了解重要政策问题的一种重要途径。同样，就第三点来说，权限纠纷也是他了解下属的特征和观点的一种途径。因此，尤其是在组织政策还处于形成阶段时，不确定的职权分配会导致纠纷的产生，但对管理者来说可能大有益处。当然，高级管理者经常采用这种"让下属相互制衡"的方法，所以我们不能随便把这种办法当成不良管理进行排斥。

如果管理者使用这种方法来控制下属的决策，他就会面对一些非常微妙而又棘手的问题：如何防止组织和职权界限完全消失？如何防止下属之间因意见分歧而演变为个人纠纷？以及下级组织单位之间长期的争权现象。可是如果不使用这些办法就可能导致实权的丧失。

职位级别

职位级别作为权威关系的基础，总是与职权层级制有关。在军事组织等一些组织中，始终保证权威的连续性和权威关系的确定性，是绝对有必要的。这一点采用职位级别制度就可以实现。当由于紧急状况、长官死亡或缺勤等情况暂时扰乱了正常的组织秩序时，就可以利用职位级别重新建立一个权威体系。

当然，这种办法也给管理造成了不少麻烦。一个服从某长官命令的士兵，可能会收到另一个长官下达的矛盾指令。这里唯一可能的保障就是约束每个长官，让他知道，他要为滥用职权扰乱管理型组织秩序承担责任。

约束手段的运用

我们现在最好重申一下，本书所说的权威指的是下属对上级决策的接受度，而不是上级使用约束手段来压制不服从者的权力。在当今多数组织中，虽然说，无论是否存在正式的工作评价计划，雇员的直接上级对雇员的评估可能是决定他的升迁、加薪等的主要因素，但这也并不代表上级就拥有无限的雇用权和解雇权。

由于直接上司施加约束手段的权力受到限制，他对其他更积极的刺激权威实施的手段的依赖性就必定越来越大。另一方面，有权使用约束手段者，可能增强也可能削弱已经确立的权威链。如果不能直接惩罚或要求上级惩罚不忠的下属，管理层级系统中的所有权威就会迅速遭到破坏。

因此，如果直接上司有处罚权，组织的权威系统一般就会呈现出相当确定的层级结构，并一直保留下去，每个人都知道谁是自己的上司。我们可以推断，在这些条件下，根据组织纲领，那些行使限定的"职能"权威却又没有约束权的人，其表现更近似顾问的角色，而不是权威的角色。

我们会发现，无论约束手段的行使权是分配到各管理层级，还是集中在较高管理层，某个人只有不是同时受到两个独立上级的约束时，才可能遵守"命令统一"原则。这明显比我们前面陈述过的两个"命令统一"的概念含义更狭窄，因为它并不是指下达命令的权力，而是指对违背命令者进行约束的权力。

结束语

本书基本上是一部描述性论著，而不是指导性论著。我并不打算阐述妥善使用这些职权分配方法的明确原则，而只想做一些试探性的评论。实际上，任何组织都需要某种权威层级体系才能继续发展下去。有些组织的运营依据是"层级体系确定了唯一的权威渠道"这个理论，还有些组织依据的是"只有在发生权威冲突时才采用层级体系"的理论。无论采用哪种理论，实践几乎始终是这两种理论的某种折中。另外，几乎所有组织都还可以按照专业来划分职权范围；而按专业分配有时会与层级体制的安排相互冲突。在这些情况下，层级制是解决权限纠纷的一种机制。这些纠纷是高层管理者了解低层情况的一个重要信息来源，而且即使他有能力进行天衣无缝的职权分配，他也不打算通过这种分配，来完全解决这些纠纷。权威链约束手段使用权的分配，以及这种权力的使用，都会对权威链本身范围的明确程度，对层级权威和主题权威的相对重要性产生相当大的影响。

在某些组织中，权威层级制和职权划分还需要以职位级别制来补充，防止命令的连续性受到破坏。

正式组织和非正式组织

我们已经讨论过运用权威来维持组织协调的方式。程序协调，即权威链、每个组织成员活动和权威范围的具体规定，可以创建出一个正式组织，即一系列支配每个成员行为的有一定持久性的抽象关系。我们发现，正式组织中权威的行使可以通过两种途径进行：第一，对群体实施控制者的权威，可用来建立和实施正式组织方案；第二，正式组织方案本身规定了执行组织工作所需要的权威链和任务分工。

举个例子说明，国会可以立法通过成立农业部，详细说明总体的部门组织和该机构的职责。农业部长从这种正式组织纲领得到许可，自行在农业部内部建立正式结构，同时进行任务分工，并进一步授权。

除了安排活动范围和建立权威关系之外，正式组织纲领还要确定沟通程序和渠道。例如，规章制定机构规定谁雇用谁，谁给谁下达命令，特定工作由谁负责，特定决策必须要谁签名才能通过等。最主要的是，这些关系可以抽象地描述，而不需要涉及特定的组织工作内容。

这种正式的组织纲领真正操作起来时，总是与真实组织在几个重要的方面存在差别。首先，正式计划中有许多不完备的地方，实际组织中的许多人际关系，并不在正式计划中做出具体规定。负责销售的副总裁，常常与财务审计长一边打高尔夫，一边讨论企业经营问题。其次，组织中的实际人际关系也可能与规定相矛盾。车床操作员可能拒绝接受工头要求他必须以一定速度操作机器完成某项任务的指示。组织纲领规定，B 部门应该向 A 部门通报某些决定，但事实上却并没有做到。

"非正式组织"指的是组织中影响组织决策的人际关系，但是它们要么与组织纲领不一致，要么正式纲领对它们忽略不提。任何正式组织的有效运营，都不能缺少非正式组织，这种说法相当中肯。任何新组织都要先试航，才能走上正常轨道；新组织的每个成员在成为组织的重要成员之前，必须先与同事建立起非正式关系。

一方面，正式组织机构不可能具体到不需要非正式组织的补充。另一方面，正式组织结构只有真正限制非正式关系在组织内部的发展时，才能发挥作用。特别要指出的是，正式组织的一项重要职能，就是阻止组织政治（组织成员对权威和影响力的争夺）发展到对组织的职能发挥有害的程度。正式组织还有一项职能，就是检查并排除组织工作中不必要的重复。而与非正式组织相比，正式组织结构更积极的一项职能也许是，鼓励非正式组织沿着有建设性的路线发展，也就是说职责的合理分配以及维持充分的沟通渠道，既可以减少非正式渠道增长的需要，又可以促进人们在非正式组织结构中保持互助合作的态度。

心理学和权威理论

人类理性行为的命题一般不包括行为者心理的命题。注意这一点很重要。我们来解释一下这个相当荒谬的说法。在情境一定、价值体系一定的情况下，一个人的理性行动方案只有一个，那就是在一定条件下实现价值最大化。所以，只有解释在给定情况下一个人的行为背离理性规范的原因时，才需要心理命题，而不需要对其价值体系进行描述。

同样，只要组织成员的行为受到组织权威体系的控制，关于组织成员行为的命题一般就不包括行为者心理的命题。也就是说只要一个人服从别人的决定，他的心理就不会影响他的行为。因此，心理命题对于确定一个人尊重权威的范围很重要，但对于确定该范围内的具体行为无关紧要。

当然，还要补充一点，在很多场合下，上级很难控制下属对他下达的命令的理解和运用方式。在这种情况下，下属的态度相当重要。除真正的叛逆者，对命令的执行可以分为巧妙与愚笨、迅速与迟缓、热情与勉强。我们或许可以把上一段的叙述更加谨慎地重述如下：心理学命题对于确定权威受到尊重的范围以及下达命令者的目的被实际执行的程度，非常重要，但是权威一旦被接受，它就对下属行为的确定无关紧要了。

为了解释这一观点，我们考虑一下军事心理学文献中的一个例子。这类文献关心的中心问题是，在战士面临危险的战争和艰苦军营生活的情况下，应该如何扩大他愿意服从上级命令的范围。[21]

如果士兵绝对服从命令，那么军事行动所受的限制只是士兵面对敌人的生理耐力，包括行军的耐力以及负伤情况下坚持战斗的能力。在这种情况下，只有战士被敌军全部歼灭，一支部队才算进攻失利；而作战计划所需的资料，也只是与不同条件下作战效果有关的统计情报。[22]

但实际上，通常在一支部队被歼灭之前就会出现战士拒绝服从命令的情况。他们可能拒绝执行进攻命令，或向敌人投降。因此，进攻时，真正的限制因素是决定士兵何时不再服从命令的心理因素。在不服从命令或投降的背后是对死亡的恐惧。不过，造成士气低落的真实伤亡人数，在不同情况下有很大区别。[23]

因此，心理因素同管理中的生理因素、物质因素或其他环境因素一样，是管理需要考虑的一个条件。心理学属于管理技术，而不属于管理理论。

结论

本章在分离组织群体一些显著特征的基础上，探讨了有组织的群体行为。组织成员与其他组织成员采用相同的一般价值准则做出抉择，而且他对其他成员行为的预期会影响他自己的决策。

除了最简单的群体行为以外，其他群体行为要取得协调一致都要采取确定的程序。一个协调程序能够让每个人的行为都与群体计划相适应。而在任何情况下，协调都需要沟通，至少需要把群体情境中的某些关键要素传递给组织成员。

当协调不仅限于沟通时，当协调刻意影响群体成员行为向希望的方向发展时，一般就会包含某种权威措施。当一个人暂时放弃自己的权力，让他人的决策来指导自己的决策时，他就成了权威施加的对象。

权威只是多种影响方式中的一种。其显著特征是，权威并不打算说服下属，而只要下属服从。当然实际行使权威时，权威通常自由地混杂了建议和劝说成分。权威的一项重要职能是，在即使不能达到一致意见的情况下，它仍会保证决策的制定和执行。不过在权威概念的讨论中，我们过分强调了权威的专断性。总之，权威的专断要素只有在下属的"接受范围内"才能产生影响。

接受范围的大小取决于权威执行命令所用的约束手段。共同目的、社会接受度和个性至少同物质和经济约束力等消极惩罚手段一样重要。

在管理中，有时避免权威关系发生冲突很重要。这个问题同建立明确的职权层级、根据职能或其他方式划分权威有关。然而，要消除发生权威冲突的模糊区域几乎是不可能的。管理的一项重要任务是，通过裁定职权"边缘纠纷"来维持组织结构。

协调只是权威管理型组织中执行的三种职能中的一种。权威也是加强职责和进行决策分工的一个重要影响因素。

我们在第3章已经详细讨论过职责问题。当我们希望或必须强迫个人服从群体计划时，就会出现职责问题。约束手段在权威的"加强职责"功能上发挥的作用，比在权威的其他用途上发挥的作用要大。

决策职能的划分和专业化也具有工作划分和专业化的优点。权威让某一组织成员的决策能够影响其他成员的决策，从而使得决策制定的专业化成为可能。

一个正式组织就是一项任务分工和权威分配计划。组织计划规定群体每个成员相对于其他成员所处的地位和角色，但它只是一般性地规定工作和决策职能的具体内容，因此，我们接下来必须探讨决策的实质方面，即决策的准则，而不是决策的程序。

评论与延伸

在过去几十年里，组织中权威的运用一直是广受重视的议题，社会上对它也有诸多评论，有时甚至连传统的权威层级制的必要性都受到质疑。[24] 本章的评论与延伸主要探讨下列议题：正式组织在多大程度上造成了个人与组织之间的疏离感，妨碍了个人的自我实现？让员工参与决策制定，以提高工作者的满意度和产量的可能性有多大？追求权力的欲望对组织运作的影响。

权威与疏离感[25]

第 7 章描述了权威在组织内如何运作，尤其着重于它在决策过程中所扮演的角色。我们如果能把有关权威的讨论与第 6 章的评论与延伸中有关工作满意度的内容结合在一起的话，一定能起到相辅相成的作用。

有批评家说，主要的组织问题是，组织要求成员施加和接受权威（它们确实也这样做了），而权威又不利于人格的成熟发展。[26] 根据这些批评家的说法，接受权威有时会导致人们滋生依赖性和被动性，妨碍人们的自我实现。

我们知道，接受权威，就意味着接受其他组织成员提供的前提，把它作为自己行为基础的一部分。人们接受一定程度的权威原因有很多。如果要求员工接受的前提，要求员工完成的工作并不违反员工自身的信仰和价值观，薪水或某种外部报酬就足以让他们接受权威了。员工如果相信组织的产品具有社会价值，或对员工有价值，就更有理由接受权威了。也就是说，人们在组织内接受权威的原因是，人们相信权威结构有助于组织任务的完成，而完成任务的好处就是内在或外在动机会感到满意或得到酬劳。

如果权威通过这种方式来实施，而且人们是因为这些内在和外在动机而接受权威，我们就没有理由视权威为鄙陋，或认为它会使人产生依赖性和被动性。虽然大家普遍认为最自由的人最有创造力，但这其实是一个误区。所有心理学证据表明，当环境能够提供不多不少数量刚好的结构时，人们才最有创造力，才最有可能实现自我。如果环境的构建过于严谨，创造性就会因为缺少探索和解决问题的机会而减退。如果环境的构建太松懈，创造性也会因缺乏得以进一步发掘和探索的结构而减退。哥特式大教堂就是人们在严格的物理和社会限制条件下，充分发挥创造力完成的。我们没有理由相信，教堂建造者如果自由发挥的空间越大，就越有创意。

人们希望在组织里满足多方面的需要，包括成就感、归属感和权力欲。组织是满足成就感和归属感的一项利器，如果成员的需要以这两种为主，权威的行使就不会出现特殊问题。至于对权力的欲望，情况就不一样了，因为，如果权力行使者的权力欲能够得到满足，那么受权力支配者的权力欲就无法顺利实现。

在当代，人们对组织权威的挑战，可能正是我们社会所关注的焦点从成就和归属向权力转移的一种征兆。当然这种挑战也影响了像家庭这样的机构，包括父母与子女的关系。不仅在正式组织中，在所有社会机构中，人们接受权威时，接受范围都比过去更狭窄，接受态度也更勉强。我认为，大多数人都希望在一生中权威的销蚀会发生。但这并不意味着人们也希望此想法一直延续下去，尤其当想法的着重点在于权力分配，而不是在于把组织作为实现个人和社会目标的一项工具的有效性时更是如此。

批评现代组织严重专制、压制个人创造性的人，看来是从两个假设得出这个结论的：

（1）组织内权威的行使会直接阻碍个人的自我实现。

（2）工作场合是自我实现和主要生活满足感实现的主要场所。

我们已经说过，第二个假设可能是对于组织在多数人的生活中确实扮演的角色，以及人们希望组织扮演的角色的误解。有些人，比如某些经理、专业人士和技术工人可能在工作和工作时间里获得很大满足。可是他们一定要小心谨慎，不要认为社会其他所有成员都具有相同的价值系统，也不要认为没有这些价值观的人得到这些价值观，情况就会变得更好。

看来大多数人把组织当成了主要的甚至是唯一的辅助性系统，为社会生产产品和服务，而且主要在休闲时间里为组织员工提供舒适满意的生活所需的资金。我们从第 6 章的评论与延伸中知道，无论是工业时代之前还是工业时代之后，组织和工作始终在人们的生活中扮演着这样的角色。

我们不应该把这些话理解成，当代组织就代表最好的可能。组织改善的方式有很多种，持续运用自动化来减少最具常规性和最容易让人产生"疏离感"的工作。但是，我们在改善组织的同时，提高组织作为社会工具来完成主要工作的能力也很重要，这有助于完成工作，从而为组织成员和整个社会增加产品、服务和闲暇时间。员工关系以及与此相关的权威，一直是组织执行这些任务必不可少的手段。

员工在决策制定过程中的参与

近半个世纪以来，将员工参与包括进决策制定过程的这一观念，是组织社会心理学和组织社会学研究，以及组织行为咨询工作的中心议题。一般的说法是，员工参与既能使员工更满意，又能促进生产力。而各方面实证研究所得的证据，则是正负参半。一般而言，员工参与确实能增加员工满意度，但是对生产力的作用似乎不太一致。[27]

日本使用的质量圈方法，以及此法在快速提高日本生产力中扮演的重要角色，重新激起人们对这一主题的兴趣。为了克服有些相互矛盾的经验证据，我们不妨反过来研究，了解一下该理论能预测出什么结果。这包括动机和认知两个层面的议题。在动机方面，我们可以假设员工的参与可以提高员工满意度，从而提高员工对组织目标的认同感（其中就包括对生产力目标的认同），从而提高产量。在认知方面，我们可以假定工作者拥有主管和管理层无法直接获取的某些信息，员工参与决策制定过程可以让员工直接贡献这些信息，用于诊断和解决产品质量以及其他问题。[28]

如果上述的确是重要的基础机制，那么要让员工参与来确实提高产量，必须至少满足两个关键条件：①员工对组织的基本态度必须充分乐观，这样他们才会珍惜参与机会，并提高对组织目标的认同感；②员工必须通过观察或其他途径，获取生产过程中维持产品质量的重要信息。显然不是所有工厂都能满足这两个条件。我们也可以看出，参与过程成功与否取决于过程如何进行，同时要密切关注员工能够做出的贡献。只有满足了这两个条件，员工才愿意或才能够提高生产力。

上述理论概要与"有参与决策制定过程机会的员工会更加努力工作"的论断截然不同。质量圈的观念并不是为了激励员工更加努力工作，而是让他们运用自己的知识和智慧来改善生产过程。质量控制的各项原则强调，通过加强对生产过程的控制，而不是筛选不合格的成品，来预防不合格产品的生产。在标准难以满足（合格率很低）的情况下，运用这些原则可以极大地提高生产力。如果产品的不合格率是80%（这在早期计算机芯片的生产中很常见），那么降到20%，生产力就可以提高到原来的4倍。

　　我们回到员工参与这个主题就能明白，它与工作场所"民主化"或正式组织权威层级的一般销蚀大为不同。有证据显示，除了直接影响薪水和其他雇用的相关问题，从而影响个人目标的决策之外，许多员工不愿意参与同自身工作经验和知识没有直接关系的决策。当然后面这些议题，是工会代表和公司董事会的员工代表提出的问题。这些问题很重要，但是超出了本书的讨论范围。

权力的吸引力

　　尽管如此，我们还是必须简要地讨论一下，掌握实权的前景对某些雇主和雇员产生的影响。权力以及作为一种权力形式的权威，是实现个人目标的常用工具。但是人们为了权力而追求权力，把权力当成一个目标的情况也很常见。相对人们对成就感和归属感的需求来说，人对权力的欲望却因人而异，有很大差别。[29] 要公平地说明组织中的人员动机，就必须考虑这些权力需求因素，在影响参与者的情感、思想和行动的过程中发挥的作用。

　　我们可以从运用权力者以及接受权力者的角度来感受和表达人们的权力欲望。我们称那种对权力极端渴望，但对成就感和归属感要求很低的人为专制主义者。但反过来说，同一个人扮演的另一极端角色可能就是被疏离的工人，此时他极其渴望有权力来反抗想要控制或影响他行为的当权者。

　　在以权力为导向的世界里，"控制者是谁"成了中心议题，使得"实现了什么目标"黯然失色。正是在这个以权力为焦点的世界里，参与者很难放开心胸，培养对彼此的信任，而且自我实现也变成了"无管制"的同义词。在表现权力欲望时，会产生一些不愉快的后果，比方说，有利害关系的群体之间极度不信任、愤怒和恐惧。

　　注意，上述功能失调的不良后果，并不是单由权力就能够造成的。它是由相互依存的系统与参与者（包括主管和下属）对权力的极大渴求之间的相互作用造成的。因此，组织和社会设计中的一个经典问题，就是如何才能既避免或消除这种机能失调产生的恶果，又能同时完成任务（即满足对成就感和归属感的需求）。所谓的"人际关系学派"对组织的研究一般倾向于采取打压权威关系来解决问题，但有时需要付出忽视组织效益的代价。

　　另一种解决方法是，想办法把渴望权力的注意力，转移到对成就感和归属感的需要。阿克顿男爵观察到："权力会腐蚀人心，绝对权力会完全腐蚀人心。"新一代的阿克顿男爵也许会说："会腐蚀人的并不是权力本身，而是对权力的渴求。权力对有权者和无权者都有腐蚀作用。"读者当中也许有人还记得在 20 世纪 60 年代和 70 年代的学生运动中，学生们对学生权力和从成人权威的淫威中解放出来的渴求，但他们对于夺权成功要满足的目标并不一致。

　　革命理论家对此等现象比较熟悉。无论是什么原因导致社会系统不稳定，这种不稳定都会造成每个自我认同的社会群体对权力的渴求，因为他们在面临不确定性和威胁时必须区分"我们"和"他们"。所以我们也必须在这种脉络下解释，在产业罢工时劳资双方的自我毁灭行为。

　　在组织内创造一种环境，使得权威能够作为完成组织目标的有效工具，而不至于把权威本身当成目的，同时又不会刺激上司或下属心中潜在的纯粹为了权力而实施权力的冲动，这是一项基本的管理任务。

注　释

1　对"群体心理"论给予决定性批驳和否定的论述，请参考 Floyd H. Allport, *Institutional Behavior* (Chapel Hill: University of North Carolina Press, 1933), chaps. i–iii, and R. M. MacIver, *Community,* Bk. II, chap. ii, and App. A。

2　关于权威问题的其他论述，可以参考 L. D. White, *Introduction to the Study of Public Administration* (New York: Macmillan, 1939), pp. 44–46, and C. I. Barnard, *The Functions of the Executive*, p. 163。

3　这是国家的功利主义概念的核心。See, for example, Jeremy Bentham, *A Fragment on Government* (Oxford: Clarendon Press).

4　Cf. Ordway Tead, *Human Nature and Management* (New York: McGraw-Hill, 1929), p. 149, and Stene, *op. cit.*, p. 1131.

5　C.J. Friedrich, *op. cit.*, p. 16. Cf. 请参考 Bentham 给出的很有意思的定义："所谓默许的意愿表达就是用除言语以外的任何示意符号传递的意愿表达。当意愿所希望的行动未被他人执行时，可以采取以前曾伴随惩罚一起出现的动作，因为这是所有默许的意愿表达方式当中最灵验者。"(*A Fragment on*

Government, p. 138)

6　Leslie Lipson, *The American Governor: From Figurehead to Executive* (Chicago: University of Chicago Press, 1939), pp. 210-212.

7　这当然是社会学和社会心理学的一个主要问题。

8　关于这一问题的进一步讨论，可参考Charner M.Perry, "The Relation Between Ethics and Political Science," *International Journal of Ethics*, 47: 169-170, 172-174 (Jan., 1937)。

9　See, for example, F. J. Roethlisberger and W. J. Dickson, *Management and the Worker* (Cambridge: Harvard University Press, 1939).

10　Charles E. Merriam, *Political Power* (New York: McGraw-Hill, 1934), pp. 24-46, and Harold D. Lasswell, *Psychopathology and Politics*, pp. 38-64, 78-152.

11　C. I. Barnard, *op. cit.*, pp. 165-166, and Luther Gulick, "Notes on the Theory of Organization," in Gulick and Urwick, eds., *op. cit.*, pp. 37-38.

12　这一概念取自 C. I. Barnard 的论著（*op. cit.*, pp. 168-169），但他并没有将其所谓"无差异范围"的积极意义表达出来。

13　*Ibid.*, p. 155.

14　军事学文献都明确承认接受范围作为战术基本要素的重要性。参考 J. F. C. Fuller 关于作战心理学的生动描述（*op. cit.*, pp. 140-141）。

15　See the chapter "The Poverty of Power" in his *Political Power* (pp. 156-183).

16　Charles E. Merriam, *Political Power*, p. 16, and *History of the Theory of Sovereignty Since Rousseau* (New York: Columbia University Press, 1900); C. J. Friedrich, *Responsible Bureaucracy* (Cambridge: Harvard University Press, 1932), pp. 20-24.

17　关于从权力和决策的角度对"财产"进行解释，请参考John R. Commons, *Institutional Economics* (New York: Macmillan, 1934), pp. 397-401; Morris R. Cohen, *Law and the Social Order* (New York: Harcourt, Brace, 1933), pp. 44-45; and Albert Kocourek, *Jural Relations* (Indianapolis: Bobbs-Merrill, 1927), pp. 305-334。

18　关于这一职责应该采取的形式的各种想法，请参考John M. Gaus, "The Responsibility of Public Administration," in *The Frontiers of Public Administration*, ed. Gaus, White, and Dimock (Chicago: University of Chicago Press, 1936), pp. 26-44; C. J. Friedrich, *Responsible*

Bureaucracy; C. J. Friedrich, "Public Policy and the Nature of Administrative Responsibility," in *Public Policy*, 1940 (Cambridge: Harvard University Press, 1940), pp. 3-24: Herman Finer, "Administrative Responsibility in Democratic Government," *Public Administration Review*, I:335-350 (Summer, 1941)。

19 L. Gulick, "Notes on the Theory of Organization," in Gulick and Urwick, *op. cit.*, pp. 3-4.

20 Cf. Frederick W.Taylor, *The Principles of Scientific Management* (New York: Harper & Bros., 1911), pp. 99-113.

21 Col. J. F. C. Fuller, *op. cit.*, pp. 140-141; Ardant du Picq, *Etudes sur le combat* (Paris: Hachette et Cie., 1880), pp. 7-8, and *passim*.

22 对于第二次世界大战中的日本士兵来说，这显然是成立的。如果的确如此，这里对权力的限制便是生理方面的而不是心理方面的。

23 Col. Gen. von Balck, *Tactics*, trans. Walter Krueger (Fort Leavenworth, Kans.: U.S. Cavalry Association, 1911), pp. 185-200.

24 D. P. McCaffrey, S. R. Faerman, and D. W. Hart, "The Appeal and Difficulties of Participative Systems," *Organization Science*, 6:603-627 (1995), provides valuable recent discussion of these issues and numerous references to the literature.

25 This section draws upon "Are We Alienated from Our Organizations?" *SUPALUM* (School of Urban and Public Affairs Alumni Magazine, Carnegie Mellon University), vol. 6, no. 1, pp. 6-7 (1979).

26 此观点的一位杰出代表是 Chris Argyris。请参考他的 *Personality and Organization* (New York: Harper & Bros., 1957)。

27 V. Vroom, *The New Leadership: Managing Participation in Organization* (Englewood Cliffs, N.J.: Prentice-Hall, 1988); K. E. Weick, *The Social Psychology of Organizing*, 2nd ed. (Reading, Mass.: Addison-Wesley, 1979).

28 McCaffrey, Faerman, and Hart, *op. cit.*

29 J. W. Atkinson, *An Introduction to Motivation* (Princeton, N.J.: Van Nostrand, 1964); and D. C. McClelland et al., *The Achievement Motive* (New York: Appleton, 1953).

第 8 章

沟　　通

我们在前面的章节尤其是第 7 章提过多次，沟通对决策过程具有重要的影响作用。我们现在应该更加系统地考察决策过程中这个重要方面。

我们首先探讨沟通系统的性质和功能。接着讨论正式和非正式沟通渠道。本章第三部分将主要关注管理型组织中沟通职能的专业化要素，最后一部分讨论培训工作对沟通的作用。

沟通的性质和功能

我们可以给沟通下一个正式的定义：沟通就是一个组织成员向另一个组织成员传输决策前提的过程。没有沟通显然就没有组织，因为没有沟通，群体不可能影响个人的行为。因此，沟通对组织来说绝对必要。不仅如此，特定沟通技巧的效力，在很大程度上将决定决策制定职能在整个组织里能够有以及应该有的分布方式。一个人能否制定某项决策，往往是随条件而定，取决于其他人能否把制定一项明智决策必需的信息传输给他，而他能否把决策传输给他希望影响其行为的组织其他成员。

组织中的沟通通常是双向过程：它既包括向决策中心（也就是负责制定特定决策的个人）传输命令、信息和建议，也包括把决策从决策中心传输到组织其他部分。此外，沟通是向上、向下以及侧向贯穿整个组织的过程。在任何真实组织中，通过正式权威链向下传输的信息和命令，以及通过相同渠道向上流动的信息，只是整个沟通网络的一小部分。[1]

在组织的不同层次上都会出现与决策有关的信息和知识。组织自身有时有"感觉器官"，例如军事组织的智能单位，或企业公司的市场分析部门。有些组织会聘任一些具备特定知识的人在需要这些知识的职位上工作，如法律事务处。知识的来源有时是任务本身，例如车床操作者会最先发现该机器发生的故障。而有些信息和知识是对其他既定决策的了解，例如，一个经理或行政长官拒绝一项开支要求是因为他知道自己已经把这笔钱派上其他用场了。

在上述所有事例中，组织里的特定个人都拥有与他必须制定的特定决策相关的信息。有一种相当简单的决策职能分配方法，就是分配给每位组织成员与他拥有信息相关的那些决策任务。但是这种做法存在根本困难，就是单独个人并不具备制定一项具体决策所需的全部相关信息。如果我们因此将决策分解成决策前提，并分配给各个组织成员，那么就必须建立一个沟通过程，将这些前提从各个独立的决策中心汇集到某一点，在那里进行组合，再次传输给组织里必须执行决策的其他成员。

只有当决策执行者也是最合适的决策制定者时，才没有沟通问题，而对这种例外情况来说，组织当然也就没有存在的必要了。除此以外的任何情况，都必须设计一套沟通办法，将需要的信息从信息的组织来源传输到各个决策中心；从制定部分决策的决策中心再传输到组合这些部分成为完整决策的决策中心；最后再把决策传输到要执行决策的组织单位上去。

军事组织已经发展了一套特别精细的程序，用来进行情报收集和情报传输。造成这种情况的一个重要原因，即是军事决策，尤其是战术决策赖以制定的情报，有着迅速变化的性质，仅仅在制定决策的时刻才可以确定下来。

> 军事情报对于战略战术计划的有效准备和实施，具有根本重要性。它是指挥官估计局势和决策的一个关键要素。采取一切可行方法在作战全过程中持续地进行情报研究，这对任何部队的成功作战来说都必不可少……
>
> 野战部队收集的情报主要与交锋的敌军兵力有关……
>
> 情报研究的侧重点，是由上级向下属部队发布的指令，特别是其中反映指挥官的作战计划实施过程的重点以及确保命令的保密性……
>
> 各部队指挥官要在本部队作战区域按照收到的指示，指导情报研究工作。此外还必须根据特殊处境，或根据作战的实际要求，进行独立的情报研究。
>
> 军事情报的评估、整理和分析工作，是大部队总幕僚部所属情报局的职责，也是旅、团、营级各部队情报处的职责……
>
> 对收到的情报进行分析，或多或少可以让我们对敌军的形势和敌军活动的了解更为完善，并且往往能让我们察觉到敌军意图的突出标志。[2]

从信息源向决策中心传输信息存在一定的困难，因此导致后者向前者靠拢的趋势，同时从决策中心向执行点传输信息又产生一个反向拉力。决策中心的妥善定位任务，就是这些反向拉力的平衡任务。

这些拉力有将决策职能集中化，并因此造成决策与执行分离的趋势，我们在第 7 章已经从一个稍微不同的角度讨论过这些拉力了。这类拉力就是职责、专业技能知识和协调等方面的需要。与此类拉力完全相反的拉力，就是趋于分权化的拉力，主要有两种，一是与决策有关的很大一部分信息来源于组织的运营层级，二是因为决策制定与决策执行相分离，从而增加了制定和传输决策的时间与人力成本。

正式沟通与非正式沟通

组织的正式沟通系统，指的是自觉地精心策划而建立起来的沟通渠道和沟通媒介。在任何组织中，正式的沟通系统很快就得到同样重要的依据组织内的社会关系建立的非正式沟通网络的补充。通过对沟通媒介的考察，我们能最深刻地理解沟通的正式系统和非正式系统之间的关系。

正式沟通的媒介

组织一个成员向另一个成员发出的口头指示、备忘录和信件都是最明显的沟通媒介。我们要把几种特殊化的书面媒介与普通的备忘录和信件区别开。首先，组织中存在所谓的"文件流转"，也就是一份文件从组织一个地点流向另一个地点，在那里继续进行处理。接下来还有记录和正式报告。最后，是组织例行手册和程序手册。

口头联络

组织纲领所规定的正式口头联络制度，一般仅限于比较小的范围。正式权威系统在一定程度上做了一个假定，口头联络主要发生在个人和直接上级或直接下属之间，当然这些绝对不是他们之间的唯一沟通渠道。

在一定程度上，正式组织还限制了向上沟通的便利。除了直接下属以外，组织高层人士一般都很难用口头方式联络上。在军事组织中，对这个"可达"问题有一套正式规定，下士只有得到了中士的许可才可以跟上尉对话。但是在其他组织中，即使行政长官或执行官坚持"开放"办公政策，可达性还是受到非正式的社会压力和私人秘书制的限制。在这种情况下，真正限制可达性的，与其说是正式组织，不如说是非正式组织。

空间上的接近程度，可能是决定口头联络频率的一个非常现实的因素，因此办公室的布局是沟通系统的重要的正式决定因素之一。就连电话的问世也没有显著减少布局的重要性，因为电话交谈绝对不能与当面联络相提并论。

备忘录和信件

备忘录和信件比口头联络更常受到正式规定的控制，在大型组织中尤其如此。有些组织实际上要求，所有书面联络材料都必须经过权威链传输，不过提出这种要求不常见。稍微常见一些的是要求联络材料要沿权威链传输而不能跳转。也就是说，如果同一部门的不同单位的两人想要联络，其中一人必须先把材料交给其所在单位的主管，这个主管再把材料交给另一人所在单位的主管，最后由后者转交给另一个人。

然而在多数组织中除了上一章讨论的命令的传输之外，对此并没有做出严格的要求。但是它们经常是建立一些"审批"规定，要求越级传输的联络材料要经正规渠道流转。

文件流转

在某些情况下，组织的全部或部分工作是围绕着文件处理为中心展开的，对于处理金融问题的组织如保险公司、会计部门和联邦借贷机构，都是属于这种情况的典型。例如，人寿保险公司，接收申请单、审查申请单、接受或拒绝申请单、发布保险单、给投保人开列保险费、计算保险费、支付保险赔偿金。代表个人保单的文件是整个组织工作的核心。这个文件在组织各个部门之间传输，进行不同类型的操作，如审查保险申请、记录受益人的变更、批准支付保险赔偿金等。随着文件的流转，与必要管理行动的政策有关的所有信息也随之流转。假设文件流转处于到达处，要对文件进行一定处理的人，一般都了解公司的规定，也就是处理文件必需的有关保单信息方面的规章制度。由于这个文件的存在，来自业务现场关于单个投保人的信息与来自办公中心的关于公司规章和义务的信息才能够组合在一起。在这个案例中，将实地获得的信息通过文件流转移交到办公中心制定决策，可以实现这种信息组合。在别的情形下，还可以采取其他的实现方法，例如通过指令、手册等将办公中心的信息传输到实地。

记录和报告

对任何组织来说，记录和报告体系差不多是正式沟通系统的必要组成部分。在使用信件和备忘录进行信息沟通时，主动沟通者必须做出有必要传输信息的决定，然后决定究竟传输什么信息。记录和报告的独特特征就是，报告者和记录者知道在什么时候应该写报告（是定期写还是在发生特殊事件和特殊情况时写），报告和记录里应该包括哪些信息。这一点极其重要，因为它在很大程度上减轻了每个组织成员面临的一个重要而又困难的任务，就是不断地决定应该把他拥有的哪一部分信息传输给其他组织成员，以及采取什么形式。

手册

手册的功能就是把那些打算要相对长期应用的组织惯例传达给组织成员。如果没有手册，长久方针政策就只会留在组织旧成员的脑中，而对组织实际工作不会产生重要影响。手册的草拟和修订目的是确定组织成员对组织结构和政策是否达成共识。无论是否是在新职员培训时期使用手册，手册的重要用途都是要利用这些政策来吸引新成员加入。

手册的草拟和使用会造成一个几乎必然的结果，就是加剧决策制定的集中化程度。为了达到"完整性"和"一致性"，草拟手册的人几乎总是把以前留给个人决定的事情全部包括到手册中，并且在组织政策中体现出来。这样做并不绝对有利，因为"完整性"和"一致性"除了协调的需要以外，对组织没有特别的价值。

非正式沟通

无论组织建立的正式沟通系统有多精细，总是有非正式渠道会对正式系统进行补充。信息、建议甚至命令也会经过这些非正式渠道流动（读者可以回想一下，根据我们的定义，即使上级没有任何惩治权，权威关系仍然可以存在）。真实的人际关系系统，最终可能会变得与正式组织纲领上规定的关系大相径庭。

非正式沟通系统，是围绕组织成员间的社会关系建立起来的。两人之间的友谊，会造成他们之间频繁往来和"在工作时间闲聊"的现象，如果一个人接受另一个人的领导，还可能会造成一种权威关系。"天生的领导者"就是以这种方式在组织中获得地位的，而这种地位并不总是在组织结构图上体现出来。

我们如果记得，组织里个人的行为不仅指向组织目标，也在一定程度上指向自己的个人目标，而且这两组目标并不总是相互一致，那么非正式沟通系统就越发显得重要了。因此，当组织成员彼此之间打交道时，每个人都应该试图评价对方的态度和行动在多大程度上受到个人动机而非组织动机的限制。如果两者之间已经建立起基本关系，做出这种评价就更容易，他们也容易坦白地说出个人的动机。这时提出合作的请求也不太会碰这样的钉子："你走你的阳关道，我过我的独木桥。"（我们将在第 10 章更加全面地讨论关于对组织特定部分的认同或忠诚的问题。）

尽管社会上的多数社会关系中可能存在一种所谓"友好假定"的东西，但是不友好的基本关系，同友好的基本关系一样容易出现。那么组织执行官的一个重大任务就是，维持友好和合作的直接人际关系，让非正式的沟通系统对组织的有效运转发挥积极的作用，而不是发挥阻碍作用。

组织成员有时还利用非正式沟通系统来实现个人宗旨。因此产生了拉帮结派的现象，也就是一群人建立起非正式沟通网络，并把它当作在正式组织中获得权力的手段。派系之争会导致社会关系的普遍恶化，违反了非正式沟通系统的初衷。

对于正式组织结构鼓励或妨碍派系形成的方式，经理和行政长官可以用来对付派系并尽量减少其危害的方法，至今尚未有过多少系统的分析。我们首先可以推测，正是因为正式沟通系统存在弱点，而且又不能通过正式系统获得充分的协调，所以无形之中助长了派系的发展。在这种情况下，派系发挥的组织协调作用，使与美国高度分权化的政府结构体系中政治机器所起的协调作用非常相似。

任何组织里的大部分非正式沟通，都远远不如派系活动那么有目的，甚至不如一起进餐的经理或行政长官的对话那么有针对性。此外，还有大量沟通可以归为"流言蜚语"一类。在多数组织中，"谣言"总的来说，可能发挥着建设性的作用。但是它的主要缺点在于，首先，由于散布的是秘密，所以不够坦率；其次，谣言传输的信息往往不确切。另外，谣言除了散布没有人希望正式传输的信息以外，也是反映组织"舆论"状况的晴雨表，还是有一定价值的。管理者如果听听谣言，就可以从中了解到组织成员关心的主题，以及他们对这些主题的态度等。当然，即使是后一种用途，谣言也需要由其他信息渠道来补充。

个人动机与沟通

我们刚刚才了解，个人动机可能对非正式沟通系统的发展有相当大的影响。尤其是个人可能会发展这种系统，作为加强个人在组织中的权力和影响力的手段。个人动机对正式和非正式的沟通还有另一种影响方式。信息不会从信息源自动地传输到组织其他部门，首先获得信息的人，必须把它传输出去。他在传输信息时，自然会意识到信息传输给他带来的后果。他如果知道上司会因为某条消息而"大为光火"的话，那条消息很有可能就会被他压下来，不会传输出去。[3]

因此，组织内要把信息向上传输，通常要具备下列必要条件之一：①信息传输不会给传输者带来不利的后果；②上级总会从其他渠道听到这个信息，所以先告诉他更好；③这种信息是上级与他自己的上级打交道时所必需的，他如果因为不知道这些信息而被上司责备是会生气的。此外，有些信息经常无法传输到组织上层，无非是因为下属无法确切预计上级究竟需要哪些决策信息。

由此可见，在管理层级系统中上层的一个重大沟通问题在于，上层的大量决策相关信息来源于下层，而且除非上层主管格外机敏，否则这些信息可能根本无法传输到上层。我们在前面也已经指出过，正式记录和报告制度的一个重要功能就是，把决定向上传输哪些信息的责任从下级转移给了上级。

当上级人员不向下属透露消息时，问题正相反。首先，可能也是意外，因为上级人员没有认识到下属需要信息；其次，上级也许想利用他对这些信息的绝对拥有权，作为维持对下属控制的手段。后一种做法往往是主管无能和不可靠的征兆，我们很难看出这种做法对组织有什么建设性的作用。当然，同样不幸的是，前一种情况也在多数组织中屡屡发生，主要是因为没有充分考虑到，向下传输命令之外的信息的必要性。

对沟通信息的接纳能力

到目前为止，我们主要考察了沟通信息的起源。我们还必须考察沟通信息的目的地。我们在前面已经指出，信息接收者对传来信息的注意，不仅是一个逻辑问题。信息的来源和信息的表达方式，都决定了信息接收者对该信息的注意程度。如果一味坚持使用正式渠道，经正式渠道传输的信息将具有"官方"特征，而且正式权力会进一步加强沟通信息的这种官方效果。另外，主动提供的信息或建议，很少得到注意，甚至根本没人注意。

对接收信息的重视程度，取决于信息来源，无论信息是向上还是向下传输都适用。除非建议者处于正式的顾问职位，而且通过"正式"渠道传输，否则向上传输的建议可能不会受到太多重视。建议受挫大多由此产生，尤其在组织下层，但是在不破坏组织结构的前提下，我们很难找到什么办法来完全消除这种现象。

对接收信息的注意程度，还依赖于信息形式。我们在第 7 章讨论权威关系时，已经重点强调了下属对权威的接受。其关键在于，命令或任何其他信息的接收者，是否会让自己的决策或行动受到该信息的影响。让雇员服从某安全标准，与让顾客接受某特定品牌的香皂没有太大区别。在某些情况下，正式权威可能足以激励下属服从，但是信息要发挥效力的话，除了命令之外，通常还要说理、恳求和劝说。

我们还要考虑信息应该采取口头形式还是书面形式，应该使用正式语言还是非正式语言。接收者的心态、态度和动机，一定是决定信息设计方式的基本因素。信息的作用毕竟不是为了要从信息传输者心里抹去什么东西，而是要把信息灌输到信息接收者脑中，并融合到其行动中去。

沟通的专门机构

由于沟通对组织正常运作的重大意义，所以大多数组织，甚至中型组织，都提出了一些专门的沟通任务。决策中心本身，也就是经理或行政长官的职位，往往必设置一些能够协助他完成沟通职能的职员。另外，组织中还建立起专门的官方"记忆"库，如文件、记录、数据库以及定期报告系统等。有些组织单位的建立，是为了处理一定的信息收集工作，例如会计、审查、管理分析、情报工作等。组织规模越大，就越可能进行这种专业化分工。

决策中心的组织方式

管理者的许多沟通任务都不必亲自担当，而是可以委派给办公室的其他助理职员完成，其中包括起草输出信息、筛选收到的信息以及联络。

起草输出信息，我们几乎不需要多做说明，这是秘书的普通职能，而且高级行政长官往往都有这样的助理。也许这类分工最细致的一个算是美国总统办公室的管理和预算办公室了，其重要职能之一就是起草总统令，以及总统向国会递交的提案。

这类分工的确有重要意义。因为它意味着，通过在行政长官办公室配属一些专家，他们能从各自的专业角度对输出信息进行审查，又不会导致权威系统进一步复杂化。这种体系在军事组织发展得最完善，比方说，作为司令部参谋的炮兵军官，要拟定作战计划的炮弹进攻计划。而行政长官本人，例如在军事组织中是参谋长，则负责协调这些项目计划。

审查收到的信息，决定哪些信息应该受到行政长官的注意，是高级行政长官的一项专门职能，它同样可以委托他人执行。在某些情况下，这项职能还进一步延伸到代替行政长官对收到的信息做出分析和提出建议的准备工作。而在另一些情况下，行政长官的参谋人员可能有权完全绕过前者，独自处理收到的信息。

行政长官将工作委派给予下属或其他组织单位联系的联络官，这其中产生的问题比上述两种委派更棘手。除非我们十分谨慎地把关系明朗化，否则行政长官的下属就认识不到，联络官并不是主动行使职权，只不过是参谋机构首脑的代表而已。由于这种模糊性，人们可能会对联络官产生相当程度的怨恨，联络官也可能会失去其存在的意义。在许多民间组织中，助理部门的首脑和部门首脑的助理之间的区别不太明确，这样的组织应该好好地研究军事组织中认真做出的这种区分。

组织"记忆"库

组织不是生物体，所以按照记忆的本义，组织拥有的记忆只能是组织参与者的集体记忆，这对组织来说远远不够。原因有二：首先，某人脑子里的记忆，其他组织成员不一定有；其次，当一个人离开组织时，组织就失去了这个人所占有的那部分记忆。

因此，组织需要人工"记忆"，而且比个人更有必要。对个人来说，组织管理只不过是习惯而已，但对组织来说，却必须把管理记录在手册里，以此来指导新招募的组织成员。组织可以使用的储存信息库有记录系统、信件和其他文件、数据库和定期报告系统。

这些方法都是大家十分熟悉的。它们本身也给组织造成了难题：应该记录哪些类型的信息，各类信息应该如何分类和归档，以及文件存放的实地物理位置等。但是抽象地讨论这些问题对我们几乎没有什么益处。

调查研究机构

多数组织，或组织内特定的决策中心，需要的信息不仅是正常工作过程中收到的信息，必需的信息有从组织外得到的外部信息和从组织内部得到的内部信息两类。任何大型组织中，都有一些旨在获取组织内外部信息的职能单位。

产业企业中的专利处就是这样的单位，其基本职能之一就是，通过查阅专利局公报、制造厂商名录、期刊和行业文献，连续观察产业界的专利和产品开发情况。而会计部门则是具有获取内部信息职能的突出代表。

外部调研单位不需要我们多加讨论。让它适应组织需要的主要问题，就是要以一定方式对它进行管理，以便将接收的信息以有效的形式迅速传输到组织的适当场所。这必然导致与任何辅助单位类似的问题，就是其职能的专业化程度如何，它与一般业务单位的分离程度如何。这类外部信息调查单位还有军事组织的情报单位、企业的市场研究单位、火灾警报处、警方通信系统等。

至于内部信息调研单位，除了会计部门之外还有好几种。最突出的也许要算独立的审查机构（如军队总检察官办公室）和分析单位（如纽约市调查局，或美国预算局的行政管理处）。

对会计部门来说，信息流要独立于正式权威机构，这一点，大家已经普遍承认，几乎是不言自明的。然而典型的会计部门的职能已经远远超过了简单的真实核算。目前，会计部门经常被用作一种信息源，来确定企业的开支是否符合预算。会计账目还经常被用作进行成本分析的依据，从而为将来的经营管理决策提供帮助。就会计部门具有这些能力而言，会计信息已经成为从经营角度来审查企业业务运营状况的最重要的工具之一。

会计控制的运用，以美国审计总局最为突出。该局多年来坚持对联邦政府开支进行事先审计工作，而对它认为与国会意愿不符的开支项目予以否决。这就在联邦政府中产生了决定开支的双重权威制。研究这一问题的人对此一般持批评态度，不过我们应当认识到，这仅仅是授以会计部门某种控制职能而导致的一种极端形式。就会计人员有权限制直线制组织管理者的行动方案而言，会计人员的职权是与正式权威链相互交错的，它破坏了广义的命令统一性。

独立的审查机构也造成了双重权威问题，这与会计控制产生的问题类似。通常即使审查机构仅拥有将发现的问题上报给最高行政长官的权力，直线组织也会对它的观点异常敏感。不过，由于它的干预往往是间断性的，而不是连续性的，因此这个问题的严重性多少有所减轻。同时，审查机构的影响力也因其干预的间断性而有所减弱。但总的说来，无论审查机构造成了什么问题，高层管理者都会发现，审查机构的协助极其宝贵，因为它向管理者提供的信息可能永远无法通过直线组织传输上来。

高级管理层级对组织运行状况的了解，还有另外一种方式，就是经常对组织或其某部分进行综合分析和全面考察。在这一方面，高级管理层可以得到专事此项工作的管理分析机构的帮助。这样的考察可以仅限于组织结构问题，也可以包括活动计划的分析。在大多数情况下，这两者的关系极为密切，以至在考察两者时无法将它们分开。

培训与沟通

整个培训主题当然还包括一些有别于沟通的问题，但是，如果我们把培训当成向组织成员传输决策前提的多种可行手段之一，我们也许会对培训在管理上的作用获得最深刻的理解。比方说，如果组织里的特定工作需要某种法律知识，那么我们可以使用三种办法来确定该工作的恰当人选：①任命一位律师担负该工作；②择定人选，然后向他提供指示和手册，并周密监督其工作；③择定人选，然而对他进行培训。从某种意义上来说，这三种方法都是一定的培训程序，但是在第一种方法中，组织依赖的是职前培训；第二种方法依赖的是以日常监督作为培训方法；第三种方法依靠的是正式培训。

军事组织早就显著地证明了正式培训对于在短时间内让大量新成员胜任高度复杂的陌生任务所起到的作用。在民间组织中，受雇的新成员一般没有军事组织那么多，而且新成员在被录用之前起码受过一定培训，正式培训还远没有完全实现。在军事组织中，关于"如何做"的指示几乎完全是通过正式的培训过程传授给新成员的，而作战命令一般限制在"做什么"。而对于非军事组织来说，关于"如何做"的指示，多半是留给监督人员下达的。只依赖书面指示和手册无疑是传输操作程序的最差方法。

采用正式培训方法最大的困难，也许是让受训者对培训能够积极地接受。每个教师都承认动机是学习过程的关键，这种承认往往带有一种强烈的无力感。受训者必须有学习兴趣，而且他还必须认识到他对于培训内容不太了解。

实际上，动机作用的问题对新员工技能培训来说算是最小的。但是如果要求老员工接受培训，那动机可能的确是一个很严重的问题了。

此外，受训者在培训过程中还要尊重教师，承认自己知识欠缺。后面这个要求可能让到达一定职位的成年人感到为难。在对技术工人、管理监督人员或行政长官进行在职培训时，我们必须相当注意教师的威望和声誉，以及培训教材的实用性。讨论式教学法在这类培训工作中成功的原因之一，就是它减弱了教师"传授"的角色，给受训者造成一种错觉，好像新观念是他们自己发明的。这当然不完全是错觉：但错觉其实还是比讨论式教学法理论家们愿意承认的成分要多。

对于大量决策都含相同要素的情形来说，可以将培训用于决策制定过程。培训可以向受训者提供制定这类决策所需的事实要素；培训可以向受训者提供一个思考的参照框架；培训可以向受训者传授"公认"的工作方法；培训可以向受训者传授制定决策依据的价值要素。

培训作为影响决策的一种方式，对那些难以靠命令方式行使正式权威的情形有极大价值。困难在于：迅速采取行动的需要，组织的空间分散状态，决策事务的复杂性致使总结无法概括成规章制度。培训通过赋予组织层级最底层人员必要的能力，使决策制定过程进行较高程度的分权。

结论

本章论述了组织的沟通系统，特别论述了它对权威系统进行补充的那些层面。我们已经说明了，决策职能的专业化分工，在很大程度上取决于与决策中心之间建立足够的双向沟通渠道的可能性。一般来说，组织结构包含正式沟通系统的分工，包括口头和书面联络渠道，文件流转，记录、报告和手册。但是正式的沟通渠道，还有一个依据组织内的社会关系建立起来的丰富的非正式沟通网络作为补充。

个人动机可能会导致组织成员将沟通系统为自己所用，也可能让他们对上级和同事封锁消息。个人动机和态度也会影响到对于传输信息的接受度，而且个人通过信息沟通影响他人的能力，既取决于他在正式和非正式组织中的权威地位，也取决于信息本身的可理解性和说服力。

组织中通常会建立一些专门发挥特定沟通职能的单位，这些单位有参谋助理、组织"记忆"库、组织内外调查研究单位等。

对于传播工作"方式"特别有用的沟通方法有多种，培训就是其中之一。然而培训能否成功运用，取决于它能否取得受训者对于培训计划的支持态度。

评论与延伸

1947 年我还可以写一章关于组织内的沟通而不用提到电子计算机，而这样的一章在如今看来就显得十分不合时宜了。尽管如此，50 年后对照着半个世纪以来发生的事件，再重读第 8 章，我仍没找出文中有任何明显的错误。如果说有错误之处，只能说错在遗漏了电子计算机，而我将在评论与延伸中尽量弥补这种缺憾。本评论与延伸第二部分将讨论组织学习这个近年来引起大量学术界人士进行研究的主题，这也难怪，在这个迅速变化的世界中，组织学习对于了解组织应变（拒绝应变）方式是非常重要的。

讨论沟通时，我们不应该仓促地下结论："媒介就是信息。"最好先把讨论焦点放在信息内容上，而非媒介的内容上。但是，如今计算机大行其道，而且未来它还有规模不断扩展的趋势。如果与麦克卢汉正好相反，媒介不是信息，那么媒介对于组织内信息的流动和内容还是有重要的影响，而且评价其对于组织决策制定和组织结构的影响力也很重要。

有信息革命吗[4]

人们常常宣称的"信息爆炸"事实上有这回事吗？为什么我们会这么想呢？信息爆炸意味着什么？多年来，媒体毫不怀疑信息爆炸。大约十年前的一期周日《纽约时报》出现了下面两则消息：

把整周交易时间缩短，会让办公室文件堆积如山的股票经纪商开心吗？

哈佛大学心理学教授乔治 A. 米勒曾经警告说，到 2000 年，人的头脑可能会达到接收信息的极限。"我们之中那些资质较差的人可能正在逐渐接近某种极限，而社会对那些仍有能力处理目前复杂事务的人的需求还在不断地增加。"

上述只不过是我在众多条目中最先找到的两个样本而已。第一则让人想起一幅证券交易所逐渐被一股文件潮流淹没的引人注目的图像；第二则承诺"仍有能力处理目前复杂事务的人"前途无量，我认为本书的所有读者都是。即将到来的信息洪流的预言是多么有效呢？要解答这些问题，我们必须辨别出人类事务中的稳定要素和变化要素。

在技术和经济方面肯定发生了变化，而且是极其快速的变化。我们知道技术进步的速度非常快；我们知道，在人类历史上首次有了消除严重的贫穷问题的技术可能性（只要我们除了总产量之外，还充分关注分配的问题）；我们还知道，技术甚至为对于未来消除贫穷形成最严重威胁的人口剧增问题，也提供了解决手段。

不过，话又说回来，如果我们只用人类的价值观和标的来衡量这个世界，我们大可怀疑世界是否发生了巨变。我们一定不要误以为，随着技术进步，甚至随着经济的发展，人类就会变得欣喜若狂，因为人的渴望也会随着机会的增多而调整。我们一定不要期望技术进步会带来乌托邦，当然，希望技术进步能减轻严重的困难和痛苦还是合理的。

信息革命的证据

带着这些谨慎和保留的态度，我们可以开始考察信息生产和信息处理上发生的各种变化了。在 40 年前的美国运筹协会的一次会议上，我和艾伦·纽厄尔都做出了非常具体的十年预测。我希望我能告诉各位，我们的预测全都准确地实现了。我们的最后一项预测（计算机会成为国际象棋世界冠军）仍然不是太准确，但是它已经算是比较接近的一个了。我在这里并不想为这些过去的预言再做什么辩解或解释，我只想对它们稍做一些一般性的评论。

事实上，所有预测在细节上都走了样，但是在预测的趋势和总变化率方面还是比较准确的。我们在将研究分配到特定领域，以及具体问题的相对困难上的猜测都是错误的。因此，尽管计算机下棋已经取得了巨大的进步，但是花了40年时间才达到了我们当初定下的十年目标。另一方面，自然语言的根本理解（包括语音识别和理解）、高级计算机语言的建立、计算机自动化设计、视觉模式识别、机器人技术等众多领域，都比我们1957年敢于预测的发展速度要快。

因此，根据实际进步，我们没有理由修正我们的基本论点：电子计算机是通用的信息处理工具。我们将继续逐步学习使用计算机进行人类能够进行的各种思考；我们可以借助计算机模拟技术来学习人类的学习和思考方式，以及帮助人类提高学习和思考能力的方法。

本章探讨的计算机和通信网络文化对组织的影响后果，是我多年真实体会的结果。卡内基－梅隆大学从1972年就开始有电子邮件，1985年就有了校园网。[5]

注意存在的信息

既然信息处理技术进步的速度不断加快，为什么不会出现信息爆炸呢？登山者马洛里曾经被问到为什么想攀登珠穆朗玛峰，他的回答是："因为山在那里。"这已经成了名言。并不是所有人都接受这样的回答，但也不是所有人都因为有意义或想达到某种目的而渴望攀登珠穆朗玛峰。

我们现在对于信息处理可能持同样的怀疑态度。具体地说，不必只因为信息存在就一定要去处理；不必只因为电话铃响了就一定要接；不必因为报纸被扔在门阶上就一定要读。我们有时会因为忽略了某些信息而痛失良机，不过更常见的是，我们会犯相反的错误，认为"如果我们拥有的信息更多一些的话"情况就会好转，这种对技术解决能力的信赖太天真了。下面这个例子可能比较老了，不过在今天仍然很有价值：

美国国务院每月从遍布世界的278个外交事务所进出的文字估计达到1 500万字，有鉴于此，多年前它就订立了350万美元的合同，购进计算机、高速打印机和其他电子设备。这些设施旨在消除系统的各种传输瓶颈，尤其是在出现危机时能处理来自危机爆发地点的电传信息狂潮。计算机使用新系统之后，每分钟能够接收 1 200 行电传信息，而老式电传打字机每分钟只能接收 100 个词。

事实上，上述例子中提到的技术在 30 年后就已经淘汰了，电传信息的传输量无疑已经呈现几千几万倍的增长，这些我们都暂且不谈。这个例子发人深省的是，新系统设计时，没有人考虑到人类使用者处理加速传输的信息量的负荷能力。扩增的通信渠道所传输的信息流要谁来读？这个时候瓶颈已经不再是电子传输的容量，而是人类使用者的能力了。

选择性注意

我们不可能因为安装了更快速的打印设备就能避免被信息淹没的命运。在我们的决策过程中信息不足不再是典型问题，当然缺乏恰当的信息有时仍算是。这个世界随时随地用信息充盈我们的眼睛和耳朵，每秒达到成百上千万比特的信息量。而根据最权威的证据，我们只能处理大约 50 比特的信息量。所以限制不是来自信息而是来自我们注意信息的能力。

信息饱和并不是什么新鲜事。人类有历史以来人们都可以看到天上星星的运动，包含了发现牛顿运动定律和万有引力定律必需的所有信息。信息一直都存在着，直到几百年前人类才知道，我们缺少的只是选择其中一小部分来建立有效概括的依据。

无论是人为使然还是自然使然，如果我们无法避免要生活在一个信息泛滥的世界，我们还是可以而且必须选择性地处理对我们有用的信息，舍弃其他相对无用的信息。我们的科技知识、决策制定过程和信息处理系统，应该能够让我们选择性地吸收所需要的信息。

同理，当代多数人关注的科学信息爆炸也是错误的概念，因为它依据的科学进步本质的模型是无效的。科学并不会因为信息的堆积就能取得进展，它需要对信息加以整理和压缩。比方说，在一两代之前，有机化学只是每周通过已知的理论概括组织在一起的一堆特例。如今，尽管有机化学知识已经大量增加了，量子力学原理仍是该领域知识的强大组织工具。因此，现在要掌握足够的有机化学知识进行重要的原创性工作，无疑比早期人类对很多情况都一无所知的时候要容易得多。

我举出的这个例子并非特例，因为在科学研究领域，"知识"总是意味着"精华知识"。自然界的许多信息的冗余程度大得不可思议，如果我们找到了合适的信息概括和特征化方式，也就是如果我们找到了信息的内在模式，大量的信息就会压缩成简洁但又包含了巨大信息量的定律。今天的信息革命真正的重要性就在于此。信息以及信息处理本身第一次成了系统科学调查研究的对象。我们正在为信息处理科学奠定基础，这门科学预计会极大地提高信息处理的有效性。

因此，当我们获得的设备将以史无前例的速度和数量传输、存储和处理信息符号时，最重要的变化不是这些设备本身的发展，而是一门新科学的发展，它协助我们了解信息能够如何传输、如何组织以便存储和获取，以及能够如何用于（在实际上如何用于）思考、问题求解和决策制定。我们对信息处理过程的日益理解，又让我们重新回到信息是否应该泛滥，以及我们是否应该沉溺在信息海洋之中的问题。

未来一项重大的任务就是设计有效的信息处理系统供企业和政府制定决策使用。我们说设计信息处理系统，而不是设计计算机和电子网络，这一点很重要。设计的内容必须远远超出软硬件的范围；必须同样关注信息处理系统中的另一半，即组织的人类成员，进行信息处理的特征和能力。

在未来，尽管组织会拥有许多机械化的组件，可是最多也最关键的要素还是人。人类处理问题的有效性对思维、问题求解和决策制定的有效性的依赖，与对于计算机和计算机程序的依赖性一样，都很大。因此，在未来的时间里，我们在人类信息处理的理解方面，也就是对思维、问题求解和决策制定的理解方面的进步与软硬件设计一样重要。

组织学习[6]

无论是在组织内部还是在其他地方，沟通的一项重要应用，就是在教学和学习上。某个组织的知识不仅包括存储在组织成员记忆里的相关知识以及存储在文件和记录里的知识，还包括存储在计算机数据库里的知识。组织学习是获取上述组织知识的一系列过程，雇员和计算机都能以教师或学员的身份参与这一过程（书本是历史悠久的人类教师的替代物，而计算机则是更现代的充满智慧的导师）。

某个生物有机体与其他生物体的区别在于，该生物所有细胞共同的 DNA。我们同样可以说共有的信息确定了组织的边界，虽然这种共有程度不像生物细胞那么完全。理解组织学习过程，对于理解组织里的角色和经济中的市场都非常关键。组织的共有知识使组织成员能够采取更加有效的协调行为方式，独立公司的同行却不容易做到。

组织获取的知识有事实和程序两种形式。人类记忆和机器中储存的许多知识，也都出现在对组织成员和信息处理者的日常活动进行控制的程序之中。这些程序不仅影响到个体成员的行为，还会影响到他们彼此之间的关系。

个人层级和组织层级

我们必须提出的第一个问题是，组织学习是否与个人学习不同。招聘人员在对工作候选人进行面试的时候，必须多方位了解他的情况，并且依据这种了解以及其他信息，决定是否录用他。由于招聘人员的这种了解（或者说学习）对组织决策有影响，它能够提供应征者资格的新事实证据，所以应该算是组织学习。

如果我们太严格地界定组织学习，那么组织学习这个主题也就不存在了。所有的人类学习都发生在人的头脑之中，组织只有三种学习方式：①通过组织成员的学习；②通过吸纳新成员带来新知识；③将新知识引入文档和计算系统中。我现在只讨论人类学习，计算机学习稍后再说。

组织内各个成员头脑中储存的知识不会完全无关，这种相关会对组织的运作产生相当大的影响。个人在组织内的学习在很大程度上依赖于其他成员已有的知识，或组织环境中已经出现的信息。我们将会发现，组织学习的一个重要组成部分是组织内部学习，也就是信息从一个或多个组织成员向另一个成员传输。组织内的个人学习不是一种孤立的现象，而是一种极端社会化的现象。

话又说回来，当我们说组织"了解"或"学习"时，必须小心。确定特定知识在组织里的存放位置或该知识的拥有者，通常很重要。由于知识的实际存放地点的关系，需要这些知识的决策点不一定能获得这些知识。因为学会的东西是存储在个人头脑里（或文档、数据库中）的，所以其短暂性或持久性取决于人们离开组织或变动职位时是否留下知识，也取决于计算机软件更换后记录是否仍然可读。这种知识是传递给了别人还是以可以恢复的方式存储起来了？组织环境下的人类学习受到组织的极大影响，也对组织带来一些影响后果，而且产生的组织现象，不能仅从对孤立个人的学习过程的观察推断出来。

我还要再说一下上文所说的"组织层级"。读过马奇和我合著的《组织》[7] 的读者有时会抱怨，这本书的内容根本不是关于组织，而是关于人在组织环境下的社会心理学。这种抱怨通常来自社会学家，其实他们的话也不无道理。我们需要组织理论的原因是，有些现象从组织或组织部门的角度描述比从组织个人的角度描述更容易。存在这种现象不足为奇，化学家为了方便，往往使用分子而不是夸克来描述化学现象。采用更综合的论述层次，并不是宣扬一种反简化主义的哲学立场，只不过是承认多数自然系统的确有层级结构，而且大量探讨综合成分而不具体说明这些综合成分内部的活动细节，往往是可行的。

因此，下文中很少谈到个人学习的具体机制，谈论焦点放在组织如何获取信息、信息如何存储以及如何在组织内部传输上。它们所关心的事情通常被称为组织层级上的涌现现象。

角色结构

为了讨论组织学习的目的，最好把组织看成相互关联的角色构成的系统。我们在第 6 章的评论与延伸中已经解释过了，一个角色不是各种规定行为所构成的系统，而是各种规定的决策前提所构成的系统。角色会告诉组织成员如何就他们面对的问题和决策进行推理，到哪里搜寻适当合理的信息前提和标的（评价）前提，以及使用哪些前提处理技术。行为根据角色来确定的这一事实，并没有说明行为具有多大的弹性。

组织里的每个角色都假定，周围与之相互作用的其他角色都被正确扮演，所以组织是一个角色系统。

组织学习和创新

我最了解的组织就是大学，我就引用我在大学的经历来举例说明组织学习的现象。让我们考察一所希望在教学实践方面有所创新的大学，它也许希望教学围绕经典读物展开，或以所谓的普通和专业教育并重的方式展开。我打算以后者为例，因为这比较接近我所在大学的创新方式。

大学新教师的来源地——大学的研究生院通常是按照学科进行组织的，有些学科充满了普通教育的价值观并将之传递给学生，而其他学科则完全进行专业教育。据我所知，还没有哪一门学科会挂上"普通兼专业"教育的招牌。希望实施这种教学方式的大学显然要面对一个新教员（也可能是老教员）学习的重大问题，如果不对新教员进行实质教育或再教育，就不可能实现其目标。而且再教育也不是一次性的任务，而是一个持续的任务，除非社会周围的教育气候有所变化，毕业生都已经吸收了我们期望的标的和信息才行。

人员流动的效果

组织内的人员流动有时被认为有助于摆脱目前的陈规，有利于组织创新的过程。但是就我们目前面对的组织正努力摆脱社会常规的情况来说，人员流动却因为增加了培训（社会化）成本，从而成了创新的障碍。这种组织为了保持自己的独特文化，可能会努力进行基础的职员培训，而不是依赖外部机构提供的培训服务。这种培训方式会产生其他组织后果。

与这种组织形成对照的是，组织在其环境中能找到有共同文化的培训组织。如果根据考夫曼的经典描述，美国林业部就属于这样的组织。它依靠有相同文化的林业学校，为它提供已经通晓其价值观甚至标准运作程序的新雇员。[8] 同样的情形也发生在各种工程专业上，虽然不像上述那么具体，但规模却更大，因为工学院和产业界关系密切，所以产业界影响会反馈到工学课程上。

稳定性实验

如果人员流动率足够低，那么每个新成员面对的社会系统就已经建设得非常完善，可以要求新成员必须依据程序办事，这样就能把组织价值观和惯例固定下来。这种现象可以在实验室的条件下产生（我相信实际上已经产生了，只不过我还没掌握确切的证据）。

在社会心理学的某个实验典范（往往称为贝弗列斯沟通网络）中，要求多个五人组采用不同的沟通模式。在辐射型模式中，有一个组员充当领导者和协调者的角色，其他组员只与他进行沟通，而他们彼此之间不直接沟通。在环型模式中，组员都被安排在一个对称的环形网络上，每个组员只与直接相邻的两个组员沟通。每个小组的组员之间都必须共享分别给予他们的信息。[9]

我们现在考虑两个组，组员分别是 A1、A2、A3、A4、A5，及 B1、B2、B3、B4、B5，A 都属于辐射型模式，而 B 都属于环型模式。经过全面培训后，我们保持所有沟通渠道的通畅，这样每个组员都可以直接与其他组员沟通。如果他们必须迅速进行沟通的压力足够大，可能第一组会继续采用辐射型沟通模式，而第二组继续采用环型模式。

经过几次实验后，将 A1 和 B1 互换。那么预计这两个组还会继续使用各自的模式。再经几次实验，将 A2 和 B2 互换，接着依次进行下去，直到原来的辐射组全部换成了 B1 到 B5，而原来的环型组全部换成了 A1 到 A5。我们可以预测，编号 A 开头的成员现在会采用环型沟通模式，而编号 B 开头的成员则采用辐射型模式。如果该实验的结果的确跟预测的一样，就说明该组织有一种涌现特性，就是即使采用该模式的人完全被替换掉了，模式仍然持续不变。

维持独特性的问题

上述与众不同的大学现象可以推广到几乎所有的组织创新中。无论在产品、营销方法还是组织程序上，争当第一的代价就是向组织成员传授实施新标的必需的知识、信念和价值观的成本。这个成本可能如同大学的情形一样非常大。招收经过事先培训的雇员的组织，与希望在某些方面创造并维持具有独特个性的亚文化的组织，在管理的任务方面大不相同。

因此，使一个组织能够偏离其原来的根基文化的机制，实际上是组织学习的主要主题。正如我所举的大学的例子那样，可以对这个主题进行实地考察，尤其是要从历史发展的角度，依照希望从一个或多个方面脱离周围文化的组织里的事件发生进程来考察。

组织记忆

保留组织的独特性，是更普遍的组织记忆现象的一部分。由于大量的组织记忆都储存在人的头脑里，只有一小部分以程序的形式记录在纸上或保存在计算机里，所以人员流动是长期组织记忆的大敌。组织记忆随着时间出现的这种自然流失当然有利也有弊。我在上一部分只强调了其中一个弊端。它的优点是自动清除过时的无关信息（但是没能区分相关和无关）。

我们从记忆流失的问题转回来，我们应该如何实现组织记忆的特征化？近年来的认知心理学研究在理解人类的专门知识和技能方面已经取得了巨大进展，我们在第5章的评论与延伸部分已经对研究成果进行了概括。专家的知识是以经过检索的大百科全书的形式存储的，一旦有刺激对专家知识发出了适当的提示，它就可以接通语意记忆中对应的信息块。专家由于在储备系统中存储了大量专门知识和技能，所以随时准备凭直觉直接对很多情境做出回应（不过仅限于他专长的部分）。所谓直觉就是辨别情境并引发适当的反应，利用存储对难题进行更系统更周全的分析。

以上述专门知识技能的图像为背景，组织记忆的再现模式可以是储备系统的一个巨大的集合体。我们发现自动化专家系统掌握人类专门知识和技能的例子越来越多，所以上述的再现模式就远不只是一种暗喻。这种自动化的一个动机（当然不是唯一动机）是，它能减弱组织记忆对人员流动的敏感性。

从外部摄取创新

我前面举的例子是在充满不同观点的环境中，努力维持同一性的组织，试图降低因吸纳新成员而导致的平均信息量的增加。另一方面的问题是，吸取的创新来源于组织外部，或必须从组织内创新的来源地向实施地点传递。我现在要以大学的研究和设计过程为例，稍后再转向公司的情形。

研究作为学习机制

所谓研究型大学有双重使命：创造新知识以及向学生传授知识。研究的目的是实现前一种使命，而教学的目的是实现后一种，当然实际模式比这个复杂得多。首先研究创造的新知识通常最先不会只传递给同一所大学的学生，还会通过出版的方式传递给世界各地的研究人员。其次，传授给大学生的大部分知识并不是该大学自身创造出来的。为什么研究和教学这两种组织学习过程应该在同一个机构里出现呢？

我们如果更加密切地考察研究过程，就会发现这个过程与通常的描述有根本的不同。在任意给定的研究实验室，研究人员获得的新知识中只有一小部分是该实验室自己创造的，多数知识都是其他地方研究创造出来的。我们可以认为研究型科学家一方面密切观察自然界，另一方面密切注意本领域的研究进展。其实在多数实验室，也许是在所有实验室里，通过阅览各种期刊获得的信息比通过实际观察研究获得的信息多得多。

在每一个研究领域，大部分成果不太突出的实验室可能已经消失了，这却没有严重地降低新知识的创造速度，这种说法当然有很多人表示怀疑，不过可能是真的。这是否意味着维持这些可有可无（当然是从知识创造的角度来说）的实验室是得不偿失呢？如果一个实验室的主要职能不是创造知识而是获取知识的话，这个答案就是否定的。在军事组织的情形下，这样的实验室就会冠上情报单位而不是研究单位的名头。它们是组织中专事向外部世界学习知识的单位（也许有时也会自己创造新知识）。

事实上，在大学里，我们有时也要肯定"研究"的情报功能。如果有人问为什么我们需要主要是为了获得升迁或终身聘用而发表文章的教员，我们的回答是，如果他们不做研究，他们就无法保持学术活力，他们的教学就不能跟上学科的进步。我们看重的不是他们的研究成果，而是他们从事研究，保证对其他地方产生的新知识的关注。

某实验室如果认为其主要成果是闭门造车所产生的新知识，那就是出现了高度的组织机能障碍。这样的信念还会产生"非本地发明"的现象，即不知道别人已经发明的重复发明。

研发和生产

利用内部或外部研究观点开发新产品，以及将新产品投入成功生产和营销的问题，是一个经典的创造和转移信息的组织问题。关于这一点，我在第 2 章的评论与延伸已经做了简短的讨论，还将在第 11 章的评论与延伸中进一步考察。

无论新观点在组织里的流动方向如何，如果不流动显然就什么都不会发生。一般来说，与新产品相关的学习必须扩散到整个组织，因为很多人都需要学习，而且这样的横向扩散和转移绝对不是自动进行的，它必须克服种种动机障碍（我刚提到"非本地发明"综合征），而且还必须跨越人们认知的边界。

生产上的限制

当代美国新产品的设计实践最常受人诟病的是，生产制造的专门知识和技能在设计过程快结束时才介入。在竞争市场中，生产简单和低成本才是产品成功的关键，如果在设计过程较早阶段没有考虑到生产的可能性，通常会导致重新设计，从而相应延长了从最初新观点产生到新产品生产的时间间隔。这种延时被认为是许多美国行业在与日本竞争过程中失败的主要原因。

我们现在对设计师与制造工程师之间有效沟通的条件，即使不是全然了解，至少也是部分了解：他们彼此要尊重对方的专业知识和技能，而且要清楚与自己的问题密切相关的专业知识。此外，彼此都必须对对方的问题有足够的了解和理解，才能进行有效的沟通。根据经验，除非双方的全部成员（或足够多的人员）都能实际体验对方的活动和责任，否则上述条件就不可能满足。在典型的日本制造业中，这种共识以及沟通能力，是工程师在职业生涯中广泛地横向调职所造成的。

上述例子说明，当组织从外部引入创新，或努力在组织内部进行创新扩散时牵涉到的某些种类的学习，造成的一些问题，以及解决这些问题的一些机制。

获得新问题的再现模式

我在前面讨论文化偏离的组织时，曾经就角色（决策前提）的获取方式方面，将这种组织与建立在为它提供新成员的社会文化基础上的组织进行对照。学习可能会将新知识带入现存的文化中，也可能从根本上改变文化本身。我现在想讨论这种区别。

在过去的30年里，我们在人们如何通过对由某个特定问题的再现模式界定的问题空间进行选择性搜索来解决问题，已经有了相当程度的了解。相对来说，我们对于人们如何获得某种再现模式来处理新问题（人们以前没有碰到过的问题）知之甚少。[10]

我们必须区分两种情况：①给学习者提供恰当的问题再现模式，而且学习者必须学习如何有效地利用该模式。当已经成型的组织要从不同文化中吸纳新成员时基本就是如此；②组织面临全新的形势，必须创造一种新的问题再现模式来处理，然后让组织成员能够获得使用这种模式的技能。这种情况的极端例子是，创建一个新组织来处理一件新任务。从而也创造了一种新的问题再现模式和一个新的角色系统。

创立新组织

多年前，我有幸参与经济合作署的创立，这是美国政府创立的管理援助西欧国家的马歇尔计划的一个组织。在这个花费了 1948 年大半年时间的组织创立过程中，一开始就出现了各种互相排斥的问题再现模式，每种都蕴含截然不同的组织结构和组织角色系统。这些问题再现模式并不是凭空捏造出来的，而是根据经济合作署的假定任务，与其他任务进行类比得到的。

比方说，有些计划参与者曾经用战时向同盟国提供基本物资的组织来类比经济合作署；也有人把经济合作署看成投资银行的一种应用；还有人从经济合作署想到国际贸易平衡理论。从以上每种观点都能推导出一个截然不同的组织角色结构。哪些再现模式会在这个新生的组织的哪些部分扎根，这在很大程度上取决于这些部分的新成员来自的组织文化。我在第 11 章的评论与延伸中将说明经济合作署如何解决这种竞争状况。

再现模式为什么重要

注意到人类理性的限度，有助于我们理解再现模式重要的原因，以及政策可能蕴含一种再现模式的方式。大约 20 年前，美国钢铁公司开始将其制钢业务采用合同制包干，并把主要资金投入石油工业，公司变成了美国钢铁集团。这些行动的动机是该公司目的的一种特定的再现模式。

几年前，如果你向美国钢铁公司的执行官询问该公司的目标，他们可能回答说："高效率高利润地生产和销售钢铁。"如果进一步追问，他们甚至可能同意，利润是"最低要求"。但是，如果要求他们在公司的描述中不着重强调钢铁这个焦点，就太困难了，也不大可能。 他们的观点可以解释成："我们就是为了创造利润，但是我们的赢利方法是成为一个高效的钢铁制造商。我们拥有这个领域的专业知识和技能，而且也能做出明智的决策。"

随着公司逐渐集团化，急需一种完全不同的再现模式。集团划分出的多个产品事业部仍然可以采用类似于公司以前的方式来描述，某些部的称呼使用"钢铁"，某些部可以使用"石油"。但是在新的再现模式中，这些事业部只是在一个更大的框架下运作的部门，大框架下的基本政策就是将可用资金投入到产生最大收益的地方。在这个框架下，需要新的专门知识，主要是投资银行方面的专门知识和技能。

再现方式的变更蕴含组织知识和技能的根本变化。在这样的情况下常常看到各个层次大量的人事变迁就没什么可意外的了。引入新知识和技能、抛弃旧的，比进行大规模的再教育往往更便宜更迅捷。

结论

本部分旨在说明，当代认知心理学中出现的一些描述人类学习过程的概念是如何应用到组织学习的分析过程中的。我并不打算进行完整或综合的说明，只是举出几个例子，说明如何根据这些概念来理解具体的组织情形。

在关于组织记忆的内容中，最重要的恐怕是组织本身和组织目标的再现模式，因为这种模式（如果组织内部模式并不一致）为界定组织成员的角色奠定了基础。

信息技术在组织设计上的应用[11]

过去的组织理论研究一直以所谓的"生产型组织"为主。该理论传统上特别注意两个问题：如何划分工作，以获得高效的业绩，并采取这种方式将组织各个部分之间进行协调的需要保持在可控的限度内；如何创建并维持组织各个部分之间的协调机制。

从20世纪30年代开始，对于组织内人员关系的研究就以相当客观的规模发展起来，并把组织设计的注意力转向作为组织成员的个体和组织活动的整体模式之间的联系上。这里规范研究的重点是创造激励雇员参与组织，并留在组织中为实现组织目标积极有效地做出贡献的组织环境。

随着高度自动化机器的引入，尤其是随着机械化信息处理设备的引入，流水作业同重复性非自动化文书处理过程一样，变成了一种相当罕见的生产组织形式。操作人员或文秘人员逐渐开始在能够长时间运作而不需要人类直接干预的自动过程中，充当观察者、调节者和维修人员的角色。越来越多的人类工作变成了思维和沟通工作，因此，组织设计也变成了信息技术的研究和应用中的核心主题，反之亦然。

后工业社会

彼得·德鲁克把目前正在兴起的世界描述为"后工业社会"。在后工业社会中，生产制造活动和相关活动的作用比它们在上个世纪里发挥的作用小得多。服务型组织提出的组织问题一般与生产有形产品的生产型组织不同，服务型组织通常比生产型组织更难确定合适的产出衡量尺度，衡量服务质量的问题比衡量产品质量的问题要复杂得多。我们可以通过比较相同经济行为的两种方案来说明这一点。第一种是生产产品的房屋生产，第二种是提供服务的住房服务。

房屋是可以制造并通过正常的市场机制进行分配的有形商品，而住房服务是由住所附近的环境提供的一系列服务。这里所说的住所环境包括学校、街道、购物场所，以及居民之间社会关系的一种模式。无论单单从建筑结构方面来确定房屋的质量有多复杂，确定住房服务的质量仍然要复杂得多，可以把它们设想成创造和支持某种社会活动模式（例如家庭生活）的情形。

我们社会中的组织有一种趋势，就是把目标的内容从生产有形商品扩展到提供与有形产品可能相关也可能无关的一系列服务，与这种趋势相关的，就是扩大对与自己行为相关的外部性关注的趋势。外部性就是无法通过现有的市场机制向行动者收取费用的行动后果。工厂释放浓烟就是外部性的一个经典例子，其社会成本一般不由该工厂产品的消费者来支付。

出现上述趋势，可能是因为与生产型组织比起来，与服务型组织活动相关的外部性通常强；也可能是因为我们只是对实现特殊目标的组织活动的间接后果变得比以前更敏感；还可能是因为随着人口的增加和技术的发展，组织之间真正的相互依赖性以及依赖性造成的外部性，都变得更广泛和更突出。无论是什么原因，上面提到的这三种原因可能都推动了这种趋势，各种迹象都表明，后工业社会组织中的组织决策变得比过去复杂得多。因此，决策制定过程（而不是直接迅速地促进组织最终产品生产的过程）的重要性会变得越来越大，成为组织的主要活动。

信息处理结构的组织

所以，后工业社会中的关键问题是如何针对决策制定（也就是处理信息）的过程进行组织。就在不久前，决策还毫无例外地属于个人活动，包括人脑的思维过程以及与他人的符号沟通。而现在，决策是由人类和人机系统的机械化组件共同进行的。过去的40年来，在这些系统中，人类与计算机组件之间的劳动分工已经不断地发生了变化，以后还会随着精密的计算机技术尤其是计算机编程和软件技术的发展继续发生变化。

把组织看成一个决策制定和信息处理系统，与把组织看成一群人所得到的结论可能大不一样。后面一种观点主要关注人的分组问题，也就是部门划分，而前一种观点却关注决策制定过程本身，也就是符号的传递和转换。抽象地按决策制定过程划分的主要组件把组织细分成多个子系统，与抽象地将组织划分成多个部门和子部门，可能会得到完全不同的剖分结果。而且，各部门之间的相互依赖性越大，这两种组织抽象化方式的差异就越大。

这两种观点对于实现合理的组织设计都非常有益，甚至必不可少。在目前的分析中，我主要强调不太传统的观点，只讨论无实体的决策制定过程，不考虑参与决策制定的真实决策者。我们不考察人或计算机接收信息、处理信息和传送新信息时的表现，而是跟踪信息在人与机器之间的流动和转换。这种分析途径至少为我们考察组织设计提供了一个新的角度。

决策的分解和注意力的分配

从信息处理的角度来看，劳动分工就意味着将整个决策系统分解成相对独立的子系统，对于每个子系统的设计，只需要最低限度地考虑它同其他子系统之间的相互作用即可。这种分解与其他类型的工作分工一样都是必需的，因为进行信息处理的人类和计算机存在有限理性。列入考察范围的备选方案的数量，可以追踪的因果链的复杂程度，都会受到信息处理者的能力限度的限制。

决策子系统之间的劳动分工都必须考虑子系统之间的相互依赖性。我们要求的这种分解方法，能把这些相互依赖性降到最低，从而实现子系统对最终决策权最大限度的分散，以及最大限度地使用相对简单和便宜的协调工具将各个决策子系统两两关联起来。

不仅必须将组织决策问题分解成可以控制的规模，而且还必须依据适当的注意力控制原则，限制待处理的决策数量。对于组织和个人来说，注意力控制的意思完全一样，即信息处理能力必须根据具体的决策任务来分配，如果总能力不够处理全部任务，就必须设置优先权，先关注最重要、最关键的任务。

组织层级越高，注意力的瓶颈就越窄，因为在组织高层，在不破坏这些高层首要协调的职能的前提下进行并行处理的能力很难实现，所以在组织高层同时得到处理的议程项目只有少数几个而已。

妥善处理信息丰富的环境很困难，因为事实上，与组织高层和长期组织决策相关的多数信息都来源于组织外部，因此信息形式和信息量都不受控制。这意味着组织必须有一个"接口"，对这种信息进行识别、获取和选择性吸收，并转换成适合内部信息流和信息系统的形式。

其次，如果注意力是稀缺资源，那么区分有时间限制的实时决策问题和决策截止日期相对灵活的问题就显得特别重要。处理这两种不同的决策，需要采用大为不同的系统设计。

总之，信息处理系统的内在能力限度对组织设计提出了两个要求：整个决策问题的分解方式要能将各个部分的相互依赖性减少到最低限度；整个系统的组织方式必须能保护注意力这一稀缺资源。组织设计必须提供组织与外界的接口来处理源于组织外部的信息，同时还要针对有时间限制的实时决策制定出特殊条款。

如果采用这些基本的设计要求，就很容易发现在某些虽然标准，但是有一定失败率的信息系统改善方法中潜伏着的谬误，比方说，市政数据库和管理信息系统。当计算机首次在市政府组织里使用时，大家对于开发市区的综合数据库都满怀热情，这些数据库是将城市管理运作产生的信息统统输入一个系统中，包括土地和土地使用、市民和市民活动等各种各样的信息。

建立这种系统的几次尝试均以失败告终，人们的热情大打折扣，最初开始的几个项目全都放弃了。经过最初尝试后人们终于觉醒了，认识到有几个原因。首先，数据处理和数据存储的任务比想象的要复杂繁重得多。但是更重要的原因是，大家可能越来越糊涂，数据究竟应该如何进入决策过程，这些数据与哪些决策真正有关。

要将数据全部纳入，没有什么魔力。大量数据的存在，并不是能将数据全部集合在单独一个综合的信息系统的充分理由。真正的问题正好与此相反，它应该是找到决策问题的分解方法，让各个分解部分与各自相关的数据源关联起来。我们首先必须分析决策制定系统和数据要求，然后才能用一种合理的方法来界定支持决策过程的数据系统。

管理信息系统的遭遇基本上与市政数据库差不多。在利用计算机巨大威力的热潮中，管理信息系统的设计有一种趋势，就是以现有的财务和生产记录为起点，努力让上层管理者能够访问所有信息。可是大家都没有问问，或没有足够认真地问：高级和中级管理层是否想要或需要这些信息？各管理层需要和应该想要的信息是否真能从这些特定的原始记录中得出？于是设计管理信息系统没有保护关键的稀缺资源，即管理者的注意力。事实上，最高层管理者非常重要的信息主要来自外部信息源，而不是进行过机械化处理的立即可以访问的内部记录，信息系统设计往往忽略了这点。

就这样，许多市政当局和企业公司的信息系统设计工作都成了"信息多多益善"的谬误想法的牺牲品。这些尝试都暗含着以往社会的一种错误假设，就是认为信息而不是注意力，是稀缺资源。

新信息技术的构件

在设计决策型组织时，我们不仅要理解欲制定的决策的结构，还要掌握必要的决策工具，包括人和计算机。

人员构件

我们在对计算机的新能力深深着迷时，一定不能忘记人类决策者也有一些相当突出的品质。每个人都有相当强的记忆力，可以长年累月地累积存储种种与决策相关或不相关的信息和技能。在当前的情境下识别出视听暗示之后，每个决策者都可以重新接通记忆中相关的部分。每个决策者还能用自然语言与他人直接面谈，或通过电话、传真或电子邮件之类的远程设备与他人进行沟通。

比方说，假设我们想设计一个组织，让我们在面对提出的具体问题时，能了解到美国最权威的专家信息来源。在今天，我们首先想到的可能是上万维网搜索。我们应该鼓励这种做法吗？

我们搜寻的信息存储在人脑、书本以及数据库中。而且书本中包含的信息也在人脑中做了索引，所以通常找到合适的书最便捷的方法就是询问该主题的专家。不仅是书本信息在人脑中做了索引，关于人的信息也一样。考虑这些资源，要搜索美国最优秀的专家、最强大的信息处理系统，仍然是散布在 2.5 亿人脑中的记忆，以及连接这些分布式记忆的电话系统。

当有人向我询问时，我就会打电话给专业领域尽可能接近目标（根本不必特别接近）的熟人。我打电话不是要他解答，而是要他说出他认识的最精通此道的专家的姓名，这个过程反复进行下去直到找到需要的信息为止，需要通话次数一般 3 到 4 次足矣。

假设我现在想知道鲸鱼是否有脾脏（至于为什么想知道并不重要，反正这个例子很合适），我先请教一位生物学家，他让我去请教一位鱼类专家，他又给我推荐一位鲸鱼专家，这个人要么知道答案，要么会告诉我在哪些资料里可以找到需要的信息。

我不是提议把所有其他的信息系统都抛弃，只依靠电话和庞大的分布式记忆。但是，这个有效的思维实验告诉我们，我们要设计好信息系统，必须重视包括电子和人类系统在内的信息处理系统，重视系统构件和构件之间的相互联系。我们必须学会从记忆容量、记忆的索引方式、信息处理速度和反应速度等方面来刻画这些信息系统。信息系统中的人类构件同机器构件一样，是可以描述的。如今我们通过对人类系统参数的心理学研究已经掌握了大量的人类构件信息。

随着我们对信息处理的了解日益增多，我们便能够从新的角度去看待早已熟悉的由人和电话组成的处理系统，我们还因此得以了解一般称为“计算机”的新型多功能系统。

计算机的存储功能

计算机首先是一个记忆存储系统。我在前面已经表达了把信息收集系统设计和信息处理系统设计混淆在一起的疑虑。虽然信息收集本身可能费用比较高，但收集信息并没有错，问题出在硬性要求决策者把宝贵的注意力用在处理已经收集的全部信息上。记忆存储是信息处理系统的组成部分，必须看成是可能信息的存储器，这些可能信息如果能有效地做出索引，一旦有必要输入决策过程，就能以合理的成本从存储器中调出。

即使一天能读一本书，一个人如果收藏了3万本书，也要花100年的时间才能全部读完。我们甚至可以认为，如果某人藏书量比阅读量要多，就有点炫耀的意思，似乎想给别人留下知识渊博的印象。不过我们千万不要过于草率地对他下这种结论。如果他的藏书采用了合适的检索系统，那他随时可以查到这3万册书中的任何信息。如果他无法提前预测未来需要哪些具体信息，而且他又有良好的检索系统在需要的时候就能找到必需的信息，那么他的藏书量多于可能的阅读量也就很合理了。

除了网络和几种专业数据库以外，目前运用的计算机存储器总的说来还比不上图书馆的纸墨记忆量。计算机的检索系统更加适合快速地获取信息，自计算机问世以来，技术进步的一个重要发展方向就是我们对检索过程和信息获取过程的认识，以及采用机械手段执行这些过程的能力。

计算机的处理功能

计算机除了记忆存储之外，还是一种能够处理各种数值和非数值符号的处理器，这是计算机最新奇的特点。人类自从发明了书写以来，已经对脱离人脑的记忆非常熟悉了。脱离人类的符号操作是非常新鲜的事，即使是40年后，我们也不过刚开始看到它的潜力。[12]

时至今日，计算机在决策制定上最重要的应用（并非组织中运用计算机时间最多的应用）也许是对各种复杂情境建立模型，推断备选方案的结果。有些模型利用了数学技巧，比如说线性规划，可以算出最优行动方案，因此计算机可以直接充当决策工具。在其他形式的模型中，计算机充当模拟器的角色，可以算出一个系统对不同决策战略做出的各种可能的反应路径。

"管理信息系统"这种说法一直都被狭义地理解，并应用到大型的信息储存和获取系统中，比如我们前面提到的计算机只对信息进行非常简单的处理的情况。"管理信息系统"最好用于不同管理决策领域里越来越广泛的优化和模拟模型中，这些模型通常是指"运筹学"和"战略规划"，有时还指"管理决策支持"。这样的模型无论如何称呼，也许都比明确称呼的管理信息系统能更好地预示计算机在组织决策系统中的应用前景。

下面我举一个战略规划模型的应用实例。在以后的数十年里，我们的社会将面临关于能源的生产和使用方面一些重要而又困难的政策决定问题。过去，国家能源问题大多被看成资源问题，而且这些问题中很大一部分都通过市场机制留交私人进行处理。如今，我们发现，能源的使用会间接地对环境产生非常重要的影响。我们还发现，生产能源的燃料资源的充足性，将取决于一些更加广泛的趋势，比如说工业化国家的发展速度以及我们的能源技术研发决策等。

能源问题中包括的重要变量过多，变量之间的相互关系过于复杂，所以常识和日常推理如果曾经指导过能源政策的制定，如今也不再有能力进行充分的指导了。在这个问题上也缺乏简单的组织方式的传统解决方法：建立一个统管能源问题的联邦机构，或用市场机制来修补。

机构改组的解决方法不再有效至少有两个原因。首先，能源问题无法与其他问题完全分开。能源的统管机构难道与环境问题没有关系吗？如今联邦政府中能源政策的责任沦落到如此支离破碎的局面，正是忽略了这些问题与其他问题之间盘根错节的关系的结果。其次，即使设立了这样的机构，它也需要一个在其中处理决策问题的系统框架。靠市场机制来修补也存在同样的难题，因为没有一个决策框架的支撑，我们根本不知道该如何修补。

因此，要明智地处理能源政策问题，组织方面最重要的要求就是创建一个或多个优化或模拟模型，为决策过程提供内聚力。毫无疑问，把开发和探索这些模型的责任交给政府和行业机构中的适当单位，还是比较重要的。不过，无论交给什么单位，这些模型的存在都不可能只对能源政策决策产生重大影响。令人意外的是，尽管多年来我们对能源系统综合模型的需要相当明显，但是时至今日这种模型仍旧不太普遍。对需要的反应如此迟缓，既说明建模技术的新颖性，也说明了把组织看成决策系统的集合而不是机构和部门的集合的角度还很新奇。[13]

计算机接触外部信息 [14]

我们还要说明把计算机当作组织信息处理系统组件的第三个特征。我在前面曾经提到，管理信息系统到目前为止的一个局限性就是对于组织本身产生的信息如生产信息和会计信息的依赖性极大。人们重视内部信息的主要原因是，由于内部信息的产生受到组织的控制，所以不难把这些信息转换成机器可读的形式。要把信息输入计算机不需要耗费什么资金。

我们如果考察执行官使用的那些外部信息，就会发现，大部分外部信息都只是自然语言描述的文字，如报纸、行业杂志、技术期刊等。自然语言文字在编译成比如说穿孔卡片、磁带等类似的机器可读形式之后，当然就可以存储在计算机的记忆存储器里了。一旦存储起来，就可以编制计算机程序对存储信息进行自动检索，并根据各种查询要求从中搜索信息。

所以让组织信息系统的机械化构件得到执行官所依赖的那种外部信息的唯一障碍，就是将信息变成机器可读形式的成本。其实技术上甚至经济上的障碍已经不存在了，我们目前拥有低廉的设备（扫描仪与光学字符阅读器），可以便宜又准确地将印刷文字转变成计算机文件。

但是对于新材料来说，我们甚至不必投入资金获得机器可读形式。报纸、期刊或书籍上的印刷字，以前都曾经过打字机或排版机器的处理，所以在制造供人阅读版本的同时，也可以制造出机器阅读版本。因此现在一般的书面文件差不多普遍都提供两种版本：供人阅读版本和机器阅读版本。个人计算机和电子网络创造了机器阅读版本的市场，而且目前的转换过程非常迅速。这有点类似于电话，拥有电话的人越多，就越值得拥有一部电话。

这种发展已经为计算机在组织信息系统中的应用开辟了一个全新的领域。它使计算机能够充当多数组织外部信息的初始过滤器，从而可以减轻执行官在这方面的注意力要求。我们举近期的大学教授退休基金会的主要经理人 TIAA 的信息系统为例。投保人的信件和其他沟通工具一般都是打印的或手写的。这些资料一到达 TIAA，就立刻经过扫描仪和光学字符阅读器处理，以计算机可读形式储存在 TIAA 的计算机系统中。有一位员工负责确定应该将该沟通信息发送到什么地点，必要时，系统可以自动准备和分发很多份，发送到组织里所有应该注意该信息的地点。这种一个任务在多个地点并行运作的能力，大大缩短了周转时间。由于该沟通信息存储在公司的信息系统中，所以可以用来自动调用文件中处理信息所必要的记录。

技术与需要相符

上述的评论说明，组织信息系统的要求与现有或正在出现的信息技术的特征相配合的过程中，究竟包含哪些要素。信息系统设计成功的关键在于，让技术与注意力资源的限度相符。从这个一般原则出发，我们可以推出几条经验规则，用来指导现有信息处理系统的扩充设计工作。

总的来说，进行信息处理系统的扩充部分（人或机器）只有满足以下几个条件，才能改善系统的性能：

（1）输出小于输入，这可以节省注意力资源，而不是增加注意力需求。

（2）有主动和被动两种形式的有效索引（主动索引就是自动按照发送要求选择和过滤信息）。

（3）有分析模型和综合模型，它们不仅能够储存和提取信息，而且能解决问题、评价解决方案和制定决策。

结论

当今组织面临的最大问题，不再是部门化问题和操作单位的协调问题，而是对信息储存和信息处理进行组织的问题；不是劳动分工，而是决策制定过程的分解。考察那些从机构和部门结构中抽象出来的信息系统和信息系统支持的决策系统，它们是解决这些组织问题的最佳途径，至少从近似意义上来讲是这样。

随着信息处理技术的迅速发展，企业决策和公共决策过程变得比过去精密得多也理智得多了。如果要我们拿出证据，我们就只需要比较星球大战计划的辩论（不管我们是否喜欢其结果）与修昔底德论述的"雅典卫城"之战，或拿前者与20世纪上半叶的美国国会的任何争论对比一下即可。随着信息处理技术的迅速发展，我们的能力也在不断提高，包括：考虑备选方案和后果之间的相互关系和相互权衡的能力，以及通过将整个问题的各个部分纳入综合模型，从而不断累积我们对各个部分的理解的能力。

巴巴拉·沃德等人已经指出，当今世界最大的危机是抱负危机。人口问题同人类历史一样悠久。今天这个问题的新奇之处在于，许多人都决定不再接受暗淡的结局，而是决心对付它。多少世纪以来，人类行动一直在创造各种各样无意识的和预料外的后果。我们如果不知道这些后果，倒也可以活得心安理得。如今我们可以跟踪了解自己行为细微的和间接的效应，例如，吸烟与癌症的关系，老鹰的蛋壳易碎与周围环境中存在 DDT 的关系。由于我们具备了追踪这种效应的新能力，所以我们对那些效应感到前所未有的责任感。智力觉醒同时也是一种道德上的醒悟。

我们的新科学技术产生（或揭示）的新问题是进步的前兆，而不是厄运的预兆。它们都表明，我们如今拥有了理解我们面临的问题，即理解人类现状的基本分析工具。当然，理解问题不一定就要解决问题，不过理解问题是解决问题的第一步。我们正在创造的新信息技术让我们能够跨出这一步。

注　释

1　Barnard (*op. cit*. pp. 175–181) 把沟通渠道与命令渠道等同，有点缺憾。

2　*U. S. Army Field Service Regulations*, 1923, pp. 25–26.

3　This point has been very well discussed by Burleigh Gardner in *Human Relations in Industry*, chap. ii, 我们这里的讨论同 Gardner 的分析十分接近。

4　This section draws upon "The Future of Information Processing," which appeared in *Management Science,* 14: 619–624 (1968).

5　A series of research studies of the initial impact of the installation of the network on the Carnegie Mellon campus will be found in S. B. Kiesler and L. S. Sproull (eds.), *Computing and Change on Campus* (New York: Cambridge University Press, 1987).

6　M. D. Cohen and L. S. Sproull, eds., *Organizational Learning* (Thousand Oaks, Calif: Sage, 1996). In this section I have drawn particularly from my chapter in that book: "Bounded Rationality and Organizational Learning."

7　2nd ed., Cambridge, Mass.: Blackwell, 1993.

8　H.Kaufman, *The Forest Ranger* (Baltimore: Johns Hopkins Press, 1960).

9　A. Bavelas, "Communication Patterns in Task–Oriented Groups," *Journal of Acoustical Society of America*, 22: 725–730 (1950).

10　But see A. H. Van de Ven, "Central Problems in the Management of Innovation," *Management Science*, 32:590–607 (1986), and J. G. March, L. S. Sproull, and M. Tamuz, "Learning from Samples of One or Fewer," in M. D. Cohen and L. S. Sproull, eds., *op. cit.*

11　This section had its origins in a paper with this title that appeared in

Public Administration Review, 33:268-78 (1973). 作者做了大量修改。

12　计算机能力的新奇程度的一个证据就是，人们坚持认为计算机不过是一台大型的台式计算器。自从 20 世纪达尔文学说的争论以来，我们还没有见过人们如此热情地捍卫人类的独特性，与不属于人类旁系物种截然分开的观点。

13　我们目前在经济政策的决策模型方面拥有两代人的经验。在美国，这种模型的建立和检验很大一部分由非政府机构来进行，例如考列斯经济学研究基金会和布鲁金斯研究院。自从尼克松总统声称信奉凯恩斯学说以来，决策模型对政府决策的影响就没有任何疑问了（当然这种影响肯定在声明发布之前十多年就已经存在了）。计量经济学模型通常使用古典的数学分析技巧，但是在进行计算时计算机必不可少。还有一个例子略微有点不一样，就是主要由大学支持建立几个线性规划模型，用于指导水利政策的决定。这两种模型构造过程中的决策系统设计，看来都相对脱离了传统的机构重组方法。仔细思考一下联邦机构自 1937 年以来的所有机构改组对公共政策造成的巨大影响，是否与这些新的决策制定系统造成的影响一样大，其实很有意义。

14　由于自从本书第 3 版出版以来所取得的进步，我必须将本节的讨论内容全部从未来时态转变成现在时态。

第 9 章

效率准则

在前面两章里，我们的注意力主要集中在组织对个体成员的影响方式上。组织通过权威体系和我们讨论过的其他沟通渠道，向个人说明一些主要决策前提：详细说明他需要的基本价值前提，即组织目标，以及要实现这些价值所需的各种相关信息。现在应该开始探讨决策的"内部"层面，了解个人如何将组织提供的前提综合成完整的决策。综合过程中最关键的要素就是个人自己设置的决策前提，而这些决策前提中最重要的，除了他自己制造的信息以外，就是效率准则[1]以及个人的组织认同或组织忠诚了。这两项分别是本章和下一章的主题。

由于效率准则在非商业组织中的应用比在商业组织中的应用复杂得多，所以本章篇幅大部分都在论述效率概念的扩展问题，以便在两种组织中都适用。

效率的本质

在主要受利润目标指导的商业组织中，效率准则的运用很容易理解。在这种组织中，个人以效率准则为依据，从所有备选方案中选出为组织产生最大净收益的方案。另一方面，这种"资产负债表"式效率包括两种情形：如果成本保持不变，实现收入最大化；如果收入保持不变，实现成本最小化。当然，事实上，我们必须同时考虑收入最大化和成本最小化，也就是说真正必须实现最大化的应该是这两者之间的差额。

我们将会看到，效率准则与第6章明确的组织目标和存续目标都有密切关系。它与组织目标相关是因为它关心"产出"的最大化；与存续目标相关是因为它关心维持产出超过投入的正向平衡。

商业组织中应用效率准则如此简单，很大程度上是因为，货币是衡量产出和收入的通用尺度，因此使得两者可以直接比较。如果我们想让效率概念在无法用货币直接衡量的决策过程中也适用，就必须对效率概念进行扩充。在非商业组织中，用货币衡量产出通常毫无意义或没有可能，所以理所当然就会出现货币不可衡量因素。商业组织中也会出现这种因素，因为控制组织的人并不仅仅出于盈利的动机，他们还关心公众利益或雇员福利的问题，这些因素与盈亏都没有直接关系。而且，即使在纯商业组织中，内部运作过程也包含了非货币因素，因为特定活动与盈亏之间的关系无法直接评定。比方说，人事部门的决定不能总是用货币单位来评价，因为我们无法直接确定某项具体的人事政策的货币效应。

决策中的成本要素

在商业组织和非商业组织（自愿者组织除外）中，"投入"因素大致上可以用货币来衡量。即使组织目标不仅仅是组织的利润和存续，这一点也同样成立。也就是说，即使组织关心的是对本地社区带来的成本，我们也可以通过组织购买的产品和服务对这个成本进行公正的评估。[2]

就雇员服务的评价来说，这一点可能不是太明显。给雇员指派的任务在适合度和安全等方面并不完全一样；就其区别而言，在员工福利为其目标之一的组织中，货币工资并不是组织投入的精确衡量尺度（除非它能精确地反映上述不同要素，然而它通常做不到这一点）。在这种情况下，组织决策不仅必须达到货币投入相对于产出的平衡，还必须达到货币投入与产出相对于雇员福利之间的平衡。

当然，还有一些不用货币成本来精确衡量组织投入的情况。比方说某工业企业，虽然不会因为给当地环境造成的烟尘污染而受到惩罚，但只要组织目标中包括了本地社区的福利，就会包含一个在财务账目上没有反映出来的成本要素。

如果公共机构制定的决策目标包括整个经济的稳定和繁荣，例如联邦政府，那么它还要考虑其他因素。对于私营企业来说，在计算成本时，必须包括投入资本的市场利息。对于政府机构来说，如果开支的效果只是利用本来闲置的资本，那么从整个经济的角度来说，这种投资的利息实际上并不是成本。此外，政府投资的"产出"可能还包括这种投资对经济体系中的收入水平和就业的影响效应，这些效应必须包括在产出的衡量中。

同样，如果私营企业在雇用一位失业人员时，所付工资是正常成本；而如果是政府雇用他，那么就是利用原本可能闲置的资源，因此从社会的角度看，这些雇员的工资并没有包括任何真实的成本。

关于政府开支在现代经济中的作用，一直是当代各个经济学派众说纷纭、争执不休的话题。我们上面所做的评论，并不是要为任何一种观点辩驳，只是想指明，效率准则应用于政府机构决策时，必须考虑这些机构的活动可能造成的经济效应。用经济学的语言来描述就是，公共机构的效率问题必须从总体均衡而不是局部均衡的角度来解决。

决策的正价值

尽管我们通常都可以用时间成本或货币成本来汇总决策中的负价值，但对于决策的正价值来说，情况要复杂一些。我们都知道，在商业企业，在总结相关的价值要素方面，产出的货币价值与生产（投入）成本发挥着差不多相同的作用。从实证角度来看，生产的产品在价值评估方面属于中性要素。但是公共机构的情况则不然。因此在公共管理中，我们必须找出一种代替产出货币价值的价值衡量方法。

通过阐述活动的目标，并构造衡量这些目标实现程度的指数，我们就得出了这种替代方法。衡量管理活动对于实现最终目标的效果，也称为衡量该活动的结果。[3]

目标的确定

公共机构目标的确定绝对不是一项简单的任务。首先，最好尽可能用价值来阐述目标。也就是说，目标只有表示成相对终极目标，才适合用价值指数来度量。如果使用中间目标来阐述目标，就会出现危险，也就是，即使中间目标对于实现最终价值不再适合，依据该目标制定的决策还会继续生效。例如，管理型机构中的表格和记录的越来越多的现象，往往表明，没能从原先具体目的应该达成的更远大的价值，去重新考虑原本旨在实现该目标的活动。

然而，公共机构所要实现的价值，一般无法具体表达出来。我们如果想要观察和衡量活动的结果，就必须先有形和客观地表达组织的宗旨，例如城市娱乐部门的"改善健康状况""提供娱乐机会""培养好公民"等。因此就出现了一个严重的两难处境。一方面，公共机构服务应该实现的价值，没有提供应用于特定决策问题的足够具体的决策准则。另一方面，如果使用价值指数代替价值本身作为决策准则，那么就可能是用更具体的手段来代替"目的"，也就是舍本逐末。

在这个问题上，由于缺少通用的价值尺度而产生了进一步的困难。任何活动都可能实现两种或两种以上的价值，比如上面提到的娱乐部门的情况就是如此。所以我们在评价一项活动时要考虑，指导部门活动的不同价值的相对重要性如何？以卫生部门为例，这个问题可能是，该部门来年是否应该重新分配资金，以降低婴儿死亡率或增加性病临床诊治设施。通过对结果的观察，并以价值指数来衡量结果，只能说明采取每个备选行动方案时诸目标的可能实现程度。除非两种活动完全要实现同一种价值，否则对结果的衡量不可能表明哪种行动方案更可取。只有确定了彼此冲突的价值的相对重要性之后，管理决策的制定才会合乎理性。

我们在第 3 章中已经讨论过，管理决策依据的价值或偏好体系应该由何人构造的问题。我们在此只想强调在管理过程中的某时某地，价值要素的相对重要性实际上已经指定了。即使我们并不是自觉刻意地这样做，在实际制定的决策中也暗含了这种相对重要性。但是我们不能通过把它隐藏在不明说的抉择前提中，来躲避这个问题。

目标实现是一种程度问题

确定目标并不是管理决策中的唯一价值要素。除此之外，我们还必须确定目标的实现程度。市政府规章或条例可能明确规定消防部门的职能是"保护该市免受火灾损失"，但是这种定义并不意味着该市希望一味扩充消防设施，直到完全消除火灾损失——这显然不可能做得到。此外，它还回避问题的实质，说消防部门应该"尽可能"减少火灾损失，但是损失可能的减少程度取决于可用于防火灭火服务上的资金额。

要解决该城市灭火问题中无法忽略的价值问题，必须确定两个条件：①消防部门应该努力将火灾损失限制在每人 x 美元；②市议会要根据可靠资料进行预测，向消防部门拨款 y 美元，以保证条件①的实现。由此可见，不仅目标的确定中有价值要素，而且要实现充分服务的水平的确定中也包含了价值要素。目标的实现永远是一个程度问题。

政府机构的"政策确定"过程，一般都不能妥善处理政府服务目标的程度问题。我将在本章后面几节强调指出，如果将政策制定过程扩展到这些问题，那么对于维持对决策的价值要素进行的民主控制来说，这将具有根本的重要性。我们将指出，通过改善和扩充预算方法，这种程序上的改革就可以在很大程度上实现衡量。

分布价值

我们以上集中讨论了"总体"价值。以火灾损失为例，总体价值就是，该社区衡量出的本年火灾损失总金额。这种方式并不区分究竟是史密斯商店损失了 1 000 美元，还是琼斯商店损失了 1 000 美元。治安部门在努力减少抢劫案数量时，并不会对发生在第三街道的抢劫案和发生在第四街道的抢劫案给予不同的关注度。

然而，如果不做出"同等重要性"的假定，那每项管理决策中几乎都存在"分布"价值的问题。游乐场若建在西区，东区的儿童要想玩就很不方便。活动中心如果开设国际象棋课程，可能就无法为交谊舞爱好者提供场地了。

许多价值分布问题都是地区性的，但是可能还包括社会、经济和无数种其他的"类"特性。如果我们认识到，财产估价管理机构、行政法庭甚至福利机构主要关心分布价值问题而不是总体价值问题，在管理中考虑分布价值的重要性就体现出来了。

我们在后面还要指明，如果组织的工作按照地区或客户来进行分工，分布价值问题也是非常重要的。在这种情况下，组织单位的目标直接受到特定人群的限制，还可能发生事关重大的权限交叉的问题。

价值的共同衡量尺度——效率准则

决策制定过程中的一个根本问题，是在我们前面提到的低成本和高产出两种价值之间找到一个共同的衡量尺度。当这两种价值发生冲突时我们应该如何做出抉择？可行方案 A 和可行方案 B 之间的关系有四种：

（1）A 的投入小于 B 的投入，A 的产出大于 B 的产出。

（2）B 的投入小于 A 的投入，B 的产出大于 A 的产出。

（3）A 的投入小于 B 的投入，A 的产出小于 B 的产出。

（4）B 的投入小于 A 的投入，B 的产出小于 A 的产出。

在第 1、2 种情况下，都可以很明确地做出抉择；而在第 3、4 种情况下，则无法确定。也就是说，当可行方案 A 的成本比可行方案 B 的成本大，但 A 的产出又比 B 的产出小时，B 显然比 A 更优。但是，如果可行方案 A 的成本和产出都比可行方案 B 小，那就必须权衡成本和产出的相对重要性，才能做出决策。

解决这种难题的途径已经有人提出来了。所有管理决策制定的依据都有一个界限，就是可用资源的“稀缺性”。时间和货币成为成本也正是由于这个根本原因。由于可用资源数量有限，所以，如果把它们用于实现一种管理目的，就必须放弃另一备选方案的实现。因此，在各种可能方案中进行管理抉择，总可以看成是在成本相同而正价值不同的备选方案之中做出抉择。

假如管理抉择问题是在低成本低效益的可能方案 A 和高成本高效益的可能方案 B 之间做出选择，那这个抉择问题就是错误的。事实上，我们应该用第三种可能方案 C 来代替 A，这第三种可能方案 C 包括 A，再加上方案 A、B 之间的成本差额导致的可能活动。这样，抉择问题就是应用相等资源的活动 B 和活动 C 所产生的效益的比较问题。一项活动的效率就是该活动产生的效益与其他所有替代活动可能产生的最大效益之比。

效率准则指的是，在给定可用资源的条件下，选择能产生最大效益的备选方案。

大家应该注意，这个效率准则虽然为管理备选方案的比较提供了“公分母”，却没有提供共同的“分子”。即使全部决策都是针对所用资源完全相同的情形而制定的，仍然还存在不同行动方案实现价值的比较问题。所以，效率准则既不能解决可比性的问题，也不能避免这个问题。

对于"效率"一词的评注

"效率"一词在上一代被赋予好几种不恰当的含义，将效率与那种机械论的、以盈利为目标的、秒表测时式管理理论联系在一起。这是那些"过于热情的科学管理"运动支持者使用这个术语不够慎重造成的。尽管如此，要表示本章所描述的概念，还是"效率"一词最为贴切。因此，我们使用这个术语，同时希望读者按照刚才的定义来理解该准则，并能够将它与自己头脑中的可能已有的任何不适当的概念区别开来。

实际上，"效率"和"效益"直到19世纪末还被认为是同义词。《牛津词典》如此定义"效率"："实现或成功实现预期目标的适宜性或能力；充分的能力、效益、功效。"

然而近年来，"效率"又有第二种含义，即投入产出比。[4]按照《社会科学百科全书》的说法：

> "效率相对比较新的含义是指，投入与产出之比、努力与效果之比、支出与收入之比、代价与所得快乐之比。这种特定含义只是在19世纪后半叶才开始在工程界流行起来的，而在企业界和经济学界中，却是从20世纪初才开始的。"[5]

科学管理运动的领导者在使用这个术语时，又加上了第三种含义。我们再摘录《社会科学百科全书》上的一段话：

> 现代科学管理的基础，可以追溯到泰勒的《计件工资制》一文。泰勒在这篇论文中，描绘了他在米德维尔钢铁厂建立工作绩效标准的开创性方法。在这种标准建立起来之后，很自然就把真实绩效与标准绩效之比称为劳动效率，这种用法与机械工程师的用法稍微有点差异，后者用"效率"一词表示实际产出与实际投入之比。[6]

科学管理运动的另一位先驱者哈林顿·埃默森，十分推崇"效率工程"的说法。据说他把效率定义为"完成了的工作量与可以完成的工作量之间的关系"，他就是在这种含义下讲所谓"雇用效率百分比"的。[7]

我们一定要注意，产出投入比的计算在自然科学和社会科学上有所不同。对于工程师来讲，投入和产出均以能量来衡量，能量守恒定律说明有效能量产出不可能超过能量投入。因此出现了"完全"效率的概念，也就是产出与投入相等的情况。在社会科学中，产出和投入一般很少用可比单位来衡量，即使衡量标准可比，比如说将灭火成本与火灾损失额相比，"能量守恒定律"也不存在，保证产出不超过投入。因此，如果要用完全效率的概念，必须重新定义。事实上，本书不需要完全效率的概念。管理者面临的真实管理问题，总是关心相对效率，而根本没必要衡量绝对效率。此外，我们的理论不需要对效率进行数值测量，只要求比较两种备选方案效率的相对大小。在这些条件下，把效率定义为产出投入比，与定义为实际产出与最大可能产出比，是一回事。

效率准则与经济效用最大化的相似

我们可以看出，应用于管理决策的效率准则，酷似经济理论中的效用最大化概念。注意，我在这里并没有断言，效率准则总是支配管理者的决策，而是说如果管理者及其决策具有理性，就会受效率准则支配。我们根本没说这种理性是真实行为的普遍特征。另一方面，在经济学文献中，效用最大化的说法至今还被普遍当作一种解释性学说，也就是说至今它仍被用来描述市场中的真实行为。我们应该把效率准则和效用最大化这两个命题之间的区别牢记在心。

这两个命题除了形式相似之外，基本假定也相似。第一个假定是，可用资源是稀缺的。第二个假定是，相关活动都是"工具性"活动，也就是说，它们是为产生以某种"产出"形式出现的正价值而进行的活动。最后，这两个命题至少在主观上都假定衡量产出所用价值的可比性。（我们在前一节已经讨论过这个假定。）

随着讨论的逐渐深入，这两个命题之间大范围的相似性将越来越明朗。我们将会看到，管理决策问题可以转化成一个生产理论问题；经济理论中的概念和定理可以广泛应用于管理决策。

对效率准则的批评

把"效率"当作管理指南的批评，一直没有间断过，而且声势也颇为浩大。[8] 批评者中有一群人对"效率"的理解与我们不同，我们在此不必论及。不过，我们不能赞同他们将"效率"与"经济节约"或"开支缩减"等同起来。按照我们对"效率"的用法，效率根本没有包含开支实质是大是小、哪种比较好的意思。我们只是断言，如果同样的开支可以得到两种成果，那么成果越大的就越好。一般来说，数额不等的两笔开支，只有在换算成机会成本的条件下，也就是说，只有在用备选结果表示的条件下，才能进行比较。

"机械"效率

有些人以"效率"会让人崇尚一种"机械的"管理概念为理由，对效率准则提出了批评。人们会产生反对意见，必定是因为使用的定义与我们这里大为不同。事实上，效率单单是一个用来排列可能方案优先顺序的准则，根本不会限制为获得可能方案而采用的管理技术。我们在下一部分还将看到，效率也绝不会降低管理者的判断在决策制定过程中的作用。而且，效率准则与把管理活动的社会后果看作最有决定性影响力的观点，也是完全符合的。

"用目的证明手段"

另外两种批评意见断言，效率准则导致"手段"和"目的"之间的不正确关系。其中一种意见认为，为了获得效率，选取目的是为了证明手段的合理性。我们在第 4 章中已经注意到，为了避免矛盾，必须谨慎使用"手段"和"目的"这两个术语。为此，我们倾向于用备选方案的价值要素和事实要素这种说法。那么如果对管理活动结果的评价能考虑各种管理备选方案的一切重要的价值要素，就足以杜绝出现"手段"不适当地顺从"目的"的情况。

"不近人情"的效率

另外，有些批评者责怪效率只关注手段，不顾目的。面对这种责难，我们在指出"效率准则在价值评价过程中担负整合作用"时就已经回答了。我们可以坦然承认，效率作为一个科学问题，主要是"手段"问题，"高效"服务可能高效地实现多个目的中的任何一个。但是只认为评价过程不属于科学范畴，又认为手段对目的的配合是决策问题能得到实际解决的唯一要素，并不表示我们对效率原则所服务的目的漠不关心。无论是在民主制国家还是在集权制国家，效率都是适用于决策问题事实要素衡量的一个合适准则。至于评价问题，则必须使用其他准则，如道德准则。

所有批评意见的共同之处在于，他们都认为"高效"方法需要"手段"和"目的"完全分离。我们都知道，严格地说，这是一种误解，"手段"与"目的"之间唯一有效的区别，就是决策中的道德要素和事实要素的区别。然而效率原则在管理上的实际应用，往往有一种用手段－目的的区别来取代事实－道德区别的倾向。这种倾向必然会导致对效率狭义、机械的理解，从而导致对它的批评。

下面我来简单解释一下这种替代倾向是如何产生的。决策中的道德要素是对备选方案的所有内在价值要素的认识和评价，牵涉到的主要价值通常也表达成管理活动的"结果"。而且正如我们所看到的，活动本身通常被认为在评价上是中性的。这导致两种价值的分离：①表达成"结果"的正价值；②表达成时间或货币成本的负价值或机会成本。

事实上，把管理活动本身当成评价上的中性活动，就是对事实的一种抽象，在很大限度内是可以的，但是如果把这种想法推向极端情况，就会忽视非常重要的人类价值。这些价值包括进行管理活动的群体成员的报酬和工作条件（广义）。

我们可以把某些价值要素更明确地列举出来：

（1）如果用货币来衡量成本，我们就不能把雇员的工资看成价值上的中性要素，而必须把它视为决策中待评价的价值要素。

（2）不能把工人的工作速度看成价值上的中性要素，否则我们就会得出结论："加速"总是特别值得期待的。

（3）不能把工作环境的社会含义看成价值上的中性要素。在决策过程中，必须考虑工作环境更替所带来的社会后果和心理后果的重要性。

（4）对薪资政策、晋升政策等，不仅要从激励和成果－效率的观点来考虑，而且要从对群体成员的公平分配的观点来考虑。

因此，我们必须强调，如果备选方案的选择里包含了评价上的显著差异，那么在制定决策时所考虑的价值就必须包含这种差异。

评价偏差

效率准则的应用上有一个与之密切相关的错误，就是在评价备选方案时只考虑了已被选为具体管理活动目标的价值。当然，某些管理活动的影响范围相当有限，而且其间接结果也不会引起多大麻烦。比方说，消防部门的活动通常只对火灾损失有影响，而同社区娱乐问题关系很小（除非那个社区爱玩火的人特别多）。所以，消防部门主管制定决策时不必考虑娱乐方面的价值。幸运的是，人类活动的后果之间是如此的严格分离，如果不是这样，就根本不可能制定出理性的决策了。[9] 但是如果一项活动在评价上通常没有非常显著的间接影响效果，这并不等于说它永远没有。我们不能只凭"通常没有"就忽略它们有时确实存在的可能性。也就是说，消防部门主管不能仅凭着他消防部门主管的身份，就可以忽略由消防设备对警报的反应速度过慢而引发火灾的可能性。

这些道理看似平淡无奇，但我们在下一章将用大量篇幅来说明，管理者在实际制定决策时，一般并不承认应该对管理活动的间接后果负有责任。[10] 在这一点上，我们也反对相反的观点，认为在民主制国家中为公共机构服务的管理者，务必要考虑与其活动有关的按理可以查明的一切有关的社会价值，并赋予适当的权重，而且不能把自己束缚在其具体职责的价值范围内。只有在这些条件下，效率准则才能被正确地当作行动的决定因素。[11]

当然，管理者实际能够考虑到的间接影响程度，会受到心理因素的严重限制，我们在第 5 章已经详细分析过这些心理因素了。与组织目标并无直接关系的许多效应必然被忽略，因为管理者的注意力范围有限，而且在决策时机方面，往往存在着严格的限制。

决策中的事实要素 [12]

我们都知道，管理者应用于事实问题的准则是效率准则。管理者有权处理的资源和投入都相当有限，管理者的职能并不是建立空想的完美计划，而是通过有效地利用可用的有限资源，力争最大限度地实现政府目标（假定已经就这些目标达成了一致）。从管理角度来看，一个"好"的公共图书馆，并不是收藏所有已出版图书的图书馆，而是利用有限资金尽可能收藏有价值图书的图书馆。

我们如果依据效率准则来制定决策，就必须具备明晓可行方案后果的经验知识。让我们考虑一个具体的市政职能部门：消防部门。其目标是减少总体火灾损失，其活动成果将用这种损失的减少量来衡量。

火灾损失的程度是由大量因素决定的，其中包括自然因素（大风、大雪、严寒天气、酷暑天气、龙卷风、飓风、地震、洪水等自然灾害发生的频率）、建筑结构和居住因素（房子方位的危险程度、物理障碍程度、建筑结构的密集度、建筑物类型、房顶构造、存放物品的种类、占用程度）、道德风险（粗心大意和故意纵火），最后还有消防部门本身的效益。因此火灾损失是包括消防部门本身绩效在内的所有变量的函数。消防部门主管如果想要做出明智的决策，就必须了解本部门的活动是如何影响火灾损失的。

消防部门如何执行任务？一般包括如下工作：对建筑物进行检查，排除火灾隐患；开展有意识的防火教育运动；救火；训练消防员；对纵火者进行调查和起诉。

但是我们还可以做更进一步的分析。救火行动包括哪些步骤？首先必须把消防设备运到行动地点，安置好喷水软管，向起火点喷水，升起云梯，在货物上铺上覆盖物防止喷水所造成的损失。这一系列活动中的每一个，又可以进一步分解成更细小的构成因素。例如，安置喷水软管这一个动作包含那些更细微的要素呢？首先必须购置并维护软管；其次必须购置并维护软管的装载设备；再次则必须招募和培训消防员；最后消防队员在安置喷水软管的过程中也花费了一定的时间和精力。

一旦确定了任务的每个要素的成本，也就到达了分析的最终层次。因此，整个救火过程可以转换成市政会计账簿上的一组账目。

上述分析层次的任何效率问题，都是要确定具体绩效要素的成本，以及该绩效要素对实现部门目标的贡献。如果这些成本和贡献已知，我们就可以把绩效要素合理地结合起来，实现火灾损失最大的减少量。

我们至少可以在四个颇为独特的层次上，进行管理问题的分析。最高层次是对机构目标的实现程度进行评价，也就是对成果进行评价；在次高层次上，是对导致上述成果的管理绩效要素进行衡量；接下来是用花费的努力来衡量投入；最后可以用货币成本来分析花费的努力。

有数学头脑的人会把这个结构看成一组方程式，与经济学家的"生产函数"完全相同。第一个方程是把政府活动的成果，表示成各特定活动绩效的函数。其他几个方程式，则是把这些绩效单位表示成间接绩效单位的函数，再将后者表示成所花费的努力的函数，最后将所花费的努力表示成开支的函数。效率问题就是要在总开支固定的限制条件下，求生产函数的最大值。

社会生产函数的确定

由以上论述可知，决策制定过程中的事实问题，也就是可以进行科学处理的部分，其本身就可以归结为确定管理活动的生产函数值。这是一项头等重要但几乎一直无人关注的研究任务。

理解这类函数，要进行如下三个明确的步骤：

（1）受每种活动影响的价值或目标，都必须采用可以观察和衡量的形式来定义。

（2）必须将决定函数实现程度的管理变量和非管理变量一一列举出来。

（3）当管理变量和非管理变量发生变动时，必须对结果发生的变化进行具体的实证调查。

这三项研究工作对于理解社会生产函数来说是必不可少的，其必要性和困难程度怎么说都不夸张。我们目前取得的进步主要在第1步，[13] 至于第2、3步的经验研究，几乎根本不存在。[14]

这样的研究固然困难，但必不可少。假如我们对这些生产函数没有最起码的近似了解，那就很难看出理性在管理决策的形成过程中有什么突出的作用，管理问题不免要回到管理者的常识上去了。这里所谓的"常识"就是"长期经验"使得管理者具备处理问题的"直觉"和"实际的洞察力"。在管理情境中有过亲身体验的人都可以证明，管理者的能力和他们对决策的信心之间并没有相关性，就算有，也是一种反向相关性。最能干的管理者往往最先承认他们的决策一般纯属猜测，他们任何自信的外表只是一种保护，让决策执行者及其下属不会对他产生疑虑。

事实上，他们每天都要做出重大决定，把资源分配给各种相竞争的用途，特别是非商业组织，还得在完全缺少必要证实依据的情况下做出决定。发生这种情形（生产有形产品的企业除外）当然主要是由于实际生产函数难以确定所致。

管理者无论是否拥有达到完全理性决策必需的信息，都不得不制定决策。我们承认实际决策极其缺乏理性，这绝对不是批评管理者，而是批评一种辩词：这些辩解之词把管理者的无知说成美德，并对在上述研究方向上进行广泛研究的必要性提出质疑。[15]

与效率有关的职能化

我们还需要再重复一下效率准则对于组织问题的重要意义。我们在前面某章曾经指出，组织的专业化分工经常采取按职能划分的方法。这种职能化就是把组织目标分解成若干次级目标，并给每个组织单位指定其中一个或几个次级目标。

因此，消防部门可以划分为一个防火办公室和几个救火队。前者的职能（或目标）是防火，后者的职能是灭火。又比方说，卫生部门可能包括传染病防治处、妊娠保健处、人口动态统计处等。在任何政府机构当中，我们都能找到类似的例子。

在这种情况下，存在一个职能和目标层级系统，它与机构中的专业化部门层级系统相对应。一般而言，职能的层级安排，将对应于一种"手段－目的"

关系。比方说，火灾损失可以设想成火灾发生次数与每次火灾的平均损失的乘积。因此，消防部门可以把减少火灾发生的次数或减少每次火灾的平均损失当作次级目标，并把这些目标分派给次级组织单位。

有效职能化需要几个前提条件。首先，我们必须把总目标分解成次级目标，并保持两者之间的手段－目的关系。其次，更深入的条件是，活动的技术必须允许把机构的工作划分成不同的部分，每部分主要负责一个而且也只负责唯一一个次级目标。按照这些条件的要求，把娱乐部门划分成"好市民""卫生""享乐"和"教育"单位可能毫无益处。尽管这些目标勉强可以算是娱乐工作的次级目标，但我们设计不出一种纲领，能够将组织的活动划分成与这些目标一一对应的多个组成部分。

职能化的价值和限度

根据上述讨论可见，所谓的组织"职能原则"的性质非常复杂。这种原则假定目标和活动的职能化可以并行。如果不存在这种平行对应关系，目标的分解便不能为组织提供任何依据。

如果说职能化的局限性是显而易见的，那么它的价值也是明显的。因为一个组织单位的活动，如果是为了实现具体明确的目标，那么该单位的决策制定问题就相应简化了。权衡备选方案时所要考虑的价值要素可能全都与组织目标相关，但如果能成功地加以职能化，情况就变得比较简单了。例如，防火单位只需要考虑其活动对失火次数的影响即可。

另外，职能化如果脱离了实际，如果不符合组织活动的技术要求，就会导致决策质量的劣化。因为在这种情况下，受到单位活动影响但是又没有包含在组织目标陈述中的价值，会在决策制定过程中被忽略。

依据"地区"和"客户"来进行专业化分工

管理文献一般都没有认识到，依据"地区"和"客户"来进行专业化分工实际上只是职能化的特例。我们前面也说过，因为一个目标的完整定义不仅包括要实现哪些价值，还包括对这些价值所涉及的具体人群的详细说明。

如果依据"地区"和"客户"来进行专业化分工只是职能化的形式，那么要获得分工的成功，就必须满足以下有效职能化的条件：①按职能划分组织活动和目标，在技术上必须可行；②分解后的活动，在很大程度上不应该影响到与其职能无关的价值。

对于第一点，我们再次用卫生部门为例来说明。将传染病防治计划划分成两部分，分别致力于降低男性和女性的发病率，这在技术上是行不通的。

至于第二点，我们将在第 10 章详细论述。举个例子，我们在这里只需回想一下常见的新闻报道：由于消防部门拒绝或无力打破辖区的界线，失火的建筑物终于被烧成一片废墟。

效率和预算 [16]

我们要考虑一下公共机构的预算编制过程，以及这一过程若要符合理性要求所必须采取的形式，作为本章所提方法的实际应用。

我们在前面已经断言，效率概念有这样的含义：在分析时可以将管理情况分解成一个正价值要素（要达到的目标）和一个负价值要素（成本）。实际进行这种分析需要一种技术方法，以便管理者能够用成果和成本去比较各备选开支方案。预算文件可以为这一比较提供依据。

公共预算过程的实质是，它要采用一个综合性计划来涵盖某段有限时间内的全部开支。但是我们如果把预算当作控制效率的工具使用，就必须对现有的技术方法进行一些重要的改进和提高。

传统预算方法的不妥之处

典型的政府预算包括哪些内容？一般来说，它要说明来年每个部门允许的开支额以及支出方式。那又要如何得到预算中的特定数字？究竟是如何决定要把预算额的 14% 投入防火工作、11.6% 投入公路建设的？

不同地区对这个问题的回答有所不同。有些预算无非是照搬去年的开支数字而已；有些预算是以固定百分比增加或减少原来的拨款额得到的；还有些则是以各部门申请拨款额的一定比例为依据来确定，申请额最高的部门得到的款额最多。另外还有些预算甚至非常缺乏系统计划。

如果有人认为上述说法是夸大其词，那么我下面列出的几条增加支持市政预算案的拨款额的正当理由，即使最怀疑这种说法的人也应该被说服了：

"薪水应该与公务职责相称。"

"随着工作量的增加，自然要求提供更多供应品，成本自然也会提高。仅邮费一项一年就达 2 500 美元。"

"选举前后，这项工作都需要花费时间和精力。"

"去年我们就曾经要求大幅度增加拨款额，可是被拒绝了。"[17]

当然，有少数几个城市和机构属于例外。它们试图用更加理智的预算评审，来取代这种无计划的过程。另外，包括美国农业部在内的好几个联邦政府部门也是如此。[18]

长期预算

如果我们要把预算编制当作合理安排开支的依据，就必须用两种综合预算来替代目前这种不妥当的文件：年度预算和长期预算。由于年度预算仅仅是长期预算的一个片段，所以我们只需要讨论长期预算。

长期预算由以下几个部分组成：①对各个部门所面临的问题严重性的长期趋势进行估计。比方说，为了防火，必须注意易燃物质的分布和集中程度，必须保持清洁的街道长度，图书馆服务的必需人数等；②适当服务水准的长期估计，也就是该市打算向市民提供的服务水平。比方说，每千人所占的公共场地面积、具体的火灾损失额等；③一项长期工作计划，用工作单位来表示，为了实现前两项中提出的项目计划而必须提供的服务，以及必须建立起的设施；④让工作计划与地方财政资源产生关联的财务计划。

第 1 项主要是事实问题，第 2 项主要是价值判断问题。在前两项决策制定了以后，第 3、4 项主要就成为事实问题了。因此，②和④之间的权衡和预算计划的决定，看来是一项立法任务。然而立法机关在获得前 3 项的相关事实信息方面需要帮助。

在目前的预算程序中，前两项甚至连预算文件的一部分都算不上，预算的全部内容都是根据后两项而设的。而且，通常就是把一份单独的预算计划提交立法机关，获得批准或进行修正。如果能获得必需的信息，直接将第 2 项中包含的政策问题提交立法机关，并向立法机关提交各种备选预算计划，指明增加或缩减开支的政策含义，看来要好得多。所以，如果立法机关要对公共政策的决定产生影响，就必须按这一思路进行改善。

在现有惯例下，最常见的情况是，基本政策往往是由机构中受命进行预算评审的技术人员来决定的，立法机关没有任何评审政策的机会。之所以存在这种情况，部分原因在于普遍不承认政府目标中的相对要素。[19]由于政策的大多数立法声明，都只阐明政府活动的目标，而不说明所要达到的适当的服务水平，所以"专家"不可能以事实为依据，来判断给某部门拨款的恰当性。因此目前的程序看来无法充分保障我们对政策决定进行民主控制。[20]

长期预算的进展情况

在过去几年时间里，公共机构在工作计划和财务计划的长期计划方面已经取得了相当大的进步。但是，至今还没有几个计划能在具体的政府服务方面，向立法者和公众说明计划对他们的重要意义，这方面并没有多少进步。此外，在估计将政府服务维持在一定的适当服务水准的费用方面，或依据效率原则，确定何时应该将开支从目前的方向转向其他效益更高的方向等方面，也同样没有取得多大进展。

举例说明理性预算

下面简要叙述加利福尼亚州救济管理署的预算编制程序，来说明我们需要进一步努力的发展方向。该机构多年来一直采用一道设计精良的预算估计程序。它能成功完成这一困难任务，原因之一在于其目标的性质。

失业救济机构的主要任务应该是向贫困家庭提供起码的经济保障。救济机构规定的最低限度的家庭开支预算，是影响政策生效的一大因素。人们通过这个预算，可以把"费用"直接转换成"成果"。也就是说，从该机构所提供的经济补贴水平上，可以直接看出具体开支的意义。政策制定机关可决定它愿意批准的家庭基本开支预算水平，这一决定又可以立即转换为费用项。"适当服务水准"就是这样确定下来的。

同样，加州救济管理署已经开发出一道周详的程序，用来估计一段时间内符合救济条件的家庭数量，也就是估计问题严重性。完成了这两步（确定了服务水准并估计了问题严重性）之后，编制工作计划、估计资金的需要，就是一件简单的事情了。

为了强调其突出的特点，我们已经对这个例子进行了极大的简化。比方说，失业救济机构除了提供现金补助之外，还提供一定类型的服务。另外，我们也没有考虑该结构的运作费用。[21] 不过，除了过于简化和忽略了部分因素之外，我们描述的预算编制程序还是很接近于理性的预算过程。

结论

我们在本章了解到，在决策制定过程的事实方面，管理者必须以效率准则为指导。这个准则要求，以有限资源获得最大成果。

另一方面，对决策中的纯评价要素来说，"正确性"准则毫无意义。民主国家承担着对这些要素进行大众控制的职责。价值与事实的区别，对于保证政策制定和政策实施之间的正确关系，具有根本重要性。

决策质量的提高，要求我们对将活动与成果联系在一起的生产函数进行实证研究。虽然我们目前对这类函数的了解还是支离破碎的，但它们又是一种必不可少的推理工具，没有它们就等于在事实真空里进行推理。

以职能结构为依据建立的组织价值，有利于决策过程，但只有在技术特点允许按同样的方式来划分活动时，职能化才是可能的。

关于立法和管理两方面的政府决策制定过程，我们有一个强大的改善途径，就是预算文件的编制。改进预算编制方法有两大好处：首先，它允许在政策制定和管理机构之间更加有效地进行劳动分工；其次，它能把我们的注意力集中于社会生产函数，及其在决策制定上的关键作用。

评论与延伸

企业成果的衡量

第 9 章主要强调衡量公共组织成果的困难，但这种衡量在商业组织中就比较容易。后者有利润作为"底线"，会计师知道如何衡量，至少可以得到近似值。尽管如此，企业成果衡量面临的困难必然与公共组织和非营利组织面临的困难类似（当然前者也许没有后者难度大）。

第一，在短期和长期利润之间的权衡上存在困难。比方说，把未来收入折成现值时的利率假设就体现了这一点。而且在类似"商誉"这样的会计项目以及已购买（例如通过合并）的固定资产价值上也很不明确。

第二，当公司采取事业部制，宗旨是要求每个事业部都有各自的损益表，进行独立核算，并且提出盈利的要求时，事业部之间交易的定价就是一个严重的问题。除非期望各事业部以公事公办的方式相互交易，而又能平等看待公司外的供应商和其他事业部，除非真正存在市场竞争机制来限制事业部之间的交易，否则必须实行某种定价管理程序来确定事业部收入、支出和利润。

第三，任何公司都有很多部门（会计、人事、法律事务、计划、研发以及广告等），它们对利润的贡献是间接的，因为它们的任务是对"直线"部门提供服务，因此只对利润做出间接的贡献。在许多情况下，要为这些服务创造企业内部市场并不可行，更何况即使能，这样的市场也可能不具备竞争条件，因此不适合作为定价的机制。

由于上述理由，我们无法把利润当成商业组织及其内部单位的唯一衡量标准。

长期与短期

近年来，大家对于公司首席执行官重视短期利润，情愿牺牲公司未来发展前景的理由，已有相当多的公开讨论。既然首席执行官的平均任期相对较短，而且其酬劳又是采取根据年利润分红的方式，那么他们会比较重视前五年甚至前两年的决策。这相当于用很高的利率来评估投资机会。（公职人员也有这样的倾向，也就是暂时把问题往后拖，先保住位子再说。）

如果股东可以很容易估计出（甚至只是可能），控制公司决策的现在与未来的权衡，一切可能都会不错，不过，由于未来总是极不确定，而且公司的管理者比作为局外人的所有者更容易评价这一点，所以要得到那种估计值极度困难。此外，未来的不确定事件倾向于把工厂和机器设备等有形资产的确定价值分配给"商誉"这样的项目，将它们转变成公司账目上虚假的"确定值"。这样，资产负债表上的股东权益一般都不接近于未来收益的现值。

据我所知，至今还没有人对此难题提出适当的解答，所以我在这里也只把它当作公共机构和私营企业在决策制定过程中，有效使用效率准则的一大障碍。

事业部的利润表

采用损益方式（或其他货币衡量方式）来评价事业部的成果，效果如何取决于各事业部之间的相互依赖程度。如果一家控股公司，几近于投资银行的功能，那么各事业部的利润表就与整个公司的利润表包含同样多的信息量。

这方面需要考虑的一个因素是，是否允许并且期望各事业部之间公事公办，彼此保持适当的距离？我们上面提到其中一点，就是不偏向于内部购买，而是有权依据价格和质量在内外部供应商之间做出选择。如果把同样的原理应用于可以在全公司范围内提供某些专业服务（例如广告、研发、会计和法律事务）的一些部门，那么这些服务就同零部件供应的情况一样了。

如果无法自由地与外部供应商交易，那么内部交易就成了单一买方对单一卖方的形式，此时要确定交易的"公平"价格，就必须提供与竞争市场中简单买卖完全不同的程序。当然，如果存在竞争性的外部市场，即使不允许外部采办，也可以利用市场价格来指导内部议价的制定，但是这又与让市场自由确定交易价格截然不同。

当然，内部交易还有很多话题可以说。各事业部编制利润表来实现效率的做法很有吸引力，但是必须满足一个条件，就是环境条件允许内部交易价格处在竞争市场价格的合理近似范围内。然而在使用利润表时，一定要记住，当技术、一般营销组织或其他环境条件彼此之间确实具有高度依赖性时，营造单位之间的独立性就很不容易了。

评价中间产出

应用效率准则最困难的地方也许是中间产品的产出评价。在确定各成本来源的成本额来创建工厂的成本会计系统时，这个问题相当严重。而要确定对组织决策过程做出主要贡献的工作的价值，这个问题的难度又会加大数倍。这当然包括了所有管理活动，尤其是那些只间接投入生产的活动，如研发、法律事务、广告和会计等都是主要例子。在这个领域中，公司在衡量产出价值时所面临的难题与政府组织面临的难题差不多同样严重。

我们可以用 20 世纪 90 年代初期以来，美国公司中一直出现的轻率裁员，尤其是白领职员和中层主管人员的缩减现象来说明这个问题。在某些个案中，裁员是对销量减少所做出的反应，而在其他个案中，裁员是因为公司明确决定，可以用少得多的人力来继续维持目前的水平。它们的这个判断如果是正确的，那么对裁员前必要劳动力的判断就一定是错的。

再重申一遍，不确定性与过去和未来之间的平衡有莫大的关联。我们现在考虑的裁员方式，主要是针对那些与产品生产和运输不直接相关的职位。举个最简单的例子，我们显然总是可以排除研究活动而不会影响本周、本月甚至本年度的销售额。

只要把某项对产出或销售没有直接影响效应的工作撤销，那么财务报表上反映出的短期利润就会增加。至于对长期利润的影响效应，问题更多，答案可能需要经过一段时间才会知晓，也可能永远都不知道。上述对于公司员工安置政策的论述与政府机构的情况没有什么不同：它们主要都是针对间接活动对于实现组织长期或短期标的是否有所贡献展开的。

评价"质量"

关于对最终产品只有间接贡献的活动的评价任务，我们可以分成两个甚至多个部分。首先，我们通常可以找到活动本身质量的评价方法。接下来的工作稍微困难一些，就是从最终目标角度来评价活动（即使它保持较高的质量水平）是否有价值。举一个相当极端的例子，关于研究型大学的研究教授的评价问题，暂时不考虑他的教学成就。这个例子与对某工业研究开发实验室的研究人员的评价没太大差别。

在大学里从事研究是一种公共活动。也就是说，研究工作只有经过他人的评价并存放在公共记录（在相关期刊上发表）里才算彻底完成了。然后再受到其他人员的评价，他们确定这对他们的后续研究是否有所帮助。还要在该研究者与同事、同行在实验室、研讨会和专业会议上讨论互动时，对研究工作进行评价。评价者自身在该工作的本质方面学识渊博，有些甚至属于本领域的权威。因此，他们对于特定研究人员在特定研究领域的研究成果的质量评价，通常都会达成相当大的共识。要粗略评价这种领域研究人员的等级并不太困难。

在科学界，经常有人嘲讽说，研究成果往往用论文的重量和页数来代表，读者也非常明白"不发表就无法生存"的道理。我不想对实际的评价过程做什么辩解，但实际评价过程显然比称重量和数页数要实在得多。其有效性直接来源于专业同行拥有的对研究过程和研究成果进行观察的机会。

企业管理者和专业人员都是决策制定过程的参与者，都具有一定的公共特性。他们的多数工作肯定不会逐字地"发表"，但是工作成果通常也要以口头或书面沟通方式传递给其他组织成员（以及组织外部人员），其他同事能够知晓这种工作成果并进行评价。从这个意义上来说，这种方式也提供了与发生在研究中的同样的评价机会。组织成员也因此可以判断出管理者的有效和无效，以及有效性水平。就像我们对研究活动的评判一样，这些组织判断也可能出错，但不是随机发生的。

但是对于研究工作和管理工作的评价，大多是针对工作的短期价值而非长期价值。如果问研究人员的成果对科学或成果应用有什么长期影响，这个问题就太难回答了。而如果我们不仅问管理者是否有效地开展工作，还问他的重要决策通常是否正确，那么就是回到描绘因果关系链的任务上，其中许多关系还有待进一步确定。裁员与其他员工解雇方式不同的是，裁员的依据不是员工的工作做得好不好，而是工作对组织目标是否能做出适当的贡献。综上所述，我们要对裁员做出客观判断极端困难。

相互排斥的各项评价准则

说到在对活动质量的直接衡量之外，评价表现出来的微妙之处，我们举一个发人深省的例子：美国政府在第二次世界大战前、中、后三个阶段开展的疟疾控制活动。[22] 在美国南部许多地区，疟疾长期以来一直是一个严重的公共卫生问题，不过就在战争爆发前不久，疟疾发生率迅速降低，原因不明。战争中，许多美国士兵都在海外疟疾疫区感染了疟疾，大家都害怕回国后会爆发新的流行病。公共卫生机构采用多种计划来对付此种疾病，其中最广泛的是对传播疟疾的蚊虫大规模喷洒杀虫剂（主要是 DDT）。

因此，衡量疟疾控制有效性有两种方法：报告病历的数量（以及死亡人数）和蚊虫的总数。不幸的是，病历和死亡人数的诊断和报告都非常不可靠，因为当时还没有广泛采用权威性的血液巴氏试验。尽管并不是所有科学家都同意，但是证据强有力地显示，到 1942 年为止，卫生机构对抗的疟疾在美国几乎绝迹了。然而该机构认为发病率和死亡率统计不确定，再加上归国退伍军人可能使疫情加重，所以放弃以发病率和死亡率作为统计数据，改用蚊虫总数统计量作为工作的评价依据。他们当时显示了（潜在）病人数量可能多得有危险，而喷洒杀虫剂 DDT 使之大大减少。那段时间该机构花了大概 5 000 万美元，而该机构的活动与持续没有疟疾病例报告的关系，仍旧没人回答。

我们不清楚，个案的统计数据更好，是否会有助于更容易决定正确的政策。此个案缺少的一项重要信息是，20 世纪 40 年代初，疟疾不明原因地减少，最后几乎完全绝迹的原因。另一项重要信息是，受感染的退役军人开始另一波流行病的概率。

在企业的决策制定方面，是否有类似程度的不确定性？我们看一家跨国公司——海洋集装箱运输有限公司，它旗下有四大事业部：集装箱船运事业部、负责欧洲几处海洋渡口的客运船渡事业部、几大洲的豪华旅馆业经营事业部以及铁路客运经营事业部（例如东方快车）。在该公司的营运过程中，必须经常做出关于船只和集装箱的购买和处理，以及渡轮航线的新增和取消的决定。该怎样估计英法海底隧道开通后，对海峡渡轮业务产生的长期影响？集装箱船运业务预计会有多大的波动？对近日购买的集装箱容量，竞争者在短期内会采取什么策略？要评价公司主管的效益，可以使用哪些衡量准则？即使事实上公司有所谓业绩"底线"，而且其短期的投资收益可以衡量，该公司的评价问题与政府机构的评价问题也并无太大不同。

结论

第9章讨论了效率，即达到的成果与消耗的资源的比值，是组织所有决策的适当而又根本的基准。然而，本章也指出，效率的评估可能极为困难，尤其是评估公共机构的活动就更难了。我在本章的评论与延伸中，说明了私营企业的效率评估也存在这种困难的原因。

注 释

1 The theory of efficiency, along the lines developed here, has been proposed in C. E. Ridley and H. A. Simon, *Measuring Municipal Activities* (Chicago: International City Managers'Association, 1938).

2 关于这一点的周详论述，及其严格精确成立必须附加的限制条件，读者可以参考福利经济学文献，例如 A. C. Pigou, *The Economics of Welfare* (London: Macmillan, 1924)。

3 Ridley and Simon, *op. cit.*, p. 1.

4 F.Y. Edgeworth 很早就将这一概念用于社会领域了。他在 p.2 of his *Mathematical Psychics* (London: Kegan Paul, 1881) 上给效率下的定义实际上与本书定义相同："……效率的定义是这样的，如果一部发动机的燃料消耗总量与另一部发动机一样多，而前者产生的总能量比后者产生的要大，那么前者的效率就比后者高。"

5 "Efficiency," *Encyclopaedia of the Social Sciences*, 5:437.

6 *Loc. cit.*

7 Horace Bookwalter Drury, *Scientific Management* (New York: Columbia University Press, 1915), pp. 114,115.

8 See instances cited by Marshall E. Dimock, "The Criteria and Objectives of Public Administration," in *The Frontiers of Public Administration*, ed. Gaus, White, and Dimock, pp. 116–133.

9 见上文。

10 关于保证时间对间接结果承担行政责任方面的困难，Karl E. Stromsen，曾举过一个极端的例子加以说明：请参考 Karl E. Stromsen, "The Usefulness of Central Review of Bureau Communications," *Case Reports in Public Administration*, No. 16, compiled by a Special Committee on Research Materials, Committee on Public Administration, Social Science Research Council (Chicago: Public Administration Service, 1940)。整个分析假定组织内的关系是衡量管理是否要考虑间接后果的主要标准。

11 Dewey 指出了间接后果的一个基本特征能把"公共"事务同"私人"事务区分开。请参考 *The Public and Its Problems*, pp. 12–13。

12 This section is based on Herbert A. Simon, "Comparative Statistics and the Measurement of Efficiency," *National Municipal Review*, 26:524–527 (Nov., 1937).

13 For a bibliography of writings on this subject see Ridley and Simon, *op. cit.*, pp. 68–74.

14 Herbert A. Simon et al., *Determining Work Loads for Professional Staff in a Public Welfare Agency* (Berkeley: Bureau of Public Administration, University of California, 1941).

15 Barnard 具有的批判洞察力通常能使他摆脱"实务经验人士"的谬误，然而就连他也有些过分相信直觉。See his "Mind in Everyday Affairs," reprinted as an appendix in *The Functions of the Executive*, pp. 301–322.

16 This section is adapted from Herbert A. Simon, "Measurement Techniques in Administrative Research," *Civic Affairs*, 8:1 ff. (May, 1941).

17 这些实例的来源处按要求保密。

18 Verne B. Lewis, "Budgetary Administration in the Department of Agriculture," in John M. Gaus and Leon O. Wolcott, *Public Administration and the U.S. Department of Agriculture* (Chicago: Public Administration Service, 1941), pp. 403–462; MacMahon, Millett, and Ogden, *op. cit.*, pp. 171–185.

19 Cf. Gaston Jeze, *Théorie Générale du Budget* (Paris: M. Girard, 1922), pp. i–iii.

20 John Dewey 为了发展一种有关专家与公众之间关系的民主哲学，狠下了一番苦功，在 *The Public and Its Problems* (p. 208)，他陈述了目前该项研究的基本论点。

21 Simon et al., *op. cit.*

22 See M.Humphreys, "Kicking a Dying Dog: DDT and the Demise of Malaria in the American South, 1942-1950," *Isis*，87: 1-17(1996). 本 文各部分讨论的，特别与对美国公共卫生服务机构在 1942 年创立的战区疟疾控制机构的评价有关。

第 10 章

忠诚与组织认同

指导组织内个人决策的价值和目标大多是组织目标，也就是组织本身的服务目标和存续目标。这些价值或目标最初是通过行使权威硬性施加到个人身上的，但是这些价值在很大程度上逐渐开始"内在化"，融入了每位组织参与个体的心理和态度中。个体逐渐培养出对组织的依从和忠诚，不需要任何外部刺激就可以自动使个人决策与组织目标保持一致。这种忠诚表现在两个方面：第一，对组织的服务标的的依从，也就是第 6 章所讲的"组织目标"；第二，对组织本身的存续和发展的依从。

组织参与者就这样，通过服从组织确定的目标，通过逐渐把目标吸收到个人态度中，养成了一种与其个人个性极为不同的"组织个性"。组织给个人分配了角色，这个角色详细规定了个人进行组织决策所依据的具体价值要素、事实要素和各种备选方案。例如对一位公园管理者来说，具体备选方案有修剪草坪、种植栽培、路面维护、清扫工作等；价值要素包括法律和社会确定的关于园貌、清洁卫生和娱乐场所使用价值的标准；事实要素包括预算、工作方法和单位成本等。公园管理者一般不需要认真考虑是否关闭公园，或将园地细分，但事实上这种可能方案与合理的花坛选址一样，非常值得认真考虑。而公园管理者不考虑是因为这并不是他的"分内事"。[1]

那组织成员的"分内事"是什么？他制定决策时的参考框架是什么？这两个问题都是由更高层次的组织决策决定的。我们在第 5 章已经解释过，组织角色和组织个性的建立对于管理决策的理性来说必不可少的原因。组织通过限制个人决策和活动的范围，将决策问题降低到它们可以控制的程度。

社会价值与组织价值

我们只要承认真实决策一定发生在某种制度环境中，就能发现，任何具体决策的"正确性"可以从两种不同的立场去判断。广义地说，一项决策如果与一般的社会价值标准相吻合，如果从社会角度来看其后果是可取的，决策就是"正确的"。[2]狭义地说，一项决策如果与组织给决策者指定的参考框架保持一致，决策就是"正确的"。

在"福利经济学"[3]的文献中非常详细地说明了这种区别。对于私有经济来说，私有财产制度允许相当程度的决策分散化。这里假定，每个人都以"利润"或"效用"最大化为准则来制定决策，决策如果实现了最大化就是"正确的"。但是福利经济学家却从另一个立场来评价决策。他希望了解个人效用最大化与社会价值最大化之间的一致程度。比方说，当我们从个人所处环境的角度来看待抉择时，广告可以解释成一种增加利润的手段。而福利经济学家从社会角度来看待决策时，就会对广告投入的社会价值提出质疑。[4]

一般社会价值和组织价值之间的这种区别，又引出了正确性的第三个概念，也就是组织环境本身的"正确性"。也就是说，我们可以通过观察对组织而言正确的决策，与对社会而言正确的决策之间的一致程度，来确定组织结构的社会价值。

比方说，人们经常提出的私有经济正当的依据是，在上述两种正确性之间存在高度一致性。如果我们承认在确定情形下（如垄断条件下），会出现相当大的不一致，那么就需要改变决策环境（解散托拉斯、价格管制等类似措施），来消除或减小不一致性。

"社会价值"的含义

这里的"社会价值"从组织层级制或社会制度的角度来理解最透彻。一个社会总是通过其基本制度结构来确立一般的价值观，并试图在这些一般的价值观和社会上各群体的组织价值观之间，实现某种一致性。这一点我们已经在前一段举例说明过了。同样，任何大型组织（如企业或政府）总是努力让它的组织部分（如部、局、处等单位）的组织目标，与整个组织的目标保持一致。

我们这里所说的"社会价值"，指的是较大组织或社会结构相对于其组成部分的"组织价值"而言的目标。从立法机关或民众的立场来看，内务部和美国钢铁公司的目标都是组织目标。但是从内务部部长或美国钢铁公司总裁的立场来看，本机构的目标就是其下属单位必须与之相符的"社会目标"。

由于建立始终与总目标保持一致的次级目标比较困难，所以次级组织成员有时会制定出符合他所在次级组织的部门目标，但是它与整个组织的大目标并不一致。本章的中心主题就是，设法让组织对个人提出的"角色扮演"的要求，与不限于特定角色的更远大标的的实现保持和谐一致。

目标冲突的例子

为了说明起见，我们可以考虑处于特定组织环境下的决策过程。1941 年7月前，加利福尼亚州把失业人员的救济工作职责分为两部分，分别由州救济管理署和县福利部门这两类机构承担：前者负责救济有就业能力的失业人员及其家庭；后者负责救济无就业能力的失业人员及其家庭。这种职能划分，主要是历史根源所致，并没有任何非常令人信服的理由，但是这不是我们考虑的重点。

从整个加利福尼亚州的立场来看，福利管理目标是，救济失业人员，为他们提供最低的生活保障。此外，当然就是最好尽可能高效地实现这个目标。也就是说，一旦确定了符合救济的资格，确定了依家庭预算大小发放救济的标准，管理任务就变成了：保证认真找出符合救济资格的人；保证这些人的预算符合规定的标准；保证用尽可能少的开支来实现这些目标。这样看来，州救济管理署就应该在有就业能力的人员范围内努力实现这目标，而县福利部门则应针对同一目标在无就业能力的人员范围内实现目标。

但是，我们如果从组织的立场分别看待这些目标，立即就会发现，州和县救济管理决策之间存在冲突因素。州救济管理署提高效率（这个效率是以组织的有限目标而不是以全州总体目标来衡量）的一种办法就是，从它的名册上把所有无就业能力者挑出来，转交给县福利部门；而县福利部门要提高效率（也是以有限的组织目标来衡量），也有一种类似的方法，就是从它的名册上把所有有就业能力者挑出来，转交给州救济管理署。

结果，每个组织都努力谋求各自目标的相对最大化，所以把大量的时间、精力和资金耗费在边界客户救济的互相推诿上了。从每个组织的组织目标来看，这种竞争性活动完全可以理解，但是它对更广泛的社会价值的最大化毫无建树。

然而，我们应该注意，这种发展状况的出现没有必然性。决策制定者并不是"组织",而是组织成员。从逻辑上讲,组织成员不必从组织限定的价值观来制定决策。可是,从一个又一个的例证中我们发现,个人行为表现得就好像他们从属的机构是"经济人"机构,个人的每项决策总是针对组织的服务目标和存续目标来计算"机构效用"。我们该如何解释这种现象呢?为了理解这种现象,我们首先必须澄清个人决策和组织决策之间的区别。

非个人的组织决策

巴纳德非常明确地指出,一个人以组织成员的身份制定的决策与以个人身份制定的决策很不一样:

> 我们所谓的"组织",是一个由人类活动构成的系统。这些活动是因为不同人的工作在这里得到协调才构成一个系统。因此,它们的重要方面并不是个人的。从活动的方式、程度和时间上看,它们都是由系统决定的。协作系统中多数工作都可以看成是非个人的。例如公司报表填写员的工作地点、工作方式和工作主题显然都不是出于真正的个人兴趣。因此,如果说我们研究的是人类活动的协作系统,意思就是,虽然人是行动者,但从协作系统研究重要的方面来看,行动并不具有个性。[5]

我们在后面还要说明,巴纳德明确指出了出现这种现象的原因。个人考虑因素决定了一个人是否参与某个组织,但只要决定了参与某个组织,他就无法确定自己的组织行为内容:

> 组织中的每一分努力,也就是每一次协调合作的努力,可能都包括两种决策行动。第一种是个人是否贡献力量的决定,这属于个人决策问题。正是重复性的个人决策过程的细节,决定了个人是否继续对组织做贡献……这种决策行动虽然是组织关注的主题……但是处于组织协作系统之外。
>
> 第二种决策对个人没有直接或特定的关系,而是从组织效应和组织目的的角度来看待人的行动,以非个人的方式制定出来的。第二种

决策行动通常是由个人直接制定出来的，但是决策却具有非个人的组织意图和组织效应。决策过程往往也是组织过程，例如立法过程、董事会或委员会决定行动方案的过程。这种决策行动是组织本身的一部分。

我们在日常事务中经常能察觉这两种决策之间的区别。我们总在说，或听到别人说这样的话："如果我来做这件事，我想我会这样决定，但是这不是我的事。""我认为这种形式需要如此这般处理，可是我不在其位，不谋其政。""这件事应该由别人来决定。"这实际上是在重申我们在第 7 章提出的建议，只不过侧重点不同。我们现在强调个人对组织行动做贡献，需要一种双重个性，即个人个性和组织个性。[6]

因此支配管理抉择的价值体系一旦明确下来，就只存在唯一一个"最优"决策，而且这个决策是由组织价值和组织形式确定的，而不是由制定决策的组织成员的个人动机确定的。只要一个人根据个人动机决定承认组织目标，那么他在权限范围内的进一步行为就不是由个人动机决定，而是由效率上的要求来决定的。

不过这个命题也有一项限制条件。即个人从组织立场上采取行动，有一个接受范围。当组织要求超出了可接受范围，个人动机就会再次占上风。从这个意义上说，组织也就不复存在了。

一个人如果从个人的立场采取行动，那么组织价值尺度就会被个人价值尺度替代，后者就会成为判断决策"正确性"的准则。因此，他的决策可以看成变量，其特定的性质取决于对它起支配作用的特定的组织价值尺度。

到目前为止，我们还没有回答个人从可以选用的无数价值尺度当中，为什么独独采用某种特定的组织价值尺度作为抉择准则的原因。我们下面开始探讨这个问题。

组织认同

为了明确我们现在讨论的现象，我们可以引入"认同"这个在政治理论界比较流行的概念。"认同"在心理分析文献中指的是一种特定的情感联系。弗洛伊德这样描述其性质：

> 很容易把认同父亲身份与认同父亲这个客体之间的区别用一个公式表达出来。一个人如果认同父亲身份，就是他希望变成一个父亲；一个人如果认同父亲这个客体，那就是他希望拥有一个父亲。区别取决于这种情感是依附于自我的主体，还是依附于自我的客体。[7]

弗洛伊德进一步假设说，认同是群体凝聚力的根本机制：

> 我们已经着手进行了这样的推测，群体成员之间的相互联系是这种认同的本质，而且以情感上一个重要的共同品质为基础，我们还可以猜测这个共同品质是与领导者相联系的本质。[8]

拉斯韦尔大概采用了弗洛伊德的"认同"说法，用了整章的篇幅[9]阐述"国家与阶级是认同的象征"。但是，他在其他地方都没有给认同进行定义，只是说"如'国家''州''阶级''种族''教堂'之类象征的识别"问题，并把"感情地带"定义为"相互认同的人群的所在地"。此外，他也根本没有断定其基本心理机制实际上与弗洛伊德的认同概念相同。

认同的含义

为了澄清拉斯韦尔对认同概念的定义，我们说，一个人在制定决策时，对备选方案的评价如果是以对特定群体的影响后果为依据，那他就认同了该特定群体。至于认同现象的基本内在机制，我们将放弃弗洛伊德的假定。事实上，在很多情形下，弗洛伊德的假定看起来都过于简单化了。

如果一个人因为某特定行动方案"对美国有利"就偏好它，他就是认同了美国人；如果他因为该方案"促进伯克利的商业"而偏好它，他就是认同了伯克利人；如果他从"个人"动机出发采取行动，此时他的评价是依据他对自己或对家庭的认同感。

对于一个人所认同的群体，我们可以用该群体居住的地理区域、该群体在社会中的经济地位或社会地位等准则来刻画。"国家"是一种地理认同；"无产阶级"和"妇女"是经济和社会认同。读者在关于立法过程和压力集团的文献中，可以找到对政治制度有重要作用的认同的例子。[10]

个人对组织的认同，既可以是对组织目标的认同，也可以是对组织存续价值的认同。比方说，一个人在制定决策时，可以认同教育的职能或目标，他可以根据备选方案对教育的影响来评价所有方案。另一方面，他也可以认同一个特定的教育组织，比如说可以阻止把某些文娱职能从学校部门转移到公园部门，然后寻求该组织的存续和发展。我们在第 6 章已经指出过，要与两种类型的认同对应，区分出两种类型的组织忠诚。

对群体或对职能的认同现象实际上随处可见。人们只要从事政治或管理工作 15 分钟，或阅读管理报告 5 页内容，肯定就可以碰到这样的例子。

报纸上经常登载认同的例子。下面是一则有关加利福尼亚州公路系统的新闻简讯：

> 公路建设工程师珀塞尔今天说，在农村公路网迫切需要重建的时候，加利福尼亚简直不可能考虑花费 1.5 亿美元，将公路系统提高到军用标准。
>
> 珀塞尔对一个临时立法委员会说，加州公路交通局主要关心的是，如何筹集修建农村道路所需的 4.425 亿美元，以便在未来 10 年里承载正常的民用交通。
>
> 这位州立机构的工程师声称，如果国防部要把加州大约 5 887 英里⊖长的公路提高到其规定的军用标准，那么事先拨款是联邦政府的"首要职责"，他还补充说，这个公路系统也适合民用。[11]

这位公路建设工程师显然认为自己的职责是，根据"民用需要"的价值，而不是"军用需要"的价值或两种价值组合来选择公路建设方案。他言谈中深层次的意思是，如果要通过州立机构支出资金的话，就要在资金分配决策中权

⊖ 1 英里 = 1 609.344 米。

衡它们对加州的价值，至于州界附近的价值问题则不予考虑。我在这里不打算
对这种立场加以褒贬。我们重点应注意，这位工程师的判断是组织认同的产
物，而且只有这种认同，才使他做出了那些判断。

美国国会住宅建设拨款小组委员会的听证会，为认同现象提供了非常丰富
的例子。我们只举下面一个例子就足够了：

> 奥利弗先生：那当然是一种很有价值的机构，可是你认为从你们
> 现在所做的各种调查研究工作中，能得出什么具体的实用结果吗？
>
> 安德森小姐：这就很难说了，因为调研结果有点难以具体化。
>
> 奥利弗先生：换句话说，这当然是州政府或某些组织应该利用的
> 信息，但是按照你的建议去做，能有什么补救或调剂作用吗？
>
> 安德森小姐：是的。就拿康涅狄格州来说吧。我们已经向该州提
> 供了大量资料，我毫不怀疑，我们提供的有关资料以及他们自己后续
> 收集的信息，将在州立法机关下一次会议制定的某些法规中体现出来。
>
> 奥利弗先生：那，为什么州政府不应该自己承担收集信息的任务
> 呢？它们为什么要派人不远千里来到华盛顿，要求联邦政府收集那些
> 它们自己收集起来容易得多的信息呢？
>
> 安德森小姐：我国只有一两个州有劳动部能够自己收集资料。它
> 们还没有建立起这种调查机构。
>
> 奥利弗先生：只要联邦政府愿意回复这种请求，而且从你的话看
> 来，你们每年都会要求在某个新领域发挥积极作用，只要联邦政府对
> 这种请求做出了迅速回应，州政府会拒绝做那些原本应该移交给他们
> 做的工作吗？

谈了一会儿，这位国会议员又说：

> 奥利弗先生：像现在这样，要我们继续给州政府提供这种帮助还
> 要持续多久呢？所有这些工作看来基本上属于州政府的职责范围。[12]

尽管该国会议员说的第一段话是从效率出发，他脑中真正的疑问是组织问

题。从州政府的立场看来具有合理价值的一项活动，在联邦机构来看价值就不大了，因为那"基本上属于州政府的职责范围"。我们可以原谅这位议员形容"像现在这样"时的严重逻辑混乱。然而值得注意的是，无论是没有逻辑的争辩，还是逻辑清晰的论述，都是源于组织认同。

认同心理

单一或简单机制都不可能合乎现实地解释认同现象。下面我们列出促成组织认同的一些因素。

（1）个人对组织成功的兴趣。根据组织价值制定的决策，在一定程度上是非个人的，但是对于组织的依附却是来自个人动机。个人愿意制定非个人化的组织决策，是因为各种因素或激励将他与组织联系在一起，比如说他的薪水、声望、友谊等许多因素。

许多个人价值不仅取决于个人与组织的联系，而且也由组织本身的发展、声誉和成就来决定。管理者的薪水和权力都与他所管理的单位规模有关。组织的发展壮大可以为管理者和其雇员带来加薪、升职和行使职责的机会。大规模预算使他能够承担起引起其他组织同僚兴趣和羡慕的活动和工作。因此，这些动机都导致对组织存续目标的认同。

相反地，组织失败或预算缩减，可能意味着薪水降低和权力削弱，甚至意味着管理者失业，至少要管理者被迫承担解雇职员这种令人不快的责任，而且严重损害了下属对可能升职的希望。

（2）私营管理心理的转移。私营经济的运作前提是，管理层以单个企业组织的利润为依据来制定决策。如果忽视了私营部门和公共部门的基本假设之间的根本区别，这种抉择的制度心理就很容易传递到公共经济部门。习惯从"我"的企业出发考虑问题的经理或行政长官，也喜欢从"我"县、"我"部门的角度思考问题。同样，这种动机主要导致对组织存续目标的认同，而不是对特定组织目标的认同。有些人虽然从未在私营组织从事过管理工作，但从私营经济占主导地位的文化环境中吸收了这些概念，他们也会表现出同样的态度。[13]

确定私营管理态度在如苏联的共产主义经济中的留存程度，是一个很有趣的研究课题。然而要把这个因素从其他个人动机因素中分离出来极其困难，因为即使在国有经济中，个人动机还将继续起到将个人与组织联系在一起的作用。

前面关于加利福尼亚州的公共福利管理[14]的例子，可以很好地解释组织效率的"私人"概念所导致的后果。州县福利机构异常积极地拒绝属于对方"职责"范围的救济工作，所以在加州的大多数县成立公平的医学基金会来裁定失业人员就业能力的疑案，在政治上不可行。

（3）注意力焦点。认同过程中的第三个要素是，管理者的注意力集中在最直接受到管理计划影响的价值观和群体上。一个管理者被委以教育伯克利儿童的任务时，与某项建议给儿童健康可能带来的间接影响的认识程度相比，他可能更清楚地认识到该建议对儿童学习的影响。反之亦然。所以他认同的是组织目标。

显然，通过选择特定价值、特定经验知识和特定行为备选方案，其他价值、知识和方案一概不考虑，就可以缩小注意力的关注范围。因此，认同牢固地建立在处理明智抉择问题时人类心理局限性的基础上。

按照这个观点，认同是建立决策环境的重要机制。不完善的认同导致社会和组织价值之间的矛盾，从而导致社会效率的损失。另一方面，组织结构如果设计得非常合理，认同过程就能通过更大的组织安排来支配组织成员的决策。因此，也可以使人类理性超越人类狭窄的注意力范围对它的限制。[15]

笔者在研究密尔沃基市娱乐活动管理时注意到，在管理型结构中，参与者的职位决定他们的注意力焦点。该市的游乐场虽然是由市政工程局游乐场建设处修建的，但游乐场内的活动归市教育委员会校外活动部监管，游乐场的维修工作也归后者负责，但当时有人认为游乐场设施的维修工作做得不够。

> 由于游乐设施增加，校外活动部突然面临新的财务工作，他们试图将维修费用降到最低限度，使资金不会从其监管活动中转移出去，这点是可以理解的。事实上，由于早期建设工作具有高度实验性质，致使

维修费用超出了原来的预期。游乐场建设处一直从事游乐设施的建设工作，同样也认为这些设施的维修不符合经济法则，这似乎也不无道理。

比方说，在游乐场设计中园林景观的位置问题上，它们各自强调的侧重点有所不同。游乐场建设处强调合适的园林景观在影响公众对游乐场的态度上的重要性，它主张游乐场应该成为美化市容的场所。

而校外活动部在成立之后的前10年时间里，在游乐设施建设方面基本没有什么进展。游乐场多数时候又热又脏，根本谈不上园林景观。但10年后，校外活动部了解了游乐场的成功主要取决于领导而不是有形的设施。

每个部门都完全理解，对于一个成功项目的管理来说，在一定的必要程度上，两个目标都是可取的。问题不是"哪个"目标的问题，而是"多大"程度的问题。而且主管资金的是校外活动部，所以维修活动在某种程度上受到阻碍。[16]

认同和达成度

在管理决策制定过程中，往往出现成本与价值不平衡的现象，这是职能认同最常见的后果之一。一个管理计划实现组织目标的程度可以用达成度（组织目标的达成程度）或效率（组织目标相对于可用资源的达成程度）来衡量。举一个很粗略的例子，近来的军备生产计划的达成度可以用常备武装力量的规模和装备状况来评价，而其效率的衡量方法，则是拿实际产出与最有效地利用国内资源所达到的产出水平相比。美国的军备生产看来很接近目标了，但它是否有效率则是另外一码事。

认同某一特定目标的管理者有一种趋势，就是以目标达成度而不是效率来评价组织。[17]这些专家并不是总能识别出，对特定职能来说，构造所谓"希望达到的服务标准"或"最低充分服务标准"，其实根本没有科学依据，除非已知这种服务的成本、可以使用的融资资金，以及要增加这种特殊服务需要缩减多少其他服务或私人开支。

年报一般都会包括下列建议：

在本财政年度即将结束之际，我们要提出一项紧急而又重要的提议，就是增加人员。这对最低工资处尤其有必要，自从最高法院裁定批准了最低工资法以来，该处工作量大大增加了。在工资法实施早期，各州都指望妇女工作局帮助工作，包括组织工作、获取必要的工资和工作时间数据，以及统一设定工资率和实际执行的首要工作。此外，经常走访各州，在华盛顿会见各州官员，也都非常必要。该处职员人数必须增加，因为它已经不能满足上面提出的所有要求。[18]

这是管理上普遍存在的抱怨"预算不够用"的例子。在完全够用和完全不够用之间还存在各种程度的充分状态。而且，人类的资源是有限的，人类的欲望是无限的。我们从这两个事实可以得出结论，管理决策的基本准则一定是效率准则而不是目标达成度准则。管理者的任务就是社会价值相对于有限资源的最大化。[19]

因此，如果管理者因为认同过程而过分重视他所关心的特定社会价值，那么从心理角度来讲，他就无法对"应该分配给他的资金额"或对"与竞争单位的要求相比，他对公共资金需求的相对优势"制定出令人满意的决定。[20]

预算编制程序是将目标达成度问题转换成效率问题的最重要工具。首先，预算要求同时考虑相互排斥的所有要求支持的申请。其次，预算能将资金分配决策向管理层级系统上层移动，它最终停留的那一层必须对相互冲突的价值进行权衡，而且此层的职能认同不会导致错误的价值权衡。

通过组织认同

看来有效组织的一个重大问题是按照一定方式对活动进行专业化分工，并进一步细分，从而确保认同的心理作用有利于决策的正确制定。

专业化模式

组织活动的细分方式会对认同产生重大影响。一项职能与行政分离要取得令人满意的结果，必须满足下列条件：①与该职能实施有关的活动独立于组织的其他活动；②活动不具有无法用职能目标衡量的间接效应；③有可能建立起沟通渠道，向该职能的负责单位传递职能成功执行所必需的信息。

这三个都是技术和事实问题，意思就是说，试图通过纸上谈兵将机构职能分块进行分析的方式，来设计一个提供某种服务的管理型组织，完全是徒劳无功的。上一代人做的所谓行政管理研究，大部分都具有这种特性。

决策制定职能的分配

既然认同会改变决策，那么要有效地分配决策职能，就必须考虑认同这一因素。

如果说的确存在基本原则支配这种职能分配的话，这个原则就是：每项决策的制定，必须把决策当成效率问题而不是目标达成度问题来处理。也就是说，如果让负责某项职能的管理者负责权衡该职能相对于其他职能的重要性，那显然很不合理。唯一能够妥善处理这种权衡两项职能相对重要性的人，必须同时承担两项职能，或两项职能同时都不承担。

这种说法有一个前提，就是人们总会认同他们所在的组织单位。尽管我们在前面已经说明了好几个对这种认同有利的影响因素，我们也不能认为，组织认同就是完全或始终如一的。在社会价值和组织价值之间抉择的管理者，当他把组织目标放在更远大的社会目标之前考虑时，心中或多或少会产生内疚感。所以，任何一种特定的认同感都不是必然出现的。

我们可能希望能在一定程度上扩大支配管理者决策的认同范围。我们可以采取一些措施将忠诚从小组织单位转移到大组织单位，从比较狭隘的目标转向比较远大的目标。如果能做到这些的话，决策职能的精确执行地就变得不那么重要了。

霍尔丹爵士的委员会对财政部和其他部门之间所谓的传统对抗态度表示遗憾。我本人并没有特别认识到这个问题，但毫无疑问，许多部门中看来都有人深信俄国谚语："吃谁的面包就唱谁的赞歌"，他们认为作为特定组织的成员，无条件支持本部门的工作来表示对自己对本部门的忠诚是自己义不容辞的责任。我认为这种观点完全不对。每个公民都应该对国家表示忠诚。每个公民吃的粮食不属于卫生部、农业部或财政和审计部，而全都属于国家。他如果认识到指明某件事的真相对国家有利，就不应该因为害怕自己可能在本部门受到排挤，害怕影响个人升职，而不去履行最一般的公民义务。当然从所有部门的集合角度来看更是如此。有些人的部门观念特别重，一旦别人涉及自己的领地，就会非常妒忌，甚至大发雷霆，接着就是部门间单调而又无止境的公文往来。[21]

这段话表达的只是大家都希望达到的理想境界，但绝不是通过希望和鼓吹就能实现的。如果个人动机、私营企业态度以及注意力范围的局限性这些因素都能导致狭隘的组织认同，那么只要努力削弱或转移这种认同感，就必定可以改变这些因素。如果我们对更大群体的忠诚与对小群体的忠诚发生冲突也能受到奖励，如果我们能明确地理解私有经济和公有经济思维模式的区别，如果我们从效率的观点而不是达成度的观点来理解管理情境，我们都能产生对大群体的忠诚。

决策的心理类型

上述论述表明，我们可以根据作为决策基础的各种思维过程，提出一套非常基本的管理类型分类法。对这个主题进行拓展会让我们偏离主题太远，但是我们可以稍做说明，发表一点评论意见。

观察表明，管理者在管理型组织中达到的层级越高，其"内在"任务（与下属组织的关系）相对于"外部"任务（与组织外部人士的关系）的重要性就越小。他的大部分工作都是"公共关系"和"创建"方面的。组织高层和低层的管理角色由于职能不同，所以他们的心理特征习惯无疑也相应存在差异。

在较低的管理层次上，制定决策依据的参考框架大部分是他人给定的。待评价的因素已经全部列举出来了，剩下的任务就只是确定各种因素在给定情形下的取值。而在较高的管理层级上，管理任务是一门创造性的艺术：必须想方设法搜索并权衡新的价值要素，还要评价新型管理结构的可能性。也就是说，高层管理者必须构造真正的决策参考框架。

正是在较高组织层级上，组织认同才可能产生极其严重的后果。在较低组织层级上，组织认同有助于从更开阔的角度来考虑个人情境的影响因素。认同保证，会有人负责制定非个人的决策。在较高组织层级上，认同的作用是预先确定决策，然后在决策的假设前提中引入尚未认可的假设和未经证实的评价。

结论

本章主要考察了决策的心理环境中一个特殊但又具有根本重要性的因素——认同要素。认同的过程就是，个人用组织的目标（服务目标或组织存续目标）代替个人目标，作为制定组织决策时所采用的价值指数的过程。

有组织的社会通过认同，迫使个人接受社会价值系统，以此来取代个人动机。如果一个组织创造的认同模式能够带来社会价值和组织价值之间的一致性，这种组织结构就有社会价值。

认同的心理基础不太明确，但是一般看来，至少包括三个要素：个人对组织成功的兴趣；私营管理心理向公共机构的转移；以及注意力范围的局限性（阻止有限价值范围外的价值要素受到关注）。

认同的不良影响主要是，妨碍组织成员在必须权衡自己认同的有限范围的价值与该范围之外的价值时，制定正确的决策。因此，我们必须认真设计组织结构，在结构中仔细分配决策制定职能，把由于认同造成的决策偏差减到最低限度。这里我们可以提出两个重要的应用。首先，为了避免认同造成的偏差，预算决策必须安排在能够从效率观点而不是从达成度的观点看待决策的组织地点来制定。也就是说，预算决策者应该能提出切合实际的成本和价值的选择。同样，职能专业化在一定程度上取决于在职能认同区域以外有没有产生其他价值后果，因为这种后果的存在会导致严重的决策偏差。

如果认同对于组织内抉择的非个人化和履行社会责任起到很大的作用，那它在组织结构建立之前影响或歪曲决策，也会带来同样程度的危害。建立对社会有利的组织，需要公正地评价所有相关价值。如果评价者的判断被他的认同感歪曲了，就必然会出现偏见。因此，个人对组织目标的忠诚，一般对组织行为有利，但在创造性和创建工作方面，也就是在高级管理者的个人风格方面，却有相应的害处。

评论与延伸

组织认同的心理根源

第 10 章简要讨论了组织认同的心理基础。我们目前在组织行为领域的知识，让我们能够举出比第 10 章更有说服力的例子证明组织认同的作用。然而在认知方面，也许第 10 章在用有限理性来解释次级目标的形成和对次级目标的忠诚上，强调程度还不够，所以，本章对第 5 章的强烈依赖性变得不够清晰。本章评论与延伸的第一部分，就是要弥补这个缺憾。

同时，新的利他主义心理基础的分析，表明在动机方面，利他主义和组织认同之间存在很强的关联性，而且支持组织忠诚的新理由可能相当有效，而且与依赖于组织目标实现的个人收益无关。本章评论与延伸的第二部分将讨论利他主义和组织忠诚之间的联系。

认同的认知基础 [22]

就第 10 章讨论的认同而言，我们可以把它在认知方面的机制综述如下：

（1）我们在第 9 章说过，高层级的目标通常对实际行动的指导意义不大，因为它们的实现程度以及具体行动对它们的影响效应都很难衡量。因此，广义目标（例如"长期利润""公共福利"等）都无法实际操作，也不能提供第 10 章讨论的从备选方案中做出有效率选择不可或缺的共同分子。

（2）因此，决策一般根据最高层级的可操作目标来制定，也就是与具体活动有相当确定关系，以及提供成就评价基础的最一般的目标。可操作目标提供了决策者简化的世界模型结晶的种子。决策者倾向于只考虑那些与此等目标有合理的直接关系的事务，其他的一概忽略。

（3）不仅决策者的次级目标会导致他们选择性地关注周围环境，而且他们为了实现这些目标而建立起来的管理结构和沟通渠道，也让他们只接触特定类型的信息，屏蔽其他信息。但由于实际接收到的信息本身比较复杂，所以即使是对已选信息的分析，也只是部分的、不完全的。

这些情况会使感知很有选择性，并造成一个重要结果，就是决策者对自己工作环境的再现模式是以可操作目标为焦点，并用注意到的极为片面的信息来解释这些目标。因此，组织决策者会强烈认同某组织目标，以及一种与同一组织其他单位的组织成员大不相同的"世界观"。

此等现象往往在组织执行官和组织观察者的轶事中非常突出，不过几乎还没有系统证据来验证现象的真实性。本部分的目的就是要提供这类证据。

我们考虑的这个命题并不是特别针对组织现象而言的，而是一个普遍原理在组织现象中的实际应用，这个原理在对选择性感知做出解释时占据核心地位：一个人面对复杂刺激时，对从中能感知到的信息早已"准备就绪"，刺激越复杂、越模糊，在感知的决定因素中，"属于"个人自身的因素就越多，"属于"刺激的因素就越少。[23]

认同中认知机制的证据

决策过程中，动机机制和认知机制往往混杂在一起，评价这两种机制的相对贡献，或许有些益处。我们可以假定：①一个人选择性地注意刺激的某一部分，也就代表他刻意地忽略与主体目标和动机无关的其余部分；②选择性地注意，是从过去某些特定经历习得的反应。对后一种设想，我们仍然不免要费劲去确定究竟要学习哪些信息。但是如果创造一种情境，把导致选择性的直接动机因素排除掉，我们就能把第二种机制区分出来。我们从中获得证据的情境，就符合这个条件，因此我们的数据也就为选择过程的内在化提供了证据。

实验

我们这项研究工作的实验对象是23位企业管理人员，他们都受雇于一个大型制造企业，而且参加了一家公司资助的管理人员培训计划。他们都被要求阅读商学院商业政策课程中广泛使用的一个标准案例。这个案例描述了第二次世界大战末期，一家专门从事无缝钢管生产的中型钢铁公司，即 Castengo 钢铁公司的组织和各种活动。这个案例篇幅大约 1 万字，详细地描述了该公司和钢铁行业的状态和历史（直到 1945 年），但基本上没有做出什么评价。刻意这样做是为了充分掌握具体事实，尽可能把理解的任务留给读者自己完成。

管理人员出现在课堂上参与案例讨论之前，教员要求他们就 Castengo 钢铁公司所面临的最重要的问题，也就是公司新总裁上任时首先要处理的问题，简单地发表自己的看法。在这堂课之前，这些人已经讨论了不少其他案例，教员也不时提醒他们，在考虑公司问题时，假设自己就是公司的高级执行官。

这些管理人员的职位比较平均，大致来自公司组织的三个层次。他们所处的职位属于通常所谓的"中层管理"，也就是大工厂的部门主管、负责公司 10 组产品中一组产品赢利能力的产品经理、大工厂的驻厂医生等。把这些管理人员根据附属部门分为 4 组：

销售（6 人）：其中 5 人是产品经理或经理助理，1 人是实地销售主管。

销售（5 人）：其中 3 人是部门主管，1 人是工厂经理助理，1 人是建筑工程师。

销售（4 人）：其中 1 人是助理总会计师，3 人是会计主管，负责 1 个预算处、2 个工厂部门。

其他（8 人）：其中法律部和研发部各 2 人，公共关系方面、行业关系方面、医务方面和采购方面各 1 人。

数据

由于这些管理人员书写的问题陈述相对比较简短，所以我们在本章附录处完整地给出。我们来确定在提出的"最重要的问题"与提出者的附属部门之间的关系是否显著，来检验我们假设的正确性。我们比较：①提到和没有提到"销售""营销"或"分销"的管理人员；②提到和没有提到"明确组织"或其他等效概念的管理人员；③提到和没有提到"人员关系""员工关系"或"团队合作"的管理人员。比较结果汇总在下表：

各部门对最重要问题的判断

部门	管理人员总人数	提到的人数		
		销售	组织整顿	人员关系
销售	6	5	1	0
生产	5	1	4	0
会计	4	3	0	0
其他	8	1	3	3
总计	23	10	8	3

提到销售是最重要问题的销售管理人员（83%）和其他管理人员（29%）的比例，在5%的置信水平下有显著差异。而且，提到销售的5个非销售管理人员中有3个隶属于会计部门，这5个人的职责都包括对产品盈利性进行分析。事实上，这种会计活动在案例讨论时相当受公司重视，而且会计主管和销售部门的产品经理之间保持着频繁而又密切的接触。如果把销售管理人员和会计管理人员结合在一起，那么10个人中有8个认为销售问题最重要，而其他13个管理人员之中只有2个有这种看法。

提到组织问题（而不是营销组织）的，在5个生产管理人员中有4人，另外还有研发部的2人，工厂医务管理人员和销售管理人员各1人，但没有会计主管。提到组织问题最重要的生产管理人员（80%）和其他管理人员（22%）的比例，在5%的置信水平下也有显著差异。对Castengo钢铁公司的案例考察表明，该案例探讨的与生产有关的主要议题是工厂经理、冶金技术主管和公司总裁之间不明确的关系问题。该案例中冶金技术主管的存在，可以帮助解释两位研发管理人员对这个特殊问题敏感的原因，因为他们也关心冶金技术。

我们不难猜测，为什么公共关系、行业关系和医务方面的管理人员都提到了人员关系上的某一层面，为什么法律部门的一位管理人员提到了董事会。

结论

我们在上面报告了企业管理人员对案例资料的选择性感知实验，该案例的假设是，每个管理人员都能感知到与其所在部门的活动和目标有具体关系的企业形势的某些层面。由于该情形鼓励管理人员从整个公司的角度，而不是从本部门的角度来看待最重要的问题，所以收集的数据进一步显示，选择准则已经开始内在化了。最后，我们使用的数据获取方法很有希望成为一种引出管理人员态度和感知的投影工具。

附录　管理人员的反应

管理人员	销售
4	明显需要直接了解销售潜力；明显需要开发其技术潜力，以占据范围更广、价格更高的市场；明显需要单位成本数据和营运成本数据。
5	为了能够充分利用专业化市场，应该采取何种最佳的组织方式。
6	任命熟悉业务的生产经理；分析关于塑料市场扩张的市场条件。
12	建立一个包括市场研究部门在内的销售组织。
20	缺少负责计划和处理战后生产和销售问题的组织。
25	总裁对执行官的选择。

管理人员	生产
1	应该从更重视新顾客和关心老顾客的角度重新审视产品分销政策。
15	缺乏清晰明确的职责链。
16	确定高层管理的人选并告知下属管理人员。
18	重新审视组织。为什么工厂经理之类的职位发生了如此多的变化。
24	缺少政策，它应该由公司首脑提出。

管理人员	会计
7	与激励有关的最新标准（激励显然不存在）。
9	公司产品未来的销售前景，也就是产品的具体说明，增加产量、控制产量，还是停止生产。
10	分销问题。不一定是现在的问题，而是近期内无疑可能会发生的问题，塑料公司、更大型公司等。
11	最主要的问题是，对公司进行重组，来收复丢失的产品市场，并寻找新市场。

管理人员	其他
3	（法律）要生产这样一种产品：①它能与竞争市场中许多实力更强大的制造商竞争；②也许正是因为它而失去了很大一部分市场。
14	（法律）董事会
8	（公共关系）处理员工关系，特别是公司与工会的关系。
17	（行业关系）我们能否将不同部门组织在一起，形成一个沟通合作团队。
19	（医疗）公司组织结构改革；权威和命令链；人事关系。
21	（采购）我们应该开始从和平时代的经济考虑和组织。
22	（研发）总裁过分集权控制。
23	（研发）缺少责任明确的正式组织。

组织行为中的利他主义 [24]

现代进化论提醒我们，不要将利他动机当成人们的本性。在标准的自然选择模型里，好人通常不适应，他们的繁殖速度远没有自私的同胞快。这种论断通常用来作为效用函数中的自私的个人经济标的。不过，这个论断是错误的。考虑了有限理性的自然选择模型实际上强烈地支持这个观点：组织忠诚对多数人都有强大的激励作用，即使他们明白并不能从中获得任何"私人"利益。

自然选择如何维持利他主义

首先，自然选择促进的是适合，即成功竞争者的后代数目。但是在现代社会里，财富创造或其他个人私利并不与后代数目直接关联。然而，我们暂时搁置这一点，并假定通常所谓的自私地实现目标，有助于提高进化适应力。

接下来的第二点是，每个人的生存都依赖于范围广阔的社会。人并不是独立的莱布尼兹的无窗单子，社会为我们提供了生存和发展的环境。家庭和社会在童年和青少年时期为我们提供养料、庇护所和安全感，并为成年时有所表现提供必需的知识和技能。社会可能会对一个人每个人生阶段的活动做出回应，不是极大地为活动提供便利，就是严重地阻碍了活动的进行。社会具有提高或降低个人进化适应性的强大能力。

除了实力和智力之外，还有哪些特征有助于提高人类这种具有极大社会依赖性的高级生物的适应力？可训练性就是这样一种特性。人有可训练性，就是可以管教，最重要的是可以教化。易教化者的行为一般比较容易适应社会的常规和压力。"可训练性"的说法也许给人太被动的感觉，但是我找不到更好的字眼。

我的论点并不是，人完全是易教化的，也不是说人完全是自私的，而是说适应力要求人们对社会影响做出可评价的具体回应。这种反应度有时意味着人们学习或模仿的动机，有时则意味着人们遵守和顺从的意愿。根据进化论的观点，很容易教化并不是利他主义，而不过是开窍了的自私而已。

根据进化论的观点，可教化性既然作为人类的特性存在，就一定有助于提高人的适应力。但是教化性在某些特殊情形下，仍然有可能受到社会影响，导致自我伤害的行为。因此，易教化的个人可能比别人更善于维持生计，但是在战争年代他们也可能因为满怀对国家的忠诚，即使牺牲生命也在所不惜。人有了易教化性以后，社会就可以通过传授对社会有益，但对接受者实际上并无直接利益的价值观，来利用人们的教化性，也就是宣扬"牺牲小我，成就大我"的观念。它唯一的要求就是，无论是从总体还是从平均来说，易教化者必须比不易教化者适应性更强。

我们可以用代数公式来刻画这些论述的依据，保证它们的逻辑合理性。假设不易教化者的平均后代人数为 k；易教化性导致后代人数的总增加量为 d；易教化者为社会引导的利他主义行为所付出的代价（后代人数的减少）为 c；p 是易教化者也就是利他主义者的比例；b 是由于利他主义行为而增加的后代人数。很容易看出，利他主义者与非利他主义者之间适应性的净差距等于 $d-c$。因此，如果 d 比 c 大，利他主义者比非利他主义者适应性更强。而且，一个社会里利他主义者所占的比例越大，就发展得越快，整个社会的适应力平均增加了 $(d-c+b)\ p$。

大量经验证据表明，大多数人都很容易受到教化。本节论证的目的是，证明这种易教化性及其导致的利他主义与适者生存的前提完全一致。事实上，上述论述表明，自然选择强烈预示着社会性动物中存在易教化性和利他主义。

利他主义与认同

还有一种方式，利用易教化性来提高一种社会系统（组织或其他系统）的存活性和适应性，就是教导人们培养出群体自豪感和忠诚心。这些动机的依据都是"我们"和"他们"的差别。对"我们"的认同也许是对家庭、公司、城市、国家甚至本地棒球队的认同，这都会让人对认同单位的成功感到与有荣焉。这样，组织认同与我们探讨过的物质报酬和认知要素一样，变成了员工为实现组织目标而积极工作的一种动机。

我们已经说明了，自然选择为社会引导的群体认同奠定了坚实的基础，但这并不表示我们已经从道德上断定人们乐于接受这种认同。对于国家、宗教和种族群体的认同，古往今来已经引起了人类无数次毁灭性的群体冲突，我们对此一点都不陌生。我们现在关心的不是评价的问题，而是说明群体忠诚的存在及其在提高组织效益过程中所发挥的重要作用（或好或坏）。

注 释

1　Cf. Dewey, *The Public and Its Problems*, p. 22.

2　"社会价值"这个词并不完全表示令人愉快的事情，尤其是从第 3 章坚持的道德相对性观点来看更是如此。这里使用这个词，是因为没有更确切的描述性术语，我们将在后面试图解释该词的确切含义。

3　A. C. Pigou, *The Economics of Welfare* (London: Macmillan, 1924).

4　See, for example, Elizabeth Ellis Hoyt, *Consumption in Our Society* (New York: McGraw-Hill, 1938), pp. 104-105. 我在这里根本不是说广告始终毫无社会价值，而是指出，广告对厂商的价值不一定能够代表其社会价值。

5　C. I. Barnard, *op. cit.*, p. 77.

6　*Ibid.*, pp. 187-188.

7　Sigmund Freud, *Group Psychology and the Analysis of the Ego* (New York: Boni and Liveright, 1922), p. 62.

8　*Ibid.*, p. 66.

9　H. D. Lasswell, *World Politics and Personal Insecurity* (New York: Whittlesey House, 1935), pp. 29-51. The quotations are from p. 7.

10　Cf. E. Pendleton Herring, *Group Representation Before Congress*

(Baltimore: Johns Hopkins Press, 1929), pp. 1-12, and *passim*, and H. D. Lasswell, *Politics: Who Gets What, When, How* (New York: McGraw-Hill, 1936), pp. 1-28, 29-51, 129-232.

11 Oakland (Calif.) *Tribune*, Oct. 13, 1941.

12 U.S. Congress, Subcommittee of House Committee on Appropriations, *Hearing on Department of Labor Appropriation Bill for 1934* (Washington: Government Printing Office, 1933), pp. 74-76.

13 有些读过本书初稿的人,对是否存在私营管理心理的转移现象提出质疑。笔者也没有掌握任何经验证据确定地证明或否定这种转移的存在。他只能说,假定这种转移存在,在他看来是有道理的,而且这种转移是否存在,以及转移存在的重要意义,都是可能极富成果的经验研究课题。

14 见上文。

15 请参考本书第 5 章。Karl Mannheim 所著一书(*op. cit.*, pp.52-57, 290)也强调了这一点。

16 Herbert A.Simon, "Administration of Public Recreational Facilities in Milwaukee, "unpubished manuscript, 1935, p. 38.

17 我们在第 6 章已经指出,由于这种认同现象在公共管理界比在工商管理界发生得更频繁,所以本部分讨论的问题主要是(但不完全是)公共管理问题。

18 U. S. Department of Labor, *25th Annual Report of the Secretary, Fiscal Year Ended June 30, 1937* (Washington: Government Printing Office, 1937), p. 136.

19 我们千万不要犯相反的错误,以经济节省为准则制定预算决策,也就是说尽量减少开支而不考虑服务。这种观点看来是对"授以审计机构或财政机构对预算事务的过分影响力"持根本反对意见。比方说,英国政府机构委员会指出:"总而言之,经验显示,不能把纳税人的利益问题交给开支部门来处理,而且这些利益也需要仔细考虑公共开支各项之间的关系、每项公共开支与本州可用资源的关系,还要仔细考虑对与开支本身并不直接相关的某些权威机构进行警醒的监督,以及这种监督由负责提高收入的部门来执行最自然也最有效。"(Great Britain, Ministry of Reconstruction, *Report of the Machinery of Government Committee*, Cd. 9230 [London: H. M. Stationery Office, 1918, reprinted 1925], pp. 18-19.)

20 即使是圈外人士,也普遍认为"职位"对管理者心理的重要影响,是机构思维的一个自然属性。1942 年 2 月 12 日美国《旧金山新闻》的杂谈专栏报道的一件事很幽默但又很有说服力地说明了这一点。那则新闻故事说的是旧金山公共设施局的事情，该部门控制着该市的供水局和 Hetch Hetchy 电站工程开发以及其他公共设施：

"市政公共设施局长 Cahill 去华盛顿出差 10 天，却待了一个月，这使得供水局局长 Nelson Eckart 除了自己的工作以外，还接管已故 A.T.McAfee 的 Hetch Hetchy 电站工程总指挥工作，以及暂时接管 Cahill 的全部工作。行政秘书 Forrest Gibbon 不得不向他说明他目前的职务。

Cahill 回来时，Eckart 的第一句话就是，'给你动力房的钥匙，还有我的阿司匹林药瓶，我辞职不干了'。然而，过了好些天，Cahill 才发现让 Eckart 几乎失控的，完全是他集三重身份于一身的这件事。他发现 Eckart 写了三封信函，第一封是以供水局局长身份写的配备更多给水装置的资金申请信，第二封是以 Hetch Hetchy 电力工程总指挥身份写的拨款申请信，最后一封是以市政公共设施执行局长的身份写的拒绝自己两项请求的回绝信。于是，Cahill 问这到底是怎么回事。

Eckart 说，'事务从上级立场来看，与从下级立场看根本不同'。"

Thomas Becket 看来具有相当高的制度适应个性，他的忠诚可以随着职位的变动而改变。请参考 the Encyclopaedia Britannica, 11th Ed. (Vol. III, p. 609) 里关于他的传记，那里也用机构术语解释了他与亨利二世的关系。

21 Henry Higgs, "Treasury Control," *Journal of Public Administration*, 2: 129 (Apr., 1924).

22 这一节由作者与 DeWitt C. Dearborn 合著，载于 *Sociometry*, 21: 140-144 (1958)，承蒙允许稍加修订，收入本书。

23 J.S. Bruner, "On Perceptual Readiness," *Psychological Review*, 64: 123-152 (1957).

24 This section is based upon H. A. Simon, "A Mechanism for Social Selection and Successful Altruism," *Science*, 250:1665-1668 (1990), and "Organizations and Markets," *Journal of Economic Perspectives*, vol. 5, no. 2, 25-44 (Spring, 1991). 前一篇文章介绍了关于利他主义模型的技术细节，而后一篇文章则对利他主义对于组织忠诚的意义进行了进一步讨论。

第 11 章

组织的剖析

我们现在应该把前面各章的论述都串在一起，看看是否能构成某种管理型组织模式。读者可以首先回顾一下第 1 章，这一章概述了到目前为止我们探讨的所有主题。

本章与前面各章一样，都不打算对于组织应该采用的结构和运作方式，提出任何建议。我们在前面已经提醒过读者，本书主要论述组织"解剖学"和"生理学"，并不打算涉及如何解决组织弊病的问题，本书涉及的领域属组织"生物学"而不是组织"医药学"。本书对实际管理问题的唯一贡献就是，合理的医药实践，只能建立在透彻的组织生理学知识的基础上。我们的主要目的是进行与组织相关的描述和分析，管理实践问题的诊断和解决都只是次要的。

我们的分析所围绕的中心主题是，组织行为是由各种决策过程构成的一个错综复杂的网络。这个网络中的所有决策过程都对操作人员（从事实质组织工作的人）的行为产生影响。组织的剖析主要针对决策职能的分布和分配，而组织"生理学"主要体现在组织对每个成员决策的影响过程中，也就是组织提供决策前提的过程中。

复合决策过程

显而易见，几乎所有组织决策都不是一个人的责任。即使采取特定某种行动方案的责任最终确实落在某人身上，但经过仔细研究该决策的制定方式，我们也总能发现，通过正式和非正式的沟通渠道，各种决策要素都能追溯到参与决策前提确定的许多个人身上。识别清楚所有这些要素之后，正式决策制定者的贡献实际上看来反而不那么重要了。[1]

我们可以看看这个例子：某公司的财务主管在该公司特定项目的融资借款合同上签名。这个财务主管显然有权制定这项组织决策并要求组织承担相应的义务。但是在他制定决策之前要采取哪些步骤呢？该项目的总工程师无疑会根据下属传达的信息和分析结果采取行动，他也许断定，为了让技术系统充分运转起来，技术部门预计要以 50 万美元的成本设计出一种特殊结构。而总经理从技术方面来讲并不反对这个提议，但是他怀疑其价值是否值得付出如此大的代价。不过他在制定决策之前，就承担追加投资的风险的意愿问题，以及融资的可行性和时机问题，要向总裁和某些董事寻求咨询意见。经过这些步骤，总工程师决定，要求对该提议的内容进行修改并缩减项目经费，工程部门也重新起草项目计划，将工程费用降到 40 万美元。然后，正式拟订建议书，得到总工程师和有关人员批准之后，提交董事会。这个阶段的问题是：是否应该批准通过这个项目？应该如何进行项目融资？最后建议通过了，但是考虑到估计误差的风险，应该将融资金额增加到 45 万美元，否则一旦费用超过 40 万美元，该公司就会面对尴尬的财务状况。经过多次讨论之后，最后决定采用抵押贷款的方式，以小于某个数值的利率向其他公司借款，董事会授权某些人员与最恰当的 X 公司洽谈借款事宜。然而，在洽谈过程中，X 公司对该建议提出的借款利率并不感兴趣，而且认为计划书的工程技术方面也需要修改。于是又重新进行同样的过程等。

最后，进行最终谈判或签订合同的管理人员，尽管看似决定了重大问题，实际上也只不过是奉命行事而已。重大决策既不是董事会做出的，也不是任何管理人员制定的，同样也不是任何群体正式制定出的，而是个人以及各种委员会和董事会制定的众多决策相互作用发展而来的。谁都不可能了解这个过程中包括的所有决策，也没有人知道所有决策的制定者是谁，以及导致决策不时进行动态调整的相互作用的情况。我们在本章后面的"计划过程"中将进一步阐明，决策几乎都是这种复合过程。

从过程的角度来看，为了研究：①个人实际上被授予多大自由权限；②组织使用什么方法对个人选择的决策前提产生影响，从决策制定者出发看待复合决策是有益的。

影响程度

一个人的决定支配着另一个人行为的各个方面时，影响力表现得最彻底。例如在阅兵场上前进的士兵毫无自由行动权。他的每个步伐、每个姿态以及步伐的幅度都受到命令的支配。据说，弗雷德里克大帝认为他的卫兵在阅兵场上的表现无可挑剔，只有一个缺点，他抱怨说"他们喘气"。然而，无限影响力的实例还不多见。

最常见的情况是，影响力只对自由行动或裁决权起着有限的约束作用。上级通常对下属下达完成什么任务的命令，但在如何完成任务方面给予下属相当大的灵活性。做"什么事"的问题，当然也有程度上的差异，可以具体指定范围是大还是小。大火灾现场消防队长发布的命令对消防员自由权限的限制，比市政章程中关于城市消防部门职能的一般规定中对消防部门主管权限的限制，要严格得多。

要现实地对一般影响力，特别是对权威进行分析，就必须承认影响力也有程度深浅之分。为了确定具体情况下影响力或权威的施加范围，我们有必要将下属的决策分解成多个组成部分，然后确定哪些由上级决定，哪些由下属自主处理。

我们在第 3 章说过，可以把理性决策当作根据价值前提和事实前提这两类不同的前提得出的结论。如果给定一组完整的价值前提和事实前提，那么符合理性的决策只有一个，也就是说，如果给定价值体系和具体的备选方案集，那么就总有一个最优方案。

因此，如果确定了理性人制定决策时依据的价值前提和事实前提，就可以控制他的行为。如果指定了所有前提，就可以对理性人施行全面控制；如果理性人也有权力决定某些前提，这种控制就是局部控制。而施加影响力就是通过控制决策前提进行的。下属的决策应该与上级替他选择的决策前提保持一致。权威的影响范围，取决于指定前提的数量和重要性，而自由裁决权的影响范围刚好相反，由未指定前提的数量和重要性来决定。

我们在前面已经指出，价值前提上的自由裁决权与事实前提上的自由裁决权，在逻辑上具有不同的地位。事实前提总是可以从客观和实证的意义上来评价是"对"还是"错"，而价值前提却无所谓对错。所以如果下属只能决定事实前提的自由权，那么在给定的情况下，他制定出的"正确"决策也是唯一的。另一方面，如果下属有权决定价值前提，而决策正确与否取决于他选择的价值前提，那么也不存在什么正误标准来判断他的选择是否合理。

只要我们承认权威只需要延伸到几个决策前提上，那么，只要一个前提不同时受两个命令支配，支配特定决策的命令就可以不止一个。对正式组织绝大多数个人决策的分析告诉我们，决策是对非常复杂的影响结构做出的响应。

军事组织就是一个绝佳的例子。古代战争中，战场与阅兵场十分相似。整个部队往往由一个人指挥，他的权威将彻底延伸到最底层的一兵一卒。这种方式可行的原因，是整个战场都在指挥官的视野和口头命令范围内，而且多数战术是由整个部队统一执行的。

但是现代战争的情形完全不同。权威是通过一个复杂的命令层级系统来实施的。这个层级系统的每一层次都授予下属很大的权限，就算普通士兵在战斗中也有相当大的自由处理权。

在这样的情况下，指挥官是如何对各个阶层的士兵施加权威的？他如何约束和指导士兵的行为？事实上，他是通过明确下级各单位的总任务和目标，确定战争的时间和地点要素以确保各个单位之间的协调，来影响士兵的行动。团长向各营分派任务，营长再向各连分派任务，连长又向各排分派任务。除此之外，指挥官一般不下达其他命令。美国陆军野战条例规定："任何命令都不能侵犯下属的权限。命令不应该包括下属自主权限的内容。"[2]

就发布野战命令而言，指挥官的自由权限只受到其所在部队目标的具体规定和整个作战计划的约束。在这些限制条件下，他再对下属的权限做进一步限制，明确规定每个下属单位在执行上级单位任务的过程中分别发挥的作用。

这是否意味着指挥官的权限就只受到个人目标或任务的限制呢？当然不是。作战命令肯定不会超出这个范围，它规定了指挥官行动的内容。然而指挥官还受到战术原则和一般军令的支配，它们在一定程度上详细说明了如何采取行动。当上尉接到上级命令部署连队进行攻击时，他要根据部队中公认的战术原则展开部署。他在领导连队进攻时，要同时对进攻行动的具体部署和具体进攻方式负责。

当我们最终将注意力转移到军事任务的真正执行者，也就是士兵身上时，就会发现每个士兵的决策都受到多方面的影响。他要参与攻击的决策可能是由所在部队的指挥官，甚至是军团指挥官定下的。他在进攻中所处的精确位置和地位，依次由将军、上校、少校、上尉、中尉、中士越来越具体地确定。上尉确定的进攻计划，是他接到的战斗命令以及以前接受过的战术训练和收到的敌军部署情报共同作用的结果。普通士兵也是这样，他在战争前线冲锋陷阵时，必定会越来越依赖以前所接受的军事训练和思想灌输的影响。

为了了解组织的决策过程，我们有必要将视角扩展到上级向下属当场下达的命令范围之外。我们必须了解下属如何受到通常的命令、军事训练和行动回顾的影响；必须研究组织内部的沟通渠道，确定他收到哪些决策相关信息。授予下属的自由裁决权的范围越广，不通过正式权威施加的影响就越发重要。

影响力模式

我们已经在第 1 章列举了组织对个人决策所产生的影响。"外部"影响包括权威、建议、信息和培训。而"内部"影响则包括效率准则和组织忠诚。我们在前面的章节中对每个主题已经一一详细讨论过了，这里就不必重复探讨了。

确定每种影响模式的运用程度和方式是组织的一个根本问题。各种不同影响模式在很大程度上可以相互替代，小型组织对这个事实一般比大型组织重视得多。

举一个最简单的例子，随着员工对工作熟悉程度的提高，授予他的自由处理权也会逐渐扩大。例如秘书学习如何起草例行公函，统计员学会安排自己的计算。在这些情况下，都是由培训代替权威来指导员工决策的制定。

"职能监督"也往往采取建议而不是权威的方式来进行。在很多情况下，为了避免按地理位置分工的直线管理者和按职能分工的专家之间发生权力冲突，用建议代替权威很有必要。

从上述影响方式对权威的补充和替代程度来说，影响力问题已经成了一个内部教育和公共关系的问题。下面就这种影响方式举一个例子：

> 对于较大型部门的管理来说，该部门的全体职员本身就构成了一种内部"公众"，在缺少小型组织中个人直接接触的情况下，他们在

相互的公务接触过程中的待人接物态度的正确定位，乍看之下，似乎需要与对待外部公众同样的注意力，需要同样的"实用心理"或"说服力"。

例如职员职务指示的准备方法……职务指示是否要拟订得特别合理？拟订者的注意力是否过于注重对于应该如何行事的准确而又全面的逻辑论述？……但是无论如何，指示的首要目标毕竟不是要获得同一办公室里批评专家的赞许，而是要作为他人的行动依据，行动者往往也不是富于批评精神的人，不是专家，不在本办公室工作。换言之，它是为了让最终接受者接到指示时产生这样的积极印象：他要立刻继续执行要求他完成的任务。[3]

近年来，管理者逐渐认识到，权威如果没有其他影响方式的辅助，就只不过是在以一种消极的方式无力地控制决策。除了例行决策以外，所有决策都包括众多复杂的要素，因此我们能同时控制的要素，只有少数几个。除非下属自己能够提出大部分决策前提，并且适当地综合，否则监督任务就会沉重得让人难以忍受。

从这个角度来看，组织问题不可避免地要与人员招募问题交织在一起了。因为各级雇员的素质和能力，将直接决定组织能有效运作的影响机制。福利机构如果能够招募受过培训的社会工作者担任调查员和个案负责人，就可以授予这些人相当大的自由处理权，来确定失业人员是否符合福利救济的资格，他们受到的约束只有抽样审查和对特困案例的审查而已。

如果只有监督岗位上才安排受过培训的工作者，那么监督者就必须对下属施行更加全面的监督，也许需要亲自审查每项决策，还要频繁地下达命令。所以监督问题比第一个例子的情况更麻烦，监督者能够有效控制的范围也相应变小了。

同样，如果组织的一个单位很庞大，可以把制定某些决策必需的专业化知识和技能保留在本单位内，那么就相应降低了对组织其他单位进行职能监督的必要性。如果一个部门能够自主地获得法律、医疗等方面的专家协助，职能型组织的问题相应就变得比较简单了，只需要建议和信息服务对该部门的直接权威链进行少量补充就可以了。

因此，我们不能与就任各个组织岗位的雇员的实际情况相脱离，孤立地考虑组织问题，而是应该把工作分工的整个主题与组织理论更加紧密地协调起来。最优的组织结构是一个变量，由该机构的人员配备情况来决定。反过来说，岗位分类也是变量，由期望或预期组织结构达到的集权或分权程度决定。

复合决策过程中的计划和审查过程

在复合决策过程，以及对一个决策施加多重影响的过程中，有两种至关重要的管理技巧。尽管我们已经不时地提到过，但它们既然是组织总体决策结构的组成部分，那就值得我们进行更加系统的讨论。第一种管理技巧就是计划，许多专家在正式制定决策之前就采取计划手段，使用自己所具备的专业知识和技能对解决问题产生影响。第二种技巧是审查，个人采用这种手段，对"内部"和"外部"决策前提负责。

计划过程

计划和日程安排也许与命令并没有严格的差别，因为它们往往是靠命令批准才生效的。但是，它们作为决策影响工具，具有特别重要的意义，因为在计划和日程安排中能包含大量细节，而且只要需要，计划和日程编制过程就能赢得员工的广泛参与。我们先考虑后一点，奥斯温·默里爵士提出了下面的例子。

> 在海军部各个部门的工作部署上，无计划或无章法的现象很少见。值得关注的不是部门的数量或种类，而是部门之间的密切关系，以及各个部门相互配合以达到管理目的的方式。也许，通过简要描述新军舰的设计和制造程序，我们就可以很清楚地说明这一点。这个程序在我看来，简直是合作的神来之笔。

第一海务大臣以及海军助理参谋长先对新设计的军舰中希望体现的特征进行一般性描述，包括对速度、行动范围、进攻性能和装甲保护等特性的描述。然后，海军建设局局长在审计部门主管的指导和建议下，拟订出几种符合要求的军舰设计方案，并预测各个方案的规模和成本。要做到这一点，他和他的下属必须掌握关于兵器、鱼雷、工程、装甲、火力控制、导航、通信以及容量等多个主题的最新进展和观念的相当多的知识，保证各方案中包含的条文的合理性，使得各个主题领域的专家在积极合作时能感到满意。

面对这些备选方案，海务大臣们就新军舰设计的一般思路达成一致意见，这一步完成以后，实际设计的准备工作才算真正开始。军舰的大小和形状大致由海军建设局设计制作。然后由总工程师和其所属的工程部门研究推进器的构造，以及轴、推进器、燃料舱和烟囱的位置，同时为了确定炮楼枪械的位置、弹药房以及为枪械提供军火弹药的方式，还需要海军军械局的合作。

这三个主要部门之间的相互理解使工作能够进一步开展下去。现在需要鱼雷处和电子工程处的合作来妥善解决鱼雷军备、电子发射器和电子照明等问题。所以对设计进程的具体描述是由底层逐级向上扩展的。海军建设局局长现在可以向海军设备局局长咨询关于摩托艇、汽艇、划艇、帆船、锚和线缆的大小与承载容量，向通信局局长咨询无线电报通信问题，向导航局局长咨询军舰导航问题等。行动方案就是这样以试验的方式逐渐形成的，它的演变始终受到不同部门效率的影响，直到最终得出一个以暂时包括所有一致意见的设计和详细说明的形式出现的比较完整的总体设计。这一阶段的确最困难也最有趣，因为在这一阶段各方面要求一般会明显重叠，承包人任务范围内各种要求的数量保持在一定量也最不可能实现。这些难题可以通过圆桌会议来消除，因为通过讨论可以达成一种妥协，以便对军舰价值的损害最小，最后将完整的设计方案提交给海军部审批通过。最终的详细设计问题大概有 14 个部门参与解决。[4]

　　这个例子非常清楚地说明，计划程序能将各类专门知识引入决策过程，而不需要费力地通过组织权威链强行引入。最终设计方案无疑要受到权威的批准，但在整个设计形成过程中，建议和忠告可在组织各个部分之间自由流动，而不存在"命令统一"的问题。由此可知，就计划程序在决策制定过程中的应用程度而言，正式组织只在整个过程的最终阶段才起作用。只要有合适的专家提供咨询意见，他们在权威层级中的确切位置便不一定会对决策产生太大的影响。

　　但是这个论断要成立，还要有一个重要的保留条件。如果决策要求在互不相容的价值之间达成某种折中，组织因素就很可能发挥相当重要的作用。在这种情况下，真实决策者的注意力焦点和组织认同感，很容易影响到组织其他成员的建议对他的真实影响程度。我们刚才引用的军舰设计的例子中就出现了这个影响因素。

　　我们还可以用这个例子来说明计划程序的其他方面，也就是我们上面提到的，计划对整个复杂行为模式的控制可以细致到非常微小的细节。完整的军舰计划，对军舰设计方案的说明甚至具体到一颗螺丝钉。这个设计方案非常详细地说明了军舰建造任务。

审查过程

　　审查能使处于管理层级上的权威人士能够确定自己下属的真实行动。

审查方法

　　审查方法可以延伸到对下属活动结果的审查，可以用目标来衡量，用下属活动的有形产品来衡量，或采用衡量下属绩效的方法。

　　当权威是通过明确规定组织单位目标来行使时，那么基本的审查方法就是确定组织目标的实现程度，也就是组织活动结果。比方说，市政执行官可以把对市政部门活动结果的衡量，作为市政部门的基本审查方法。他可以用火灾损失来评价消防部门，用犯罪率和意外事故发生率来评价治安部门，用街道状况和垃圾清理频率来评价市政公共建设工程部门。

第二种非常重要的审查方法是检查一项工作的全部，确定该项工作是否满足数量和质量两方面的要求。这种方法假定，审查者能够胜任完整工作的质量和数量的评价工作。因此，上级人员可以审阅下属发出的所有外部交流信函；首要文员可以检查打字员的打字稿；监督主管人员可以检查街道维修队的全部工程。

人们还没有充分意识到，在很多情况下，工作审查既可以审查全部工作，也可以只做随机抽样检查。抽样程序一个很成熟的例子与农业信贷管理署的人事管理有关。除了制定准则和程序的一小部分核心职员以外，该组织的人事职能几乎完全依据分权化原则来实施。作为保证本机构实际工作符合准则要求的一种手段，现场业务监督者对本机构的工作进行实地检查，至于某些具体的人事程序，比方说人员职位分类、薪酬准则的建立和考核材料的拟订等，都是通过检查实际样本来保证工作质量的。负责审查地方课税情况的州"公平课税委员会"通常也采用这种程序。此外，有些州，比方说加利福尼亚州和纽约州的福利机构，为了审查本地福利机构的工作，也开发出了以抽样为依据的审计程序。

第三种审查方法也许是最简单的，就是观察雇员的工作表现。目的有两个：第一是检查他是否投入了必要的工作时间，第二是考察他正在做的某些活动如果持续进行的话是否能完成他的个人工作。这种方法的审查对象不仅仅限制在产品或结果上，而是已经延伸到程序和技巧上了。对于领班这一管理层次，这种审查方法最占优势。

审查职能

为了确定特定管理情形下应该采用的特定审查方法，必须明确特定审查过程要达到的目的。审查过程至少可以实现四种不同的职能：诊断下属决策的质量；通过对后续决策的影响，来改善后续决策的质量；纠正既定的错误决策；对下属进行约束，让他们在制定决策时接受权威的控制。[5]

从第一种职能来看，审查是管理层了解组织低层人员决策制定正误、工作完成质量高低的手段。所以审查是高层管理者制定决策时，必定极度依赖的一项基本信息来源。在审查信息的帮助下，可以改善决策过程。

这样就出现了第二种审查职能：影响后续决策。实现这个职能可以通过多种途径。可以发布命令，包括曾做出错误决策的具体主题，或制定新政策来支配决策；可以在工作中审查出有问题的方面对员工进行培训或再培训；可以向员工提供信息，缺乏信息就会导致决策错误。总而言之，可以采取上面任何一种决策影响方式来进行变革。

第三，审查还可以履行上诉职能。如果个人决策会产生严重后果，那么为了确定决策的正确性，审查工作应该由高层权威人士来进行。这种审查可能是一种过程，也可以只由当事人提出请求时才进行。采用这种审查过程是有正当理由的：①审查允许我们对决策进行再三权衡；②对每个提交审查的决策进行评审所需的时间比最初拟订该决策所需的时间要少，因此，评审能节省那些训练有素的人员的时间，节省的时间可以用于制定更加困难的决策。而这种受理上诉的审查工作，用行政法的话来说，可以是更始，也可以仅仅审查原始决策与重要的政策规定之间是否保持了实质上的一致。

第四，审查对有效行使权威往往必不可少。我们已经在第7章说明了，权威在一定程度上取决于使其具有强制力的约束方法的有效性。而我们只有具备了一定手段，断定什么时候应该尊重权威、什么时候不应该服从权威，才能使用约束方法。审查给权威人士提供了这种信息。

回顾一下"预期反应原则"，我们就可以发现，预期受到审查和实施约束手段，有利于让决策在受到审查之前就服从权威。也正是这个原因，审查才能在决策实施以前对其产生影响。

集权与分权

我们对复合决策过程进行的考察，尤其是对组织的审查职能和方法进行的考察，相当清楚地说明了决策过程在组织中的最佳分布方式，以及决策过程集中化的相对利弊。

我们已经对于集权和分权问题讨论过什么？我们在第7章里曾经指出，决策制定的专业化和集中化有三个作用：保证协调、保证专业知识的运用和保证职责的履行。第 3 章提出了立法机构和管理机构之间职能划分的一些实用的检验方法。而第 8 章探讨了决策的集中化和沟通问题的关系。第 10 章阐述了有时由于组织成员错误的机构认同，所产生的集中化需要。而我们在本章前面强调的是，组织成员的能力是可能的分权程度的一个决定因素。除了上述几点以外，在决策分配上是否还应该考虑其他因素？

我们首先应该清楚地了解一个重要区别。集权有两个截然不同的方面。一方面，可以通过使用一般规定限制下属权限，使决策制定权集中化。另一方面，可以通过剥夺下属手中的决策制定职能，使决策制定权集中化。这两种过程之所以都可以称为"集权"，是因为其结果都是剥夺了下属对各种相互排斥的考虑因素的实际量裁权，并要求下属接受其他组织成员得出的结论。

我们还应当指出，审查职能的实现方式和集权或分权程度之间的紧密关系。审查通过对决策进行评价，并让下属服从纪律和控制来影响决策。审查有时被当成发现错误决策并进行纠正的一种方式。这个审查概念可以应用于有必要采用受理上诉程序来保留个人权利或民主责任的场合中那些非常重要的决策。然而，一般情况下，纠正造成下属决策错误的决策过程的职能比纠正错误决策的职能更重要。由于下属做出正确决策的能力不断增强，分权便变得越来越可行了。因此，审查可能造成三种后果：①如果用于纠正个人决策失误，就会导致集权以及决策职能的实质转移；②如果用于发掘下属需要进一步指导的地方，就可以通过颁布越来越多限制下属自由权限的整套规章制度，从而造成集权；③如果用于发掘下属自身能力需要加强的地方，就会造成分权。这三种要素能够通常也的确是，以不同的比例结合在一起。

但是，管理为什么要以分权化为目标？我们对这一点进行的所有分析都强调决策权集中化发挥的重要作用。但是，那些严谨的管理学者表达的疑虑警告我们，不要单纯地接受集权的优势。例如查尔斯·哈里斯爵士说过：

> 如果说我现在成了彻底的分权倡导者，那不过是中年信仰的一种改变而已……我刚开始工作的时候就注意到，在地方决策和行动中，缺乏对主要原则的一般了解和掌握。这让我至今印象深刻。多年来，

我心中有一种信念越来越强烈，那就是更强大的中央积极控制措施有助于提高管理的效率和经济效益；即使现在把视线局限在具体细节和直接结果上，我仍然对这点深信不疑。当人们依赖卡帕比利特·布朗的观点，试图既看到树木又看到森林时，确定性就消失了。

……简单的集权将决策权和权力授予提升到最核心，行动方案一旦确定下来，就让下属去具体执行。

不要因为下级人员犯了错，就削弱他的权限，要求他以后都服从高层权威的控制。要对他进行教育，再给他一次尝试的机会。但是，如果他确实朽木不可雕也，那就避开他不用。[6]

如果没有意识到长期后果，几乎所有人都会觉得自己制定决策比委任下属制定决策"更安全"。上级的集权行为有很多合理理由作为依据：他比下属更加训练有素，技术更熟练；他如果亲自制定决策，就可以确保决策合他心愿。但是有一点他不一定总能意识到，那就是将全部决策职能集中在自己身上，实际上是让自己的工作量加倍，使得下属成了多余的人。

即使上级比下属更加训练有素，也有两大理由要求决策权分散化。第一个理由是第9章介绍的效率和达成度之间的区别。只考虑决策的准确度远远不够，还必须重视决策的成本。上级人员的薪资报酬一般比下属要高，所以他的时间也必须用在相对比较重要的组织工作上。上级人员如果要制定一项具体决策，就必须牺牲原本可用于制定更重要决策的时间，这么一来，提高该具体决策的准确性要付出的代价就太大了。

分权比集权更可取的第二个理由是，决策权向管理上层集中，会将新的货币和时间成本引入决策过程。中央决策的准确性优势，必定要与决策过程的重复成本以及决策沟通成本相平衡。

为了强调不经济的审查标准所导致的成本，伊恩·哈密尔顿根据个人经历举出的例子是一个最好的例证。

1896年，我在印度西姆拉担任陆军军需副司令；那个地方过去是，现在也许还是亚洲最难驻军的地方。长时间办公之后，我通常还要带着高达 3~4 英寸的一堆文件回家。我的上司陆军军需司令是一个聪明而又快乐的工作狂。所以我们两人经常这样辛苦工作，并肩与成堆的文件作战，但是我比他年轻，所以他比我先被医生命令去欧洲治病。因此我在 43 岁的时候，开始接替他，担任陆军军需司令。然而不幸的是，那时政府非常吝啬，不肯为我出钱增添一名副手，总司令乔治·怀特爵士要我以一当二，做双份工作。我虽然心情非常沮丧，但是也只有一试。这一天终于还是来了，我这个军需司令尽责地把职责范围内的工作全部带回家。至于我自己原来的那份工作，居然神奇般地从艰巨的 12 小时工作量浓缩成了理想的 6 小时。怎么会这样？原来，我过去担任副职期间，哪个部门出现问题时，我不得不花很长时间考虑和解释问题，提出自己的观点，并且尽量说服司令接受。他是一个非常尽责的人，如果和我的意见不同，他喜欢把理由记录下来，这些理由通常有好几页纸的篇幅。他如果同意我的见解，也喜欢把自己的理解"记录在案"。如今，我自己身兼正副两职，虽然还像从前一样研究问题，但是工作就到此结束了。我不必说服下属，我只有总司令一个上级，而"他"也乐意不介入我的工作，所以我只要下达命令就可以了，如果大家能够接受我说的"是"或"不是"，这件事就再简单不过了。[7]

还有一种对集权的反对意见是我们前面没有考虑过的。至今我们一直假定，只要给定充足的时间，上级就能制定出比下属决策更准确的决策。然而，只有满足上级和下属获得决策依据的信息同样容易的条件，这个假设才能成立。如果决策必须限期做出，或如果组织具有地理分散的特征，情况可能就大相径庭。下属可以直接获得"事实情况"，但是要传达给上级却很困难。管理高层无法接触到管理低层掌握的第一手资料的现象屡见不鲜。

人们有时强烈主张，集权是工作专业化的必然伴随物。如果要对工作进行专业化分工，就一定要引入一些程序保证组织成员之间的协调，而最有效的协调程序就是决策的集中化。这一点自然不错，但是我们在承认这个论断之前，绝不应该忽视伴随专业化分工出现的真实弊端和代价。

人与人之间的协调，牵涉计划的沟通。虽然这种人际协调方式比较复杂、有效，但其效能绝对无法和人类神经系统的协调能力相提并论。当计划的组成要素只需要用图表和地图（如船体或桥梁的设计图）表示时，人际协调就能够达到细致入微的程度。然而对于一个技艺娴熟的钢琴家，或对于运用所有技能和知识解决设计问题的工程师来说，其协调机制要复杂得多。

成功地应用专业化手段来提高效率，意味着在整个任务的各个专业化部分之间不需要进行协调，或者运用现有的人际协调技巧就可以实现各专业化分工部门之间的协调。如果这两个条件都不满足，我们就必须放弃专业化分工，继续使用人脑作为协调机制。这就像一人拿针，一人拿线，穿针引线也不是件简单的事一样。现在的任务是把"线"和"针"放到同一个地方，而两人之间的协调配合，远不如人类神经系统对两只手的协调那么成功。

前面引用过的军舰设计程序的描述[8]是另一种相关的情况。仔细分析这个程序后就会发现，这个程序不仅包括军舰设计各个方面的专家，而且还包括一群可以称为"军舰设计万事通"的职能人员。不过制定军舰设计草案的是海军建设局局长，而不是职能专家。我们这里再重复一次：

> 然后，海军建设局局长在审计部门主管的指导和建议下，拟订出几种符合要求的军舰设计方案，并预测各个方案的规模和成本。要做到这一点，他和他的下属必须掌握关于兵器、鱼雷、工程、装甲、火力控制、导航、通信以及容量等多个主题的最新进展和观念的相当多的知识，保证各方案中包含的条文的合理性使得各个主题领域的专家在积极合作时能感到满意。[9]

只有"万事通"做完工作以后，再请各方面专家提出建议。接着，采用一种人际协调方法，召开会议，来调解专家之间相互冲突的主张。最后再将计划方案递交给非专业人士核准通过。

现在我们可以总结说，一定程度的集权化对于保证组织在协调、专业技能和职责安排方面的优势是必不可少的。但另一方面，我们也一定不可忽视集权的代价。集权会让高薪职员去制定那些根本不值得注意的决策。集权会造成上级职能加倍，让下属显得多余。沟通便利一定存在，但有时成本相当可观。也许只有下属才能获得正确决策所必需的信息。集权化不用人类神经系统的强大的协调能力，而以人际协调机制来代替。我们在确定决策的集中化或分散化程度时，都要重视上述考虑因素。

管理理论的教训

我们在第 2 章采取的立场是，目前大家接受的"管理原则"只是些模糊不清、相互矛盾的谚语而已，所以我们要另辟蹊径，确定一种一致有效的管理理论。这个事实已经开始在管理文献中得到大家的认可。仔细研究一下从穆尼、雷利到古利克，总统委员会的论争，到华莱士和本森发表的一系列论著，就能看出，专家们的研究重点已经渐渐地从"管理原则"本身，转移到对各项相互矛盾的原则各自适用条件的研究上。我们不再说应该按目的划分组织，而是说在某些条件下目的型组织比较可取，而在另一些条件下过程型组织比较可取。本书研究的中心主题是，从决策的角度分析管理过程，就可以理解管理原则适用的基本条件。

如果采取这种方法的话，决策的理性，也就是决策对实现特定目标的恰当性，就变成管理理论的核心关注点了。不过我们在第 2 章也已经指出，如果人类具有无限理性的话，那么管理理论就没有存在的意义了。管理理论可能只有一条箴言：始终从所有备选方案中选择最能实现目标的那个方案。我们需要管理理论的原因，是人类理性实际上是有限度的，而且这些限度并不是静止不变的，而是取决于个人决策所处的组织环境。因此，管理的任务就是设计出一种环境，让个人在制定决策时，确实能接近根据组织目标来评判的理性。

理性的范围

我们在第 2 章解释过，若从个人角度来看理性限度，大致可以分为三类：个人受到自己下意识的技巧、习惯和反射行为的限制；个人受到自己的价值观和目的观念的限制；个人受到自己的信息和知识面的限制。从组织目标来看，一个人只有有能力采取特定的行动方案，对行动目标有正确的概念，而且能够正确地获知行动条件，才可以说是理性的。在这些因素设定的边界之内，个人的决策都是理性的，都是以目标为导向的。

所以，理性并不能确定行为。在理性范围内，行为完全可以灵活地根据能力、目标和知识进行调整。如若不然，行为就取决于确定理性边界的无理性因素和非理性因素。理性范围就是对这些非理性因素的适应性范围。两个人如果面临着相同的备选方案，具有相同的价值观，知识的广度和深度也一样，那么他们只会做出相同的理性决策。因此，管理理论必须关注理性的限度，以及组织对决策者理性限度的影响方式。我们在第 10 章提到，管理理论必须确定，怎样才能使制定出制度化的决策，符合在更广泛的组织结构中建立的价值观。这个理论必定是从整个组织的角度考察，组织结构对其组成单位和个体成员的决策所产生的效应。

我们举例说明组织改变上述三种限度的方法，也许能够更加具体地说明这个问题。

有限的备选行动方案

我们设想一个砖瓦匠砌砖的速度不令人满意。他的行为也许并不是没有理性。实际情况可能是，他的技能还没有熟练到让他有能力快速砌砖。然而，如果我们重视技能本身，用适当的方法对他进行指导和培训，那么不可能的事情也会变得可能了。技能代表的行为模式，在短期内会限制适应性范围或理性范围，但是在长期情况下，可以通过培训开发出各种全新的备选行为方案。

价值观的重新定位

个人不能正确认同整个组织的目标，有时也会对理性产生限制。至少在某些情况下，还是有可能将个人对组织次级目标的认同重新定位于对更广泛更加综合的目标的认同。笔者曾有机会论述这种方法，即通过改造"理性人"的价值体系，对行为进行重新定位。当时涉及的问题是对一群参与某项管理实验的社会工作者的动机进行控制和更正：

> 对于工作者来说，这个实验看起来似乎与日常工作要实现的目标并不一致。要获得与这种工作者合作的机会，只能依据他个人更根本的价值观对该项研究进行说明，也可以向他表明，暂时放弃一些短期目标和态度有助于实现那些更加广泛的价值。这样，工作者的注意力可以脱离常规工作安排强加的那种狭隘的参照体系（也就是条件反射）。[10]

知识的限度

对于个人决策中需要反复用到某个特定知识点的情况，组织可以先预测这种需要，然后在决策前提供需要的知识，从而扩充个人的理性范围。这一点在决策有时间限制的时候显得特别重要。因此，警察要事先训练逮捕罪犯、制服蛮横罪犯之类的工作方法，而不必等到真正需要时才临阵磨枪。

个人理性和群体理性

一项决策如果与个人决策时权衡的价值、备选方案和信息保持一致，那么该决策从个人角度来看是理性的（主观理性）。一项决策如果与支配群体的价值和群体拥有的决策信息保持一致，那么该决策从群体角度来看是理性的（客观理性）。因此，我们构造的组织必须能够证明那些从决策者角度看来是理性（主观理性）的决策，从群体的角度来看仍然是理性的。

我们设想有位军官命令手下士兵去攻占一座山头。理性（主观理性）要求他把这个目标（或价值）与他逼近敌军位置的本领，以及他对自身处境感知的信息结合起来。

另一方面，理性要求军官分派给士兵的任务目标务必有助于实现本部队更大的目标（这通常意味着士兵的目标必定要有获得成功的合理可能性），而且，他还要向士兵提供有助于完成任务的一切信息。如果根据军官职位要求这一更加广泛的观点来评价时，该士兵的行为仍然是理性的，我们就说这个军官是理性的。

管理的基本任务，就是为每个"操作"人员提供这样一种决策环境，从环境角度来看合乎理性的行为，从群体价值观和群体处境的角度来看仍然是理性的。此外，我们还必须考虑到，确立个人决策环境还包括组织的沟通问题。那么构筑组织理论的基本要素是：①必须传达操作层级以上的层级所做出的决策；②无论哪个层级制定决策，决策质量都由限制决策者理性范围的环境来决定。对于第一个要素来说，最广义的沟通技术是限制因素；而对于第二个要素来说，限制因素就是对个人理性范围形成限制的因素。

组织方位的重要性

既然管理理论是与控制非理性有关，那么理性范围越大，管理型组织就越不重要。比方说，计划准备或设计职能如果能产生书面计划，并且可以毫不费力地传播，那么把这项职能安排在组织任何地方几乎都不会影响职能作用的结果。现在需要的无非是一个赋予计划某种权力地位的程序。这个程序可以通过许多途径来提供。对计划或设计部门在组织中的合理方位的讨论，很容易只是泛泛而谈，而且可能由组织成员的个性和他们对计划职能的相对热情（或冷漠）程度来决定。[11]

另一方面，当沟通或认同是影响决策制定的关键因素时，决策在组织中的定位就非常重要。比方说，军队中的决策分配方法，至少在确实开战之前的时间里，理论上（我必须追加一个副词"理论上"）会自动保证每个决策都由有足够知识协调与其他决策关系的地方来制定。同样，我们还注意到，关于预算限额的最终决定始终委托给管理者来做，管理者可以不认同具体的待批项目，但必须要对这些项目与其他替代项目进行比较和权衡。

管理者的角色

现在简要叙述一下管理者的角色和培养问题，这样总结本书也许比较合适。我们在前面已经指出，唯一被称为"管理型"决策的是那些关于决策制定过程本身的决策。也就是说，这种管理型决策并不确定组织工作的内容，而是决定如何安排和影响具体组织中的决策职能。

　　但是，我们说任何组织都必须制定管理型决策，并不是说恰好担任该组织管理者的人就只制定或应该只制定管理型决策而已。无论关于应有专门制定管理型决策的职能人员的想法是否可取，这样定义管理者的任务肯定不能准确地描述出如今管理型组织的真实情形。

　　几乎所有组织的管理者都不仅有责任建立并维持组织结构，还要制定一些更加重要、覆盖面更广的关于组织工作内容的决策。我只以一种决策为例，高层管理者一般都要承担起预算决策的重任，也就是关于组织努力方向的决策。而且，他还要在自己的权限限度之内，承担起拟订组织目标的重任，组织目标就是指导组织低层决策的价值要素。

　　随着管理层次的提高，"管理"责任占用管理者的时间越来越多，而"技术"责任占用的时间越来越少。我们一定要相当谨慎地解读这种说法的意思。如果把"管理责任"只理解成"组织确定"的职能，上述说法就不对。"管理责任"应是管理者所承担的广泛决策职能才对。

　　管理者的职能和低层的"技术"职能之间有什么区别？区别只不过是，与低层管理决策相比，高层管理者的业务决策都是针对更远大的目的和更一般的过程来制定的。我们可以说，低层管理者的目的就是高层管理者的过程。

　　速记员的理性体现在把速记稿翻译成打字稿的过程中，而不管稿子是何内容。而她雇主的理性则体现在确定速记内容上，而且他自然认为速记员关注将速记稿翻译成打字稿形式。

　　与设计工程师相比，总工程师的决策不太关注工程技术，那他们关注什么？卫生部官员的决策如果不包括医药知识的细节，那么包括什么？包括效率准则在更加远大的组织目标方面的应用。由于政府组织（商业组织也是这样，程度稍弱而已）的远大目的主要是社会性质的，而较大的手段问题主要是经济和财政问题，所以，高层管理者的决策涉及社会科学原理和经济计算。

　　我们还应该注意，用于处理关于组织结构本身决策的知识。如我们前面所提到过的，如果管理理论不能完全摆脱对组织工作内容的关心，那么合理的组织决策还是需要这些内容方面的知识。

由此可见，就组织目前的构成方式来看，管理者的工作包括：①组织结构方面的决策；②组织工作内容方面更广泛的决策。这两类决策都不可能完全以管理理论知识或工具为依据，甚至不可能以它们为基本依据。第一类决策一定要牢固地建立在组织技术的基础上。而第二类决策也必须建立在组织技术的基础上，同时还要求：①透彻理解效率理论；②掌握与更广泛的组织目标有关的社会科学知识。

这种分析如果正确，那么它对"管理阶层"的培训，也就是对精通高级管理人员的培养有直接意义。首先，除了最高管理层之外，它对那种完全脱离其他事物处理能力来培养管理才能的可能性提出了根本性的质疑。其次，它指出，妥善培养"管理者"，不应该局限在管理理论的狭小范围内，而是应该扩展到更广阔的一般社会科学领域来进行。

结论

我们的研究并没有得出任何明确的管理原理，但是，这为我们提供了一个分析和描述管理状况的框架，以及管理型组织提出合理建议时所必须考虑的因素集合。此外，它还说明，目前人们接受的许多管理"原理"都存在内在模糊和相互矛盾的缺陷。

下一步研究工作有哪些呢？首先，我们必须发展代表现有管理状况的充分的案例研究。这种工作如果小规模开展的话效果应该不错，例如从细节着手考察规模适中的组织单位。只有这样做才能避免研究工作流于肤浅和形式化。

其次，我们必须发展和提高用于衡量具体管理措施成功程度的技术。明确地说，管理研究中一个频繁出现的假设，就是一种安排存在即是有效，其实这个假设是一种最蹩脚的循环论证。管理学者并没有超凡的洞察力，不可能只简单观察一下管理型组织就可断定它能否在"有效运作"。唯一可能有效的评价程序，就是根据备选管理方案的客观结果进行方案比较。

最后，对于不同管理原理的合理适用"条件"的有价值的研究已经启动了，使用本书构造的"决策"框架，可以顺利地对这种研究进行扩展和延伸。

评论与延伸

由于第 11 章是把前面各章的主题进行汇总和概述，所以我们没必要再对第 11 章进行概述了。不过，本章的评论与延伸有两项任务：第一，对《管理行为》第 1 版出版以来管理理论的发展做个简评；第二，再介绍两个组织与组织环境相互作用的例子。这两个例子中的组织都是我亲身参与过的，一个是在该组织初创的关键时期，另一个则是在组织初创期及其之后的时期共计 47 年时间。这两例的中心议题是再现模式（如果你喜欢用组织文化也可以）：也就是组织如何看待自身，以及组织结构如何根据环境发生权变。

半个世纪以来组织理论的发展

前 10 章的评论与延伸主要考察了自本书初版出版以来的 50 年中，我们经过研究和观察，为组织理论注入的重要新观念。本章评论与延伸的目的在于考察这些新观念与本书初版的关系。

讨论过程中，我明显看到"古典"组织理论与现在所有论著存在很强的连续性。文献中有时说到的管理"学派"把这种连续性弄得很模糊[12]，有时为了扩展（在过程中重新命名）吸引研究人员注意力的特定观念而发明新术语也会破坏这种连续性。我希望读者不至于误认为，我重视连续性就表示我认为所有新观念"在 1947 年本书初版出版时就都有了"。我的想法正好相反，自过去 50 年以来，我们在管理理论上已经连续取得了巨大进步，我希望这些内容都能在前面各章的评论与延伸中体现出来。尽管如此，新理论知识并不是解构而是放大过去的知识。

人际关系

管理学上所谓的人际关系变动，大约起源于《管理行为》初版问世前的 20 年，而它的影响力，可在本书对待权威和认同的态度，以及强调一般情形下管理的心理机制上看出来。最早的人际关系主题是工人对决策过程的参与；研究人员在"参与对士气的影响"以及"雇员士气与生产力之间的关系"上进行了大量研究。[13]

上述参与主题后来为 20 世纪 60 年代和 70 年代人们更普遍地攻击权威和层级制，以及关注人类在工作上的自我实现奠定了一些基础。我们已经在第 6 章的评论与延伸中讨论过这些发展与激励和贡献的关系，而在第 7 章的评论与延伸中讨论过这些发展与权威的关系。[14]

理性与直觉

由于人际关系研究强调动机和情感，所以它也反对其他管理模型中采取的过分理性的立场。不过第二次世界大战后，人们热衷于它的原因，也许是因为比人际关系更重要的，是它对运筹学、管理科学和经济分析的计量方法的怀疑反应，即它提出的"直觉对抗理性"的议题。有趣的是，《管理行为》在这场纷争中处于中庸位置，所以像多数中庸者一样，它有时会受到两方的攻击。一方面，古典经济学家反对在"理性"前加上形容词，而且直到最近，他们才愿意走出严格的效用最大化模型。而另一方面，非计量管理学者抗拒"理性"这个词，因为他们认为理性没有给人类思维留下太多运用直觉的空间。我们在第 5 章的评论与延伸中相当详细地说明了上述两个议题。

基于传统智慧，我坚信在这样的纷争之中，真理一般不会出现在极端情形中，我为《管理行为》接近中庸立场而感到欣慰。本书一方面挑战大多数仍然坚持无限理性的经济分析，另一方面也说明了我们怎样才能把"直觉型"思维方式当成一种有限理性过程来分析，表明它根本没有什么神秘可言。

直觉让专家凭着熟悉的暗示，迅速识别情况并做出反应，从而与以往的培训和经验所组成的庞大知识体系相联系。专家头脑中拥有索引的百科全书，提供了专家行为和组织常规的基本机制。

权变理论

不同任务、不同环境需要采用不同组织结构的观点，通常被称为"权变理论"，它直接来自第 2 章中对"把管理谚语当成组织结构的普遍原则"这一做法的挑战。第 2 章的评论与延伸描述了对管理谚语的批判和权变理论之间的关系，并举出会计组织和产品开发组织两个例子来说明这种关系。在本章的评论与延伸中，我们还会再举出两个更详尽的例子。

权威关系

《管理行为》挑战的管理谚语之一是命令统一原则，并用巴纳德更加精妙的权威关系理论来代替。虽然人们目前对于权威的本质和实际运作方式的看法似乎相当一致，但是对于组织内如何施加权威以及施加多大程度的权威才适当的看法，却较少能达成共识。我们在第 6 章和第 7 章的评论与延伸中已经讨论过这些议题。

计算机与沟通

在本书初版出版时，新型电子技术开始出现了，现在，它已经引起了人们极大的关注，也已经在许多例行文秘工作的自动化和多数工程计算领域对组织造成了巨大的冲击。虽然它对组织结构的影响效应不太容易界定，但是我们不能忽视未来发生重大变化的可能性。我希望在第 8 章的评论与延伸中已经对这些议题进行了尝试性的适度讨论。

认同和组织忠诚

为了实现组织目标，认同大大加强了有形物质报酬和雇用合同所引起的动机，这些年来，这一点变得越来越明显。同时，我们也掌握了大量关于认同的心理学基础的知识：有限理性和对环境的选择性关注产生的认知基础，以及人类利他主义组织的情感基础。利他主义可以解释有限理性与可教化性之间的相互关系。第 10 章探讨过这些主题，本章的评论与延伸中也对这些主题进行了更新。

组织文化

除了使用的语言不同之外，新滋生的对组织文化的兴趣，看来与组织成员刻画环境和组织方式的长期兴趣相同。因此，组织文化与权变理论、目标和再现模式都密切相关，第 5 章和第 10 章以及两章的评论与延伸部分、第 2 章的评论与延伸以及本章的评论与延伸中剩下的篇幅，都讨论过这些主题。

组织的诞生 [15]

近期我们常听说，组织需要一份"前景宣言"和"使命宣言"。许多应这种需求所做出的声明，都只不过是一厢情愿的说法。一家公司声称即将生产优质产品、为顾客提供需要和想要的产品、公平地善待员工、为股东提供最大的回报等，都不可能对公司决策制定或其他行为产生显著的效果。宣称所表达的感情固然值得称颂，但没有落到实处。

话又说回来，即使我们对这些陈词滥调的效用存有疑虑，也不应该忽视管理人员和非管理雇员共享同一个组织目标的重要性，所谓同一个组织目标，也就是善用自身独特实力和比较优势来确定和维持组织的竞争性地位，设计出最优的"管理风格"和策略来利用和加强这些实力和优势。在前面的章节中，我使用"再现模式"指代一个组织刻画自身特征的方法。寻找合适的再现模式对于发展中的新型组织的有效合作尤其重要，领导的一项重要责任就是，保证设想出这样一种再现模式，并将之渗透到整个组织的决策过程中。

为了最清晰地阐明有效再现模式的性质和有效扩散方法，我要对在第2章的评论与延伸中简单提到过的经济合作署的案例进行更加完整的说明。

经济合作署的创建

1948年4月3日，美国国会批准通过了经济合作法案，开始实施所谓的"马歇尔计划"，来帮助第二次世界大战后的欧洲国家恢复衰败的经济。1948年7月底，经济合作署开始运作，而且在管理对外援助计划方面已经积累了相当多的经验。

下面叙述经济合作署创建过程中发生的一些事件。我主要是利用在该机构的组织和管理处任职的有利条件，才对这些事件有所了解。虽然我偶尔有机会让该机构其他部门的人员来对我的观察结果的真实性进行核查，但是可以肯定他们所看到的和我所观察到的绝对不一样，我也没有任何理由认为我看到的就是"真实的"。事实上，这个案例中蕴含的一个道理就是，组织在初创阶段，很大程度上是由不同头脑中构想出的不同情景构成的。这些不同的组织再现模式之间并不和谐一致，组织化过程就是编织一幅具有一定共性的图景的过程。[16]

初创阶段举步维艰

从几乎每天都有新号码出现的电话目录上，我们可以找到经济合作署迅速成长时期的大量历史资料。第一本电话目录大约在 1948 年 4 月 13 日发布，只列了 15 个名字。由于名单中没有包括文职人员，所以我们推测，前 10 天参与该机构工作的大约有 30 人。到 4 月 22 日，电话目录里的名单包括文职人员在内一共列了 138 个名字，而到 7 月 26 日，名单就发展到 741 个，经济合作署的迅速成长时期也到此结束了。

组织快速成长的过程如同一种细胞分裂过程。保罗·霍夫曼在就任署长的头几天里，除了任命了两个私人助理之外，还任命了韦恩·泰勒为营运部部长，任命了一名代理审计长，不过很快由科勒接任了正式审计长职务，此外还任命了唐纳德·斯通为行政部部长。霍夫曼还引入了三名经济学家帮助审查机构正式创建之前就开发出的具体计划。这个三人小组由理查德·比索领导，他在这之前曾任总统对外援助委员会执行秘书。

从机构项目这一面来说，这个细胞分裂过程太慢了；而从组织结构这一面来说，这个过程就很迅速了。造成这种差异的原因有两个。第一，在国务院已经有一个"临时援助"单位，负责管理早期对奥地利、法国、希腊、意大利和的里雅斯特的援助基金拨款，它在经济合作署成立初期，保证了供应渠道的通畅，不过很快被经济合作署吸纳为其一个采购交易单位。[17]

第二，在机构的初创阶段，结构问题比营运问题突出得多。该机构显然需要办公场所、电话以及其他内勤服务，还必须雇用很多员工，就连同报界联系这一职能也不容忽视。至于该机构如何管理对外援助工作的问题就含糊多了。

到 4 月中旬，行政部部长已经任命了预算处处长、组织和方法处处长、人事处处长和总务处处长。到 4 月的第 3 周，63% 的职员在上述单位就职，13% 的职员在总部工作，剩下 24% 的职员（不包括国务院小组成员）从事与具体计划有关的所有活动。到 7 月 26 日，项目单位的人员已经从华盛顿总部所有职员的 1/4 增加到一半。

4 月中旬的经济合作署与一个没有工厂的制造公司很像。办公桌和电话数小时就可以配备完成。在那栋尚未完工的新建的办公大楼里，内部隔间却以惊人的速度建立起来了。但是无论什么产品出现，都是由国务院小组促成的，这个小组的运作与经济合作署几乎很少进行联系，也几乎没有得到该机构的任何指导。事态照这个样子发展完全可以理解。由于华盛顿当局对管理型机构的样子有一个清晰的观念，所以就能建立起组织的框架。但是，大家对经济合作署并没有达成一致意见，因此它只是一个骨架，而没有血、肉和神经。

备选的再现模式

那么经济合作署的项目和实施该项目的组织是如何成形的？我们至少可以识别出 6 种对经济合作署进行组织的方法。该机构早期管理史主要是由这些方法的此消彼长，以及使用这些方法的管理机构来主导的。由于这些方法并不和谐一致，而且创建经济合作署的法令也没有明确表示支持哪种方法，所以机构的最终结构可以采取以下几种。

商品审查途径

通过战时援助项目和战后临时援助项目，该机构在对外援助的管理方面已经取得了相当多的经验。特别是贸易部的出口许可单位和国务院的临时援助小组，它们都储备了相当丰富的管理经验。农业部和内务部也有些人在这些早期项目中发挥了一定的作用。

这个小组的对外援助概念就是，确定受援国家对商品的具体需求，批准或禁止每次进出口商品的数量。与此有关的决策，相当于对每宗交易进行审查，审查受援国家为维持国防能力或营养水平所需的商品，以及某些稀缺商品的供应能力。[18] 这种审查过程需要用到两种专业知识：需求和供给。前者告诉我们该机构要结合商品地域来进行专业化分工，后者则要求按商品进行专业化分工。

贸易平衡途径

马歇尔计划颁布前，欧洲和美国已经进行了大量的经济研究，研究内容就是欧洲对美国援助的需求量。1947 年秋，欧洲经济合作委员会起草了一份相关的估算报告。报告首先估算了为了维持适度消费水平而必须进口的货物种类和数量，然后估算了由进口计划造成的收支差额。由此造成的"资金缺口"，便是申请援助数量的基础。这些估算数据经过一番修正之后，可以作为经济合作署制定法规和后续拨款事宜的指导。[19]

从这种外援计划来看，单宗商品采购交易实在不怎么重要。一旦对每个受援国家的援助总额确定了，具体某次进口是由经济合作署来支付，还是用出口贸易额来支付，就无关紧要了。对外援助问题只是一个弥补"资金短缺"的问题，这种看法是从国际贸易理论的核心概念"收支平衡"演变而来的。从组织的观点看，这个概念就是借助经济分析，做出每个受援国家资金援助额度的总体决策。

欧洲合作途径

另一种预想是，促进西欧的国际贸易、经济合作和产业合理化。这种方法是我们前面提到的研究的基本要素，也是国务院和国会政策必不可少的组成部分。[20] 它对组织有以下意义：首先，规划的主动性还应该依靠欧洲国家的合作行动；其次，在计划下，我们与欧洲国家的关系应该是以多边形式出现，而不是双边的，而且这些关系应该通过经济合作署驻巴黎办事处而不是华盛顿总部来进行沟通。

双边缔约途径

另一个不同观点是，援助应该依据美国和每个受援国家之间双边协商和承诺的条件来确定 [21]。由于协议要求受援国必须与其他国家合作，所以这两种观点并没有直接冲突。但是，双边协议要求国务院与单个受援国直接谈判，因此削弱了欧洲经济合作委员会和经济合作署驻巴黎办事处作为主要联系渠道的作用。双边协议还侧重强调某些美国的特定目标，比方说保证战略物资的持续供应等。

投资银行途径

经济合作法案具体规定，在第一年 53 亿美元的援助金额中，10 亿美元应该采用贷款的形式，通过进出口银行来掌管这些贷款。这一做法说明，必须确定每一工厂建设项目或其他增资建设项目能否收到良好的经济收益。在陈述贷款审批准则时，国会也是含糊不清，可能故意如此，通常投资回收能力和受援国家的偿还能力这两方面都要考虑到 [22]。事实上，国会对受援国家提出赢利能力准则，以及霍夫曼先生任命的营运部部长泰勒先生从进出口银行来到经济合作署，在最初几个月内对经济合作署的组织的确产生了重要影响。

政策管理途径

预算局已经构造了一些该机构内部组织的试用计划。由于预算局对于援助项目还没有清晰的概念，这些试用计划类似于该机构 4 月初刚开始发展时的组织，大大强调结构而不太重视过程。规定要求设置的机构包括政策协调处、项目处、营运处和审计部门。政策协调处负责更广泛的欧洲复兴问题，项目处负责审查商品清单，营运处负责真实的采办工作，而审计部门则负责资金运用记录和会计核算工作。

要处理任何复杂问题，都应该先做出广泛的决策，然后用更加具体的决策来实施这些广泛的决策，接着再实施这些具体决策。这种观点大家都很熟悉。而上述方案实际上错误地把管理过程看成执行某项目所需的一系列管理单位了。经济合作署后来出现的某些部门确实和预算局提议设立的机构相同。但除了审计部门以外，其他部门的出现都只是巧合，并不是计划出来的。而且随着组织的逐渐适应和变化，与政策协调相对应的机构吸收了越来越多项目处的职能，而项目处则完全吸纳了营运处。原因也许到最后就清楚了。

项目组织的发展

细胞分裂过程还在继续进行，我们描述过的每一个项目概念都会在一个或多个正在建设的组织单位中具体体现出来。每个单位所遭遇的命运都依赖于两方面：第一，每个单位的命运取决于贯彻落实该单位项目概念的难易程度。每个项目概念都必须用具体的管理活动和可行决策职能的分配清楚加以说明。比方说，一个项目概念，只有用它能精心设计出一个在西欧各国之间分配 50 亿美元，并让他们有权力采购具体产品和劳务的决策程序，才是可行的。从这个意义上来说，上面提到的方法并不全都行得通。

第二，每个单位的命运还取决于它同某些强大的华盛顿机构结成的自然联盟，这里所谓的华盛顿机构，就是经济合作署周围同它具有相同项目概念的机构。[23] 这种联盟可能要在两个互相排斥的可行方案中做出决策。

观念，特别是项目概念，在接下来的权力斗争中，在充当扩张的武器和动机两方面发挥重要作用。人们可以使用这些项目概念作为武器，把各个单位的主张提升到项目中更重要的位置。之所以说这些概念是扩张的动机，是因为这些单位把扩张当成贯彻落实项目概念的主要手段。这种权力斗争并不是经济合作署特有的现象，对政府和企业中的扩张进行分析就会发现，这种现象始终存在，而且往往非常重要。在早期的经济合作中，比在已经完成了自然选择过程的机构中更容易识别这些现象。

对经济合作署项目的商品审查观点，在采办交易处（国务院临时援助小组的新称呼）以及两个建立在商品基础上的项目单位：食品处和工业处比较盛行。食品处主要受农业部管辖，这三个单位都与商业部国际贸易办公室有密切的工作关系。商品审查概念在经济合作署的审计部门也比较盛行。

商品审查法的可行性主要取决于经济合作法案的几项条款。其中一项条款要求，援助不应损害美国人民必要需求的满足。原油要尽可能从国外采购；除了马肉，不得在美国采购其他肉类，还有一些其他保护美国经济的条款。在采办供应物资的过程中，还要尽可能利用私人交易渠道，至少一半货物要用美国轮船来运输。这些条款产生的影响就是要求对每宗交易进行详细审查。

荒谬的是，这些条款也造成了商品审查法一个根本弱点。审查稀有商品的关键决策并不是要确定稀有商品的采购是否由经济合作署的基金资助，而是要确定它们是否从美国出口。因此，一定要确定每种商品的总运输限额，限额必须通过颁发出口许可证来执行，而不需要通过什么融资批准。因此，许可认证的主要责任最终由商业部和农业部而不是经济合作署来承担。[24]

就是这个弱点破坏了下面这个单纯但又比较根深蒂固的概念：审查单宗交易的目的，是为了确保欧洲国家只把援助资金用于"必需"项目上，从而保护美国纳税人的利益。由于欧洲进口所需资金总额的 50% 是通过正常的国际贸易渠道获得，只有 50% 是由经济合作署提供的，所以，如果一宗交易被否决，就可以用经济合作署赚取的资金来采购其他交易物品，或用经济合作署援助商品清单上的另一项来代替。

因此，经济合作署组织最终不得不承认下面的现实：①控制单宗交易的有效手段是出口许可，而不是采办交易审查；②无法用审查方式来控制欧洲进口总体项目。审计部门由于具有审计职能，所以仍然是商品审查方式中唯一的权力中心，不过这种方式逐渐从部门规划的概念中消失了。

贸易平衡概念的基础是由刚进入经济合作署的经济学家提出的，主要是由比索先生提出的咨询意见，一开始它其实很不稳定。经济合作署创建初期，霍夫曼先生和多数与他直接联系的高级职员都在全力解决外部问题。他们必须解决与国务院的关系问题，就双边协议进行磋商；他们必须为刚刚成立的巴黎办事处制定工作指令；他们还必须准备国会的拨款听证大会。

因此，开发规划程序，审查第二、第三季度对外援助项目的任务就落到了这些经济学家身上。实际的项目修正工作是由几名年轻、能干、精力充沛但不太显眼的专业人士完成的，他们曾经参与了负责审查欧洲经济合作委员会原始提案的跨部门委员会的工作，目前在比索先生的领导下工作，人数大概不超过 6 个。

欧洲合作途径说起来容易，做起来难[25]。这种方法要求，欧洲国家亲自制订计划加强合作来强化欧洲经济合作委员会的实力。由于巴黎办事处显然是与欧洲经济合作委员会打交道最合适的结构，而且合作标的与日常的规划和融资服务也没多少关联，所以这种方法不会在华盛顿总部的组织中体现得太具体，其核心机构还是设在巴黎。

不过，合作方法对于华盛顿总部有消极影响作用。在项目处为专门处理各国问题而建立"国家办事处"的做法，具有很大的诱惑力。这种安排是第二次世界大战期间具有"地区"部门和"商品"部门的联邦机构国外经济管理署组织形式的翻版。然而，这种概念将促进与每个国家的双边关系，对这些国家之间的合作却发挥不了多大作用。上述反对意见在一定程度上抑制了国家办事处在经济合作署迅速增长的可能。不过长期以来，它们下属机构中的发展并未一概受到禁止，因为这些下属机构为了进行规划和实现贸易估算平衡，需要掌握各国的专门知识。

经济合作法案明确要求的双边谈判，是一件牵涉到国务院首脑的高级事务。在经济合作署的华盛顿总部，只有综合审议办公室才能深层次地参与此事。协议一旦签署，协议的实施工作必然主要交付巴黎办事处和经济合作署驻各受援国的特别任务组来完成。所以，这些协议绝对不会对华盛顿总部的组织产生什么重要影响。

投资银行方法在内受到营运处处长泰勒先生的支持，在外受到进出口银行的支持。但是这种概念只适用于整个项目的很小一部分。泰勒的营运处很快从该机构的日常交易流程中分离出来，并逐渐衰落。这个单位的迅速衰落明显表现在工作人员数量减少、头衔的改变（泰勒先生变成了"署长助理"），以及办公地点的变化等方面。

营运处最初宣称是经济合作署里的贷款审批权力部门，但是该部门在投资准则和贷款收支平衡准则之间的冲突越来越严重。1948 年秋由于大部分贷款资金未审批出去而爆发的一场危机，为投资银行法的不可行提供了很有说服力的证据，也解决了与贸易平衡法之间的冲突。

总而言之，在最初的两个甚至三个月时间里，经济合作署的整个营运部分总共包括三组人。第一组是由霍夫曼先生和几个高级助手组成，主要控制经济合作署与国会、国务院、其他联邦部门以及各个受援国家之间的关系。他们在这期间就双边协议进行磋商，并努力让国会通过了拨款提案。第二组是比索办公室成员，他们设计出一个季度援助项目，并使后来被大家普遍接受的规划程序初步成形。第三组直接从国务院临时援助小组继承下来，他们负责援助请求的实际处理工作，并保证物资供应渠道畅通无阻。这三组人马，再加上文秘人员，不会超过75 个人，可能比这个数字还少。实际上，在这两三个月的时间里，该机构其他部门与其说在工作，不如说在准备工作。

组织管理处

经济合作署显然没有经过规划就获得了相当一致的组织形式。那么这段时间里，组织管理处在干什么？在早期，大家对于事态发展的了解都是支离破碎的。每个操作职员都知道自己有一份工作要做，但是真正工作的时间却很短，他们都没想过要花些时间与程序专家谈谈话，或阅读一下组织通告。虽然组织管理处勇敢地探索真实程序并做好记录，但是它都是通过非正式渠道对该机构的组织形式产生影响。

4 月初进入该处从事组织计划制定工作的那一小部分职员，头两个星期热情高涨，试图自己寻找对外援助项目的概念，及其对组织的含义。无论如何，该部门最受欢迎的两种组织再现模式是贸易平衡法和欧洲合作法。为了使该组织朝这些概念的实现方向努力，该处从 4 月 30 日开始发行一份油印备忘录："经济合作署"草案。这份备忘录在很大程度上忽视了预算局提出的计划，强调的是贸易平衡法，并指出了商品审查法和投资银行法的弱点。它还强调要加强巴黎办事处的力量，来促进多边谈判而不是双边谈判的进行，并且警告大家设置"国家办事处"存在的危险。

这份备忘录也没有通过正式批准，因此它得以避开了枯燥的可能极其冗长的审批过程。备忘录主要是对一组基本假设及组织意义的系统阐述（"使命宣言"），而不是规划一份组织蓝图。这份大约 2 000 字篇幅的简短备忘录草案在机构内部传播时，可能会被少数几个有影响力的人物读到，其中几个核心概念可能被他们接受，因而影响到他们未来的组织思考。大家对这份文件显然不会视而不见，但若要精确地评价其影响力也不大可能。

大概同一时间，人事处为了对不同单位的工作进行分类以及批准各项人事任命，需要组织管理处向他们提供职务说明，这样组织管理处就处于了一个影响所有单位发展的战略高度。一个单位必须向组织管理处说明单位的职能，并且接受其在组织结构中的角色安排，才可能绕过烦琐的程序，顺利地获准成立。当然，态度坚决的单位主管可以通过聘用职员作为顾问的方式来留住他们，但是如果没有组织图，就会导致一个单位在组织中的地位非常不确定，并且在一定程度上限制了组织的扩张。这个程序可能会有效地延缓国家办事处的建立和统计单位的增多。

经营最不善的单位当属营运部的下属机构了，因为组织管理处的分析师发现，他们自己不能把泰勒的任务概念同经济合作署正在形成的总模式协调起来。尽管该单位的命运从长远看可能也一样，但是在初创期的前几周里就停止扩张，这让比索和他的助手有时间将他们的活动组织成连贯形式。

一次开心的意外事件，让组织管理处得到了第三种工具。在国会拨款听证会上，当被问到华盛顿总部需要多少人手时，霍夫曼先生几乎随口回答说"600"。而这个数字既然已经说出口，他就必须承认。不过，他手中也就有了一件武器，可以抵制驻华盛顿各单位对人员多多益善的请求。

6 月初，当各个单位的人员"需求"加总起来，总数大大突破 600 人时，副署长向组织管理处寻求帮助，希望他们能为包括各个单位头脑在内的听证会建立一个平衡的组织表。最后结果当然是突破上限了。到 7 月底，华盛顿的工作人员超过了 700 人。但是与其他执行同等重要任务的联邦机构相比，经济合作署的人员规模多年来一直小得多。7 月底，人员增长速度开始锐减，这只能解释为它已达到了上限。

7 月 26 日，经济合作署华盛顿总部的第一份正式的组织图出炉。这张图虽然没有创造新的组织安排形式，但认可和确定了已经出现的组织模式。从 8 月初开始，它针对各部门要求管辖新领地的主张，用过去的标准对组织进行了一系列划分。

从这些事件的详细叙述中，我们应该非常清楚组织管理处绝对不会对经济合作署组织的最终形式产生主导影响。尽管，最终形式体现的大部分观点在 4 月 30 日发布的那篇 "基本原则" 备忘录中有所表达，但这中间只有一小部分具有因果关系。该备忘录与其说是对组织的一种影响，不如说是针对组织标的和任务（可行性条件），要求组织必须采取的模式的准确体现。

余波

1948 年 12 月 1 日复制的一张组织图，描绘了当时华盛顿总部的组织结构，[26] 也表明项目副署长助理办公室里负责项目活动的核心人物是比索先生。他下属的项目协调处实施的是贸易平衡方法，同时还有来自食品处、工业处以及财政和贸易政策处的协助。与中央计划职能无关的法律条文由其他部门来处理。审计部门执行审计职能，统计和报告处负责 "监督" 援助项目对欧洲经济的影响。组织图上其他重要方框与一般内勤部门相对应，如管理服务、人事、组织和管理、预算、安全保卫和情报部门。泰勒先生变成了只有一个很小班底的署长助理。采办交易处已经缩减成比索办公室下附属的一个小型项目方法控制参谋机构。华盛顿总部总共雇用了 770 人，巴黎办事处雇用了 290 人，驻各受援国特使 1 127 人。

到 7 月 26 日为止，不到 4 个月的时间里，经济合作署的最终形式实际上已经形成，这个形式受到下列因素的支配：①与不同机构任务概念相对应的政治支持；②经济合作署周围的其他政府机构的认同和概念；③贯彻落实占优势的机构任务概念的组织结构的合理性。尽管这个最终形式在一定程度上可以预测，但肯定不可能事先规划。一个有效组织主要经过快速成长和机构内外的权力斗争，迅速地适应和演变。演变后的组织是机构任务过于简化的表现形式，它过分强调了某些方面的任务而忽略了其他方面的任务。但它确实突出了机构任务的主要特征，也的确强调了必要的政治重心，而且表达效果也比较好。

从这个意义上来说，我们可以把经济合作署的组织结构，看成是力图把握复杂性的人类针对外援问题构造的组织方式。每个组织单位大致都等同于这个问题概念化的冲突性过程中某个可识别的要素。

当我们在短期内，特别是在组织发生遽变时观察组织变化过程，会发现环境是通过人类思考对组织产生影响的。在这个学习过程中，人们对问题不断深入的认识和连续的重组，都体现在组织本身的结构要素中。这种观点对政府改组过程具有重要意义。首先，它意味着，如果不改变项目目标，改组一般不能提高效率；当我们变革组织时，就改变了要执行的具体任务和要达到的具体目标，也就是改变了项目的再现模式。我们如果改变项目概念，也就改变了构成复杂整体的各个部分的相对重要性，也就改变了组织内的资源分配结果和各个标的的优先顺序。

其次，这种观点在一定程度上说明了正式组织的重要性。组织计划至少从两方面对行为产生影响。第一，如果组织计划通过了官方正式批准，计划发生效力就有了合法动机，雇员就觉得应该遵守计划，因为他们接受批准计划的权威制度。第二，我们在这里已经看到，计划会对行为产生影响，因为计划为雇员提供了机构项目的一个概念体系，一个充当决策和行动框架的体系。如果该体系能将复杂问题转换成对于解决问题者来说清晰易懂的形式，能相对简单地划分活动，而且对决策有指导作用，那么其可行性将成为推动它被大家接受的强大力量。

商学院：组织设计的一个问题[27]

1949年，我到卡内基理工学院协助成立一个新的商学院——工业管理研究生院。其教育的核心使命就是培养将来希望从事管理工作的工业管理硕士，同时也打算开设商学和经济学博士培养班，并以研究为重点。

所有资深新教员都没有商学院背景，他们很快把商学教育变成为类似于工程学和医药学专业的教育。当时，这两个领域分别对物理学和生物学越来越重视，认为它们为专业奠定了知识基础。

当然，商学院研究涉及的范围很广，从人类行为、经济学甚至数学学科的基础知识研究，后者旨在直接提高企业管理的实际水平。无论哪一种研究工作，如果在商学院的环境下进行，就意味着研究与企业有某种直接或间接关系。稍后，我们再讨论其相关性准则。

专业学院的信息基础

所有专业学院，工程学院、医学院、法学院、教育学院、商学院、建筑学院等诸如此类的专业学院，其目标都可以概括为：①教育和培养该专业目前或未来从业的专业人才；②对希望在专业学院进行研究的人来说，它是发展与该专业实践相关的知识。所以，我们可以认为，从一定的普遍意义上来说，所有专业学院的组织设计问题基本上没有什么差别。[28]

要达到专业学院的教学和研究目标，所需相关信息[29]主要有两个来源。第一个来源是实业界，包括专业业务所处的制度环境、实际工作者所需技能和专业问题处理技术等方面的信息。第二个来源是能改善专业实践的各个相关科学学科。专业学院必须从这些学科中获得处理专业问题所必需的信息和技术。就商学院来说，这些学科包括经济学、心理学、社会学、应用数学与计算机科学。商学院全体教员必须了解什么是边际原理、人员激励、政治程序、线性规划、计算机问题导向语言以及概率论。

为了与上述两大信息技能主体一一对应，专业学院也必须拥有两个社会系统：由实际从业人员组成的社会系统和由相关学科的科学家组成的社会系统。这些系统本身精心构造了知识存储、传播、开发和应用的机构和程序。商业机构有企业厂商、贸易协会和专业管理协会。科学学科机构有研究生院、研究所和专业学科学术团体。参加社会系统，就是组织获得该社会系统所储存和传播的信息技能的主要方式。所以，商学院如果要获得必需的信息技能，一方面必须有效参与商业界的社会系统，另一方面也必须有效参与相关学科的社会系统。

通才教育和专业教育

我们切不可把学科知识和专业知识之间的区别，与"通识"知识和"实用"知识的区别混为一谈。皮尔森对美国商业教育进行研究后，把大学当成"两种不同的，有时甚至相互冲突的传统相互作用的产物。第一种传统……是为了知识而学习知识……这种观点的大多数支持者……都认为直接的职业训练基本背离了学术研究的目的……而另一种悠久传统……为将来希望从事各种专业工作的学生留下足够的余地。根据这个传统的观点，我们不应该由于真理的实用性而阻碍对真理的探索。"[30]

筹建工业管理研究生院的负责人认为，一所大学既要为了知识而追求知识，也要努力将知识应用于实践。他们既没有理由说物理或历史知识毫无用途，也没有理由认为库存控制或组织结构知识在学术或美学意义上没有挑战性。他们把"实用性是知识是否与专业学院相关的唯一试金石，而非实用性是学术知识的唯一试金石"这种观点看成一种有害的教条，认为它已经对专业教育和科学教育造成了无数的损害。如果没有才智上的挑战和刺激，教育就不可能继续保持令人满意的水平。专业学院在研究方面的工作必须像教学方面的工作一样蓬勃展开，还必须同时为专业训练和相关科学学科教育提供牢固的学术核心。

研究工作对知识的要求

发明创造需要用到截然不同的两类知识：发明要满足什么需要的知识，和发明可以实现什么目标的知识。（也就是自然规律及其作用结果。）发明创造最容易发生在从终端用户的要求到自然规律这个范围的两个极端。有效的销售人员和产品设计师处于范围的一个极端，他们只从终端用途环境获取信息，努力了解有哪些产品受到客户欢迎，以及现有产品有哪些方面需要改进。然后使用已知技术生产新产品或对产品进行改进。

而处在这个范围的另一极端的科学家只关注自然科学知识，目的是确定还有哪些自然现象问题没有得到解决，并使用已经掌握的研究技术（或发明新技术）来解决这些问题。

研究工作如果进一步延伸到整个范围的话，就会变得更加困难。产品开发工程如果没有客户直接提供的需求数据，而必须努力设想出潜在或真实的客户需求，就会变得更加困难。解决这个难题的一种方法是，求助于科学知识领域，探询科学领域的资料和过程可能具有什么用途。同样，如果纯科学超越科学范畴，到应用领域寻找尚未解决的问题，并试图用科学方法来解决，也会变得更加困难。要分别改善钉子和锤子并不困难，不过，一般只有设计出彼此特别匹配的钉锤的有效组合才更有价值。

许多推动纯科学发展的好问题都是由科学领域之外提出的。工业化学大大推动了生物化学领域的基础研究；电子计算机和通信设备推动了固态物理学领域的基础研究。第二次世界大战经济学与军事作业问题的挂钩，发展出运筹学，并导致厂商理论的一次革命。试图理解和应付大萧条时期出现的问题，促进了凯恩斯经济学的发展。如此看来，必要性确实是产生重大发明的原动力，而这些重大发明中有许多对于基础科学非常重要。

这些科学研究替代方法为商学院展现了一系列发展机遇。商学院不仅是具有强烈应用兴趣的研究人员使用已知的经济学原理、心理学原理或统计方法来解决实际商务问题的场所，也是基础研究人员理解并利用与产生基础研究问题并提供信息的"现实世界"相接触所产生的优势的一个极富成果和挑战性的环境。商学院要成功，必须为这些科学家提供一个极具吸引力和挑战性的环境。

其他专业学院的基础研究工作

上面所说的商学院的基础研究也适用于工程学院和医学院。一流的工程学院，尤其是在第二次世界大战之后的几十年时间里，与其说是工程学院，还不如说是理学院。他们的大多数研究课题也适合在物理、化学和数学系进行研究。工程设计方面的研究则相对较少。一流的医学院也同样不是以医疗实践为主，而是更偏向生物学和生物化学。在过去的半个世纪里，许多生化领域的基础研究都是在医学院里进行的。

事实上，实力雄厚的工程学院和医学院重视纯科学研究，会导致大家都严肃地关注从事实务的专业人员的需求能否得到满足。现在的工程学院里，工程设计研究方面已经有了实质进展。我们在人工智能和人类认知方面的基础研究的基础上，把设计过程当成思考和决策过程进行探究和理解，才可能导致工程设计研究的实质进展。

获取知识的途径：企业

商学院怎样才能有效地参与到企业体系中呢？从历史看，商学院努力从以下几个方面进行了尝试：他们网罗具有管理经验的教员；鼓励教员从事咨询活动；向企业提供咨询和应用研究服务；聘请实业家短期讲学；开设职业生涯发展课程，把管理人员领进校园。这些做法成效如何？

聘请有企业管理经验的教员

在网罗具有管理经验的教员方面，的确有一些突出的成功先例，但是也有无数失败和效果平平的例子。问题是，什么样的优越条件，才能吸引表现杰出的管理人员心甘情愿放弃自己的职业来从事教学工作？一个低层管理人员，如果在企业中获得升迁的前景并不乐观，也不可能在其他环境表现得更优秀。这种管理者为商学院带来的是能力而不是企业管理经验，因为他们的操作层级太低，所以他们的经验没有多少指导价值。

即将退休的管理者有时认为商学院比企业压力小，虽然我们当然没有证据说，管理者产生了即将退休的愿望，就能具备教授的风采。而且这些有经验的管理者也会产生一种危险的错觉：良好的商务教育应该"向学生传授具体做法"。

有些管理者喜欢寻找某种新体验，喜欢智力活动，并且抓住一流大学环境的刺激，他们才是我们必须不惜代价网罗的"珍稀动物"。网罗了这些稀有人才之后，学院一定要为他们提供他们所寻求的挑战，帮助他们与学究气十足的同事相互影响，总之，希望他们能在商学院的背景下大展拳脚。

然而，典型的商学院教员一般都没有太多管理经验，有些甚至没有任何管理经验，即使是应用课程的教员也是如此。学院必须为一直从事学术工作的教员提供接触企业环境的机会，学院也必须为那些有过企业管理经验的人提供机会，因为他们的经验很快就过时了。

咨询实务和实地调查研究

虽然咨询实务可能是进入企业环境的最佳途径，但只有在具有高级专业水平的非常规管理咨询（而不是日常业务咨询）的制度传统下，才能实现这种可能。此外，商学院若要从教师咨询工作中受益，咨询工作还必须要有合理的时间限制，平均一周一天是很多学院认为比较可行的经验工作法。

让教员长时间深入到企业内部进行实地研究，通过观察、面谈或与管理人员进行合作研究来收集数据，可能至少与咨询具有同样的价值。除了下列四点之外，咨询和实地调查研究之间一般没必要进行严格地区分：①教员和企业都应该完全清楚什么时候做咨询，什么时候进行实地调查研究；②教员应该收取咨询费，但是研究却不应收费；③虽然有些结果如果出现的话应该很受欢迎，但是研究协议不应该向企业承诺一定能得到什么有价值的结果；④实地研究要求在学院和企业之间签订协议，而咨询只要求教授与企业直接联系。

对于资历较浅和教学内容离应用比较远的教员来说，实地研究对于接触企业环境发挥着特别重要的作用。研究到底属于"应用型"还是"基础型"都无关紧要，重要的是研究能向教员揭示真实的企业内部行为。

获取知识的途径：科学学科

商学院有些教员来自与商学有关的科学学科。如果某些相当困难的条件得到满足，这群人就能提供获取相关学科的科学知识的途径。当然质量是第一位的。我们不应该认为一流科学家到商学院执教的愿望比一流管理者更强烈。在多数科学学科的价值概念体系中，"基础"这个词具有正面含义，而"应用"却有负面含义，基础研究的地位比较高。

商学院在制定教员计划时必须考虑到上述事实。学院必须提供必要的条件，说服杰出的科学家在商学院的环境下从事重要的基础研究工作，而且在商学院进行研究比在传统的学科系别更有成效。高薪对说服有帮助，但只是必要条件之一。

商学院可以充当优越的科学研究环境最有说服力的证据是，科学家将面对来自企业环境的最终用途问题，他们可以把这些问题转变成让人着迷的非常规的基础研究问题。近半个世纪以来，许多商学院都使用这种战略取得了成功，这使得这个证据比以前更有说服力。但即便在今天，它最能吸引的还是那些富于冒险精神的不安分的人。

如果商学院坚持只进行与企业直接相关的研究，就无法招募或留住一流的科学家。为了表明对基础研究的重视，商学院至少要重视一些其研究工作与企业并不明显相关，但在其学科领域的确受到高度重视的教员。此外，还有一个同样重要的问题，相关性检验要考虑将基础知识逐渐应用于实践问题的曲折的多步骤过程。

我们已经证实，可以为专业学院招募到优秀的科学家，可以创造出卓有成效的研究环境。只要尊重科学家对科学专业的认同和承认就可以实现。一个经济学家如果得不到经济学界的尊重，那他即使对管理科学做出了贡献，也不可能从中获得任何自豪感。这些教员的某些活动会产生一些学术成果，这些成果与商学院关心的问题并没有特殊联系，那么如果他们竭尽全力致力于此，就等于忘记他们在商学院存在的目的了。

大学里的专业学院

专业学院应该在多大程度上依赖于大学里其他科系承担该学科的教学任务？或者说它自己应该承担多少教学任务？这个问题并没有唯一答案。然而，无论如何，商学院师资不应该完全将其他相关学科教员排除在外。每个相关学科至少都应该在专业学院占有一席之地。例如，商学院里应该有社会或组织心理学家、应用数学家和统计学家，以及经济学家。无论大学是否设有这些科系，商学院都需要它们。

商学院必须与相关科系的教授保持有效联系，而聘任真正的兼职教授对于维持这种联系几乎必不可少。共同聘任的教员，只有在本基础学科表现突出才能真正发挥作用。二流人才是难以承担兼职工作的。共同聘任的教员必须充分认识到自己在商学院中的职能，才能在学院的人事和课程安排上发挥积极作用。

专业学院要加强与相关基础科系的联系，可以采取这种方法：为了完成自身的使命，为大范围相关的科系提供基础研究资金，供各相关基础学科的适当科学家支配，尤其是供那些在专业学院和基础学科之间起桥梁作用的研究小组支配。

知识基础：综合

在本节中，我们设想商学院的师资主要分为两类：来自科学学科领域的人才和受到商学专业训练的"应用型"人才。一定不要把这两组社会系统之间的隔阂从外部世界转移到学院内部。社会系统有一种自动趋于均衡状态的倾向，也就是所谓的最大熵状态。专业学院处于最大熵状态的情况就是，受过专业训练的教员只专注于该专业的文化，而受过基础学科训练的教员只专注于该学科的文化，这造成了两者之间巨大的鸿沟。

这种均衡状态导致商学院不能有效地执行教学和研究职能。从事"实践课程"教学的教员把企业界当成唯一的知识来源，但对于最新的企业实践知识的传授可能总有点过时。在均衡状态下，从事"基础学科"教学的教员，同样也是从本学科获得研究目的、研究价值和对研究成果的肯定。由于与实际从业者的环境相隔离，所以他们无法，也不愿意把这个环境当成收集数据、提出研究课题以及进行创新开发和应用的基地。这样就造成了两个严重的后果：一方面，学院里各基础学科的教员要求增加自主权，让他们自主追求本学科的目标，而不需要考虑"无关"的专业学院目标；另一方面，专业学院也逐渐失去了作为研究和教学场所的独特吸引力，吸引并留住一流的科学家也变得越来越困难。

我们可以从美国一些商学院的发展史上看出这种动态过程。大多数商学院都是诞生在经济系，但是逐渐向企业环境方向靠拢，最后"纯"经济学家成了商学院的少数派，于是经济学家希望脱离商学院。而心理学系与教育学院之间、理学系与工程学院之间的关系，也存在同样的发展史。[31]

专业学院的管理者必须不懈地努力阻止该系统向均衡状态发展，否则专业学院的发展只会平庸无奇，不能实现其特殊职能。为了避免出现这种死寂的平衡状态，他们必须竭尽全力消除基础学科和专业学科教员之间的沟通障碍。要实现这个目的的具体措施有很多，有的简单又具体，有的复杂又精妙。像办公布局之类的"琐碎"小事也可能很重要。把同类教员的办公室集中在一起的布局最糟糕不过了，因为用餐和闲聊差不多都局限在同类人之间进行。不过，除非刻意避免，否则一般总会出现这种布局。

专业学院一定要避免设置不同科系结构，如果实在不可避免，也一定要把这种结构的重要性降到最低限度。有必要让各专业小组对其专业师资的招聘和评价承担一些特殊的职责，但绝非自治。课程安排最好也能由跨学科小组来制定。市场营销是企业机构的一项重要职能，但影响过程是社会心理学的一个重要论题，而消费者的选择是一个经济学论题。由于它们都与人类行为有关，所以在课程安排中必须把它们集中放在一起。几乎每门课程都应如此组织，从而让实际管理问题与经济学理论、心理学理论和数学技巧结合起来，反之亦然。

在研究工作中，我们可以找到相同的跨学科交流机会。谁都不能保证跨学科研究就一定会有神奇的成果，不过不同学科的教员如果经常相互联系，三两个人偶尔就会发现共同感兴趣的领域可以展开合作。学院当局的任务，不是为跨学科研究工作进行没有实质内容的形式化安排，而是鼓励各学科之间加强联系，促成自发合作项目的产生。鼓励学生与多个学科的教员打交道来撰写论文，往往是教员们熟悉彼此工作的有效方法。

上述例子只消除了学科之间交流障碍的一部分。专业学院当局只要把消除障碍当成一个重大政策目标，就能找出方法。为此，学院必须愿意付出努力，不断抵抗那些试图让它达到学科环境均衡的社会势力。

艺术和科学

专业学校中的基础学科教员和专业实践教员之间难以沟通的一个深层根源，就是科学与艺术、分析与综合、解释与设计之间的区别。纯科学家希望解释自然现象，而从业者希望设计满足某一特定目的的行动、过程或物理结构。

进行解释的分析过程，它自身通常就容易分析和系统化，所以是一种可传授的科学。而以设计为目的的综合过程，一般要依靠直觉和判断，而且也不十分明显，所以是一门艺术。医药、工程、管理和教学都属于艺术。

要圆满地解决专业学院的组织问题，就要发展出一种清晰抽象的关于综合和设计过程的理论，这种理论可以像化学、生理学和经济学规律一样进行分析和传授。我在前文已经说过，这方面的发展已经取得了长足进步，因为我们如今已经对作为设计基础的决策过程有了相当充分的了解，所以对重要实例我们可以编制出计算机程序来自动模拟决策过程。

我们在把综合与设计变成严格的知识学科方面的能力日益提高，这也正是我们构筑一个有效的专业学院组织时缺少的东西。由于这些新学科为注重专业的教员提供了一个新的研究焦点和一组新任务，所以这比仅仅监控和解释商业环境的信息体系，甚至比把现有的知识应用到企业问题的做法，更富有挑战性。它们让我们掌握新的手段，来增强学院研究实际问题的学术魅力，使实践课程的教员和基础学科的教员之间更容易建立起有效的联系。

一个平行问题：研发

我在本节始终强调，所有专业学院都面临着相同的组织问题：即在产生科学知识的社会系统和进行专业实践的社会系统之间架设桥梁的问题。所有研发组织也面临相同的问题。我在第 2 章的评论与延伸的最后一部分已经就这个问题进行了探讨。

结论

这一节的中心论点是，一个专业学院或一个研发部门的组织问题，非常类似于把油与水混合在一起的问题：说起来容易，做起来难。而且就算已经达到了目标，任务也不算完成。如果放任它们自由发展，油和水又会分离开，基础学科和专业实践的结合也是这样。在这样的情况下，组织化并不是一种一劳永逸的活动，而是一种持续的管理职责，它对于企业的持续成功至关重要。

注　释

1　感谢巴纳德先生提供"复合决策"这个术语和后面所举的这个复合决策的例子。读者当然也可以根据个人的组织经验举出许多与此类似的例子。

2　*U. S. Army Field Service Regulations*, 1923, p. 7.

3　H.Townshend, "'Practical Psychology?in Departmental Organization," *Journal of Public Administration*, 12:66.

4　Sir Oswyn A. R. Murray, "The Administration of a Fighting Service," *Journal of Public Administration*, 1:216–217 (July, 1923).

5　关于审查的功能，有一个与此类似但不完全相同的分析，请参考 Sir H.N.Bunbury's paper, "Efficiency as an Alternative to Control, " *Journal of Public Administration*, 6:97–98 (Apr., 1928)。

6　Sir Charles Harris, "Decentralization," *Journal of Public Administration*, 3:117–133 (Apr., 1925).

7　Sir Ian Hamilton, *The Soul and Body of an Army* (London: E. Arnold & Co., 1921), pp. 235–236.

8　见上文。

9　Sir Oswyn A. R. Murray, *loc. cit*.

10　Simon and Divine, *op. cit*., p. 487.

11 See, for instance, Robert A.Walker, *The Planning Function in Urban Government* (Chicago: University of Chicago Press, 1941), pp.166-175. Walker 举了一个实例说明将计划机构直接划归最高行政长官管辖。但是他例证的依据非常单薄：“然而，如果把计划机构置于政府体系之外，政府官员就会把计划当成侵犯他们职权的入侵者，这将给计划机构造成阻力。”“将”对于这一例证事实来说程度似乎太深了点。

12 我认为，管理文献中用管理学派来分析毫无益处，甚至有害，我在 "Approaching the Theory of Management," in H. Koontz, ed., *Toward aUnified Theory of Management* (New York: McGraw-Hill, 1964) 详细地说明了原因。

13 Kurt Levin 是发起这项研究工作的关键人物。See his *Selected Papers on Group Dynamics*, 1935-1946 (New York; Harper, 1948). It was also stimulated by the Western Electric studies, reported by Roethlisberger and Dixon in *Management and the Worker* (Cambridge, Mass.: Harvard University Press, 1939). For more recent reviews of the Western Electric evidence, see R. H. Franke, "The Hawthorne Experiments: First Statistical Interpretation," *American Sociological Review*, 43:623-643 (1978), and "Worker Productivity at Hawthorne," *American Sociological Review*, 45:1006-1027 (1980).

14 This whole range of topics is dealt with in V. H. Vroom, *The New Leadership: Managing Participation in Organizations* (Englewood Cliffs, N.J.: Prentice-Hall, 1988); K. E. Weick, *The Social Psychology of Organizing* (Reading, Mass.: Addison-Wesley, 2nd ed., 1979); and H. J. Leavitt and Homa Bahrami, *Managerial Psychology*: *Managing Behavior in Organizations* (Chicago: University of Chicago Press, 1988).

15 本部分原载于 *the Public Administration Review*, 13:227-236 (1953), 经过少量修改，承蒙许可收入本书。

16 The principal sources are: PCFA - President'sCommittee on Foreign Aid (Harriman Committee), European Recovery and American Aid, November 7, 1947; HSC - 80th Congress, Second Session, House Select Committee on Foreign Aid (Herter Committee), Final Report H.R. 1845, May 1, 1948; ECA1-Economic Cooperation Administration, First Report to Congress, for the Quarter Ended June 30, 1948; ECA2 - Economic Cooperation Administration, Second Report to Congress, for the Quarter Ended September 30, 1948.后面将用缩写词来引用这些报告。前两份报告介

绍了颁布法案之前那段时期的情况，后两份报告介绍了创建经济合作署前 6 个月的情况。

17 关于临时援助组织的描述，请参考 HSC, pp. 758-763。

18 HSC, pp. 638-643, 646-687 讨论了出口控制中商品审查的有关概念。

19 PCFA 和 HSC 的估计程序恰好以贸易平衡法为依据。

20 HSC, pp. 21-56, 603-604; PCFA, pp. 4-6, 31-32.

21 HSC, pp. 869-877; PCFA, pp. 108, 273-277; ECA1, Appendix I.

22 HSC, pp. 634-636, 718-719.

23 HSC, pp. 698-730, 755-778; ECA1, pp. 42-45.

24 PCFA, p. 113; HSC, pp. 672-686; ECA1, pp. 14-18, 44.

25 ECA1, pp. 6-13, 46.

26 ECA2, p. 85; also, ECA1, pp. 37-42.

27 本节摘自同名论文，published in the *Journal of Management Studies*, 4:1-16 (1967)。

28 N. B. Henry, ed., *Education for the Professions*, First Yearbook of the National Society for the Study of Education, Part II (Chicago: University of Chicago Press, 1962). *Education for Professional Responsibility*, Proceedings of the Inter-Professions Conference on Education for Professional Responsibility, Buck Hill Falls, April 12-14, 1948 (Pittsburgh: Carnegie Press, 1948).

29 为简便起见，我用的"信息"和"知识"经常不仅指"事实知识"（也就是事实和原理），还指产生结果、进行调研和解决问题的"方法知识"。这两种技能构成了与任何专业相关的知识主体。

30 F. C. Pierson, *The Education of American Businessmen*(New York: McGraw-Hill, 1959), pp. 16-17.

31 F. C. Pierson, *op. cit.*, chap. 3.

ADMINISTRATIVE BEHAVIOR

A Study of Decision-Making Processes in
Administrative Organizations, 4th Edition

附录

什么是管理科学

第2章对道德要素和事实要素做出的区别，可以帮助解释管理科学的本质。第2章里说，科学论点就是对于可观察的世界以及运作方式的陈述；另一方面，道德论点是偏好的表达。管理原则若采用这种定义，还能被称为科学论点吗？它们包括道德要素吗？

理论科学和实践科学

科学可以分为理论科学和实践科学两类。科学论断若能表述成"为了达到某某状态，必须完成某某任务"的形式，就可以认为是实践论断。若采用纯粹的描述形式，那对这个句子的一种完全等效的具有相同成立条件的理论论述是："某某状态必然伴随着某某条件的满足。"既然这两种论述具有相同的事实含义，则必然在道德方面存在差异。更确切地说，它们之间的差异在于第一类句子有祈使语气，而第二类句子没有。只有忽视第一类句子的这种祈使语气，才能判断句子的"正误"。

这个情况与决策的情况完全一致。决策若能转述成事实命题，说它"正确"才有意义。在判断决策正误之前，必须排除其中的道德因素。实践科学的论断同样要用假设形式来叙述，才能排除其中的道德因素。

事实论断如果主要用于从一个祈使句推导出另一个祈使句，那么就算是实践科学命题，否则就是理论科学命题。两者显然仅在使用者的动机方面有所不同。

我们从前面的讨论可以得出两个确定的结论：

第一，科学只对与验证有关的论断感兴趣。所以，科学关心的是论断含义的事实层面，而不是道德层面。

第二，按照我们这里的用法，实践科学和理论科学只在道德方面存在差异。

管理科学命题 [1]

关于管理过程的命题若是科学命题，就可以从事实意义上判断其正误。反过来说，关于管理过程的命题若可以判断其正误，就是科学命题。

人们有时认为，由于管理学者经常使用"好""坏"来表达，所以道德是管理科学里必不可少的要素。如果事实的确如此，管理科学就不可能存在了，因为我们不可能根据经验来选择道德方案。幸好事实不是这样。管理研究中"好""坏"的使用，一般不表示纯粹的道德含义。某个过程如果有利于实现具体目标就是"好的"，如果对实现具体目标不利就是"坏的"。它对于实现具体目标有没有帮助，纯粹是一个事实问题。这种事实要素才是管理科学的实质构成要素。我们举个例子，经济学里，"A方案好"这个命题可以转化成事实和道德两个命题：

"A方案可以产生最大利润。"

"追求利润最大化很好。"

第一个句子没有任何道德含义，是属于企业实践科学的一个论述。第二个句子是一个道德祈使句，不属于科学的范畴。

科学不能向我们说明是不是应该实现利润最大化，而只能说明实现利润最大化应该满足的条件，以及最大化的结果。

如果这种分析正确无误的话，那么不同学科的科学论述在逻辑上并不存在差异。它们之间存在的任何差异，都是由于研究对象不同，而不是因为内在本质不同。

自然科学与社会科学

到目前为止，我们的讨论解决了社会科学领域中，方法论学者长期争执不休的问题。我们经常听到这样的论点，认为社会科学包括道德规范，所以不像自然科学那样具有客观性。若要了解近期关于这种观点的陈述，可以参考罗伯特·林德的《为什么要有知识》一书[2]。由于真理和谬误显然不可能用祈使句来判断，所以这种区分毫无意义。如果自然科学和社会科学之间存在根本差异的话，也必定在其他方面。

自然科学和社会科学之间还有一些区别虽然也成立，但是由于太肤浅，必须排除掉。首先，社会现象可能比自然科学所关心的数据复杂得多，因此，发现社会现象基本规律的任务也必定更加艰巨。其次，进行社会科学实验必须考虑到对实验对象产生的影响后果。《阿罗史密斯》一书中的那个医生，有个绝佳机会在控制条件下进行疫苗实验，然而他的人类价值观占了上风，因为他无法剥夺控制组实验体接受免疫的权利。我们承认这两个区别的确成立，但绝不是根本区别。复杂性是一个程度问题，我们完全可以怀疑，物理学中某些复杂的现象是不是真的没有那些更简单的社会现象复杂。实验也很难说是真正的区别，比如天文学是自然科学中发展最早的，但它在发现规律的过程中，几乎从未借助过实验的帮助。

预期是社会行为的影响因素

如果说社会科学和自然科学之间存在根本差别，差别的产生就是由于与社会科学打交道的是行为受到知识、记忆和预期影响的有意识的人类。人类影响行为的知识会（但不一定）改变自身的行为。例如，很明显，公众对第一次世界大战期间宣传活动用途的认识，在一定程度上影响了第二次世界大战中公众对宣传的反应。

这并不是说，我们就无法阐述有效的人类行为规律了。这意思无非是，社会规律所描述的行为对象的知识和经验状况，是阐述社会规律时必须考虑的变量之一。[3] 作为科学研究对象，其行为的目的性越明显，知识和经验扮演的角色就越重要。

一旦涉及群体行为，有目的的行为依赖于信念或预期这一特征，就会产生深层次的社会效应。每个群体成员的决策都取决于他对群体其他成员行为的预期，也就是说，A 的决策取决于他对 B 行为的预期，而 B 的决策也取决于他对 A 行为的预期。这样就会出现一种不确定性，正如股票市场之类的社会体系中实际发生的状况那样，成功的行为包括猜测其他股市参与者的预期。[4]

社会体系的一个根本特征就是，其稳定性甚至存在性都由这种预期决定。他人的行为只要能够准确地预测，就构成了客观环境的一部分，与环境的物质方面并没有本质的差别。

在管理领域进行同样的思考，我们发现，首先，管理型组织的存在就意味着其参与者的行为必定带有很强的目的性。所以，对组织参与者行为的预期就是行为的一个决定因素。而且，他们的预期还有一部分是对管理型组织其他成员行为的预期。

从这个意义上来说，管理就像演戏。虽然不同角色扮演的戏剧内容很不一样，但对于一个好演员来说，其任务就是理解角色、扮演角色。表演效果如何，由戏剧本身的效果和扮演效果两方面来决定。管理过程的效果则是由组织的效力和每个组织成员工作的效果来决定。

管理原则的本质

我们可以把上述关于管理科学的论述归纳成几个结论。首先，管理科学同任何一门科学一样，只关心事实论述。科学体系中没有道德论断的立足之地。一旦有道德论述出现，我们总可以将其分解成事实和道德两部分，只有前者与科学相关。

按照前面的"理论"和"实践"的定义，我们发现，管理科学可以采取两种模式。一方面，管理命题可以针对具体组织或一般意义上的组织中，有组织的群体中的人类行为方式进行描述。这一块可以称为管理社会学。

另一方面，是实践管理学包括的命题，即人类如果希望使用稀缺资源最大限度地实现管理目标，应该采取的具体行动。[5]

管理科学这两种形式酷似经济学的两种形式。第一种是经济理论和制度经济学，是对市场中人类行为进行的一般性描述。第二种是企业理论，是阐述导致企业利润最大化的企业行为的条件。

本书包括了管理社会学和实践管理学两方面的探讨。第4、6、8、10章主要论述前者，而第3、9、11章主要论述后者。

注 释

1 关于管理学的本质，Luther Gulick 实际上也提出了相同的观点。请参考 "Science, Values, and Public Administration," in Gulick and Urwick,

eds., *op. cit.*, pp. 191-193。

2 Robert S. Lynd, *Knowledge for What? The Place of Social Science in American Culture* (Princeton: Princeton University Press, 1939) 在 Frank H. Knight 的各种论著中，贯穿了这种观点的一个颇为深奥的变化形式。请特别参考 his review of "Bertrand Russell on Power," *International Journal of Ethics*, 49:253-285 (Apr., 1939), and the Preface to the reissue of his *Risk, Uncertainty and Profit*, pp. xv-xvi.

3 在社会科学方法论文献中仔细搜索这方面的讨论，可以发现 W. Edwin Van de Walle, "A Fundamental Difference Between the Natural and Social Sciences," *Journal of Philosophy*, 29:542-550 (Sept. 29, 1932) 一文中对此做了简明扼要的论述。人为和自然之间的差别，与上述区别是紧密相关的，所谓人为事物与自然事物的差别请见 Lester F. Ward, *Dynamic Sociology* (New York: D. Appleton, 2nd ed., 1926). Cf., Joseph Mayer, "Scientific Method and Social Science," *Philosophy of Science*, 1:338-350 (July, 1934)。不过无论是在 Ward 的论著中，还是在 Frank Knight 的论著 (*Risk, Uncertainty and Profit*, pp. xv-xxxii) 中，显然都采用了这种观点：社会的"人为性"意味着社会学必定包含道德假定。本书采取与此相反的观点。近年来，作者对"自然"和"人为"的区别等问题又做了深入探讨。

4 Frank Knight 的基本观点是，这种"猜测"是对于竞争经济体系中利润的解释机制，请参考 (*Risk, Uncertainty and Profit,* pp.35-37, 333-335)。另外 R. G. D. Allen, *Mathematical Analysis for Economists* (London: Macmillan, 1938), pp.200-204, 345-347, and references cited therein 分析了双头垄断的经济问题，彻底地揭示了猜测现象。

5 要完整地探讨管理社会学和实践管理学之间的区别，请参考 Richard A. Musgrave, "The Planning Approach in Public Economy: A Reply," *Quarterly Journal of Economics,* Feb., 1941, P. 324, and Herbert A. Simon, "The Planning Approach in Public Economy: Further Comment," *ibid.*, p. 329。由于未能区别这两者而导致错误观念的例子，请参考 V. O. Key, "The Lack of a Budgetary Theory," *American Political Science Review*, 34: 1143 f. (Dec., 1940) 一文中提出的管理研究建议。

译者后记

美国卡内基－梅隆大学计算机科学与心理学教授赫伯特·A.西蒙由于对经济组织内部的决策过程做出了开创性的研究而获得1978年诺贝尔经济学奖。

《管理行为》一书中的主要内容有两个方面，首先是"有限理性"和"满意解"，其次是决策过程理论。西蒙提出，现实生活中个人和组织的决策需要一定程度的主观判断，这都是在有限理性的条件下进行的。理想情境中的完全理性导致人们寻求决策的最优解，现实生活中的有限理性导致人们寻求满意解。西蒙将组织内部的活动分为经常性和非经常性两类，前者的决策为程序化决策，后者的决策为非程序化决策。所有的程序化决策过程都可以概括为：界定问题；明确目标；寻找为达到目标可供选择的各种方案；比较并评价这些方案；做出决策；在执行决策中进行检查和控制，以保证实现预定的目标。

有机会翻译《管理行为》这本名著我们感到非常高兴，早在1988年北京经济学院出版社在诺贝尔经济学奖获奖者丛书中就出版了杨砾等译的第2版，1999年由台湾华人戴明学院出版了钟汉清等译的第4版。本书语言非常严谨，翻译难度较大，加之又恐对大师的著作理解不准确，故翻译时如履薄冰。在一些不是很确定的地方，还参照了上面两本书的译法，在此表示感谢。

目前，由于决策失误给国家、企业带来巨大损失的例子屡见不鲜。很多时候其根本原因是没有按照决策程序一步一步去做。没有清晰地界定问题，也不知道决策的目标是什么，对可选方案不进行科学的评价，决策执行中没有检查和控制，凡此种种，不一而足。我们认为虽然本书相对比较专业，学术性比较强，但是如果能静下心来读一读，对企业和政府的各级决策制定者和决策参谋人员都是大有裨益的。

在翻译过程中，得到了朱美琴的大力支持，同时能够完成此书还要特别感谢以下人员所提供的帮助：廉晓红、李俊、陈刚、陈之荣、凌勇、任声策、张贤、邱琼、冯杰鸿、廉莉莉、张飞、詹云霞、詹红霞、朱剑锋、周俊、余艳艳、胡倩、杨戈宁、陈丽丽、田岗、李吉浩、王晶、董研、张可、刘汝翠等。

翻译过程中难免有疏漏之处，敬请读者指正。

詹正茂

2003 年 12 月